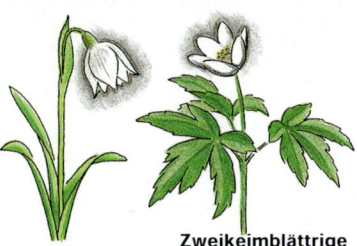

Stark vereinfachter Stammbaum der Pflanzen

Einkeimblättrige
ME: 600 Arten
W: 54 000 Arten

Zweikeimblättrige
ME: 2 000 Arten
W: 172 000 Arten

Coniferen (S. 2...)
ME: 15 Arten
W: 800 Arten

Bedecktsamer (S. 38)

Nacktsamer

Bärlappe
(S. 382)
ME: 15 Arten
W: 1 100 Arten

Farne (S.370)
ME: 65 Arten
W: 10 000
Arten

**Schachtel-
halme** (S. 384)
ME: 10 Arten
W: 30 Arten

Laubmoose (S. 386)
ME: 700 Arten
W: 16 000 Arten

Lebermoose (S. 392)
ME: 250 Arten
W: 10 000 Arten

Algen (S. 424)
W: 33 000 Arten

Pilze (S. 396)
ME: 2 500 Arten
W: 55 000 Arten

Flechten (S. 420)
ME: 2 000 Arten
W: 20 000 Arten

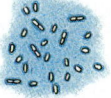

Bakterien
W: 3 500 Arten

Blaualgen
W: 2 000 Arten

ME: Mitteleuropa
W: weltweit

Größenordnungen, Zahlen
geschätzt und abgerundet

Weltweit insgesamt bis zu
400 000 Pflanzenarten

Wilfried Stichmann
Ursula Stichmann-Marny

Der neue Kosmos Pflanzenführer

Kosmos

Mit 1349 Farbfotos von Aichele (220), Bärtels (23), Baumann (2), Beck (1), Bellmann (18), Eisenbeiß (63), Ewald (42), Flück (8), Garnweidner (51), Groß (23), Hecker (24), Himmelhuber (2), Hopf (2), Hortig (1), Jacobi (19), Klees (8), König (25), Kremer (1), Laux (217), Layer (18), Lenz (1), Limbrunner (28), Pforr (138), Pott (62), Reinhard-Tierfoto (49), Schmidt (21), Schneider (3), Schönfelder (64), Schrempp (32), Schulz (1), Schumacher (2), Synatzschke (27), Vogt (20), Wagner (62), Willner, O. (10), Willner, W. (53), Wirth (1) Zepf, E. (3), Zepf, W. (4)
178 Farbzeichnungen von Wolfgang Lang und 1 farbige Karte von Michaela Jäkle

Umschlaggestaltung von Atelier Reichert, Stuttgart unter Verwendung von 5 Aufnahmen von Aichele (Bienen-Ragwurz), Laux (Fliegenpilz, Wiesen-Bocksbart), Pforr (Weymouth-Kiefer) und Reinhard-Tierfoto (Wilder Wein)

Die Deutsche Bibliothek – CIP-Einheitsaufnahme

Der **neue Kosmos-Pflanzenführer**/ Wilfried Stichmann; Ursula Stichmann-Marny. – Stuttgart: Kosmos, 1999
(Kosmos-Naturführer)
ISBN 3-440-07364-5

© 1999, Franckh-Kosmos Verlags-GmbH & Co., Stuttgart
Alle Rechte vorbehalten
ISBN 3-440-07364-5
Lektorat: Rainer Gerstle
Herstellung: Heiderose Stetter
Printed in Italy / Imprimé en Italie
Satz: Typomedia Satztechnik GmbH, Ostfildern
Druck und buchbinderische Verarbeitung: Printer Trento s.r.l., Trento

Inhalt 5

Bei Exkursionen mit den unterschiedlichsten Personengruppen haben wir den Wunsch und das Bemühen etlicher Teilnehmer erfahren, die Pflanzenarten ihres engeren Lebens- und Erlebnisraumes näher kennenzulernen und wenigstens mit dem richtigen Namen benennen zu können. Doch für eine der üblichen Bestimmungsmethoden – für das Blütenzerlegen und das Staubfadenzählen – sind viele von der Schule her meistens nicht besonders vorbelastete Pflanzenfreunde unserer Tage in der Regel nicht zu gewinnen. Sie ziehen es vor, die Pflanzenarten ganzheitlich zu erfassen, sich an der Gestalt, an Farben und an Formen zu erfreuen und von den vielfältigen Bezügen zu erfahren, die Pflanzen und Menschen früher wie heute miteinander verbinden. Diesem Wunsche will dieser Pflanzenführer Rechnung tragen. Mit 1348 Fotografien von Pflanzen am Standort – zum Teil zusätzlich mit Blüten und Früchten im Detail – umfaßt er eine Fülle echter Naturdokumente, die die Beschäftigung mit diesem Naturführer auch zu einem ästhetischen Genuß machen sollen.

Bei den Blüten- und Farnpflanzen, die bei Wanderern und Spaziergängern stets die meiste Beachtung finden, haben wir Wert darauf gelegt, möglichst alle in größeren Teilen Mitteleuropas vertretenen Arten aufzunehmen, mindestens soweit sie im Erscheinungsbild leicht erkennbare Merkmale aufweisen. Bei Moosen und Pilzen wurden jeweils etliche häufige, auffällige und möglichst gut erkennbare Arten ausgewählt, bei Flechten und Algen nur einige markante Vertreter morphologischer bzw. systematischer Gruppen.

Unter dem Stichwort **„Kennzeichen"** findet der Benutzer des Buches keine langatmige Beschreibung der einzelnen Arten, sondern nur einige differenzierende Merkmale, anhand derer die mit Hilfe der Fotos erfolgte Bestimmung noch einmal stichpunktartig überprüft werden kann. Die erste Zeile unter der Namensleiste gibt Auskunft über die Höhe über Grund, bis zu der die Art häufig heranwächst (also nicht über die Länge des ausgestreckten Sprosses). Weiterhin werden die Eckdaten der Blütezeit genannt, die je nach Klima und nach Höhenlage im Einzelfall stärker zum früheren oder zum späteren Zeitpunkt tendieren kann. Häufig führen Eingriffe von außen – z.B. Mahd

und Vieh- oder Wildverbiß – zur Nachblüte außerhalb der regulären Blütezeit. Außerdem geben die bekannten Zeichen Hinweise darauf, ob es sich um kurzlebige (⊙) oder um mehrjährige Krautige Pflanzen (♃) handelt. Zwischen einjährigen und zweijährigen Arten wird nicht unterschieden; beide sind mit ⊙ gekennzeichnet. Schließlich verweist eine Zahl in einem Kästchen auf die Familie, der die betreffende Art angehört. Den Schlüssel dazu liefern die Innenseiten der vorderen Klappen. In diesem Pflanzenführer sind Blütenpflanzenarten aus 110 verschiedenen Familien vertreten. Einige Familien sind nahezu bedeutungslos, andere dagegen sehr mitgliederstark. Die 12 wichtigsten Familien sind durch Fettdruck der Ziffern in den Kästchen besonders hervorgehoben. Zu ihnen gehören 56% der in diesem Band behandelten 762 Blütenpflanzen. Diese Familien werden auf den Seiten 16 – 23 kurz vorgestellt.

Das wichtigste Anliegen dieses neuen Kosmos-Pflanzenführers ist es, dem Leser **„Wissenswertes"** über die einzelnen Arten nahezubringen. Damit sind vor allem Informationen gemeint, die das Verhältnis des Menschen zu den Pflanzen früher und heute erhellen. Heil- und Gewürz-, Gemüse- und Giftpflanzen, Arten mit Bezug zum Glauben wie zum Aberglauben, mit besonders bemerkenswerter Gestalt oder Lebensweise und Eigentümlichkeiten der Bestäubung, des Wachstums oder des Standorts interessieren den Pflanzenfreund meistens ganz besonders. Solche Sachverhalte bringen Pflanze und Mensch oft in eine engere Beziehung zueinander. Sie brauchen nicht unbedingt wichtig zu sein, denn man sie wissen und behalten müßte. Dennoch haben diese Sachverhalte erfahrungsgemäß eine besondere Funktion, die vor allem auch Lehrer gern nutzen. Sie erleichtern die Festigung und das Bewahren der Formenkenntnis. Diese kleinen, in der Wissenschaft oft übersehenen Inhalte, die man mit einzelnen Arten verbinden kann, stützen die Artenkenntnis, weshalb man auch vom „Stützwissen" spricht. Den deutschen, manchmal auch den wissenschaftlichen Namen der Pflanzen verdanken wir ganz besonders viele bemerkenswerte Ansatzpunkte für derartiges Wissen, das oft lebenslang im Gedächtnis verankert bleibt.

Ein illustrierter Pflanzenführer für Mitteleuropa – selbst wenn er sehr umfangreich ist – wird kaum sämtliche Blütenpflanzen und Farngewächse dieses Raumes abbilden und behandeln können, ganz zu schweigen von den Moosen und Pilzen. Und würde er es versuchen, bestünde die Gefahr, daß er die weitaus größte Zahl seiner Benutzer eher irritierte und abschreckte statt anregte und motivierte.

Viele Pflanzenarten Mitteleuropas sind einander zu ähnlich, als daß man sie in fotografischen Aufnahmen und/oder knappen Beschreibungen differenzieren könnte. Andere sind so selten oder an nur so wenigen Orten heimisch, daß sie, würden sie mit aufgenommen, nur Ballast wären und von den wichtigen Arten ablenkten.

Also wird man sich dann doch – nicht nur notgedrungen, sondern durchaus auch im Interesse des Pflanzenfreundes, der nach diesem Kosmos-Pflanzenführer greifen soll – für eine Auswahl entscheiden. Und das auch, wenn – wie in unserem Falle – insgesamt immerhin 762 Arten Blütenpflanzen, 35 Arten Farngewächse und – mehr zur Abrundung – noch 30 Moos- und 72 Pilzarten in einem Bande vorgestellt werden.

Die Kriterien, die bei der Auswahl der Arten zugrundegelegt wurden, sind leicht aufgezählt. Häufigkeit und weite Verbreitung, Auffälligkeit und möglichst gute Unterscheidbarkeit sowie Bedeutsamkeit der Art für den Menschen und die Ökosysteme nehmen die ersten Ränge ein. Fast in allen oder doch in mehr als der Hälfte aller Meßtischblatt-Quadranten Mitteleuropas nachgewiesene Arten der Blütenpflanzen und der Farngewächse dürfen nicht fehlen, zumal wenn sie jeweils vielerorts und vielleicht sogar in größeren Beständen auftreten. Meistens haben solche Arten noch nahe, in der Regel sehr ähnliche, jedoch nur sehr begrenzt verbreitete Verwandte. Auf sie wurde dann meistens verzichtet, zumal wenn die „Zusammentreff-Wahrscheinlichkeit" bei den Arten sich im Verhältnis von 1000 (und mehr) zu 1 bewegt.

Der vielfach fast schon zum Ritual erhobenen Verengung des Interesses auf „sehr seltene, vom Aussterben bedrohte Arten" soll in diesem Pflanzenführer mit Nachdruck entgegengewirkt werden. Wie aussichtslos ist die Jagd nach manchen unauffälligen Seltenheiten, solange deren weit verbreitete Verwandte unbekannt und daher unbeachtet bleiben! Gerade sie sollten zuerst einmal Objekt unserer Aufmerksamkeit und intensiven Betrachtung, unserer Freude und Zuwendung sein – und nicht obwohl, sondern gerade weil sie uns oft noch in unserem Lebens- und Erlebnisraum auf Schritt und Tritt begegnen.

Das schließt natürlich das Interesse an besonders schönen, auffälligen oder aus anderen Gründen bemerkenswerten Arten nicht aus, auch wenn sie nur regional verbreitet oder ausgesprochene ökologische Spezialisten – etwa des Hochgebirges oder der Meeresküsten – sind.

Bei der Anordnung der Arten folgen wir hier der bewährten Tradition der Zuordnung der Blütenpflanzen nach Blütenfarben und innerhalb der Farbgruppen soweit wie möglich nach ihrer natürlichen Verwandtschaft, das heißt, nach dem System der Blütenpflanzen. Daß die farbliche Zuordnung nicht immer leicht ist, hängt nicht nur mit der individuellen und der geographischen Variabilität vieler Arten, sondern auch mit den fließenden Übergängen zwischen den verschiedenen Farben zusammen. Entscheidungen erscheinen hier gelegentlich sehr subjektiv und sind es wohl auch. Das gilt am wenigsten für die 132 „Weiß" und die 127 „Gelb" zugeordneten Arten, eher schon für die als „unscheinbar" (d.h. grünlich- oder bräunlichblütig) bezeichneten 75 Arten. Die größten Schwierigkeiten bereitet das Farbspektrum zwischen Rot und Blau und damit die Abgrenzung zwischen Rot und Rotviolett einerseits sowie zwischen Blau und Blauviolett andererseits. Unter Rot erscheinen 116, unter Blau 45 und unter Violett 50 Arten. Weil alle Arten nur einmal behandelt werden, wird gelegentlich ein Blick in zwei Farblisten unerläßlich sein.

Eindeutig ist dagegen in aller Regel die Zuordnung einer gefundenen Art zu den Gräsern und den grasähnlichen Arten (Süß- und Sauergräser, Binsengewächse). Das gilt auch für die Holzgewächse (Bäume, Sträucher); aber auch hier gibt es Problemfälle, nämlich einige Halbsträucher, die so stark an krautige Pflanzen erinnern, daß sie dort besser plaziert erscheinen.

Dieser Kosmos-Naturführer behandelt die Pflanzenarten Mitteleuropas, jenes Übergangsgebiets zwischen dem atlantischen West- und dem kontinentalen Osteuropa, an dem Deutschland einen großen Anteil hat. Mitteleuropa ist nicht eindeutig abzugrenzen, am ehesten noch in der Süd-Nord-Erstreckung bzw. -Begrenzung: Hier handelt es sich um den Raum von den Alpen bis zur Nord- und Ostsee. Im Westen gehören die Niederlande, Luxemburg und der Ostteil Belgiens und Frankreichs dazu. Im Osten reicht Mitteleuropa bis in den Weichselbogen und in die Karpaten hinein, so daß neben der Tschechischen Republik auch die größten Teile Polens und der Slowakischen Republik als zu Mitteleuropa gehörig betrachtet werden können.

Die Vegetation und der Pflanzenartenbestand dieses Raumes weisen vielerlei Gemeinsamkeiten auf. Etliche Arten besiedeln nahezu dieses gesamte Gebiet, andere zumindest große Teilbereiche. Aus diesem Grunde wurde hier Mitteleuropa als das „Gebiet" ausgewählt, auf das sich die Angaben zu den Vorkommen der Pflanzenarten beziehen. Die Beschreibungen „im Norden des Gebietes, im Süden, Westen oder Osten des Gebietes" müssen vor diesem Hintergrund verstanden werden. Sie ersetzen umständliche Angaben zu einzelnen mitteleuropäischen Landschaften und geben in der gebotenen Kürze doch Hinweise auf die Verbreitungsschwerpunkte der einzelnen Pflanzenarten.

Außer zur Lage des Verbreitungsgebietes im mitteleuropäischen Raum findet der Leser unter **„Vorkommen"** meistens auch noch einige Stichworte zum Lebensraum und zur Häufigkeit der jeweiligen Art, manchmal auch dazu, ob sie in der Regel einzeln, in Gruppen oder in größeren Beständen wächst.

Fast überall in Mitteleuropa leben die verschiedenen Pflanzenarten in vom Menschen geprägten und zum Teil grundlegend veränderten Lebensräumen. Ursprüngliche, d.h. vom Menschen weder in der Vergangenheit noch in der Gegenwart genutzte, belastete oder gestaltete Biotope gibt es bestensfalls noch in den Gipfellagen der Alpen. Ansonsten haben sich innerhalb der letzten 5000 Jahre überall in Mitteleuropa die Urlandschaften in Kulturlandschaften gewandelt, zu denen auch unsere Wälder und Heiden gehören, die ohne den Menschen gänzlich anders aussähen oder überhaupt nicht existierten.

Noch weiter als die agrar geprägte haben sich weite Teile der urban-industriell geprägten Kulturlandschaft vom Urzustand entfernt. Man denke nur an die Städte und Ballungsräume mit ihren versiegelten, aufgeschütteten und entwässerten Böden, an Straßen und Eisenbahndämme, an Schuttplätze und Halden, Stau- und Baggerseen, Industriebrache, Bauerwartungsland und vieles andere mehr. Als sog. Sekundär-, im Grunde nach der vorausgegangenen Agrarnutzung sogar Tertiärbiotope haben sie zumeist völlig andere Standorteigenschaften als ihre Vorgänger. Der Wandel hat vielen zuvor hier heimischen Pflanzenarten die Lebensgrundlagen entzogen; sie sind verschwunden. Doch auch für die grundlegend veränderten Standorte hält die Natur eine Vielzahl für die neue Situation geeigneter Siedler bereit. Die Natur reagiert konstruktiv; kaum einen Flecken Erde außerhalb von Schnee und Eis sowie der Meeresbrandung läßt sie in unseren Breiten auf Dauer unbegrünt.

Unter den Siedlern in den sogenannten Sekundärbiotopen findet man immer zahlreiche Arten, die erst durch den Menschen aus anderen Teilen Europas und der ganzen Welt nach Mitteleuropa gelangten. Einige Arten hat er bewußt mitgebracht, die meisten jedoch als Samen zusammen mit anderen Gütern unbewußt importiert. Viele Pflanzenarten sind im Laufe der Jahrhunderte durch die neuen offenen Landschaften und auf zuvor nicht vorhandenen Trassen eingewandert. Die Arten, die zwischen Steinzeit und Entdeckung Amerikas eintrafen, pflegt man als Alteinwanderer (Archaeophyten), die späteren als Neueinwanderer (Neophyten) zu bezeichnen. Zusammen mit den erhalten gebliebenen Urbesiedlern sorgen sie für die heutige Artenvielfalt der wildwachsenden Flora Mitteleuropas, die trotz des technik- und zivilisationsbedingten Artenrückgangs der letzten 200, vor allem der letzten 50 Jahre größer ist, als sie in der Urlandschaft einmal war.

Diese Artenvielfalt – heute spricht man von Biodiversität – stellt einen unschätzbaren Wert dar, den zu erhalten eine Aufgabe ist, die von

Karte von Mitteleuropa

Generation zu Generation weitergegeben werden muß. Um sie als Auftrag bewußt wahrzunehmen, ist es unerläßlich, mit der Vegetation und den einzelnen Pflanzenarten grundsätzlich behutsam umzugehen und dieses Verhalten Kindern und Jugendlichen schon früh zu vermitteln. Pflanzen kennenzulernen ist ein hilfreicher Ansatz für deren Schutz! Jeder Pflanzenfreund muß die Bemühungen des Naturschutzes sowohl auf dem Gebiet des Biotop- als auch des unmittelbaren Artenschutzes wirkungsvoll unterstützen und alle nicht gerade in großen Beständen wachsenden Arten oder nicht ohnehin zur Mahd vorgesehenen Bestände auch beim Bestimmen und Fotografieren unangetastet lassen.

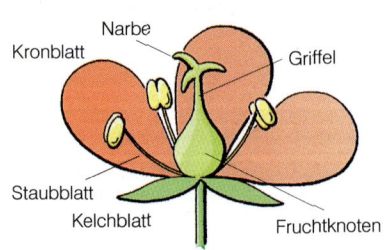

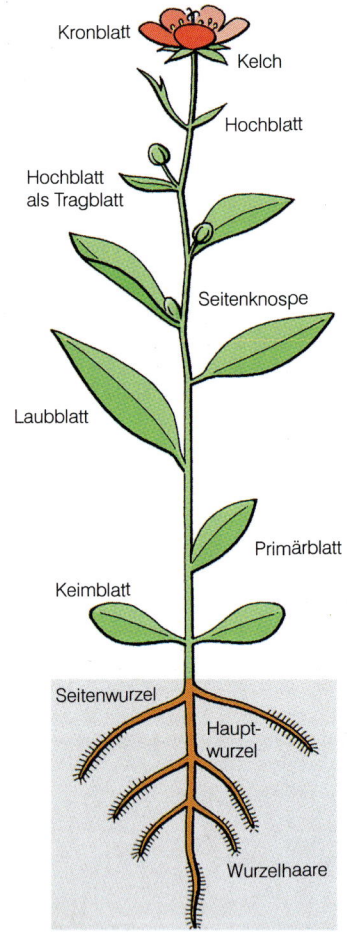

So unterschiedlich auch die Wiesen-Glockenblume, der Bocksbart und der Spitz-Ahorn sind, gewisse Merkmale haben alle drei gemeinsam. Sie lassen sich – trotz vielerlei Abwandlungen – letztlich auf den Grundbauplan der Blütenpflanzen zurückführen.

Dazu gehört die Gliederung in Wurzel und Sproß, wobei letzterer Blätter und Blüten trägt. Das Wurzelsystem ist mit Haupt- und Seitenwurzeln stark verzweigt, verankert die Pflanze im Boden und versorgt sie mit Wasser und Mineralsalzen.

Die oberirdische Sproßachse als zentraler Bestandteil der Blütenpflanzen kann krautig und damit kurzlebig (Kräuter, Gräser) oder verholzt und langlebig (Bäume, Sträucher) sein. In ihr, d.h. in den röhrenförmigen Zellen der Leitbündel, werden Wasser und darin gelöste Mineralsalze von den Wurzeln zu den Blättern und Assimilate in umgekehrter Richtung transportiert.

Die Blätter sind in der Regel grün und dienen der Photosynthese. Außerdem erfolgt vorrangig über sie die Wasserabgabe, die den Transportstrom in der Pflanze gewährleistet und sie zugleich vor Überhitzung schützt. Die Blätter stehen an der Sproßachse oder an Seitentrieben, die in den Achseln der Laubblätter entspringen. Als erste Blätter beim Auskeimen der Samen erscheinen in der Regel ein oder mehrere Keimblätter.

Die auffallendsten Teile der Blütenpflanzen sind die im Dienste der geschlechtlichen Vermehrung stehenden Blüten: bei den Insektenblütlern meistens groß und bunt, bei den Windblütlern zahlreich, klein und dicht gedrängt. Trotz vielfältigster Abwandlungen und Reduktion läßt sich letztlich auch hier ein Grundbauplan erkennen.

Der Längsschnitt zeigt die Bestandteile: meist grüne Kelch- und in der Regel andersfarbige Kron- oder Blütenblätter (Blütenkrone), aus Staubfäden und Staubbeuteln bestehende Staubblätter als männliche und aus einem oder mehreren Fruchtblättern hervorgegangene und in Narbe, Griffel und Fruchtknoten gegliederte weibliche Geschlechtsorgane (Stempel).

Grundbauplan einer Blütenpflanze (Blüte gesondert vergrößert)

Bedecktsamige Pflanzen

Zweikeimblättrige | **Einkeimblättrige** | **Nacktsamige Pflanzen**

Blätter mit Netznervatur, meistens mit Blattstielen, oft aus mehreren Blättchen zusammengesetzt.

Blätter mit Parallelnerven, lineal bis eiförmig, ungestielt, in der Regel nicht zusammengesetzt.

Blätter nadel- oder schuppenförmig, klein und sehr zahlreich, zumeist mehrjährig, derb und deutlich xeromorph.

 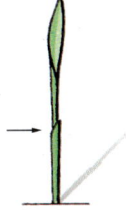 

Keimblätter zu zweit, gegenständig, meistens kurzlebig, manchmal von der Samenschale umschlossen.

Ein einziges Keimblatt, oft zum Saugorgan für die Aufnahme von Nährstoffen aus dem Samen umgebildet.

Die Zahl der Keimblätter ist größer; bei den Nadelhölzern (Coniferen) sind es fünf oder mehr.

Blüten meistens mit Kelch und Krone, überwiegend aus 5- oder 4zähligen Wirteln; Samenanlagen immer in Fruchtknoten, d.h. bedeckt.

Blüten überwiegend mit zwei Perigonblattkreisen in 3zähligen Wirteln; Samenanlagen immer in Fruchtknoten, also bedeckt.

Blüten ohne Blütenkrone, eingeschlechtig, mit zahlreichen Frucht- oder Staubblättern; Samenanlagen für Pollen frei zugänglich, nackt.

Symmetrie der Blüten

 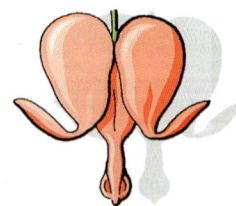 

Radiär oder strahlig symmetrische Blüten können durch mehr als 2 Schnittebenen in jeweils spiegelbildliche Hälften zerlegt werden.

Nur 2 derartige senkrecht aufeinander stehende Schnittebenen zeichnen die wenigen bilateralen oder disymmetrischen Blüten aus.

Gibt es nur eine einzige derartige Schnittebene mit 2 spiegelbildlichen Hälften, so sind es zygomorphe oder dorsiventrale Blüten.

Stellung des Fruchtknotens

 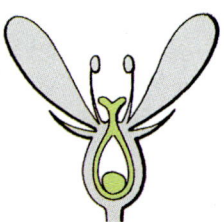 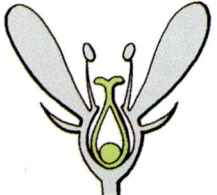

Oberständig ist ein Fruchtknoten, wenn er oberhalb der Staub- und Kronblätter auf einer aufgewölbten Blütenachse steht.

Der unterständige Fruchtknoten ist in die becherförmig eingetiefte Blütenachse eingesenkt und mit ihr verwachsen.

Mittelständig nennt man einen Fruchtknoten, der zwar in die Blütenachse eingesenkt, aber nicht mir ihr verwachsen ist.

Freie und verwachsene Kronblätter

Bei den Freikronblättrigen Pflanzen sind die einzelnen Kronblätter frei, d.h. nicht miteinander verwachsen. Man kann sie einzeln auszupfen, ohne die benachbarten Kronblätter zu beschädigen. Tief eingeschnittene Kronzipfel täuschen manchmal Freikronblättrigkeit vor.

Bei den Verwachsenkronblättrigen Pflanzen löst sich die Blütenkrone immer als Ganzes oder sie wird beschädigt. Die Anzahl der freien Zipfel weist bei glocken-, trichter- und röhrenförmigen Blüten auf die Zahl der miteinander verwachsenen Kronblätter hin.

Wichtige Merkmale im Blütenbereich, geeignet für eine erste Zuordnung von Arten zu verschiedenen verwandtschaftlichen Gruppen

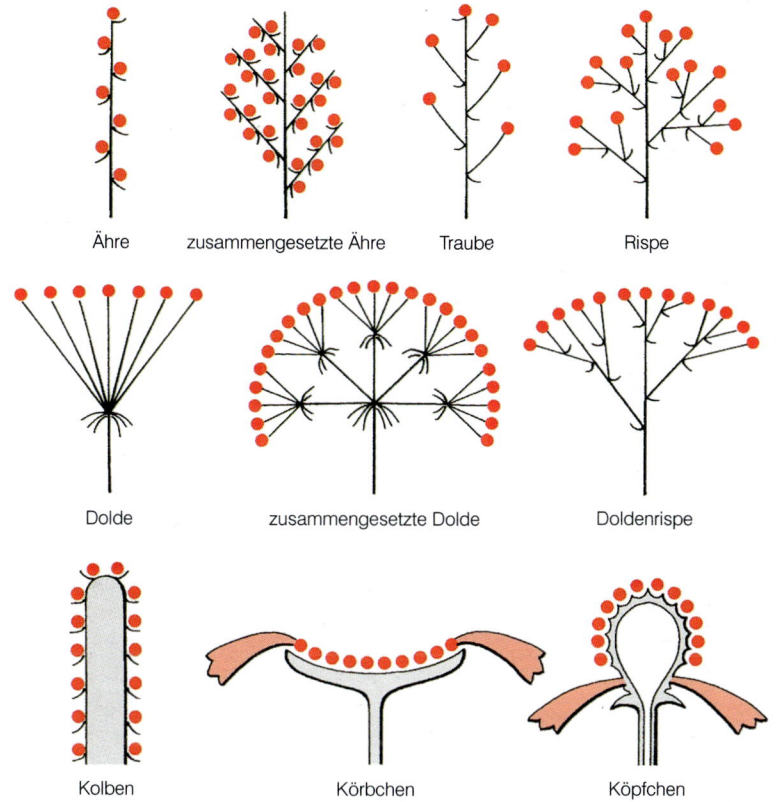

Ähre   zusammengesetzte Ähre   Traube   Rispe

Dolde   zusammengesetzte Dolde   Doldenrispe

Kolben   Körbchen   Köpfchen

Die zehn häufigsten und besonders leicht unterscheidbaren Blütenstände im Überblick – nach Ähnlichkeit in der Art der Verzweigung geordnet

Durch das dichte Beisammenstehen mehrerer bis zahlreicher Blüten in einem Blütenstand wird bei Insektenblütlern der Schaueffekt der Einzelblüten erheblich erhöht. Häufig treten im Bereich des Blütenstandes an die Stelle der Laubblätter kleinere, unscheinbare, die Blüten nicht verdeckende Hochblätter. Die Einzelblüten sind meistens stark verkleinert, so daß sie in großer Zahl dicht beisammen stehen können. Am Rande des Blütenstandes sind einzelne Blüten oder Blütenteile – z.B. bei Körbchen und zusammengesetzten Dolden – im Vergleich zu den Blüten im inneren Bereich oft deutlich vergrößert, manchmal sogar zu sterilen Lockattrappen geworden.

In einzelnen Entwicklungslinien entstanden so Blütenstände, die auf den ersten Blick wie Einzelblüten erscheinen und auch funktionell wie solche agieren. Extreme Beispiele hierfür liefert die Familie der Korbblütler, deren Blütenkörbchen von kelchartigen Hüllblättern umgeben werden und die sich oft im Tagesrhythmus bzw. bei Regen und Sonnenschein öffnen und schließen. Zum Teil wird die Schaufunktion ausschließlich von den Randblüten wahrgenommen. Im Volksmund werden derartige einzelblütenähnliche Blütenstände (Pseudanthien) als „Blumen" bezeichnet; man denke nur an Sonnen- und Wucherblume, Korn- und Flockenblume.

Einfache Blätter

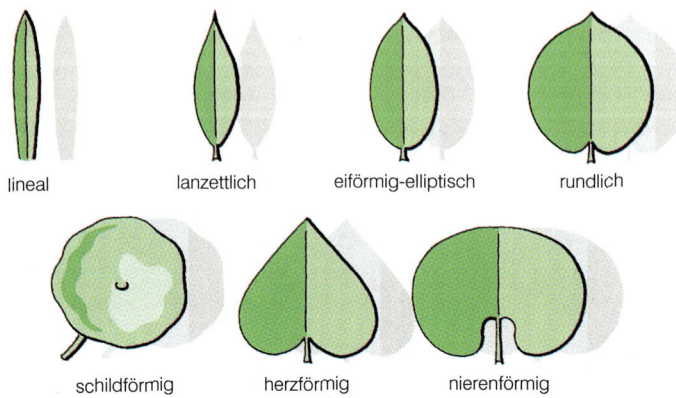

| lineal | lanzettlich | eiförmig-elliptisch | rundlich |

schildförmig   herzförmig   nierenförmig

Zusammengesetzte Blätter

unpaarig gefiedert   paarig gefiedert   doppelt gefiedert   ungleichmäßig gefiedert

dreizählig gefingert   fünfzählig gefingert/   fiederspaltig
gefiedert

Blattstellung

wechselständig   gekreuzt gegenständig   quirlständig

ES6

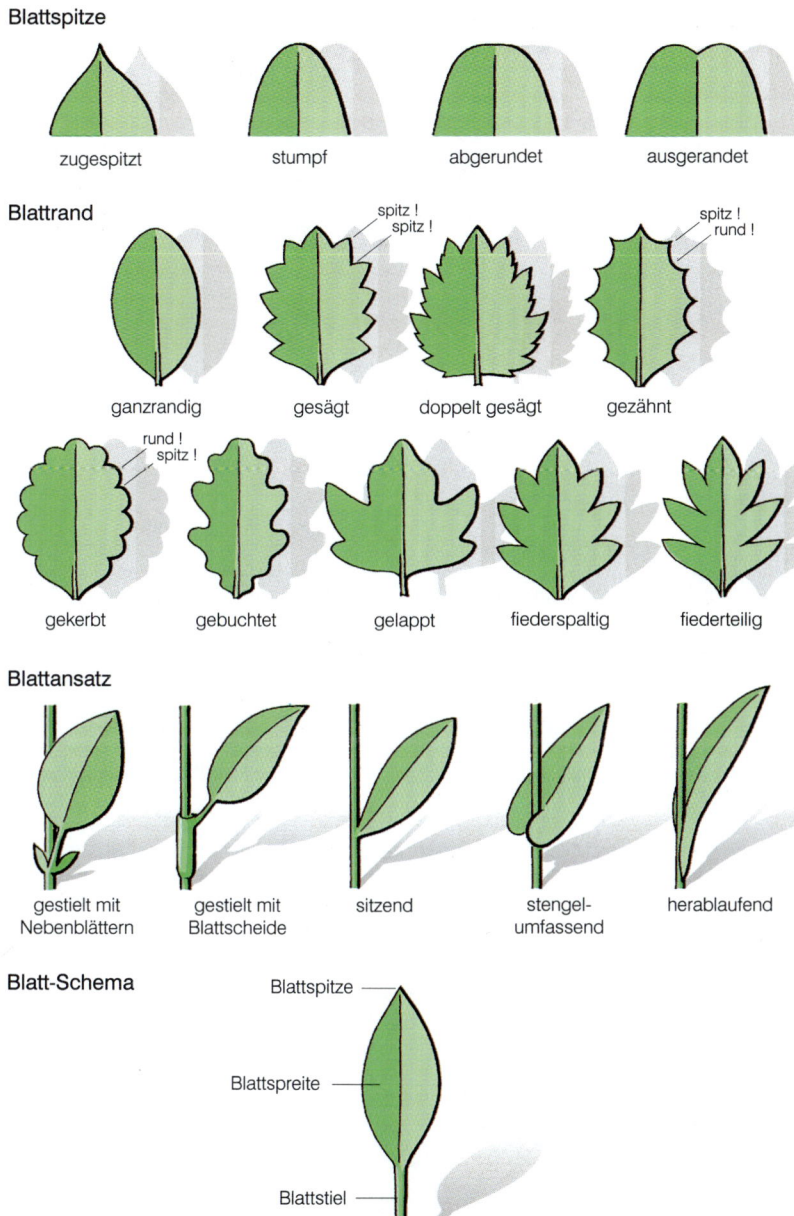

Blattspitze

zugespitzt   stumpf   abgerundet   ausgerandet

Blattrand

ganzrandig   gesägt   doppelt gesägt   gezähnt

spitz !
spitz !

spitz !
rund !

gekerbt   gebuchtet   gelappt   fiederspaltig   fiederteilig

rund !
spitz !

Blattansatz

gestielt mit
Nebenblättern   gestielt mit
Blattscheide   sitzend   stengel-
umfassend   herablaufend

Blatt-Schema

Blattspitze

Blattspreite

Blattstiel

Nebenblatt

Blattgrund

ES7

Hahnenfußgewächse (Ranunculaceae)

Vor allem gegen die Rosengewächse ist diese Familie nicht immer leicht abgrenzbar. Weil es – im Gegensatz zu den Doldengewächsen, den Lippen- und Korbblütlern – keine durchgängigen Kennzeichen gibt, kann erst die Kombination verschiedener Merkmale die Familienzugehörigkeit eindeutig belegen.

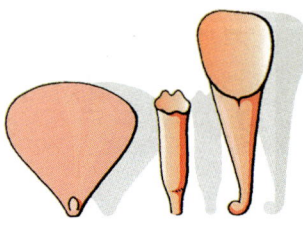

Je ein Honigblatt vom Hahnenfuß, von einer Nieswurz und einer Akelei

Zumeist – aber nicht immer – handelt es sich um mehrjährige, krautige Pflanzen. Die Blätter sind wechselständig, oft tief geteilt, aber stets ohne Nebenblätter. Die meisten Arten – beispielsweise die der wichtigsten Gattung Hahnenfuß (*Ranunculus*) – haben radiäre Blüten, doch sind auch einzelne Arten mit zygomorphen Blüten vertreten, unter denen die von Akelei (*Aquilegia*) und Rittersporn (*Delphinium, Consolida*) sogar gespornt sind. Das heißt, sie bilden einen sich verjüngenden Fortsatz nach hinten aus, der als Nektarbehälter dient. Nektarblätter spielen insgesamt in dieser Familie eine wichtige Rolle; manche wirken wie Kronblätter, haben aber an der Basis eine kleine Nektargrube, so etwa bei unseren häufigen Hahnenfuß-Arten.

Sammelfrüchte von Trollblume, Scharfem Hahnenfuß und Rittersporn

Besonders bemerkenswert sind die zahlreichen Staubblätter (meistens mehr als 10). Auch die Fruchtblätter liegen in der Regel in größerer Zahl vor; nur ausnahmsweise sind es 1 oder wenige (vgl. Abbildung). Jedes Fruchtblatt verwächst mit sich selbst und bildet einen eigenen Fruchtknoten (apokrapes Gynoeceum). Deshalb findet man in der Regel vielfrüchtige (polykarpe) Sammelfrüchte, die aus mehrsamigen Bälgen oder einsamigen Nüßchen bestehen (vgl. Abbildung). Während sich die Bälge an der Verwachsungslinie (Bauchnaht) öffnen und die Samen entlassen, sind die Nüßchen Schließfrüchte.

S. 98/2, 98/3, 108/2–110/5, 160/3–166/5, 226/4, 270/1–270/4, 290/1, 290/2, 322/1–322/3

Rosengewächse (Rosaceae)

Bei den heimischen Vertretern dieser Familie überwiegen die Holzgewächse, vor allem durch den Artenreichtum der Gattungen *Rosa* und *Rubus* sowie durch die zahlreichen Obstgehölze. Aber auch ein- und mehrjährige krautige Pflanzen sind vertreten; man denke nur an die Gattungen der Fingerkräuter (*Potentilla*) und an die Nelkenwurz-Arten (*Geum*).

Das regelmäßige Auftreten von Nebenblättern, die allerdings zum Teil sehr kurzlebig sind, d.h. früh abfallen, unterscheidet die Rosengewächse trotz etlicher anderer Ähnlichkeiten von den Hahnenfußgewächsen. Die Blüten der Rosengewächse sind immer radiär, fast immer 5zählig und meistens mit zahlreichen Staubblättern ausgestattet. Allerdings gibt es auch rückgebildete, zum Teil kronenlose und sogar windblütige Formen, etwa unter den Wiesenknopf- (*Sanguisorba*) und den Frauenmantel-Arten (*Alchemilla*).

Am vielfältigsten sind allerdings die weiblichen Blütenbestandteile ausgebildet. In der wichtigsten Unterfamilie der Rosenartigen bestehen die Früchte – wie bei vielen Hahnenfußgewächsen – aus etlichen 1samigen Nüßchen, die jeweils aus 1 Fruchtblatt hervorgegangen sind. Diese können sich – wie bei den Erdbeeren (*Fragaria*) – auf einem vorgewölbten oder – wie bei den „Hagebutten" – in einem krugförmig vertieften Blütenboden befinden. Bei den Angehörigen der Unterfamilie der Apfelartigen ist die „Apfelfrucht" das alle verbindende Merkmal.

Die Arten der Unterfamilie der Steinobstartigen haben allesamt Steinfrüchte, die jeweils auf ein einziges Fruchtblatt zurückgehen. Auch wenn man den Sonderfall des Geißbarts (*Aruncus*) und seiner Balgfrüchte mit einbezieht, bleibt trotz der Vielfalt in der Fruchtbildung der Rosengewächse als Gemeinsamkeit bestehen, daß die Fruchtblätter nicht miteinander, sondern mit sich selbst verwachsen, es sich also um apokarpe Gynoeceen handelt (s. Hahnenfußgewächse).

S.58/1–70/3, 122/2–124/2, 178/2–180/5, 230/3–232/1, 324/1–324/2

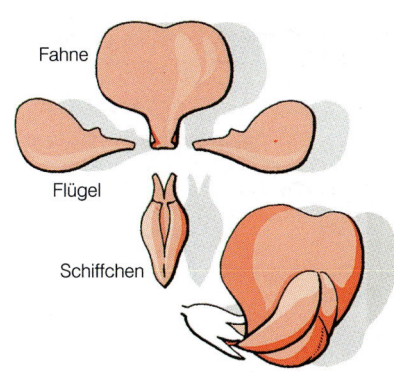

Fahne

Flügel

Schiffchen

Schmetterlingsblüte zerlegt und von außen betrachtet

Schmetterlingsblütler (Papilionaceae = Fabaceae)

Während diese weltweit verbreitete Familie in den Tropen vor allem durch Holzgewächse vertreten ist, überwiegen in Mitteleuropa die krautigen Arten. Die wechselständigen Blätter sind ursprünglich unpaarig gefiedert. Sowohl die gefingerten Blätter als auch die zu Ranken umgebildeten Spitzenblättchen mancher Wikken (*Vicia*) und Platterbsen (*Lathyrus*) gelten als abgeleitet. Die stets vorhandenen Nebenblätter sind manchmal auffallend groß und maßgeblich an der Photosynthese beteiligt.

Der Aufbau der Blüten, die meistens zu traubigen Blütenständen vereint stehen, ist sehr einheitlich und ermöglicht jedermann das leichte Wiedererkennen und die Abgrenzung der Familie. Sowohl Kelch als auch Blütenkrone sind auf der 5-Zahl aufgebaut. Die 5 miteinander verwachsenen Kelchblätter sind oft zumindest andeutungsweise 2lippig und unterstreichen ihrerseits zusätzlich den zygomorphen Blütenaufbau. Die 5blättrige Krone setzt sich aus der sich oben ausbreitenden Fahne, den beiden seitlichen Flügeln und dem unten vorspringenden Schiffchen zusammen, das von zwei miteinander verwachsenen Kronblättern gebildet wird (Abbildung). Das Schiffchen verbirgt die 10 Staubblätter, die entweder allesamt eine geschlossene oder zu 9 eine oben offene Röhre bilden, auf der das

10., freie Staubblatt liegt. Das einzige Fruchtblatt steht oberständig und entwickelt sich zu einer Hülse, die sich bei der Reife an der Bauch- und an der Rückennaht öffnet und die mit großen Keimblättern als Speichergewebe gefüllten Samen entläßt. Interessant ist der Mechanismus zum Vorschnellen oder Vorquellen des Pollens bei der Landung von Bienen oder Hummeln auf dem Schiffchen. Die Schmetterlingsblütler sind ökologisch und ökonomisch nicht zuletzt dadurch besonders bedeutsam, daß sie in einer Wurzelsymbiose mit Knöllchenbakterien leben, die Luftstickstoff zu binden in der Lage sind.

S.72/1–74/5, 104/3–126/1, 182/1–184/4, 232/2–236/2, 294/1–296/1

Doldengewächse (Umbelliferae = Apiaceae)

Die Doppeldolde als Blütenstand ist für die allermeisten Doldengewächse ein so sicheres und leicht erkennbares Familienmerkmal, daß man sie nicht durch einige wenige Ausnahmen in Frage stellen sollte. Die Doppeldolde kommt dadurch zustande, daß am Ende eines jeden Blütenstiels eine Dolde steht, aber statt Blüten Doldenstrahlen erscheinen, die ihrerseits wieder Dolden 2. Ordnung tragen, die als Döldchen bezeichnet werden. Die Tragblätter der Doldenstrahlen 1. Ordnung – in der Zahl

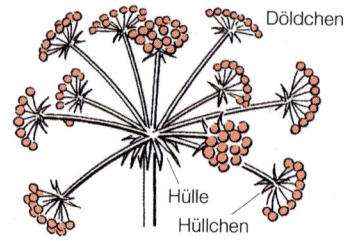

Zusammengesetzte Dolde mit Hülle und Hüllchen

durchweg reduziert, vereinzelt auf Null – heißen „Hüllblätter", die der Doldenstrahlen 2. Ordnung „Hüllchenblätter" (vgl. Abbildung). Die Einzelblüten sind klein; erst in der großen Zahl der Einzelblüten einer Doppeldolde sind sie auffällige Schauorgane. Weißblütige Doldengewächse herrschen sehr stark vor; einige Arten sind allerdings gelbblütig. Die Blüten sind eigentlich radiär, die randständigen aber gelegentlich nach außen vergrößert und dadurch zygomorph. Sie sind auf der 5-Zahl aufgebaut, d.h. sie weisen 5 Kelchblätter, die allerdings meistens stark reduziert sind, 5 Kronblätter und 5 Staubblätter auf. Zwei Griffel deuten auf 2 miteinander verwachsene Fruchtblätter hin, die sich bei der Reife wieder lösen und in zwei 1samige Spaltfrüchte zerfallen. Durch die an den Spaltfrüchten erhalten bleibenden Griffel entsteht oft ein mehr oder weniger langer „Schnabel", der nicht selten ein wichtiges Arterkennungsmerkmal ist.

Die Doldengewächse, die außerhalb der Tropen auf der Nordhalbkugel weit verbreitet sind, begegnen uns in Mitteleuropa durchweg als krautige Pflanzen mit einfach oder mehrfach gefiederten Blättern, die keine Nebenblätter, oft aber einen scheidenartig vergrößerten Blattgrund aufweisen.

Von dem bislang beschriebenen Erscheinungsbild weichen bei uns nur wenige Gattungen ab, so u.a. die Gattungen Mannstreu (*Eryngium*), Sterndolde (*Astrantia*) und Wassernabel (*Hydrocotyle*), die man nicht sogleich als Doldengewächse erkennen dürfte.

S. 128/1–136/3, 190/3, 272/3, 328/1, 328/5

Kreuzblütler (Cruciferae = Brassicaceae)

Die über Kreuz angeordneten 4 Kelch- und 4 Kronblätter waren der Anlaß, dieser Familie den Namen „Kreuzblütler" zu geben. Die zahlreichen zugehörigen Arten sind in der Regel leicht als Familienmitglieder zu erkennen, weil sie – bis auf wenige Ausnahmen – allen gemeinsame Kennzeichen aufweisen. Dazu gehören neben den 4 Kelch- und den 4 Kronblättern auch die beiden Staubblattkreise mit 2 kürzeren Staubblättern außen und 4 längeren Staubblättern innen. Der oberständige Fruchtknoten wird von 2 Fruchtblättern gebildet und durch eine Scheidewand in 2 Fächer geteilt. Die Scheidewand wird als „falsch" bezeichnet, weil sie von randlichen Gewebe-

3 Schötchen und 1 Schote; das zweite Schötchen deutlich geflügelt

wucherungen der Fruchtblätter gebildet wird. Als für die Familie typische Frucht gilt die Schote, die sich bei der Reife mit 2 Fruchtklappen öffnet. Dabei bleibt der Rahmen mit der falschen Scheidewand stehen; an ihm hängen zunächst die Samen, bis sie abfallen. Ohne systematischen Wert, aber von ausschlaggebender Bedeutung bei der Bestimmung ist die Unterscheidung von Schoten und Schötchen. Von letzteren ist die Rede, wenn die Frucht nicht wenigstens dreimal so lang wie breit ist (vgl. Abbildung). Die Größe der Früchte spielt bei dieser Unterscheidung keine Rolle. Nur wenige Gattungen weichen von der familientypischen Fruchtbildung ab, so z.B. der Hederich (*Raphanus raphanistrum*) mit perlschnurartig eingeschnürten Bruchschoten, das Brillenschötchen (*Biscutella laevigata*) mit spaltfruchtartigen Schöt-

Schote mit 2 Fruchtklappen, falscher Scheidewand und Samen

chen und der Färberwaid (*Isatis tinctoria*) mit 1samigen Schötchen, die wie geflügelte Nüßchen erscheinen. Als Blütenfarben herrschen bei den Kreuzblütlern Weiß und Gelb vor, gefolgt von Violett. Meistens bilden zahlreiche Blüten deck- und vorblattlose Trauben, die von unten nach oben aufblühen und denen eine Endblüte fehlt. Die Traube ist oft mehr oder weniger stark gestaucht, manchmal bis zur Doldentraube oder Trugdolde. In der Regel sind Blüten und Früchte an ein und derselben Pflanze gleichzeitig zu finden, was für die Bestimmung der Arten sehr wichtig ist.

Die einheimischen Kreuzblütler sind allesamt krautig; der Anteil der einjährigen Arten ist recht groß.

S. 112/2–118/3, 168/3–174/4, 290/5–292/5, 322/4

Nelkengewächse (Caryophyllaceae)

Diese Familie gehört nicht gerade zu den mitgliederstärksten, ist aber doch sehr artenreich über die ganze Erde verbreitet mit Schwerpunkt auf der Nordhalbkugel und hier wiederum vor allem im mediterranen Bereich. Es handelt sich bei den zahlreichen heimischen Vertretern dieser Familie durchweg um krautige Pflanzen und zwar sowohl um Einjährige als auch um Stauden. Die Blätter der Nelkengewächse sind immer ungeteilt und ganzrandig, meistens gegenständig und ohne Nebenblätter, oft ungestielt und manchmal an der Basis mit ihrem Gegenüber verwachsen.

In der ursprünglichen Ausprägung sind die radiären Blüten auf der 5-Zahl aufgebaut: Sie haben 5 Kelch-, 5 Kron-, zweimal 5 Staub- und einmal 5 Fruchtblätter; letztere aber sind oft bis auf 2 reduziert. Wieviele Fruchtblätter im Einzelfalle vorliegen, verrät die Zahl der Griffel und der Zähne an der Spitze der Kapsel, zu der der oberständige Fruchtknoten heranreift. Allerdings können die Kapselzähne längs gespalten sein und die doppelte Zahl von Fruchtblättern vortäuschen. Als Blütenfarben herrschen Weiß und deutlich seltener Rot vor.

Bei den Angehörigen der Unterfamilie der Nelkenverwandten sind die Kelchblätter miteinander verwachsen und die Kronblätter genagelt, d.h. deutlich gestielt. Bei den Mierenverwandten sind die Kelchblätter nicht mitein-

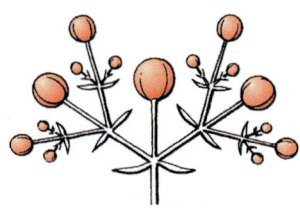

Dichasiale Verzweigung – schematisch dargestellt

ander verwachsen und die Kronblätter nicht deutlich genagelt, dafür aber oft tief 2geteilt, so daß die Krone 10blättrig erscheinen kann. In beiden Unterfamilien ist die dichasiale Verzweigung stark verbreitet (vgl. Abbildung).

Von den heimischen Nelkengewächsen weichen nur wenige – vor allem Spark (*Spergula*) und Schuppenmiere (*Spergularia*) von den hier beschriebenen Familien- und Unterfamilien-Merkmalen ab, indem sie wechselständige Blätter und häutige Nebenblätter und keine Kronblätter haben und statt Kapseln als Früchte Nüsse hervorbringen.

S. 100/3–106/4, 220/4–226/3, 320/1–320/3

Rachenblütler (Scrophulariaceae)

Bei den heimischen Vertretern dieser Familie handelt es sich ebenfalls durchweg um krautige Pflanzen. Die Blätter weisen allerdings keinerlei familientypische Merkmale auf, d.h. sie sind außerordentlich vielgestaltig. Viele Rachenblütler sind in ihrem Erscheinungsbild den Lippenblütlern ähnlich; die Unterschiede werden dort (also im nächsten Kapitel) beschrieben. Der Blütenaufbau aber ist in der Familie der Rachenblütler vielgestaltiger und reicht vom nur schwach angedeuteten bis zum stark ausgeprägten zygomorphen Bau der Blüten. Im Regelfall findet man 5 Kelch- und 5 verwachsene Kronblätter. Bei den Ehrenpreis-Arten (Gattung *Veronica*) ist die Blütenkrone 4teilig, weil die beiden oberen Kronblätter miteinander verwachsen sind. Bei

Maskierte Rachenblüten: Löwenmäulchen und Frauenflachs (mit Sporn)

verschiedenen Gattungen findet man 5, 4 oder 2 Staubblätter. Zwei miteinander verwachsene Fruchtblätter bilden den oberständigen Fruchtknoten. Die Früchte sind fast immer Kapseln.

Viele Blüten weisen eine Ober- und eine Unterlippe auf und können dann Lippenblütlern besonders ähnlich sein. Eine gaumenartige Ausstülpung der Unterlippe, die die Kronröhre verschließt, weist dann sogleich wieder auf die Rachenblütler hin. Man spricht von „maskierten" Blüten (vgl. Abbildung). Bei manchen Arten ist die Blütenkronröhre sackartig oder sogar durch einen als Nektardepot dienenden Sporn erweitert (vgl. Abbildung).

Auffallend stark sind in dieser Familie die Wurzelschmarotzer vertreten, beispielsweise in den Gattungen Wachtelweizen (*Melampyrum*) und Klappertopf (*Rhinanthus*). Die zahlreichen Arten der Gattung Schuppenwurz (*Lathraea*) sind sogar chlorophyllfreie Vollschmarotzer.

S. 144/1, 196/3–196/5, 198/2–198/4, 252/4–254/2, 256/1, 282/1–282/5, 302/5–304/2

Lippenblütler (Labiatae = Lamiaceae)

Markante Familienmerkmale wie die zygomorphen Lippenblüten und der 4teilige Fruchtknoten gestatten jedem Naturfreund die unzweifelhafte Zuordnung der Arten. Dabei handelt es sich weit überwiegend um krautige Pflanzen, die durch einige Halbsträucher ergänzt werden. Die meist ungeteilten, oft aber gekerbten oder gezähnten Blätter verbreiten häufig beim Reiben einen starken, zumeist angenehmen, gelegentlich aber auch abstoßenden Geruch. Er geht auf die in Öldrüsen gelagerten ätherischen Öle zurück. Die kreuzweise gegenständige Stellung der Blätter an einem deutlich 4kantigen Stengel gibt bei Pflanzen im blütenlosen Zustand Anlaß für den Anfangsverdacht, daß es sich um Lippenblütler handeln könnte.

Die Blüten stehen in Blattachseln, wo sie zu Scheinquirlen mehr oder weniger stark zusammengedrängt sind. Besonders auffällig sind die basal miteinander verwachsenen Kronblätter, von denen 2 die nicht immer deutlich entwickelte Ober- und 3 die Unterlippe ausbilden. Beim Günsel (*Ajuga*) etwa ist die Oberlippe reduziert, bei der Minze (*Mentha*) ist sie den übrigen Kronblättern so ähnlich, daß die Krone fast radiär erscheint. Auch der glockig-röhrige, meist 5zählige Kelch wirkt nicht selten 2lippig, dann allerdings mit 3 Kelchzähnen oben und 2 Kelchzähnen unten. Statt der zu erwartenden 5 Staubblätter haben die Lippenblütler nur 4, und zwar 2 längere

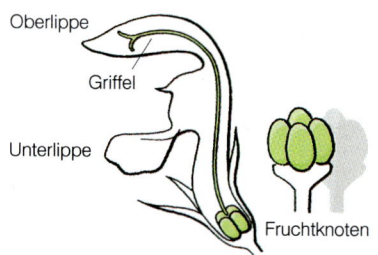

Lippenblüte im Längsschnitt; daneben 4teiliger Fruchtknoten

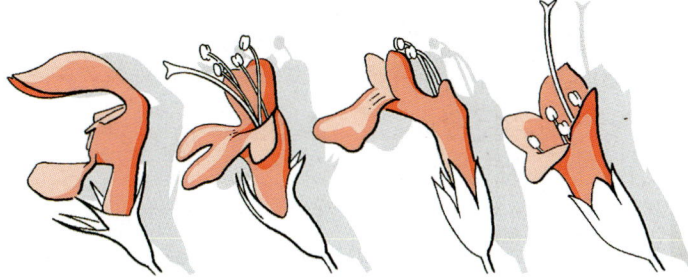

Lippenblüten: die erste komplett, die anderen mit reduzierten Lippen

und 2 kürzere. Nur 2 Staubblätter enthalten nach Reduktion eines Staubblattpaares z.B. die Blüten von Salbei (*Salvia*) und Wolfstrapp (*Lycopus*). Der für die Familie der Lippenblütler besonders charakteristische 4teilige Fruchtknoten entsteht dadurch, daß die beiden miteinander verwachsenen Fruchtblätter durch eine zusätzliche Scheidewand noch einmal zweigeteilt werden. Die dabei entstehenden 4 Fächer – „Klausen" genannt – sind schon am jungen Fruchtknoten erkennbar und enthalten bei der Reife jeweils 1 Samen.

S. 142/3–142/4, 196/1–196/2, 248/1–252/3, 280/1–280/3, 300/4–302/4, 330/2

Korbblütler (Compositae = Asteraceae)

Die artenreichste Familie der Welt beherrscht auch die mitteleuropäische Vegetation mit einer enormen Artenfülle. Während hier ausschließlich krautige Arten leben, ist im tropischen Gebirge unsere Riesengattung der Greiskräuter (*Senecio*) auch mit Bäumen und Sträuchern vertreten.

Die Angehörigen dieser Familie werden an ihrem Blütenstand, der funktionell und vom Bilde her als Einheit (als eine „Blume") erscheint, meistens leicht als Korbblütler erkannt. Dabei gehören die Einzelblüten drei grundverschiedenen Blütentypen an: Entweder sind es radiäre Röhrenblüten mit 5 miteinander verwachsenen Kronblättern oder zygomorphe Zungen- oder Strahlenblüten. Deren Krone kann nach Reduktion von 2 Kronblät-

tern aus einem 3zähnigen, zungenförmigen Gebilde bestehen oder aber beim 3. Blütentyp nach Verschmelzung aller 5 Kronblätter eine 5zähnige Zungen- oder Strahlenblüte sein. Neben rein weiblichen 3zähnigen Zungen- oder Strahlenblüten mit unterständigem Fruchtknoten, einem Griffel und 2 Narben stehen die 5zähnigen, die zwittrig sind. Sie haben 5 zu einer Röhre verwachsene Staubblätter, in deren Mitte sich der Griffel emporschiebt. Diese 3 Blütentypen kennzeichnen nun die beiden hier heimischen Unterfamilien der

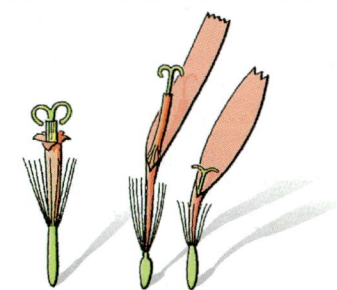

Links Röhrenblüte, rechts Zungenblüten aus 5 bzw. 3 Kronblättern

Korbblütler. In jener mit den Gattungen Löwenzahn (*Taraxacum*), Bocksbart (*Tragopogon*), Wegwarte (*Cichorium*) u.a. bestehen die Einzelblüten ausschließlich aus 5zähnigen Zungen- oder Strahlenblüten; die zugehörigen Arten enthalten – zumindest in der Jugend – Milchsaft. In jener anderen, zu der beispielsweise die Echte Kamille und die Gewöhnliche Wucherblume gehören, können die Körbchen entweder nur aus Röhrenblüten (z.B. bei der Kornblume) aufgebaut sein oder aus 2 Blütentypen bestehen: Die Röhrenblü-

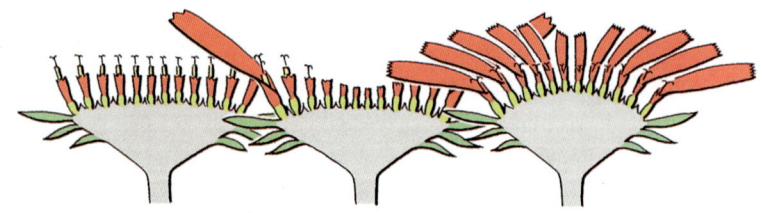

3 Körbchentypen im Längsschnitt: nur mit Röhrenblüten, mit Zungen- und Röhrenblüten, nur mit Zungenblüten

ten (Scheibenblüten) bilden dann wie etwa beim Gänseblümchen in ihrer Gesamtheit den inneren „Knopf", 3zählige Zungen- oder Strahlenblüten den äußeren Kranz (Randblüten). Die Schauwirkung solcher Körbchen ist ganz besonders groß.
Hüllblätter umgeben das Körbchen, also den gesamten Blütenstand, und unterstreichen noch zusätzlich den Eindruck, daß es sich dabei um eine Einheit handelt.

S. 148/1–152/1, 200/1–212/5, 256/2–260/4, 286/3–288/2, 306/4–308/5, 334/2–336/3

Liliengewächse (Liliaceae)
Lebensräume mit jahreszeitlichem Wechsel zwischen Trockenheit und Feuchtigkeit, Kälte und Wärme beheimaten besonders viele Vertreter dieser Familie, die in Mitteleuropa typische Frühblüher, im Mittelmeergebiet und in den Subtropen die Verursacher der Blütenpracht zu Beginn der Niederschlagsperioden stellt. Dazu befähigt werden sie durch unterirdische Speicher- und Überwinterungsorgane wie Knollen, Zwiebeln und Wurzelstöcke (Geophyten). Die heimischen Liliengewächse sind ausnahmslos Stauden; in den Subtropen gibt es allerdings auch einige baum- und strauchförmige Arten.
Der Blütenaufbau der Liliengewächse gilt als Musterbeispiel für Einkeimblättrige Pflanzen. Die Hülle der meist auffällig gefärbten, radiären Blüten ist doppelt, aber nicht in Kelch und Krone differenziert; man spricht von einem Perigon mit zwei Kreisen aus je 3 freien oder mehr oder weniger miteinander ver-

wachsenen Blütenhüllblättern. Zwei Staubblattkreise bestehen ebenfalls aus je 3 Staubblättern. Besonders familientypisch ist der aus 3 verwachsenen Fruchtblättern bestehende oberständige Fruchtknoten; bei den nahe verwandten Narzissengewächsen ist er unterständig. Aus ihm geht als Frucht entweder eine Kapsel oder – beispielsweise bei Weißwurz (*Polygonatum*) und bei Maiglöckchen (*Convallaria*) – eine Beere hervor. Völlig aus der Reihe fällt die Einbeere (*Paris*), deren Blüte auf die 4-Zahl aufgebaut ist und deren Blätter sogar Netznervatur aufweisen.

S. 154/2–156/4, 214/1–214/3, 262/1–262/2, 288/3–288/4, 340/1

Knabenkrautgewächse = Orchideen (Orchidaceae)
Wer von den Orchideen exotische Pracht erwartet, wird von den heimischen Arten enttäuscht. Viele sind ausgesprochen unscheinbar und offenbaren erst bei genauer Betrachtung ihren Beitrag zur nahezu grenzenlosen Vielgestaltigkeit dieser berühmten Pflanzenfamilie. Dabei liegt zumindest allen einheimischen Orchideen ein sehr einheitlicher Grundbauplan zugrunde.
Die beiden 3zähligen Perigonblattkreise können sich zwar deutlich voneinander unterscheiden, aber erst das mittlere Perigonblatt des inneren Kreises sorgt für die Vielfalt der Orchideenblüten. Es gelangt durch Drehung des unterständigen Fruchtknotens in abwärtsgerichtete Position, wird meistens recht deutlich zur Lippe (Labellum) vergrößert und bildet obendrein noch bei vielen Arten einen nach hinten gerichteten Sporn aus.
Ein wichtiges Familienmerkmal ist, daß von den ursprünglich 6 Staubblättern nur 1 (beim Frauenschuh 2) übriggeblieben und mit dem

Griffel zu einer Säule verwachsen ist. Der Blütenstaub jeder Pollensackhälfte wird zusammen als jeweils 1 Pollinium verbreitet. Viele Pollenkörner sind erforderlich, um die zahlreichen Samenanlagen eines einzigen Fruchtknotens zu bestäuben. Als Frucht entwickelt sich daraus eine Kapsel mit mehreren tausend winzigen, sporenfeinen Samen.

Die zwittrigen Blüten sind ohne Blütenhülle und durchweg sehr unscheinbar. Zu den Ährchen, die für die Süßgräser charakteristisch sind, gehören im Grundbauplan 4 Spelzen als 2zeilig angeordnete Blattorgane: 2 Hüllspelzen, 1 meist begrannte Deckspelze (in deren Achsel die Blüte steht) und 1 unmittelbar zur Blüte gehörige Vorspelze. Es folgen 2 kleine

Ausschnitt aus der Vielfalt heimischer Orchideenblüten

S. 158/3–158/4, 216/3, 264/1–268/4, 342/3–342/4

Süßgräser (Gramineae = Poaceae)
Vertreter dieser großen, weltweit verbreiteten Familie bestimmen das Bild vieler natürlicher und vom Menschen geschaffener Offenlandschaften von den Steppen bis zu den Mähweiden. Von verholzten Bambus-Arten einmal abgesehen, handelt es sich durchweg um krautige Pflanzen, unter denen die Einjährigen deutlich in der Minderheit sind. Trotz starker Reduktion ihrer vom Winde bestäubten Blüten lassen die Süßgräser in ihrem 3zähligen Aufbau ein entscheidendes Merkmal Einkeimblättriger Pflanzen erkennen (vgl. S. 11).
Die Sproßachse der Süßgräser, der meist runde, selten ovale Halm, ist in Knoten (Nodien) und Internodien gegliedert und zweizeilig beblättert. Einer schmalen, eben „grasartigen" Blattspreite steht als Blattgrund seine große, den Halm umhüllende Blattscheide gegenüber. Im Grenzbereich beider Teile des Blattes befindet sich das Blatthäutchen, die Ligula.

Schuppen, die Schwellkörper oder Lodiculae, die zur Öffnung der Blüte die Vor- und die Deckspelze auseinanderdrücken, so daß die 3 Staubblätter und die 2 Narben austreten können. – Die hier beschriebenen Ährchen bilden ihrerseits wieder ähren-, trauben- oder rispenförmige Gesamtblütenstände.

S. 344/1–358/5

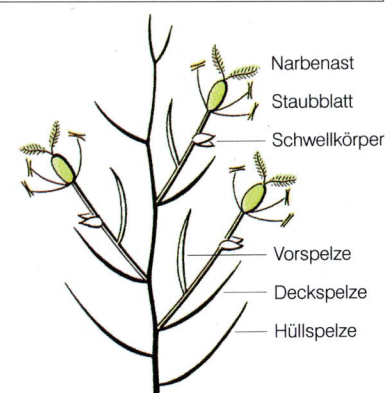

Narbenast

Staubblatt

Schwellkörper

Vorspelze

Deckspelze

Hüllspelze

Schema eines Gräser-Ährchens mit 3 Blüten (Achse zur Verdeutlichung gestreckt)

Adventivknospe/Adventivsproß: Sekundär gebildete Knospe bzw. Sproß, der nicht aus einer Blattachsel entspringt.

Antheridium: Aus sterilen Wandzellen gebildetes Organ, das bei Farnpflanzen und Moosen die männlichen Keimzellen, der Spermatozoiden, enthält.

Apogamie: Eine Form der Apomixis, bei der sich der Sporophyt bzw. die Blütenpflanze nicht aus einer Eizelle, sondern ungeschlechtlich – bei Farnen aus einer Prothalliumzelle und bei einigen Blütenpflanzen (z.B. Löwenzahn) aus Synergiden oder Antipoden – entwickelt.

Apomixis: Überbegriff für die verschiedenen Formen der Entstehung von Embryonen in den Samenanlagen ohne vorhergehende Befruchtung, z.B. durch Parthenogenese und Apogamie.

Archäophyten: Im jeweiligen Gebiet nicht ursprünglich einheimische, sondern durch den Menschen schon früh – von der prähistorischen Zeit bis zur Entdeckung der Neuen Welt – bewußt oder unbewußt eingebürgerte Pflanzenarten.

Archegonien: Aus sterilen Wandzellen gebildete Organe, in denen sich bei Farnpflanzen und Moosen die weiblichen Keimzellen, und zwar jeweils einzelne Eizellen, befinden.

arktisch-alpine Verbreitung: Das Vorkommen von Pflanzen- und Tierarten in voneinander getrennten Arealen jenseits der Baumgrenze sowohl in der Arktis als auch in europäischen Hochgebirgen.

Assimilation: Bei Pflanzen und Tieren die Umwandlung aufgenommener körperfremder Stoffe in körpereigene; bei grünen Pflanzen die Bildung von Kohlenhydraten in Zusammenhang mit der Aufnahme von Kohlendioxid und Wasser und der Abgabe von Sauerstoff.

boreal-alpine Verbreitung: Das Vorkommen von Pflanzen- und Tierarten in voneinander getrennten Arealen in nordischen Nadelwäldern und in viel weiter südlich – z.B. in Mitteleuropa – gelegenen Gebirgswäldern.

Brutkörper: Ungeschlechtlich entstandene Vermehrungskörper in den Brutbechern der Lebermoose.

Bulbillen: Auf ungeschlechtlichem Wege entstandene Vermehrungskörper (Brutknospen oder -zwiebeln) in den Blattachseln von

Blütenpflanzen (z.b. Scharbockskraut).

Dendrochronologie: Eine Methode zur Altersbestimmung von lebendem und genutztem Holz auf der Basis von Jahrringkurven, in denen die Abfolge unterschiedlicher Jahrringbreiten – vor allem von Eiche und Zirbelkiefer – erfaßt ist.

Einhäusigkeit: Im Gegensatz zur Zweihäusigkeit Anwesenheit männlicher und weiblicher Blüten auf ein und derselben Pflanze.

Elaiosomen (Ameisenanhängsel)**:** Anhängsel aus fett- und eiweißreichem Gewebe an Samen, die derentwegen von Ameisen verschleppt werden.

Epiphyten (Aufsitzerpflanzen)**:** Andere Pflanzen als Unterlage nutzende, nicht parasitäre Arten, vor allem unter den Flechten und Moosen, aber auch vereinzelt unter den Blütenpflanzen (besonders zahlreich im tropischen Regenwald).

Eutrophierung: Erhöhung der Nährstoffkonzentration im Boden oder in Gewässern durch zu starke Düngung, durch Exkremente aus hohem Viehbestand, durch organische Abfälle oder organisch belastetes Abwasser.

Extensivnutzung: Die Möglichkeiten der Ertragssteigerung auf land- und forstwirtschaftlichen Nutzflächen nicht oder nur partiell einsetzende, meistens naturnähere Nutzungsform, z.B. die Extensivweide, die zu einer Erhöhung der Artenvielfalt beiträgt.

fertil: fruchtbar; als Gegensatz zu steril.

Flachwurzel: Wurzelsystem, bei dem die Wurzeln flach streichen und – wie etwa bei der Fichte und bei den meisten Gräsern – eine Wurzelscheibe ausbilden.

Gametophyt: Pflanze der geschlechtlichen, der gametenbildenden Generation im Gegensatz zum Sporophyten im Generationswechsel verschiedener blütenloser Pflanzen, vor allem bei Farnpflanzen (z.B. beim Acker-Schachtelhalm).

generative Fortpflanzung: geschlechtliche Fortpflanzung.

Glazialrelikt: Pflanzen- oder Tierart, die heute noch außerhalb ihres arktischen oder borealen Hauptverbreitungsgebietes punktuell vorkommt (z.B. in Mitteleuropa), nachdem sie hier während der Eiszeit deutlich weiter verbreitet war.

Halbstrauch: Niedrige Pflanzenart, bei der

nur der untere Teil des Sprosses verholzt ist und ausdauert, während der übrige krautige Teil alljährlich abstirbt und im Frühjahr erneuert wird.

Heidesoden/Heideplaggen: Früher bei der Streunutzung der Heide ausgestochene, spatengroße Teile des Zwergstrauchbewuchses samt Wurzeln und Humus; als Einstreu in die Viehställe gebracht und anschließend zur Düngung des Ackerlandes benutzt.

Herbizid: Chemisches Mittel zur Vernichtung oder Unterdrückung mit den Kulturpflanzen konkurrierenden oder aus anderen Gründen unerwünschten Pflanzenwuchses.

Herzwurzel: Wurzelsystem, bei dem statt einer in die Tiefe wachsenden Hauptwurzel mehrere senkrecht wachsende Wurzeln ausgebildet werden (z. B. Linde, Hainbuche).

Heterostylie: Ausbildung lang- und kurzgriffeliger Individuen in ein und derselben Population zur Einschränkung der Selbstbestäubung; langgriffelige Blüten mit tief sitzenden und kurzgriffelige mit höher sitzenden Staubblättern (z. B. in der Gattung *Primula*).

Hochwald: Durch Anpflanzung oder Naturverjüngung, jedenfalls durch aus Samen oder Stecklingen hervorgegangenen Jungpflanzen (Kernwuchs) und nicht durch Stockausschläge entstandener Wald.

holarktische Verbreitung: Vorkommen von Arten in den gemäßigten und kalten Gebieten der gesamten Nordhalbkugel, also sowohl in der alten (Paläarktis) als auch in der Neuen Welt (Nearktis).

Immission: Eintrag von Fremdstoffen, Geräuschen und Strahlung in Ökosysteme mit Auswirkung auf Pflanzen, Tiere, Menschen und Sachgüter; in ihrem Gefolge z. B. die immissionsbedingten Waldschäden.

Internodium: Stengelglied zwischen zwei Knoten (Nodien).

Kernwuchs: Aus Samen oder Stecklingen hervorgegangene Jungpflanze von Holzgewächsen.

Korkwarzen/Korkporen: vgl. Lentizellen!

Kosmopolit (Weltbürger)**:** Pflanzen- und Tierart mit (nahezu) weltweiter Verbreitung.

Kriechstrauch: Zwergstrauch mit dem Boden dicht anliegenden Ästen und Zweigen; vor allem in Polargebieten und in Hochgebirgen (z. B. Weidenarten, Silberwurz).

Kurztrieb: Bei Holzgewächsen Seitentrieb mit stark gestauchten Internodien, meistens unverzweigt und relativ kurzlebig; bei Obstbäumen Träger der Blüten und Früchte.

Langtrieb: Ungestauchter Trieb von Holzgewächsen, der Höhenwachstum oder Auffächerung der Krone bewirkt.

Leitbündel: Bestandteil eines von der Wurzel bis in die Blätter (Blattnervatur) hineinreichenden Leitsystems aus gebündelten Xylem- und Phloemsträngen.

Lentizellen: Auf der Rinde etlicher Holzgewächse (besonders deutlich beim Schwarzen Holunder) sichtbare Korkwarzen, die lockere Füllzellen enthalten und dem Gasaustausch dienen.

Melioration: Maßnahme zur Bodenverbesserung für die land- oder forstwirtschaftliche Nutzung, beispielsweise die Dränung nasser Standorte oder der Tiefumbruch ehemaliger Heideflächen mit Ortsteinschicht.

Metamorphose: Bei Pflanzen die im Laufe der Evolution erfolgte Umbildung von Organen oder Organteilen im Wurzel-, Sproß- oder Blattbereich als Anpassung an Bedingungen des Lebensraumes; als Metamorphose wird auch das Ergebnis eines solchen Anpassungsprozesses bezeichnet.

Nektarien (Honigdrüsen)**:** Nektar ausscheidende Zellen oder Drüsenhaare im Blütenbereich (florale Nektarien), aber auch vereinzelt außerhalb der Blüte (extraflorale Nektarien, beispielsweise an den Blattstielen der Vogel-Kirsche).

Neophyt: Neubürger in der heimischen Pflanzenwelt, der erst in jüngerer Zeit – nach der Entdeckung Amerikas – vom Menschen bewußt oder ungewollt in die heimische Flora eingebracht wurde und sich hier offenbar dauerhaft ansiedeln konnte.

Niederwald: Buschartiger Wald, dessen Bäume bereits nach 15–30 Jahren wieder auf den Stock gesetzt werden; er wird durch Stockausschläge und nicht durch Kernwüchse verjüngt; vom Mittelalter bis in die jüngste Vergangenheit hinein eine wichtige Form der Waldbewirtschaftung.

NN: Abkürzung für Normal Null bei Höhenangaben, bezogen auf den mittleren Wasserstand der Nordsee und festgelegt im Amsterdamer Pegel.

Nodium (Knoten): Meistens etwas verdickte Ansatzstelle eines oder mehrer Blätter an Haupt- oder Nebentrieben.

Parthenogenese (Jungfernzeugung): Eingeschlechtige Fortpflanzung, bei der die Nachkommen aus unbefruchteten Keimzellen hervorgehen.

Perigon: Beide Blütenhüllblattkreise gleichartig gestaltet; entweder grün oder lebhaft gefärbte Perigonblätter.

Pfahlwurzel: Deutlich verdickte Hauptwurzel, die mehr oder weniger senkrecht in die Tiefe wächst (beispielsweise bei Kiefer und Tanne).

Phloem (Siebteil): Gewebe höherer Pflanzen, das der Leitung und Speicherung von Assimilaten und der Festigung dient; bei Holzgewächsen sekundäres Phloem, das die Bastschicht bildet.

Population: Gemeinschaft von Organismen einer Art, die von anderen Artgenossen mehr oder weniger getrennt leben und – zumindest potentiell – ihr Erbgut ungehindert untereinander austauschen können.

Prothallium (Vorkeim): Bei Farnpflanzen der aus einer Spore hervorgehende Gametophyt, d.h. der Organismus der geschlechtlichen Generation.

radiär (sternförmig): Eine Symmetrieform mit mehr als zwei durch die Längsachse verlaufenden Symmetrieebenen; bei sehr vielen Blüten, aber auch in einigen Tierstämmen (Hohltiere, Stachelhäuter).

Relikt: Art, deren Verbreitungsgebiet früher einmal größer war und die sich infolge Klimaänderung, Konkurrenzunterlegenheit gegenüber anderen Arten oder infolge Wandel des Lebensraumes oder Verfolgung durch den Menschen bis auf Restvorkommen zurückgezogen hat.

Rhizom (Wurzelstock): Unterirdische, horizontal wachsende Sproßachse, die die sproßbürtigen Wurzeln trägt, der Speicherung von Stoffen und der Überwinterung dient und zur Ausbreitung und vegetativen Vermehrung beiträgt.

Ruderalpflanze: Pflanzenart, die auf vom Menschen beeinflußten, meistens besonders stickstoffreichen Standorten (Ruderalstandorten) wächst und oft auch auf durch Überdüngung belastete Flächen vordringt (Rude-

ralisation); vor allem auf Müllhalden, durch Abfall verschmutzten Flächen und Trümmerplätzen.

Salep: Bei Durchfällen angewandte getrocknete Knollen verschiedener Orchideenarten; besonders stärke- und schleimhaltig.

Saprophyten (Fäulnisbewohner): Bakterien, Pilze und einige Blütenpflanzen, die organische Nahrungsstoffe aus den Körpern abgestorbener Organismen beziehen.

Selbststerilität: Unfruchtbarkeit bei Bestäubung einer Narbe mit dem Pollen derselben oder einer genotypisch gleichartigen Pflanze.

Spalierstrauch: Unter natürlichen Verhältnissen ein dem Boden oder Felsen eng anliegender Zwergstrauch kalter und schneereicher Standorte; vor allem im Hochgebirge und in Polargebieten; künstlicher Spalierwuchs (z.B. an Hauswänden) durch Beschneiden von Bäumen und Sträuchern.

Spirren: Rispige Blütenstände, deren untere Seitenzweige die oberen überragen; vor allem in der Familie der Binsengewächse.

Sporangien: Sporenbehälter aus Zellen, die die Sporen umgeben.

Sporen: Ungeschlechtliche Fortpflanzungszellen, die für Blütenlose Pflanzen (Sporenpflanzen) charakteristisch sind und sich unmittelbar zu neuen Pflanzen entwickeln können.

Sporophyll: Blatt, an dem sich Sporangien entwickeln; vor allem bei Schachtelhalmen und Bärlapparten zu Sporophyllständen vereint.

Sporophyt: Pflanze der sich ungeschlechtlich (durch Sporen) vermehrenden Generation der Moose und der Farnpflanzen; im Gegensatz zum Gametophyten.

Spreizklimmer: Kletterpflanzen mit spreizenden Seitensprossen, die oft mit starren Klimmhaaren oder Dornen besetzt sind.

steril: unfruchtbar, im Gegensatz zu fertil.

Stinzenpflanze: Aus früheren Gärten und Parks erhalten gebliebene Wild-, Zier- oder Nutzpflanzenart, die sich in wildwachsende Pflanzenformationen integriert hat; oft Weiser für ehemalige Siedlungsstandorte.

Stockausschlag: Triebe aus vorhandenen oder neu gebildeten Knospen im Bereich der Schnittfläche an Stubben abgesägter, d. h. „auf den Stock gesetzter" Bäume und Sträucher;

besonders bei Weiden, Erlen, Pappeln, Birken, Hainbuchen und Eichen, aber auch bei Rotbuchen.

submerse Pflanzen: Arten, die völlig unter Wasser leben.

sukkulente Pflanzen: Arten zeitweilig sehr trockener oder salzreicher Standorte, mit Wasserspeichergewebe und xeromorphem Bau; als Blattsukkulente mit fleischig verdickten Blättern, als Stammsukkulente mit Wasserspeichergewebe im Sproß.

Sukzession: Zeitliche Aufeinanderfolge unterschiedlicher Pflanzen- und Tiergesellschaften infolge anthropogener, klimatischer oder – z.B. bei der Verlandung und durch Beschattung – von den Organismen selbst bewirkter Veränderungen der Umweltbedingungen.

thallös: Erscheinungsform einer Pflanze, die nicht in Wurzel, Sproß und Blätter gegliedert ist.

Thallus (Lager)**:** Vegetationskörper einer Lagerpflanze (Thallophyt), der wenig gegliedert ist, vor allem weder Wurzel und Sproß noch Blätter aufweist.

Thyllen: Ausstülpungen von Zellen des Holzparenchyms in die Tracheen hinein; dadurch Unterbrechung der Wasserleitung, zugleich aber auch Schutz vor eindringenden Parasiten; die Thyllen tragen zur Verkernung des Holzes bei.

Tracheen: Gefäße im Wasserleitungssystem des Xylems der Zweikeimblättrigen Pflanzen; durch Zellfusion entstandene, weitlumige durchgehende Röhren.

Trophophyll: Blatt (Wedel) der Farnpflanzen, das im Gegensatz zum Sporophyll nur der Ernährung, d.h. der Photosynthese dient.

Ubiquist: Pflanzen- oder Tierart, die auf sehr unterschiedlichen Standorten und in verschiedenen Lebensräumen vorkommt; keine Bindung an bestimmte Standorte erkennbar.

vegetative Vermehrung: ungeschlechtliche Vermehrung, beispielsweise durch Sporen, Ausläufer, Knollen, Bulbillen, Stecklinge oder Ableger.

Wurzelbrut: Zum Teil nach Verwundung, zum Teil spontan aus Adventivknospen an flach streichenden Wurzeln gebildete Sprosse bei verschiedenen Laubbaum- und Straucharten.

Wurzelstock: vgl. Rhizom!

wintergrüne Pflanzen: Arten, die nicht unbedingt immer-, aber in jedem Falle im Winter grün sind; unter den Einjährigen (annuelle Arten) gehören hierzu die Winterannuellen, die im Herbst keimen und im nächsten Frühjahr absterben.

Xerophyten: Trockenheit mit besonderer Angepaßtheit des Vegetationskörpers ertragende Pflanzen; meistens mit besonders ausgeprägtem xeromorphem Bau.

Xylem: Jener Teil des Leitgewebes, der der Wasserleitung und der Festigung sowie vielfach auch der Speicherung von Assimilaten dient; besonders stark ausgebildet bei Bäumen und Sträuchern.

Zweihäusigkeit: Aufteilung der männlichen und der manchmal ganz anders aussehenden weiblichen Blüten auf verschiedene Pflanzen.

Zwergstrauch: Ein Strauch, der in der Regel nicht höher als 80 cm wird.

Zwischenwirt: Pflanzen- oder Tierart, die bestimmten Entwicklungsstadien eines Parasiten als Wirt dient, bevor der Parasit in einem anderen Endwirt das Endstadium seiner Entwicklung erreicht.

zygomorph (dorsiventral)**:** Eigenschaft im Bau zahlreicher Blüten, die klappsymmetrisch sind, also nur eine einzige Symmetrieebene haben (z.B. Lippen- und Schmetterlingsblütler).

Verwendete Abkürzungen und Symbole

☉ ein- oder zweijährige Art
♃ ausdauernde Art
Monatsangabe = Blütezeit
Maßangabe = Höhe
① siehe vordere Klappe innen
❀ für Sträuße geeignet

1 Eibe
Taxus baccata

4–15 m März–Apr. Baum/Strauch 3

Kennzeichen: Meistens als mehrstämmiger Baum oder als Strauch mit buschigem Wuchs. 2–2,5 mm breite Nadeln, auffallend dunkel wirkend; aufrecht wachsende Zweige rundum benadelt, waagerecht abstehende Zweige mit zweizeilig in einer Ebene angeordneten Nadeln. Borke grau- bis rötlichbraun, mit dünnen, sich platanenartig ablösenden Schuppen (**1a**).

Vorkommen: Heute nur noch wenige natürliche Reliktstandorte, vor allem im westlichen Eichsfeld, bei Weilheim/Obb., Kehlheim a. d. Donau, Dembach/Rhön; meistens auf flachgründigen, kalkreichen Böden an steilen Hängen in Buchenwäldern.

Wissenswertes: Die extrem langsamwüchsige Eibe hat ein starkes Ausschlagvermögen, das sich in stammbürtigen Trieben (**1a**) und in ihrer buschigen Wuchsform zeigt. Aus ihrem harten, dauerhaften Holz hat man im Altertum Särge und später Bögen und Armbrustbügel hergestellt. Der enorme Bedarf an Eibenholz war eine wesentliche Ursache für den Rückgang der früher weit verbreiteten Art. Mit der Auflichtung der Wälder durch Übernutzung und später durch Kahlschlagwirtschaft verloren die Eiben jene intensive Beschattung, die sie zumindest in ihrer Jugend dringend benötigen. Verbiß durch Reh- und Rotwild trug zusätzlich zur Verdrängung der Eibe bei. Während diese beiden Arten offensichtlich unbeschadet Eibennadeln verzehren, sind diese für Pferde, Esel und Schafe sowie für den Menschen – wie alle anderen Teile der Eibe – hochgiftig, nur der rote Samenmantel (**1c**) ausgenommen. Er geht aus einem Ringwulst an der Blütenachse hervor, der nur am Grunde mit der Samenanlage verwachsen ist, im Laufe der Reife jedoch den Samen becherförmig umwächst. Als zweihäusige Art trägt die Eibe entweder ausschließlich unscheinbare weibliche oder die etwas auffälligeren männlichen Blüten, die sich an winzigen Trieben in den Achseln von Nadeln befinden (**1b**). Die Samen werden von Drosseln, Kleibern und etlichen anderen Vogelarten verbreitet, die vom roten Samenmantel (Arillus)

angelockt werden und ihn verdauen, während der Samen mit dem Kot ausgeschieden wird.

2 Europäische Lärche
Larix decidua

25–40 m Apr.–Mai Baum 1

Kennzeichen: Nadelbaum, der sich im Herbst leuchtend gelb verfärbt (**2f**) und seine Nadeln abwirft. Von der ähnlichen Japanischen Lärche durch gelbliche Langtriebe, an den Spitzen herabhängende Zweige (**2b**) und eiförmige Zapfen (**2e**) zu unterscheiden.

Vorkommen: Ursprünglich nur in den Alpen und in höheren Mittelgebirgen im östlichen Mitteleuropa; heute als Forstbaum überall anzutreffen.

Wissenswertes: Die wirtschaftlich bedeutsame Baumart hat einen hohen Lichtbedarf. Das Holz ist hart und dauerhaft, für den Fenster- und Treppenbau, aber auch für Wand- und Deckenverkleidung beliebt. Die lichtliebenden Lärchen werden zur Belebung monotoner Fichtenreinbestände gern an deren Rändern gepflanzt. An ihren natürlichen Standorten steigen sie in den Westalpen bis zur Waldgrenze empor, während sie in den Ostalpen auch tiefere Lagen besiedeln. – Die Lärchen sind wie die meisten Nadelbäume einhäusig (**2c**).

3 Japanische Lärche
Larix kaempferi

25–35 m Apr.–Mai Baum 1

Kennzeichen: Der Europäischen Lärche ähnlich, jedoch rundlichere Zapfen (**3**).

Vorkommen: Aus höheren, niederschlagsreichen Lagen der japanischen Insel Hondo als Forstbaum nach Europa geholt; vor allem im Flachland auf gut wasserversorgten Standorten angebaut.

Wissenswertes: Bastarde zwischen Europäischer und Japanischer Lärche kommen vor und werden sogar gezielt wirtschaftlich genutzt. Die Japanische Lärche kann mehr seitliche Beschattung vertragen als ihre europäische Verwandte, mit der sie die Vielseitigkeit der Verwendung des Holzes (auch für Masten, Schwellen und Außenverkleidung) gemeinsam hat.

1 Wald-Kiefer
Pinus sylvestris

20–40 m Mai–Juni Baum   1

Kennzeichen: Stamm- und Kronenform regional sehr unterschiedlich; Nadeln 4–6 cm lang, jeweils zu zweit in einem Kurztrieb.

Vorkommen: Eine der in Europa und Asien am weitesten verbreiteten Baumarten – von jenseits des Polarkreises bis zur Türkei und von den Pyrenäen bis nach China. Fehlt von Natur aus im Nordwesten Mitteleuropas; forstlich aber auch hier stark genutzt.

Wissenswertes: Bei der Wiederaufforstung der Heiden und herabgewirtschafteter Wälder spielte die Wald-Kiefer eine besonders wichtige Rolle. Je nach Standort kann sie auf tiefgründigen Böden bis zu 5 m lange Pfahlwurzel, auf nährstoffreichen Lehm- und Tonböden eine Herzwurzel und auf felsigem Untergrund ein extrem flach streichendes Wurzelsystem ausbilden. Dank ihrer Anspruchslosigkeit und Anpassungsfähigkeit kann die Wald-Kiefer auch ohne menschliche Hilfe noch dort wachsen, wo die sonst konkurrenzstarke Rotbuche nicht existieren kann: im Hochmoor, auf Dünensanden und auf Flugsandfeldern, aber auch auf Kalkfelsen und Flußschotter. Von hier aus trat sie vor 200 Jahren ihren Siegeszug in die mitteleuropäischen Wirtschaftswälder an. Ihr Holz wird als Bau- und Möbelholz, in Skandinavien auch für Blockhäuser genutzt. Ihre wertvollen Eigenschaften werden nicht zuletzt von den bis zu 800 Jahre alten norwegischen Stabkirchen bezeugt. Das Harz der Kiefer, die auch Föhre genannt wird, fand vielseitige Verwendung. In der ehemaligen DDR spielte es bis zur Wende eine wesentliche Rolle. Kienöl in den Lampen und Kienspäne zur Beleuchtung der Stuben gehören dagegen schon lange der Vergangenheit an. Schmuck aus Bernstein, einem fossilen Kiefernharz, erfreut sich nach wie vor großer Beliebtheit.

2 Schwarz-Kiefer
Pinus nigra

20–40 m Mai–Juni Baum   1

Kennzeichen: Deutlich längere Nadeln (10–15 cm), die ebenfalls zu zweit in den Kurztrieben stehen.

Vorkommen: Ursprüngliches Verbreitungsgebiet im Mittelmeerraum, auf dem Balkan und nordwärts bis Österreich; als Forstbaum in Mitteleuropa, vor allem auf flachgründigen Kalkböden.

Wissenswertes: Zur allgemeinen Anspruchslosigkeit kommt bei der Schwarz-Kiefer noch die Unempfindlichkeit gegen Salzwassergischt und Wind. Hieraus resultiert ihre Eignung für die Aufforstung von Dünen und anderen küstennahen Landstrichen. Auch hinsichtlich der Resistenz gegen Luftverschmutzung scheint sie der Wald-Kiefer überlegen zu sein. Floristen verarbeiten gern die reifen Zapfen (**2b**, junger Zapfen).

3 Berg-Kiefer
Pinus mugo

1–10(20) m Mai–Juni Baum/Strauch   1

Kennzeichen: Von den 3 Unterarten ist die Latsche ein nur 2–3 m hoher Strauch mit zunächst flachen, dann aufsteigenden Zweigen, die Hakenkiefer oder Spirke ein bis über 20 m hoher, forstlich genutzter Baum und die Moorkiefer mit Höhen bis zu 10 m eine kleinwüchsige Art ohne forstliche Bedeutung.

Vorkommen: Die Latsche oder Legföhre bildet oberhalb der alpinen Baumgrenze den markanten Krummholzgürtel, einen wichtigen Schutz am Entstehungsort der Lawinen. Mit ihren flachen, weitstreichenden Wurzeln legt sie Geröll fest und dient dadurch dem Erosionsschutz. Im Küstengebiet bedient man sich ihrer bei der Sicherung von Dünen und Flugsand. – Die Hakenkiefer ist als einstämmiger Baum in den Pyrenäen und Alpen beheimatet, außerdem mit gedrungenen Wuchsformen im Voralpenland im Randbereich der Hochmoore. Die niedrigere Moorkiefer ist stärker östlich bis nach Tschechien und in das Erzgebirge verbreitet und nicht immer deutlich abgrenzbar. – Vor allem bei der niederliegenden Latsche sind die gelben männlichen Blütenstände am Grund und die roten weiblichen an der Spitze des Jahrestriebes gut zu studieren (**3b**). Die Zapfen (**3c**) bleiben bis zu 12 Jahre lang an den Zweigen.

1 Zirbel-Kiefer
Picea cembra

10–25 m Juni–Juli Baum [1]

Kennzeichen: Aufrechter Stamm, bis zum Boden beastet (**1a**); Nadeln 6–8 cm lang, 3kantig, jeweils zu 5 in einem Kurztrieb (**1b**); Zapfen 6–8 cm lang, aufrecht, gedrungen eiförmig.

Vorkommen: Hochgebirgsbaum der Alpen, vor allem der Zentralalpen; vorzugsweise an der Waldgrenze, meist einzeln; bis 2750 m.

Wissenswertes: Die Zirbel-Kiefer oder Arve wächst sehr langsam. Mit der Fichte kann sie nicht konkurrieren. Auf extremen Gebirgsstandorten, wo sie das Reich für sich hat, bildet sie malerische, knorrig-bizarre Gestalten aus. Die Zapfen fallen mitsamt den ungeflügelten Samen ab, die Zirbelnüsse genannt werden, recht schmackhaft sind und auch vom Menschen verzehrt werden. Der eigentliche Nutznießer aber ist der Tannenhäher, der die nicht flugfähigen Samen frißt und verschleppt und durch Eingraben verbreitet. Das dekorativ gemaserte Holz war schon immer sehr begehrt. Das hat zur Übernutzung der Zirbel-Kiefer-Vorkommen geführt und damit zum Rückgang und zur Seltenheit der Art beigetragen. Wand- und Deckenverkleidung der jeweils besten Stube und die wertvollsten Tiroler Möbel sind aus Arven-Holz. Auch zur Schnitzerei bestens geeignet, hat es die Geschichte und Entwicklung der alpenländischen Schnitzkunst über die Jahrhunderte begleitet. Als langlebige, bis zu 1000 Jahre alt werdende Bäume und wegen ihrer vielseitigen Verwertung spielen die Zirbel-Kiefern in der Altersbestimmung für Holzobjekte der Alpen eine vergleichbare Rolle wie anderenorts die Eichen (Dendrochronologie).

2 Weymouths-Kiefer
Pinus strobus

30–50 m Mai Baum [1]

Kennzeichen: Gerader Stamm mit streng quirlig angeordneten, waagerecht abstehenden Ästen; 8–12 cm lange, biegsame Nadeln, jeweils 5 in einem Kurztrieb; schlanke, bananenförmig gebogene Zapfen von 10–12 cm Länge (**2b**).

Vorkommen: Natürliches Verbreitungsgebiet im kühl-feuchten Klima des östlichen Nordamerika, vor allem rund um die Großen Seen; in Mitteleuropa wegen ihrer Wuchsleistungen und ihrer vermeintlichen Immissionsresistenz gebietsweise als Forstbaum eingebürgert.

Wissenswertes: Diese Kiefer ist nach Lord Weymouth benannt, der sie Anfang des 18. Jahrhunderts auf seinem Landgut anbauen ließ. Ihr Holz ist weit weniger wertvoll als das der Wald-Kiefer. Es ist leicht und weich und wird deshalb vor allem als Blindholz im Möbelbau und für die Herstellung von Kisten verwandt. – Einen Rückschlag größten Stils für den Weymouths-Kiefern-Anbau in Amerika und Europa brachte der Weymouths-Kiefern-Blasenrost. Der rindenbewohnende Rostpilz war ursprünglich in Europa beheimatet; um die Jahrhundertwende wurde er nach Amerika verschleppt, wo er gewaltige Schäden verursachte. Wo immer Johannis- und Stachelbeerarten oder deren Verwandte im Umkreis von 400 m von Weymouths-Kiefern wachsen, wechseln die Pilze von diesen Zwischenwirten auf die Kiefern über und verursachen ein Anschwellen der Zweige mit starkem Harzfluß, Nadelfall und Nadelvergilbung, was zum Tode der befallenen Bäume führt.

3 Hemlocktanne
Tsuga canadensis

25–30 m Mai–Juni Baum [1]

Kennzeichen: Stamm gerade, oft gegabelt, mit bogig überhängenden Spitzentrieben (**3a**); Nadeln flach, knapp 1,5 cm lang; Zapfen schlank, bis zu 2 cm lang (**3c**).

Vorkommen: Im östlichen Nordamerika beheimatet; in Mitteleuropa erfolgreiche Versuchsanbauten auf unterschiedlichen Böden.

Wissenswertes: Ihre Schattentoleranz in der Jugend, die so weit geht, daß sie nur unter Schirm angebaut werden kann, macht die Hemlocktanne als Mischbaumart interessant. Ihr weiches Holz ist harzfrei, aber so weich, daß es als „nicht nagelfest" gilt. Weil der Geruch zerdrückter Nadeln an bestimmte Doldenblütler (engl. Hemlock) erinnert, erhielt sie diesen Namen. Nach Europa ist sie erstmals 1730 gelangt.

1

Weiß-Tanne
Abies alba

30–50 m Mai Baum   1

Kennzeichen: Nadeln flach, an der Spitze leicht eingekerbt (**1b**), mit unterseits 2 weißen Längsstreifen (Name!); Nadelkissen glatt, nicht vorspringend.

Vorkommen: Vor allem in Bergwäldern zwischen 400 und 1000 m von den Vogesen bis in die Karpaten; nordwärts bis zum Thüringer Wald und Erzgebirge.

Wissenswertes: Gemeinsam mit Rotbuche und Fichte baut die Weiß-Tanne die Bergmischwälder sowohl auf Kalk- als auch auf Silikat-Verwitterungsböden auf, sofern sie nur tiefgründig und gut wasserversorgt sind. Die bekannte „Storchennest-Spitze" der Weiß-Tanne, die Abflachung der Krone (**1a**), kommt dadurch zustande, daß die Seitentriebe stärker wachsen als der Spitzentrieb. Der Tannen-Anteil in den Bergwäldern der Alpen geht stark zurück. Dieses wird sowohl auf ein zyklisch auftretendes „Tannensterben" als auch auf Luftverschmutzung und vor allem darauf zurückgeführt, daß gar zu hohe Wildbestände vorzugsweise die heranwachsenden Tannen durch Verbiß zugrunde richten. Auch die Forstwirtschaft der vergangenen Jahrzehnte trägt durch den Aufbau von Fichten-Reinbeständen Mitschuld am Schwinden der Tanne. – Bei allen Tannen-Arten stehen die Zapfen aufrecht (**1c**). Sie fallen nicht – wie etwa die Fichtenzapfen – als Ganzes zu Boden, sondern lösen sich bei der Reife der Samen auf. Die Schuppen fallen herab, während die Zapfenspindel auf dem Zweig stehen bleibt.

2

Gewöhnliche Fichte
Picea abies

30–55 m Mai–Juni Baum   1

Kennzeichen: Im Gegensatz zur Weiß-Tanne spitze, 4kantige Nadeln auf vorspringenden Nadelkissen; keine weißen Längsstreifen auf der Unterseite; Zapfen herabhängend (**2c**).

Vorkommen: Ursprünglich nur im Süden, stellenweise nordwärts bis in den Thüringer Wald; Inselvorkommen am Brocken im Harz. Als Forstbaum heute in Mitteleuropa sehr häufig und zum Teil zu weit verbreitet.

Wissenswertes: Der Aufstieg der Fichte zur wichtigsten Baumart für Wirtschaftswälder Mitteleuropas hat mehrere Gründe. Beim Wiederaufbau der Wälder nach der Waldzerstörung durch Übernutzung im 18. Jahrhundert und durch Reparationsleistungen nach dem Zweiten Weltkrieg bot sie sich wegen ihrer Anspruchslosigkeit und auch deshalb an, weil sie ohne besonderen Schutz und Aufwand auch auf großen Freiflächen gepflanzt werden konnte. Vergleichsweise leichte Bewirtschaftung in altersgleichen Reinbeständen (**2b**) und gute Preise für das vielseitig verwendbare Holz machten die Fichte zum „Brotbaum" vieler Forstbetriebe. Inzwischen aber zeigt sich die Anfälligkeit der naturfernen Fichtenbestände gegen Sturm, Schneebruch, Borkenkäfer und vor allem Luftschadstoffe. Der moderne, naturgemäße Waldbau strebt heute altersungleiche, naturnähere Mischwälder an. – Während an gesunden Fichten die Nadeln 4–7 Jahre alt werden, ist deren Lebensdauer in immissionsgeschädigten Beständen oft auf 1–3 Jahre verkürzt. Aufgelichtete Kronen und lamettaartig herabhängende Nebenzweige sind leicht erkennbare Schadsymptome in kranken Fichtenwäldern. In unseren Wirtschaftswäldern läßt man die Fichten in der Regel nur 80–120 Jahre alt werden, obwohl sie von Natur aus ein Alter von über 500 Jahren erreichen können.

3

Blau-Fichte
Picea pungens

25–35 m Mai–Juni Baum   1

Kennzeichen: Spitze, stechende Nadeln; mehr oder weniger blaugrün.

Vorkommen: Als „Colorado-Fichte" ist die Blau- oder Stech-Fichte aus den Rocky Mountains im US-Staat Colorado nach Mitteleuropa gekommen; hier wird sie vor allem in Weihnachtsbaum-Plantagen angebaut (**3a**).

Wissenswertes: Neben Exemplaren mit mattgrüner kommen auch solche mit blaugrüner und mit silbergrauer Benadelung vor. Sie und die radiär abstehenden Nadeln haben die Blau-Fichte zum „Weihnachtsbaum für den gehobenen Geschmack" werden lassen. Ihr Anbau ist in der Regel mit erheblicher Biozid-Belastung des Bodens verbunden.

1 Sitka-Fichte
Picea sitchensis

30–40 m Apr.–Juni Baum   [1]

Kennzeichen: Flachere Nadeln, auf der Oberseite grün, auf der Unterseite weißlichblau; Nadeln sehr spitz und stechend.

Vorkommen: Ursprünglich auf der Insel Sitka (Alaska; Name!) und auf einem schmalen Küstenstreifen an der amerikanischen Pazifikküste beheimatet; heute in Mitteleuropa – vor allem in Küstennähe – als Forstbaum angebaut.

Wissenswertes: In ihrer Heimat ist sie die höchste aller Fichtenarten und bildet zusammen mit der Douglasie besonders produktive Wälder. In Mitteleuropa ist ihr Anbau weniger erfolgreich und deshalb rückläufig. Sie leidet unter trockenen Winden und Windwurf, Pilzbefall und der Sitka-Laus, einem nadelsaugenden Insekt. In stadtnahen Wäldern sorgen die extrem spitzen Nadeln für einen wirksamen Schutz gegen den Schmuckreisig-Diebstahl zur Weihnachtszeit.

2 Douglasie
Pseudotsuga menziesii

40–55 m Mai Baum   [1]

Kennzeichen: Nadeln denen der Weiß-Tanne ähnlich, aber mit weniger ausgeprägten weißen Streifen auf der Unterseite; junge Bäume mit glatter Rinde, die Harzbeulen mit einem flüssigen, angenehm nach Orange duftenden Harz aufweisen.

Vorkommen: In ihrer Heimat im westlichen Nordamerika mindestens zwei unterschiedliche Klimarassen: eine Küstenform („grüne Douglasie") und eine Inlandform („graue Douglasie"). In Europa ist die Douglasie die wichtigste fremdländische Baumart der Wirtschaftswälder; Anbau mit zunehmender Tendenz.

Wissenswertes: Ihren Namen trägt die Art zu Ehren des schottischen Botanikers D. Douglas, der sie 1827 nach Europa brachte. Ihr Holz ist im internationalen Handel unter der Bezeichnung „Oregon Pine" bekannt. Die Zapfen hängen herab (**2b**) und fallen im ganzen ab. Die Zweige sind als Schmuckreisig zur Adventszeit sehr beliebt.

3 Wacholder
Juniperus communis

2–3(12) m Mai–Juni Strauch/Baum   [2]

Kennzeichen: Oft markanter Säulenwuchs (**3a**); gelegentlich breit vom Boden aufsteigend; zu dritt angeordnete, spitze Nadeln, oberseits mehr oder weniger blaugrün (**3c**).

Vorkommen: Auf der Nordhalbkugel weit verbreitet; in Mitteleuropa früher häufig, weil durch Extensivbeweidung gefördert; heute fast nur noch in geschützten Heiden und Magerrasen.

Wissenswertes: Als zweihäusige Pflanze trägt der Wacholder entweder nur männliche (**3b**) oder nur weibliche Blüten. Letztere bringen im Laufe von 3 Jahren die dunkelblauen, weiß bereiften Beerenzapfen (**3c**) hervor, die zum Würzen und zur Schnapsbereitung genutzt werden (Gin, Genever, Steinhäger usw.). Zum Räuchern von Wurst und Schinken finden die Zweige Verwendung. Das sehr dauerhafte, elastische Holz ist für Schnitz- und Drechslerarbeiten geeignet. – Die heute mangelhafte Verjüngung des Wacholders trotz reicher Entwicklung der Beerenzapfen bereitet den Naturschützern Sorge. Möglicherweise brauchen die Samen zum Keimen den feuchten Rohboden, der ihnen früher durch stärkeren Viehvertritt und durch den Plaggenhieb, die Entnahme von Heidesoden als Einstreu für das Vieh, zur Verfügung stand.

4 Scheinzypresse
Chamaecyparis lawsoniana

20–40 m Apr.–Mai Baum   [2]

Kennzeichen: Nadelbaum mit schuppenförmigen Blättern; Gipfeltrieb überhängend; Zapfen rundlich, ca. 1 cm Durchmesser (**4b**).

Vorkommen: Aus einem eng begrenzten Verbreitungsgebiet an der Pazifikküste in Oregon (daher auch „Oregonzeder" genannt) im vorigen Jahrhundert nach Europa gebracht.

Wissenswertes: Das wertvolle Holz hat inzwischen auch forstliches Interesse geweckt, nachdem die Scheinzypresse zuvor nur als Parkbaum geschätzt war. Die im Holz angereicherten ätherischen Öle sorgen für einen Geruch, der Motten vertreibt und Kisten und Schränke dadurch mottenfrei hält.

1 Zitter-Pappel
Populus tremula

8–10(30) m März–Apr. Strauch/Baum 56
Kennzeichen: Eiförmige bis fast kreisrunde Blätter, am Rande gekerbt; Blattstiele flach, über 5 cm lang (**1b**); männliche Kätzchen bis 10 cm lang.
Vorkommen: Weit verbreitet, im Gebirge bis 2000 m; auf Kahlschlägen, Waldlichtungen und Brachland.
Wissenswertes: Zitter-Pappeln werden selten gepflanzt. Die reiche Samenproduktion und die Flugfähigkeit der mit wollartigen, langen Haaren ausgestatteten Samen sorgen dafür, daß die Zitter-Pappeln jede Freifläche und alle lichten Stellen im Walde erreichen, sofern Gräser und Kräuter den Boden nicht allzu dicht überziehen. Nach Waldbränden kommt es meistens zu einem besonders starken Aufwuchs von Zitter-Pappeln. Auch nach der Eiszeit gehörten sie zu den ersten Neusiedlern in den ehemaligen Tundren. – „Zittern wie Espenlaub", wie es in einer Redewendung heißt, können die Blätter, weil sie an ihren langen Stielen schon vom leichtesten Windhauch bewegt werden.

2 Schwarz-Pappel
Populus nigra

20–30 m März–Apr. Baum 56
Kennzeichen: Bäume mit weitausladender Krone (**2a**) und starken Stämmen mit tieffurchiger Borke; Blätter 3eckig.
Verbreitung: Reine Schwarz-Pappeln nur noch selten in den Talauen großer Flüsse; umso zahlreicher und auf unterschiedlichen Standorten verbreitet Hybridformen aus Schwarz-Pappeln und amerikanischen Pappel-Arten.
Wissenswertes: Der verstärkte Pappel-Anbau in den 50er und 60er Jahren war eine Modewelle, die heute längst überwunden ist. Die Ablösung anderer heimischer Laubhölzer durch Hybrid-Pappeln und deren Anbau an Ufern, Wiesenrändern und Wirtschaftswegen erwiesen sich als Fehler. Das schnellwüchsige, aber nur zu Niedrigpreisen absetzbare Massenholz bleibt heute teilweise unverwertet. Benachbarte Kulturen leiden oft unter der Konkurrenz der flach ausstreichenden Pappel-Wurzeln, die dem Boden viel Feuchtigkeit entziehen. Die „Pappelwolle" aus der reichen Samenproduktion wird oft als störend empfunden, weshalb bevorzugt vegetativ vermehrte männliche Pappeln angepflanzt werden.

3 Silber-Pappel
Populus alba

15–35 m März–Apr. Baum 56
Kennzeichen: Keine besonders rissige Borke; eiförmige Blätter, oft 5lappig, unterseits weiß- oder graufilzig (**3b**).
Vorkommen: Ursprünglich in den Flußauen im südlichen Mitteleuropa, u.a. im Stromgebiet der Donau; auch als Forstbaum angebaut.
Wissenswertes: Ihr Holz ist wertvoller als das anderer Pappel-Arten und -Sorten. Mit einem Höchstalter von 400 Jahren übertrifft sie ebenfalls die anderen Pappeln.

4 Bruch-Weide
Salix fragilis

5–15 m März–Mai Baum/Strauch 56
Kennzeichen: Oft stattliche Bäume; Blätter breit lanzettlich, bis 20 cm lang zugespitzt.
Vorkommen: Vor allem an Bächen und kleinen Flüssen weit verbreitet; gern an nassen und überschwemmten Standorten; auch angepflanzt und zur „Kopfweide" geschnitten.
Wissenswertes: Leicht abbrechende Zweige (Name!) können am Boden gelegentlich Wurzeln schlagen. Diese Art bastardiert nicht selten mit der nachfolgend genannten.

5 Silber-Weide
Salix alba

5–20 m April-Mai Baum/Strauch 56
Kennzeichen: Ebenfalls breit lanzettliche Blätter, aber unterseits ebenso wie die jungen Zweige grauweiß behaart.
Vorkommen: An Fließgewässern und in Auenwäldern oft in größeren Beständen.
Wissenswertes: Die Zweige sind nicht brüchig und deshalb gut zum Flechten von Körben und zum Anbinden von Reben geeignet.

1 Mandel-Weide
Salix triandra

bis 4 m Apr.–Mai Strauch/Baum 56
Kennzeichen: Strauch oder kleiner Baum mit 5–10 cm langen und ca. 2 cm breiten Blättern; männliche Blüten in sehr schlanken, langen, zylindrischen Kätzchen.

Vorkommen: In Mitteleuropa vom Norden bis zum Süden regional vorkommend; vor allem in Talauen und an Altwassern.

Wissenswertes: Die Mandel-Weide entwikkelt ein sehr üppiges Wurzelwerk, das in erheblichem Maße zur Festigung von Ufern beitragen kann. Sie bevorzugt sehr deutlich gut basenversorgte Standorte.

2 Netz-Weide
Salix reticulata

bis 0,4 m Juni–Aug. Zwergstrauch 56
Kennzeichen: Niederliegender Zwergstrauch mit rundlichen, runzeligen Blättern; Blattnerven so eingesenkt, daß die Blattoberfläche netzartig gegliedert erscheint (Name!).

Vorkommen: In den Alpen mehrere isolierte Teilareale; jeweils oberhalb der Waldgrenze in Schneetälchen, aber auch auf Schutt- und Steinböden.

Wissenswertes: Die Art ist arktisch-alpin verbreitet mit einem Verbreitungsschwerpunkt in Nordeuropa. Das Verbreitungsmuster ist Ergebnis des nacheiszeitlichen Rückzugs der Gletscher und der in der Nähe des Eisrandes wachsenden Vegetation sowohl nach Norden als auch süd- und gipfelwärts. Die Stengel und Zweige kriechen oberirdisch und können Wurzeln schlagen. Bemerkenswert ist die Fähigkeit der Netz-Weide, bis zu 9 Monate Photosynthese zu betreiben. Die Zweige sind so biegsam, daß sie auch durch extreme Schneelast nicht verletzt werden.

3 Kahle Weide
Salix glabra

bis 1,5 m Juni–Juli Strauch/Zwergstrauch 56
Kennzeichen: Alle Teile des Strauches kahl; die Blätter oberseits glänzend; Äste am Boden, von dort bogig aufsteigend.

Vorkommen: In den Kalkalpen zwischen 300 und 2200 m; vor allem an Bächen, Quellen und auf Geröll in der subalpinen Stufe.

Wissenswertes: Die Art wird Kahle Weide oder Glanz-Weide nach ihren eingangs erwähnten Merkmalen genannt. Auch der wissenschaftliche Name *„glabra"* bedeutet „kahl". Erstaunlich ist, daß die Kahle Weide sich im Alpenvorland offensichtlich nicht dauerhaft ansiedeln kann, obwohl an reißenden Bächen immer wieder einmal Sträucher ausoder Teile von ihnen abgerissen und talwärts geschwemmt werden.

4 Kriech-Weide
Salix repens

bis 1 m April-Mai Strauch/Zwergstrauch 56
Kennzeichen: Niederliegende Äste, unterirdisch kriechend mit bogig aufsteigenden Zweigen; Blätter eiförmig-lanzettlich, bis 4 cm lang, unterseits seidig behaart; Blattrand nach unten gerollt.

Vorkommen: Verbreitungsschwerpunkte im nördlichen, östlichen und südlichen Mitteleuropa; auf feuchten, nährstoffarmen Böden.

Wissenswertes: Die Kriech-Weide ist in Süd- und in Norddeutschland in zum Teil sehr unterschiedlichen Lebensräumen anzutreffen, und zwar einerseits in Streuwiesen und Mooren auf torfigen und andererseits in Heiden und Dünen auf sandigen Böden.

5 Grau-Weide
Salix cinerea

bis 3 (6) m März–Apr. Strauch 56
Kennzeichen: Junge Zweige graufilzig (Name!), auch Knospen behaart; männliche Blütenstände vor dem Aufblühen oft ziegelrot.

Vorkommen: In Europa weit verbreitet, wo das Grundwasser hoch ansteht und wenigstens mäßig nährstoffreich und basenversorgt ist; Bestandteil von Weidengebüschen und Erlenbruchwäldern, auch an Gräben und an Bachufern.

Wissenswertes: Durch gleich starkes Wachstum der verschiedenen Haupttriebe eines Strauches kommt die markante Wuchsform der Grau-Weiden mit einem deutlich abgeflachten Umriß zustande.

1   Ohr-Weide
Salix aurita

1–2 m   März–Apr.   Strauch   56
Kennzeichen: Niedriger Strauch, stark und starr verzweigt; Blätter klein, elliptisch, grob gezähnt; Blattspitze etwas gedreht.
Vorkommen: Auf nassen, meist sauren Standorten in allen Teilen Mitteleuropas.
Wissenswertes: Der Name bezieht sich auf die immer gut entwickelten, nierenförmigen Nebenblätter. Trotz weiter Verbreitung ist die Art nicht so häufig wie die Sal-Weide, mit der sie nicht selten bastardiert.

2   Sal-Weide
Salix caprea

2–5 (10) m   März–Apr.   Strauch/Baum   56
Kennzeichen: Blätter elliptisch, runzelig, mit hervortretenden Nerven, Blattspitze meist etwas verdreht (**2d**).
Vorkommen: Im gesamten Gebiet auf feuchten, nährstoffreichen Standorten; sowohl auf Kahlschlägen und an Waldrändern als auch in Sekundärbiotopen wie Abgrabungen und Kippen.
Wissenswertes: Trotz der vielen verschiedenen Weiden-Arten ist die Sal-Weide allgemein „die Weide schlechthin". Das bezeugt schon die Tautologie in ihrem Namen: „Sal" kommt von Salix = Weide. Wie bei allen Weiden sind bei ihr die Knospen nur von einer einzigen kappenförmigen Schuppe bedeckt. Diese löst sich oft schon im Winter, so daß die weißen „Palmkätzchen" früh hervorlugen (**2a**). Wie alle Weiden-Arten ist auch die Sal-Weide zweihäusig: Die Sträucher mit männlichen Kätzchen wirken zur Blütezeit gelblich (**2b**), jene mit weiblichen Kätzchen dagegen grün (**2c**). Als früh blühende Art bietet sie den Bienen erste Nahrung. Am Palmsonntag werden aus ihren Zweigen Palmstöcke gebunden. Diesem Brauch verdanken die „Palm-Kätzchen" ihren Namen.

3   Korb-Weide
Salix viminalis

2–4 (10) m   März–Apr.   Strauch/Baum   56
Kennzeichen: Blätter schmal (bis 2 cm) und

bis zu 20 cm lang; welliger Blattrand nach unten gedreht; lange, rutenförmige Zweige.
Vorkommen: Vor allem auf nassen, kalkreichen Böden in Ufergebüschen und auf Kiesbänken; vom Menschen über die natürlichen Standorte hinaus kultiviert.
Wissenswertes: Die Art wird wegen der Flexibilität ihrer Zweige für die Herstellung von Körben und anderem Flechtwerk bevorzugt. Man findet sie in Weidenkulturen und häufig auch als Kopfbaum, der durch regelmäßigen Rückschnitt in 2–2,5 m Höhe zustandekommt. „Kopfweiden" (**3b**) unterschiedlichster Art verleihen ganzen Tallandschaften ihr unverwechselbares Gepräge und sind bevorzugte Brutplätze des Steinkauzes.

4   Lavendel-Weide
Salix eleagnos

4–8 (15) m   Apr.–Mai   Strauch/Baum   56
Kennzeichen: Blätter schmal-lanzettlich, randlich nach unten eingerollt, oberseits dunkel, unterseits durch Behaarung heller grün; der Korb-Weide ähnlich.
Vorkommen: Nur im Süden, nordwärts bis zur Donau und am Oberrhein; an zeitweise feuchten kiesigen und sandigen Ufern.
Wissenswertes: Die Lavendel-Weide dringt als Pioniergehölz in frische Schotterbänke ein, die sie mit ihrem starken Wurzelwerk zu befestigen vermag.

5   Purpur-Weide
Salix purpurea

2–6 m   März–Mai   Strauch   56
Kennzeichen: Junge Zweige und Kätzchen oft purpurrot (Name!); Zweige dünn, aber nicht durchhängend; schmale Blätter im oberen Drittel am breitesten, zum Stiel hin gleichmäßig verjüngt (**5b**).
Vorkommen: Auf kalkhaltigen, nassen Böden an Fluß- und Bachufern; nur zerstreut vorkommend, im Norddeutschen Tiefland weithin fehlend.
Wissenswertes: Die biegsamen Zweige eignen sich hervorragend für Flechtarbeiten unterschiedlichster Art. Deshalb wird die Art auch in Plantagen angebaut, die aus der Ferne durch ihre rötliche Färbung auffallen.

1

Hänge-Birke
Betula pendula

5–25 m Apr.–Mai Baum   12
Kennzeichen: Zweigspitzen mit warzigen Harzdrüsen grindig-rauh; Blätter beiderseits kahl.
Vorkommen: Außer in bodensauren Eichenwäldern, Heiden und Magerrasen auch auf Schutt und Brachland.
Wissenswertes: Die Art wird auch als Sand-Birke bezeichnet und gibt vor allem ganzen Sand-Landschaften – etwa in der Geest – mit ihren silbrig-weißen Stämmen (**1d**) deren unverwechselbares Gepräge. Ihre flugfähigen Samen trägt der Wind überall hin. Aus Pflasterritzen, Dachrinnen und Kaminen wachsend, erregen Birken oft Aufmerksamkeit; sie gelten mit Fug und Recht als anspruchslose Pioniere. Das zeigt sich vor allem auch dort, wo sie – oft zusammen mit der Sal-Weide – sowohl Industriebrachen als auch Kahlschläge innerhalb weniger Jahre mit einem dichten Gebüsch überziehen. Besondere Anforderungen stellen sie jedoch an die Belichtung; im Schatten anderer Bäume kümmern die Birken und gehen vorzeitig zugrunde. Das Holz starker Stämme wird außer zu Sperrholz auch in der Möbelindustrie verwandt. Die frischen Austriebe liefern das Schmuckgrün für Maifeste, Prozessionen und Schützenumzüge, ihre Blätter getrocknet einen bekannten, harntreibenden Tee. Ihre Zweige Reisig für Busch und das zuckerhaltige Birkenwasser die Grundlage für Haarwässer und Birkenwein. –
1b: Zweig mit aufrecht stehenden weiblichen und hängenden männlichen Blütenständen;
1c: fruchtender Birkenzweig.

2

Moor-Birke
Betula pubescens

5–25 m Apr.–Mai Baum   12
Vorkommen: Von der Ebene bis ins Gebirge; vor allem auf Feuchtstandorten, in Moor- und Bruchwäldern.
Kennzeichen: Junge Blätter und Zweige flaumig behaart; Äste im Gegensatz zur Sand-Birke nicht hängend, sondern starr spitzwinkelig und waagerecht abstehend (**2a**).
Wissenswertes: Die Moor-Birke ist noch anspruchsloser als die Sand-Birke und wohl wegen ihrer Frosthärte im hohen Norden Europas vielfach die vorherrschende Art. In Mitteleuropa besiedelt sie vor allem ausgesprochene Extremstandorte. – An beiden Birkenarten sieht man oft „Hexenbesen"; zahlreiche regellose Austriebe dicht beisammen an stark gestauchten Sproßabschnitten. Sie werden von Pilzen der Gattung *Taphrina* hervorgerufen und treten in ähnlicher Form – von Vertretern anderer Pilzgattungen verursacht – auch an etlichen weiteren Laub- und Nadelbaumarten auf.

3

Zwerg-Birke
Betula nana

bis 1 m Apr.–Mai Strauch/Zwergstrauch 12
Kennzeichen: Strauch stark verzweigt, oft kriechend, junge Zweige aufrecht weisend, ebenso die männlichen und die weiblichen Kätzchen; Blätter rundlich, oft breiter als lang (**3a**), im Herbst leuchtend orange (**3b**).
Vorkommen: Vereinzelte Bestände vor allem in den Alpen, seltener im Erzgebirge; nur punktuelle Inselvorkommen im Harz; meistens in Hochmooren.
Wissenswertes: Während der letzten Vereisung Mitteleuropas war die Zwerg-Birke das Holzgewächs, das sich jeweils am stärksten dem Eisrand zu nähern vermochte. Heute ist sie in Mitteleuropa nur noch seltenes Überbleibsel, ein sogenanntes Eiszeit- oder Glazialrelikt, auf wenige weit verstreute, meistens besonders kühle Standorte beschränkt.

4

Strauch-Birke
Betula humilis

bis 2 m Apr.–Mai Strauch   12
Kennzeichen: Niedriger, stark sparrig verzweigter Strauch; fast eiförmige Blätter, immer länger als breit.
Vorkommen: Vereinzelt in den Alpen und im Alpenvorland; im Tiefland nur östlich der Elbe; in Hoch- und Zwischenmooren.
Wissenswertes: Die in Lappland und Sibirien weit verbreitete Art ist in Mitteleuropa als seltenes Glazialrelikt zu betrachten, dessen wenige Standorte besonders schützenswert sind.

1 Schwarz-Erle
Alnus glutinosa

10–25 m Febr.–März Baum   [12]

Kennzeichen: Im Sommer wie im Winter durch Stamm, dunkelgrünes Laub und vor allem alte Samenzapfen (**1b**) düster wirkender (Name!), meist mehrstämmiger Baum; Blätter eiförmig bis rund, meistens an der Spitze etwas eingekerbt (**1d**). Holz in frischem Zustand rötlich (deshalb auch „Rot-Erle" genannt).

Vorkommen: Häufig an Gräben, Flüssen und Bächen sowie in Bruchwäldern; angepflanzt auch zur Gliederung der Landschaft in ausgeräumten Feldfluren und auf trockenen Böden, z.b. auf Halden und rekultivierten Flächen ehemaliger Industriebetriebe.

Wissenswertes: Aus einem Punkt heraus wachsende mehrstämmige Exemplare weisen meistens darauf hin, daß es sich um Stämme handelt, die nach der Nutzung aus einer gemeinsamen Wurzel wieder ausgeschlagen sind. Das starke Stockausschlag-Vermögen ist unter natürlichen Verhältnissen für oft durch reißendes Wasser, Treibholz, Geröll und Eisgang beschädigte Bäume besonders wichtig. Eine andere Fähigkeit, durch Symbiose mit Strahlenpilzen Luftstickstoff zu binden, versetzt die Schwarz-Erle in die Lage, sich selbst nährstoffarme Rohböden als besiedelbare Standorte herzurichten; diese Fähigkeit wird vom Menschen systematisch im Landschaftsbau genutzt. Wegen ihres dichten, tiefgreifenden Wurzelwerks ist sie bei den Gestaltern naturnaher Kulturlandschaft beliebt. Sie pflanzen sie an Gräben und Bächen, wo sie mit ihren Wurzeln die Böschungen bis unter die Wasserlinie befestigt. Ihr dichtes Laub unterdrückt gleichzeitig den allzu starken Krautwuchs in den Gewässern. – Die flachen, rotbraunen Nüßchen, die in den dunklen Samenzäpfchen heranreifen, werden sowohl mit ihrem schmalen Flugsaum durch den Wind als auch dadurch verbreitet, daß sie im Winter oft aus den Zapfen herab auf Schnee fallen. Bei Tauwetter werden sie in den Schmelzwasserrinnen vom Wasser weitergetragen. Etliche Vogelarten – allen voran den Erlenzeisig – sieht man oft in Scharen an den Erlenzweigen turnen und die Nüßchen aus den Samen klauben, um sie zu verzehren.

2 Grau-Erle
Alnus incana

5–20 m März–Apr. Baum/Strauch   [12]

Kennzeichen: Elliptische Blätter mit Spitze, unterseits grau (Name!); anfangs dicht behaart, später nur noch auf den Blattnerven.

Vorkommen: Im südlichen Mitteleuropa in Ufergebüschen und Auwäldern auf nassen, nährstoffreichen und kalkhaltigen Böden; durch Anpflanzung weit über das natürliche Vorkommen hinaus bis zur Meeresküste verbreitet.

Wissenswertes: Im Gegensatz zur Grün-Erle, die Kalk weitgehend meidet, ist die Grau-Erle kalkliebend. Dank ihrer starken Vermehrung durch Wurzeltriebe überzieht und festigt sie Böschungen an Ufern und an Aufschüttungen. Auch die Grau-Erle vermag – wie die beiden anderen Erlenarten – mit Hilfe ihrer Symbionten Luftstickstoff zu binden und für sich und andere Pflanzenarten verfügbar zu machen. Nicht zuletzt trägt auch ihre stickstoffreiche Streu zur Bodenverbesserung bei. Ihr Holz färbt sich nicht, wie das der Schwarz-Erle, nach dem Fällen orangerot.

3 Grün-Erle
Alnus viridis

0,5–3 m Apr.–Mai Strauch   [12]

Kennzeichen: Blätter oberseits dunkel-, unterseits hellgrün (Name!), anfangs klebrig; Form ähnlich, aber etwas kleiner als Grau-Erle.

Vorkommen: In den Alpen und Karpaten sowie im Alpenvorland an Bachufern, in Lawinenbahnen und auf Schutthalden; dabei kalkärmere Böden bevorzugend.

Wissenswertes: Der Grün-Erlen-Buschwald bildet in den Alpen oft großflächige Laub-Knieholzbestände (im Gegensatz zu den Nadel-Knieholzbeständen der Latschen). Als Pioniere auf Hangrutschungen wirken die Grün-Erlen der Erosion entgegen. In lawinengefährdeten Lagen werden sie oft angebaut, weil sie nicht nur Schutt, sondern mit ihren Zweigen auch Schnee zurückhalten. – **3b:** Zweig mit aufrechten weiblichen und hängenden männlichen Blütenständen. **3c:** Zweig mit Samenzapfen.

1 Hainbuche
Carpinus betulus

10–25 m   März–Mai   Baum/Strauch   [13]

Kennzeichen: Blätter ähneln Rotbuchen-Blättern, jedoch mit gesägtem Rand; „Wellblechblätter" wegen der gewellten Oberfläche (**1b**).

Vorkommen: Von der Ebene bis ins mittlere Bergland in ganz Mitteleuropa in Eichenmischwäldern, Hartholzauen, Hecken und Gebüschen häufig anzutreffen.

Wissenswertes: Als mittelhohe Baumart bildet die Hainbuche vor allem unter Eichen eine zweite Baumschicht. Sie kann den Schatten der Eichen sehr gut ertragen, während umgekehrt die lichtliebenden Eichen unter dem dichten Schattendach der Hainbuche nicht existieren könnten. Im Unterwuchs von Eichen, Eschen und anderen Wertholzarten sind Hainbuchen sehr willkommen, weil sie die hohen Stämme „ummanteln" und durch Beschattung astrein halten. Wenn sie wirklich einmal in den Wipfelbereich der Lichtholzarten hineinwachsen und zu einer ernsthaften Konkurrenz werden, kann man Hainbuchen kurzerhand auf den Stock setzen. Sie schlagen sehr kraftvoll wieder aus. Weil die Hainbuche hinsichtlich dieser Fähigkeit alle anderen Waldbäume übertrifft, wurde sie durch Nieder- und Mittelwaldwirtschaft in früheren Jahrhunderten unbewußt gefördert. Ihr schweres, zähes und hartes Holz ist gleichmäßig hell (daher auch der Name „Weißbuche") und hat einen hohen Brennwert, ist aber auch für den Werkzeug-, Geräte- und Maschinenbau begehrt. Früher machte man Mühlräder daraus. Die Stämme sind mit hellen Streifen und Wulsten dekorativ gemustert (**1d**), die Stammquerschnitte sind exzentrisch und nur selten kreisrund. Während der männlichen Kätzchen (**1a**) abfallen, entwickeln sich die weiblichen zu Fruchtständen (**1c**). Auf jedem der 3lappigen Deckblätter sitzt ein flaches, geripptes Nüßchen, das bei der Reife mit seinem Deckblatt zu Boden rotiert, bei Sturm jedoch weit verweht wird. Mäuse sammeln, speichern und verbreiten dadurch die Nüßchen noch zusätzlich. Hainbuche und Rotbuche sind nicht miteinander verwandt; sie gehören verschiedenen Familien an.

2 Hasel
Corylus avellana

2–5 m   Febr.–März   Strauch   [13]

Kennzeichen: Blätter mit einer aufgesetzt erscheinenden Spitze, zum Stengel hin schwach herzförmig gerundet; Zweige, aber auch Blätter drüsig behaart.

Vorkommen: Auf besser nährstoffversorgten Böden weit verbreitet, vor allem in Eichenmischwäldern, Hecken und Gebüschen.

Wissenswertes: In vielen Eichenwäldern bildet die Hasel ein dichtes Unterholz, das Rehe und anderes Wild schon auf 10–20 m Entfernung dem Blick des Beobachters entzieht. Mit dem Stäuben der männlichen Kätzchen (**2a**, **2b**) beginnt im phänologischen Kalender der Vorfrühling. Die weiblichen Blüten ähneln Knospen, aus denen jeweils Büschel roter Narben hervorragen (**2b**, **2c**). Als Früchte entwickeln sich aus ihnen die bekannten hartschaligen Nüsse, die anfangs grünlich gelb und später braun sind, während gleichzeitig schon die nächstjährigen männlichen Blütenkätzchen gut vorbereitet den Winter erwarten (**2d**). Die Nüsse werden von Eichelhähern, Eichhörnchen und Haselmäusen (Name!) als Nahrungsreserve für den Winter versteckt und teilweise nicht wiedergefunden.

3 Gagelstrauch
Myrica gale

0,5–1,2 m   März–Apr.   Strauch/Zwergstrauch   [17]

Kennzeichen: Junge Triebe rotbraun, weichhaarig; Blätter klein, länglich-eiförmig, zum Stiel hin keilförmig verjüngt, mit gelben Harzdrüsen besetzt.

Vorkommen: Vor allem in Mooren und feuchten Heiden des atlantischen Klimabereichs.

Wissenswertes: Der zweihäusige Strauch blüht bereits vor dem Laubaustrieb. Die männlichen Kätzchen (**3b**) sind 1–1,5 cm lang und mit ihren rotbraunen Schuppen auffälliger als die weiblichen. Die Blätter enthalten ein ätherisches Öl. Sie wurden früher vielfach statt Hopfen zum Würzen des Bieres verwandt. Mit den stark duftenden Zweigen versucht man lästige Insekten zu vertreiben.

1
Rotbuche
Fagus sylvatica

30–40 m Apr.–Mai Baum   [11]
Kennzeichen: Glatte Borke; elliptische Blätter, ganzrandig, am Rande etwas gewellt; männliche Blütenstände vielblütige, langgestielte, kugelige Kätzchen (**1b**); weibliche Blüten zu zweit, kurzgestielt, von einer Hülle umgeben (später Fruchtbecher).

Vorkommen: In fast ganz Mitteleuropa die von Natur aus vorherrschende Baumart, allerdings auf vielen Standorten durch Nadelbäume und Eichen ersetzt.

Wissenswertes: Die Rotbuche breitete sich als letzte heimische Baumart im Zuge der nacheiszeitlichen Wiederbewaldung seit 2000 v. Chr. wieder in Mitteleuropa aus. Dank besonders gebauter Licht- und Schattenblätter und deren mosaikartiger Anordnung nutzt sie das Sonnenlicht so wirkungsvoll aus, daß in ihrem Schatten nur noch wenige Pflanzenarten zu gedeihen vermögen. Das macht sie so konkurrenzstark, zumindest auf allen Standorten, die ihr zusagen. Was sie braucht, sagt eine bekannte Beschreibung: „Die Buche will feuchtes Haupt und trockene Füße", d.h. ein niederschlagsreiches Klima und einen gut drainierten, vor stauender Nässe freien Boden. Damit ist auch schon ihr Fehlen im kontinentalen Ost- und kalten Nordeuropa, aber auch in den weitesten Teilen der Mittelmeerländer erklärt. Der Verbreitungsschwerpunkt geschlossener reiner Buchenwälder befindet sich in Deutschland. Das Holz ist im frischen Zustand rötlich (Name!). Es findet vielfältige Verwendung in der Bau- und Möbelindustrie, wird außer zu Sperrholz und Spanplatten auch zu Furnieren verarbeitet und hat auch in der Zellstoffindustrie einen wichtigen Abnehmer. Die als „Bucheckern" bekannten Nüßchen sind von einem Fruchtbecher umhüllt (**1c**) und werden von Eichhörnchen und Eichelhähern, Berg- und Buchfinken, Ringeltauben und vom Wild verzehrt. Selbst den Menschen halfen sie in vorgeschichtlichen Jahrhunderten und sogar noch während des letzten Krieges über Notzeiten hinweg. Aus ihnen läßt sich ein wertvolles Speiseöl gewinnen. Allerdings gibt es Bucheckern in Mengen („Bucheckernmast") nur alle paar Jahre, meistens wenn im Jahr zuvor ein besonders trockenwarmer Sommer herrschte.

2
Stiel-Eiche
Quercus robur

20–35 m Apr.–Mai Baum   [11]
Kennzeichen: Gelappte Blätter nur kurz, ca. $\frac{1}{2}$ cm gestielt; Eicheln einzeln, zu zweit oder dritt an einem 3–8 cm langen Stiel (**2b**), mehr oder weniger stark längs gestreift.

Vorkommen: Weit verbreitet von der Ebene bis ins mittlere Bergland.

Wissenswertes: Die Begehrtheit des vielfältig nutzbaren Eichenholzes ist der Grund, weshalb auch schon früher die sehr langsamwüchsigen Eichen nur ausnahmsweise einmal ihr natürliches Höchstalter von 600–800 Jahren erreichten oder sogar 1000–1200 Jahr alt wurden. Eichenholz begegnet uns sowohl in Furnieren und Massivmöbeln als auch im Fachwerk der Bauernhäuser und als Fundament mancher Wasserburgen. Die junge Rinde brauchte man früher in der Lohgerberei, die Eicheln als Mastfutter für die Schweine und – geröstet – als Kaffee-Ersatz. Eichelhäher und Eichhörnchen sammeln, transportieren und verstecken jährlich Hunderttausende von Eicheln und finden im Winter nur einen Teil davon wieder. So sorgen sie als „ehrenamtliche Helfer" intensiv für die Neuanpflanzung von Eichen.

3
Trauben-Eiche
Quercus petraea

20–30 cm Apr.–Mai Baum   [11]
Kennzeichen: Gelappte Blätter mit 1–2 cm langem Stiel (**3b**); meistens 3–7 Eicheln dicht gedrängt in einer kurzgestielten Traube (**3c**); gedrungene Gestalt und keine Längsstreifung der Eicheln.

Vorkommen: Stärker montan verbreitet als die Stiel-Eiche; allerdings durch Anbau und Bastardierung verwischt.

Wissenswertes: Die Namen der beiden heimischen Eichen-Arten nehmen interessanterweise nicht auf die Stiele der Blätter, sondern auf die der Eicheln Bezug. Alle Eichen sind Windblütler, deren hängende männliche Kätzchen zur Blütezeit besonders auffallen (**3b**).

1   Rot-Eiche
Quercus rubra

20–30 m   Mai   Baum   11

Kennzeichen: Blätter groß (bis 25 cm lang), mit 7–11 spitzen Lappen; Eicheln bis 2,5 cm groß, gedrungen eiförmig, einzeln oder zu zweit, kurzgestielt (**1a**).

Vorkommen: Heimisch im östlichen Nordamerika; in Mitteleuropa weit verbreitet angepflanzt, unter anderem auf flachgründigen und auf Kies- und Sandböden.

Wissenswertes: Wegen ihres oft leuchtend roten Herbstlaubes (Name! **1b**) ist die Rot-Eiche auch in forstästhetischer Sicht ein gern genutzter „Fremdländer", der oft Waldränder und markante Punkte im Erholungswald ziert. Als sehr anspruchslose und relativ immissionsresistente Art wird sie gern zur Rekultivierung von Halden und Aufschüttungen – namentlich in der Nachbarschaft von Industriebetrieben – angepflanzt. So ist die Rot-Eiche heute die am weitesten verbreitete und am häufigsten angebaute fremdländische Laubbaumart. Der Name „Amerikanische Eiche" erinnert an ihre Herkunft. Der Wert ihres Holzes steht weit hinter dem der beiden in Mitteleuropa heimischen Eichenarten zurück. Dafür aber ist die Rot-Eiche – vor allem in ihrer Jugend und bis zu einem Alter von 80–100 Jahren – deutlich schnellwüchsiger.

2   Eßkastanie
Castanea sativa

25–35 m   Mai–Juni   Baum   11

Kennzeichen: Blätter derb, 15–20 cm lang, länglich-lanzettlich mit sägeblattähnlichen Zähnen (**2b**).

Vorkommen: Heimat im Mittelmeerraum, aber seit der Römerzeit auch in wärmeren Gebieten West- und Mitteleuropas eingebürgert.

Wissenswertes: Mit einem Alter von weit über 1000 Jahren und einem Stammdurchmesser von 4–6 m übertreffen einige Eßkastanien die Veteranen aller anderen heimischen Baumarten. Zur Blütezeit wirkt der Baum durch seine 10–20 cm langen männlichen Blütenstände (**2b**) aus der Ferne auffallend hell grün (**2a**). Aus den Samenanlagen

der 2–3 unscheinbaren weiblichen Blüten entwickeln sich die von einem Fruchtbecher (**2c**) umgebenen Maronen, die in Größe und Farbe an die Früchte der Roßkastanie erinnern. Sie werden gekocht, geröstet oder auch roh verzehrt und erfreuen sich auf Jahrmärkten und in ausländischen Restaurants auch in Deutschland zunehmender Beliebtheit. Im Mittelmeergebiet sind sie ein wichtiges Nahrungsmittel, und das schon seit Jahrtausenden. Die Römer aber brachten die Eßkastanie zusammen mit dem Wein auch deshalb über die Alpen, um – wie in Italien gewohnt – die langen, geraden Schößlinge als Stützen für den Wein vorhalten zu können. Wegen ihrer ausgeprägten Fähigkeit, aus dem Stock auszuschlagen, findet man sie häufig in niederwaldartig bewirtschafteten Waldungen an.

3   Walnuß
Juglans regia

20–30 m   Mai   Baum   18

Kennzeichen: Blätter unpaarig gefiedert, groß, mit 5–9 elliptischen Blättchen; Früchte fast 4–5 cm groß, kugelig (**3b**).

Vorkommen: Aus dem östlichen Mittelmeerraum stammend; möglicherweise schon in der Jungsteinzeit nach Mitteleuropa gelangt; heute vor allem als Einzelbaum oder in Zweiergruppen in Gärten, Parks und in der bäuerlichen Kulturlandschaft.

Wissenswertes: Die Blüten – besonders auffällig die männlichen Kätzchen (**3a**) – erscheinen gleichzeitig mit den Blättern. Der Name „Walnuß" ist gleichbedeutend mit „Welsche Nuß" im Gegensatz zu der heimischen Haselnuß. Weil sie außen grünes, nicht eßbares Fruchtfleisch hat, ist die Frucht im botanischen Sinne keine Nuß, sondern eine Steinfrucht, in der die eigentliche Walnuß dem Kirschkern entspricht. Das Fruchtfleisch kann zum Färben und zur Produktion von Holzbeizen und Sonnenöl verwandt werden. Das Nußbaumholz ist vor allem in der Möbelindustrie zur Herstellung von Furnieren hochgeschätzt. Da Walnußbäume forstlich nicht angebaut werden, fällt das unter allen Edellaubhölzern bestbezahlte Holz nur ausnahmsweise an, wenn Nußbäume in Gärten und Parks gefällt werden.

1 Berg-Ulme
Ulmus glabra

30–40 m　März–Apr.　Baum　　　　14

Kennzeichen: Basis der Blattspreite bei allen Ulmenarten deutlich asymmetrisch; Blätter der Berg-Ulme oberseits rauh, unterseits weich behaart; Blätter häufig mit einer Haupt- und zwei untergeordneten Spitzen; Blüten in aufrechten Büscheln, fast sitzend (**1a**).

Vorkommen: Relativ selten; im Hügel- und mittleren Bergland auf nährstoff- und basenreichen Böden in Schluchten und an Schattenhängen.

Wissenswertes: Die Ulmen liefern ein wertvolles Holz, das unter dem Namen „Rüster" bekannt ist und vor allem im Möbelbau, in der Bauschreinerei und bei der Innenausstattung Verwendung findet. Die zweizeilige Anordnung der Seitenzweige und ihrer Blätter sorgt für eine optimale Lichtausnutzung.

2 Flatter-Ulme
Ulmus laevis

20–25 m　März–Apr.　Baum　　　　14

Kennzeichen: Blätter elliptisch, nur unterseits kurzhaarig; Blüten lang gestielt, herabhängend (**2b**, daher oft flatternd; Name!). Früchte **2c**.

Vorkommen: Nur sehr zerstreut in Laubmischwäldern des Tieflandes, vor allem in der Aue auf periodisch überfluteten Standorten.

Wissenswertes: Möglicherweise überleben am ehesten noch Flatter-Ulmen das zur Zeit wieder grassierende Ulmensterben in Mitteleuropa, weil der Ulmensplintkäfer diese Art seltener anfliegt als die anderen. Verschont aber bleibt auch sie nicht. Die Krankheit wird durch einen Schlauchpilz (*Ceratocystis ulmi*) verursacht, der im 1. Weltkrieg aus Ostasien eingeschleppt wurde und in den 20er Jahren bereits ein großes Ulmensterben auslöste. In Nordamerika, wohin der Pilz anschließend gelangte, kam es nicht nur zum Niedergang der Bestände der dort beheimateten Ulmenarten, sondern auch zur Ausbildung einer noch virulenteren Form des Krankheitserregers. Diese wurde um 1970 nach Europa zurückverschleppt und führt nun zum Tode zunächst noch widerstandsfähig wirkender Ulmen. Der Pilz lebt in den Tracheen der jüngsten Jahrringe und gibt dort Stoffe ab, die zur Bildung von Thyllen und durch diese zur Unterbrechung des Wasserstromes führen. Welke Blätter zuerst an einzelnen Zweigen, aber oft noch im selben Jahr in der gesamten Krone sind Kennzeichen eines Krankheitsprozesses, der gegenwärtig an den Ulmen in weiten Teilen Europas zu beobachten ist.

3 Mistel
Viscum album

bis 1 m　März–Mai　Halbschmarotzer　　47

Kennzeichen: Kugeliger, immergrüner Strauch; Halbschmarotzer auf Pappeln, Apfelbäumen, Linden und einigen weiteren Weichholzarten.

Vorkommen: Vor allem in wintermilden Lagen regional sehr häufig, anderswo völlig fehlend.

Wissenswertes: Als Halbschmarotzer bezieht die Mistel von ihrem Wirt Wasser und die darin gelösten Mineralsalze, betreibt die Photosynthese jedoch selbst. Das gelingt ihr auch im Schatten des Wipfels ihres Wirtsbaumes, weil sie immergrüne Blätter hat und somit zumindest nach dem Laubfall in den vollen Genuß des Sonnenlichtes kommt. Ihren Platz auf einem Wipfelzweig eines ihr angenehmen Baumes verdankt sie fruchtfressenden Vögeln, z.B. Drosseln, von denen eine Art sogar den Namen „Misteldrossel" trägt. Sie fressen die Mistelbeeren (**3c**) und scheiden die Samen entweder mit dem Kot aus oder versuchen, diese erst gar nicht zu verschlucken. Weil das Fruchtfleisch klebrig ist, haften die Samen häufig am Vogelschnabel. Durch Wetzen des Schnabels an dem Ast, auf dem der Vogel sitzt, befreit er sich davon. Gar nicht so selten befindet sich der Samen danach genau in der Position, in der er keimen und seine Senker in das Holz des Wirtes treiben kann. – Früher hat man aus den Mistelbeeren Leim für die zum Vogelfang benutzten Leimruten gemacht. Heute erfreuen sich die dekorativen Mistelzweige besonderer Beliebtheit, vor allem seit das bekannte Weihnachtssymbol der Engländer auch in Mitteleuropa als adventliches Schmuckstück in den Wohnstuben Einzug gehalten hat.

1 Gewöhnliche Berberitze
Berberis vulgaris

2–3 m Mai Strauch   7

Kennzeichen: Blätter länglich-elliptisch, netzrunzelig und derb, aber nur sommergrün; Stengel mit 3teiligen Blattdornen; Beeren länglich, rot (**1b**).

Vorkommen: Vor allem südlich der Main-Linie und im Osten in sonnigen Gebüschen auf kalkreichen Böden.

Wissenswertes: Der Name „Berberitze" ist ein Lehnwort und aus dem arabischen „Berberis" hervorgegangen. Die ebenfalls verbreitete Bezeichnung „Sauerdorn" nimmt auf den Geschmack der Beeren Bezug. Bekannter geworden ist die Berberitze als Zwischenwirt des Getreiderostes, der sich im Mai/Juni auf den Berberitzenblättern in Form von orangegelben Flecken zeigt. In ihnen entwickeln sich die Sporen des Rostpilzes *Puccinia graminis*, die nur auf den Blättern von Gräsern (und so auch von Getreide) keimen und dort die rostfarbenen Lager eines anderen Sporentyps hervorbringen können. Diese werden vom Wind auf andere Grasblätter übertragen, so daß sich der Rost rasch massenhaft ausbreiten kann. Wenn am Ende des Sommers die Blatt- und Getreidehalme absterben, bildet sich an ihnen zur Überwinterung ein dritter Sporentyp, der im Frühjahr keimt und einen vierten hervorbringt. Er ist es, der nur auf den Blättern der Berberitze keimen kann. In der Tat kompliziert, aber letztlich so effektiv, daß der Getreiderost erhebliche Schäden verursachen kann. Deshalb wird die Berberitze in Ackerbaugebieten oft intensiv bekämpft.

2 Rote Johannisbeere
Ribes rubrum

1–1,5 m Apr.–Mai Strauch   19

Kennzeichen: Blätter 3–5lappig; Blütentraube mit 15 und mehr Blüten und später entsprechend zahlreichen roten Beeren (**2b**).

Vorkommen: In ganz Mitteleuropa zerstreut vertreten, vor allem in Auenwäldern und Erlenbrüchen.

Wissenswertes: Der Name weist auf die Zeit der Reife um den Johannistag (24. Juni) hin. Die Beeren haben einen hohen Vitamin-C-Gehalt und waren schon im 15. Jahrhundert Anreiz zur Kultivierung der Art, von der es inzwischen viele Zuchtsorten gibt.

3 Schwarze Johannisbeere
Ribes nigrum

bis 1,5 m Apr.–Mai Strauch   19

Kennzeichen: Blätter ähnlich denen der vorigen Art, aber unterseits mit kleinen, gelben Drüsenhaaren; Blüten und schwarze Beeren in wenigerblütigen Trauben (**3b**); beim Zerreiben der Blätter ein unangenehmer Geruch.

Vorkommen: Wildwachsend und verwildert in feuchten bis nassen Wäldern; im Norden verbreiteter als im Süden.

Wissenswertes: Auch diese Art ist schon seit dem 16. Jahrhundert in Kultur. Der Geschmack der Beeren ist nicht jedermanns Sache. Der Saft jedoch erfreut sich großer Beliebtheit.

4 Stachelbeere
Ribes uva-crispa

bis 1,5 m Apr.–Mai Strauch   19

Kennzeichen: Blätter klein, tief eingeschnitten, beiderseits behaart; Zweige mit unverzweigten oder 2–3teiligen Dornen.

Vorkommen: Nur zerstreut, immer auf nährstoffreichen Böden; fehlt im Nordwesten.

Wissenswertes: Bei Stachel- und Johannisbeeren ist durchweg nur schwer zwischen natürlichen und durch Verwilderung entstandenen Vorkommen zu unterscheiden. Stachelbeeren werden immerhin schon seit dem ausgehenden Mittelalter angebaut.

5 Berg-Johannisbeere
Ribes alpinum

bis 1,5 m Apr.–Mai Strauch   19

Kennzeichen: Blüten eingeschlechtlich; Sträucher jeweils rein männlich oder rein weiblich; weibliche Blütenstände nur mit 2–5 Blüten, männliche mit 20 und mehr (**5a**).

Vorkommen: Nur regional in den Mittelgebirgen und den Alpen auf nährstoff- und basenreichen, meistens steinigen Böden.

Wissenswertes: Die Beeren (**5b**) schmekken fade und sind auf der Zunge schleimig.

1 Steinbeere
Rubus saxatilis

10–25 cm   Mai–Juni ⟅   24

Kennzeichen: Stengel krautig, im Gegensatz zu den folgenden *Rubus*-Arten nicht verholzt; nur blühende Stengel aufrecht, sonst niederliegend; Sammelfrucht aus 2–6 roten, fast erbsengroßen Steinfrüchten (**1b**).

Vorkommen: Im Halbschatten lichter Wälder und Gebüsche auf kalkreichen Böden; nördlich der Elbe zerstreut, sonst in weiten Teilen des Norddeutschen Tieflandes fehlend.

Wissenswertes: Die Früchte sind es nicht wert gesammelt zu werden. Sie haben zwar einen leichten Johannisbeergeschmack, sind aber wässerig und fade.

2 Himbeere
Rubus idaeus

bis 2 m   Mai–Juni   Strauch   24

Kennzeichen: Stengel dieser und der folgenden Rubus-Arten verholzen. Blätter 3–5zählig, unterseits weiß-filzig (**2b**).

Vorkommen: Weit verbreitet auf Lichtungen, Schlagflächen, an Waldrändern und in Hekken.

Wissenswertes: Die Blüten der Himbeere sind im Vergleich zu denen der Brombeere recht unscheinbar; die Kronblätter sind schmal-keilförmig, neigen oft zusammen und fallen früh ab. Wenn sie geblüht und Früchte gebildet haben, sterben die vorjährigen Triebe ab. Nur die einjährigen Triebe überwintern, allerdings – im Gegensatz zur Brombeere – unbelaubt. Auf Kahlschlägen kann die Himbeere binnen weniger Jahre große Bestände bilden, die die Wiederaufforstung erheblich behindern können. Vor allem unterirdische Ausläufer befähigen die Himbeere zu derart starker Ausbreitung. Die saftig-süßen Früchte haben den Menschen wohl schon immer besonders gut geschmeckt; zur Kulturpflanze aber wurde die Himbeere wohl erst in jüngerer Zeit. Aus ihren Früchten bereitet man Himbeersaft und -gelee. Botanisch betrachtet sind alle *Rubus*-Früchte Sammelfrüchte: Jede Blüte besitzt neben zahlreichen Staubblättern auch mehrere Fruchtknoten mit je einem Griffel; jeder Fruchtknoten entwickelt sich zu einer kleinen Steinfrucht und alle zusammen bilden eine Sammelfrucht, genau gesagt eine Sammelsteinfrucht – unsere bekannte Himbeere.

3 Brombeere
Rubus fruticosus

bis 5 m   Mai–Aug.   Strauch   24

Kennzeichen: Blätter ober- und unterseits gleichmäßig grün; die Hauptader auf der Unterseite mit Stacheln; Blüten weiß.

Vorkommen: Häufig in Wäldern und Gebüschen, in Hecken und an Waldrändern, auf Lichtungen und Schlagflächen; gern auch auf Industriebrache und aufgelassenem Gartenland.

Wissenswertes: Die Brombeeren variieren in Mitteleuropa in Größe, Blattform, Ausbildung der Stacheln, Aussehen und Geschmack der Früchte so sehr, daß sich Spezialisten daran gemacht haben, die „Sammelart" Brombeere in rund 200 Unterarten zu untergliedern. Ursache der enormen Formenvielfalt sind neben der Bastardierung die eingeschlechtliche und die vegetative Vermehrung (Senkerbildung), die gerade bei dieser Art eine sehr große Rolle spielen. Auch über Winter behalten die Brombeeren oft grüne Blätter und sind damit für das Wild eine wichtige Winternahrung. Die Früchte (**3b**), die als Wildfrüchte wohl schon immer gesammelt wurden, werden neuerdings offensichtlich immer beliebter. Ihr süß-säuerlicher Geschmack gibt Säften und Gelees, Wein und Schnaps eine besondere Note. Heute pflanzt man Brombeersträucher auch schon in naturnahe Gärten.

4 Kratzbeere
Rubus caesius

30–80 cm   Mai–Juni   Strauch   24

Kennzeichen: Blätter immer 3zählig; Früchte und Stengel bereift; borstliche Stacheln (Name!).

Vorkommen: Weit verbreitet auf nährstoffreichen Böden.

Wissenswertes: Sammelfrüchte zerfallen leicht in die einzelnen Steinfrüchtchen. Sie schmecken fade und sauer und wurden wohl nie gesammelt.

Die Gattung *Rosa* (Rosen) ist mit rund 250 Arten über die gemäßigte Zone der Nordhalbkugel verbreitet; in den Tropen kommt sie nur in höheren Gebirgslagen vor, auf der Südhalbkugel fehlt sie ganz. Alle Arten sind sommergrün und fast alle tragen Stacheln. Die unterschiedlichen Wuchsformen reichen von hohen aufrechten über kletternde bis nahezu kriechenden Arten. Die Blüten können einzeln stehen oder in Trauben oder Rispen vergesellschaftet sein. Die Blätter sind meistens 3–9zählig gefiedert. – Unter allen Pflanzen erfreuen sich die Rosen möglicherweise der größten Beliebtheit. Besonders viele Völker lassen ihnen Wertschätzung und sogar kultische Verehrung zuteil werden. Bereits vor 4000 Jahren züchtete man im alten Persien Rosen. Heute ist die Zahl der Rosensorten kaum noch überschaubar. Sie liegt bei über 12000 Kultursorten, von denen regional und gemäß zeitlich begrenzter Moden aber immer nur ein Bruchteil wirklich in Gärten und Parks anzutreffen ist. Die Herkunft der Sorten aus verschiedenen Wildrosen und der Weg über Selektion, Bastardierung und Einkreuzung von Arten und Sorten sind in vielen Fällen unbekannt und nicht mehr rekonstruierbar.

1 **Hunds-Rose**
Rosa canina

1–3 m Juni Strauch 24
Kennzeichen: Blätter mit 5–7 Fiederblättern, ebenso wie die Blattstiele unbehaart und drüsenlos.
Vorkommen: In Hecken und an Wald- und Wegrändern, auf schwach beweidetem Grünland; in den Kalkgebieten weit verbreitet und recht häufig, sonst deutlich seltener.
Wissenswertes: Für alle Rosen gilt, daß das Sprichwort „Keine Rosen ohne Dornen" den Botaniker herausfordern muß: Die Bildungen der Epidermis, die man leicht ablösen kann, werden nicht als „Dornen", sondern als „Stacheln" bezeichnet. Die Art ist oft nicht leicht von ähnlichen Verwandten zu unterscheiden. Die erste Silbe ihres Namens gibt der weit verbreiteten Hunds-Rose hinsichtlich Duft und Schönheit einen untergeordneten Rang gegenüber einigen anderen Arten und vor allem vielen älteren Kulturrosen.

2 **Kartoffel-Rose**
Rosa rugosa

1–2 m Juni–Aug. Strauch 24
Kennzeichen: Blätter groß und derb, aus 7–9 netzartig runzeligen (lat. „rugosus") Fiederblättchen bestehend; Blüten 7–8 cm im Durchmesser.
Vorkommen: Aus Ostasien im vorigen Jahrhundert nach Mitteleuropa geholt; hier sehr häufig angepflanzt, als Straßenbegleitgrün und in Parks.
Wissenswertes: Die bis zu 2 cm großen Hagebutten (**2b**) sind eßbar und werden auch von Vögeln gern verzehrt. Grünlinge öffnen die Hagebutten, um an die Kerne zu gelangen; vor allem Drosseln fressen das Fruchtfleisch.

3 **Wein-Rose**
Rosa rubiginosa

1–2 m Juni–Juli Strauch 24
Kennzeichen: Wuchs steif, aufrecht; Blätter unterseits dicht drüsig, leicht nach Wein duftend; Stacheln kräftig, sichelförmig.
Vorkommen: Nur auf kalkreichen Böden; fehlt im Tiefland und auf Silikatgestein; im Osten etwas häufiger.
Wissenswertes: Diese Art ist sehr veränderlich. Die Hagebutten sind 1 cm lang und oft mit Drüsenhaaren und Borsten besetzt (**3b**).

4 **Essig-Rose**
Rosa gallica

bis 80 cm Juni–Juli Strauch/Zwergstrauch 24
Kennzeichen: Blüten 5–7 cm groß, mit schwachem Essigduft; Blätter nur am Rande drüsig; ungleich große Stacheln gemischt.
Vorkommen: Lichtungen im Wald und am Waldrand; fehlt weitgehend nördlich von Main und Unstrut und westlich des Oberrheins.
Wissenswertes: Die Essig-Rose gilt als eine der Stammformen der frühesten europäischen Gartenrosen, die aus dem Orient nach Europa kamen. Ihr sind noch einmal im 19. Jahrhundert zahlreiche Gartenrosen zu verdanken. Essig-Rosen-Abkömmlinge mit gefüllten Blüten sind auch heute noch in manchen Gärten anzutreffen.

1 Filz-Rose
Rosa tomentosa

1–2 m   Juni–Juli   Strauch   24

Kennzeichen: Blüten purpurrot, meist einzeln in Blattachseln, Durchmesser etwa 4 cm, mit schwachem Duft; Blütenstiele mit gestielten Drüsen.

Vorkommen: Warm-trockene Standorte auf kalkreichen, tiefgründigen Böden; vor allem in den Kalk-Mittelgebirgen; im Nordwesten selten, nach Osten häufiger.

Wissenswertes: Die Hagebutten der Filz-Rose (**1b**) tragen Drüsenborsten.

2 Bibernell-Rose
Rosa pimpinellifolia

1–2 m   Mai–Juni   Strauch   24

Kennzeichen: Strauch stark verzweigt mit dunkelbraunen Trieben, dicht mit Stacheln und Borsten besetzt; Blätter klein; Blüten weiß, Durchmesser ca. 4 cm.

Vorkommen: In zwei sehr unterschiedlichen Lebensräumen; einmal auf flachgründigen Kalkstein-Verwitterungsböden in Südwestdeutschland und an einigen anderen Orten; zum anderen in kalkreichen Dünen der West- und Nordfriesischen Inseln (deshalb auch als Dünen-Rose bezeichnet).

Wissenswertes: Die Bibernell-Rose, die eine der schönsten Wildrosen ist, trägt ihren Namen wegen der Form ihrer Blätter, die den Grundblättern der Bibernelle ähneln. Ihre fast kugelrunden Hagebutten sind schwarzbraun und haben einen Durchmesser von ca. 1 cm (**2b**). Auf lockeren Sandböden bildet sie lange unterirdische Ausläufer, weshalb sie als Bodenfestiger vor allem auf Dünensand eine wichtige Funktion erfüllen kann.

3 Kriechende Rose
Rosa arvensis

1–2 m   Juni–Juli   Strauch   24

Kennzeichen: Triebe niedergestreckt (Name!) oder kletternd; Blüten weiß, 3–5 cm, duftlos; Hagebutten (**3b**) klein.

Vorkommen: Außer im Norden im gesamten Gebiet verbreitet, aber auch nach Osten abnehmend; keine so strenge Kalkbindung;

auch im Halbschatten lichter Wälder anzutreffen.

Wissenswertes: Die Art gilt als typischer Lehmanzeiger; sie wird auch „Feld-Rose" genannt. Die dünnen, im Gebüsch kletternden Äste unterstreichen eine zweite Funktion der Stacheln außer dem Schutz vor Wild- und Viehverbiß: Stacheln ermöglichen mancher Rosenart überhaupt erst die aufrechte Haltung der Triebe, die sich mit Hilfe der Stacheln miteinander und mit Zweigen anderer Gehölze verhaken und sich so aufrecht halten.

4 Gebirgs-Rose
Rosa pendulina

1–2,5 m   Mai–Juni   Strauch   24

Kennzeichen: Blüten leuchtend weinrot, Durchmesser 4–5 cm; blühende Zweige ohne oder fast ohne Stacheln.

Vorkommen: In den Hochgebirgen und hohen Mittelgebirgen wie Alpen und Bayerischer Wald; dort nahe der Waldgrenze; auch auf kalkarmen Böden.

Wissenswertes: Die Art ist auch unter der Bezeichnung Alpen-Rose und dem wissenschaftlichen Namen *Rosa alpina* bekannt. Zumindest der deutsche Name Alpen-Rose führt leicht zur Verwechslung mit den Alpenrosen. Dennoch hat der Name seine Berechtigung, bezeichnet er doch jene Rosenart, die in den Alpen am weitesten gipfelwärts vordringt, vereinzelt bis ca. 2500 m.

Hagebutten

Der Name weist auf „hagen" (= Hecke, Umfriedung), wo man sie findet, und „butte" (= Bütte, Faß) hin, womit die Form der Rosenfrucht beschrieben wird. Sie geht aus dem krugförmigen Blütenboden hervor und birgt zahlreiche Nüßchen („Kerne"), die sich aus den einzelnen, nicht miteinander verwachsenen Fruchtblättern entwickelten. Der Gehalt der Hagebutten an Vitamin C ist hoch und sichert ihnen den Ruf wirksamer Helfer bei Erkältungskrankheiten. Sie werden als Tee, als Gelee, aber auch als Wein genossen. Der Inhalt des „Fäßchens" in Form von kleinen Nüssen und von Härchen muß stets entfernt werden. Schüler kennen ihn als Juckpulver.

1 Wilder Birnbaum
Pyrus pyraster

20 m Apr.–Mai Baum/Strauch 24

Kennzeichen: Der Gartenbirne ähnlich, jedoch mit Dornen aus umgewandelten Kurztrieben; Früchte kleiner und rundlicher.

Vorkommen: Vor allem in Mittel- und Süddeutschland im Flach- und niederen Bergland; in Eichen-Mischwäldern und in Felsgebüsch auf Kalk.

Wissenswertes: Die genaue Verbreitung ist nicht bekannt, weil die Unterscheidung von verwilderten Gartenbirnen schwierig ist und die Bastardierung für vielerlei fließende Übergänge gesorgt hat. Die Früchte des auch „Holzbirne" genannten Wilden Birnbaums (**1b**) sind kleiner und gerundeter und schmecken herber und saurer als die Gartenbirnen. Auch sind sie härter und – wenn endlich in Hochreife weicher – meistens binnen kürzester Zeit verfault. Unsere Kultursorten des Birnbaums zählen aber nicht nur die hier heimische Holzbirne, sondern auch asiatische Birnenarten zu ihren Vorfahren.

2 Wilder Apfelbaum
Malus sylvestris

10 m Mai–Juni Baum 24

Kennzeichen: Zweige mit Dornen; im Vergleich zum Gartenapfel weniger stark behaarte Blätter; Früchte (**2b**) gelbgrün, oft mit roten „Backen", nur 2–3 cm groß und herbsauer.

Vorkommen: Vom Tiefland bis zur montanen Stufe in Auwäldern, an Waldrändern und in Gebüschen; regional unterschiedlich stark verbreitet, im Nordwesten am seltensten.

Wissenswertes: Hier stellen sich bei der Frage nach der Verbreitung ähnliche Probleme wie beim Wilden Birnbaum. Apfelbäume sind immerhin seit der mittleren Steinzeit in Kultur. Wild- oder Holzäpfel haben sich immer wieder mit Kultursorten vermischt. Der Gartenapfel ist Spitzenreiter in der Weltobstproduktion. Ältere Apfelsorten sind oft noch in Streuobstwiesen anzutreffen, an deren Erhaltung der Naturschutz wegen etlicher dort lebender seltener Tierarten ein besonderes Interesse hat.

3 Speierling
Sorbus domestica

20 m Mai–Juni Baum 24

Kennzeichen: Der Eberesche ähnlich; Zähnung der Fiederblätter am Grunde zurückgehend; Früchte (**3b**) größer, reif gelb bis braun, hell gepunktet.

Vorkommen: Aus dem Mittelmeerraum stammend; in Mitteleuropa in Weinbaugebieten, vor allem am Mittelrhein, Main und Nekkar, Unstrut und Saale.

Wissenswertes: Der Speierling, den man in Mitteleuropa findet, stammt aus früheren Kulturen; er ist hier frostgefährdet. Die Früchte sind erst nach dem ersten Frost roh eßbar. Sie wurden früher dem Apfelmost beigemischt, um ihn klarer, haltbarer und geschmacklich noch besser zu machen.

4 Eberesche
Sorbus aucuparia

10–20 m Mai–Juni Baum 24

Kennzeichen: Unpaarig gefiederte Blätter mit 9–15 gezähnten Fiederblättern.

Vorkommen: Weit verbreitet in Wäldern, Hecken und Gebüschen, vor allem auf basen- und nährstoffarmen Böden.

Wissenswertes: In den höheren Lagen der Mittelgebirge nimmt die Eberesche in Forstkulturen und jungen Waldbeständen vielfach die Rolle ein, die in tieferen Lagen die Birken spielen. Früher wurde sie meistens als „forstliches Unkraut" betrachtet, heute weiß man ihre ökologische Rolle im Gefüge des heranwachsenden Waldes sehr wohl zu schätzen. Früher oder später wird sie dann allerdings von den höherwüchsigen Eichen, Rotbuchen und Fichten überrundet, beschattet und zumeist verdrängt. Wenn sie doch einmal zu etwas stattlicherer Stärke heranwächst, liefert sie ein Holz, das sich heute zunehmender Wertschätzung erfreut. Der Name wird sowohl als Eber-= Aber-(falsche)esche als auch als Hinweis auf die Schweinemast gedeutet. Aus den unreif giftigen Früchten kann man eine vitaminreiche Marmelade bereiten. Bei Vögeln, vor allem Schwarz-, Sing- und Wacholderdrosseln, sind die Beeren („Vogelbeeren", **4b**) besonders beliebt.

1 Mehlbeere
Sorbus aria

12–20 m Mai–Juni Baum/Strauch   24

Kennzeichen: Blätter breit elliptisch mit weißfilziger Unterseite; Früchte (**1b**) orangerot mit mehligem Fruchtfleisch.

Vorkommen: Nur in der Südhälfte regional in lichten Wäldern, vorzugsweise auf Kalk.

Wissenswertes: Eine skandinavische Unterart der Mehlbeere wird in Mitteleuropa nicht selten als Straßenbaum gepflanzt und ist dann meistens als „Schwedische Mehlbeere" bekannt. Die Früchte schmecken fade, wurden aber trotzdem früher in Skandinavien gesammelt und getrocknet. Als „Bornholmer Rosinen" kamen sie sogar in den Handel.

2 Mispel
Mespilus germanica

4–6 m Mai–Juni Strauch/Baum   24

Kennzeichen: Blüten groß (4 cm), weiß; Frucht apfelartig, mit großen Kelchblättern; Blätter 8–10 cm lang, unterseits grünfilzig.

Vorkommen: Nur sehr zerstreut in warmen Landstrichen, u.a. am Mittelrhein, an Main und Mosel auf trockenen, meist basenarmen Böden; in lichten Wäldern und an Waldrändern.

Wissenswertes: Die Mispel wurde im Mittelalter in den wärmeren Landschaften Mitteleuropas als Obstgehölz angebaut. Auf aus der Kultur verwilderte Exemplare gehen wahrscheinlich alle heute in Mitteleuropa wildwachsenden Mispeln zurück. Sie haben teilweise – wie die Kulturformen – keine Dornen. Das Fruchtfleisch ist von Steinzellen durchsetzt und wird erst in Hochreife weich und genießbar. Früher wurden Mus und Marmelade aus den Früchten (**2b**) bereitet; der hohe Pektingehalt läßt den Saft gut gelieren. Heute ist die Mispel fast überall durch andere Obstarten verdrängt. Ihr Holz aber ist nach wie vor für Drechslerarbeiten begehrt.

3 Kanadische Felsenbirne
Amelanchier lamarckii

2–5 m Mai Strauch   24

Kennzeichen: Blätter doppelt so lang wie breit, zur Blütezeit kupferrot (daher auch Kupfer-Felsenbirne genannt); Blütentraube überhängend, mit 6–10 Blüten, seidig behaart.

Vorkommen: Wohl über die Niederlande durch Vögel nach Nordwestdeutschland gelangt, dort im atlantischen Klimaraum in Hekken, lichten Wäldern und Gebüschen weit verbreitet; recht anspruchslos, daher auch auf armen, sandigen Böden.

Wissenswertes: Wegen ihrer Blütenpracht, ihres rötlichen Laubes beim Austrieb und der herrlich leuchtend roten Laubverfärbung im Herbst ist die Kanadische Felsenbirne ein beliebtes Garten- und Parkgehölz. Ihre Heimat ist das östliche Nordamerika. Ihre runden Früchte (**3b**) sind im reifen Zustand blauschwarz, zum Teil auch dunkelrot. Sie haben einen Durchmesser von 6 bis knapp 10 mm und sind saftig und süß. Man kann aus ihnen Saft und Marmelade bereiten. Früher hat man die Früchte auch getrocknet, um sie wie Rosinen zu verwenden. Besonders beliebt sind sie bei vielen Vogelarten; die Drosseln ziehen die reifen Früchte der Felsenbirne offenbar allen anderen vor, so daß man mit einem Felsenbirnenstrauch die gefiederten Mitnutzer des Gartens nicht selten sehr effektiv von den frühen Kirschen ablenken kann.

4 Gemeine Zwergmispel
Cotoneaster integerrimus

0,5–2 m Apr.–Mai Strauch   24

Kennzeichen: Kleine Blüten weiß oder hellrosa, zu 2 oder 4; Früchte (**4b**) kugelrund, rot, gut ½ cm groß; Blätter oval, ganzrandig, 1–3 cm lang, nicht glänzend.

Vorkommen: Nur sehr vereinzelt an sonnigwarmen Südhängen zwischen Kalkfelsen und Gebüsch; fehlt in der Nordhälfte des Gebiets vollständig.

Wissenswertes: Die Schwerpunkte der Verbreitung der Zwergmispel sind der Mittelmeerraum und Kleinasien. Die aus Gärten und Parks bekannten *Cotoneaster*-Arten stammen aus China und verwildern offensichtlich nur sehr selten. Einzeln oder in kleinen Gruppen hier und dort angepflanzt, können sie Gärten und Parks beleben; großflächige Anpflanzungen als Bodendecker sind schuld am schlechten Beigeschmack, den Naturschützer mit dem Wort *„Cotoneaster"* verbinden.

1 Zweigriffeliger Weißdorn
Crataegus laevigata

2–10 m Mai–Juni Strauch/Baum [24]
Kennzeichen: Blätter weniger tief eingeschnitten als bei der folgenden Art, abgerundeter und eiförmiger; jede Blüte mit 2–3 Griffeln, jede Frucht mit 2–3 Kernen.
Vorkommen: Im gesamten Gebiet häufig, vorzugsweise auf lehmigen und etwas feuchteren Böden; in Hecken, Gebüschen, an Waldrändern.
Wissenswertes: Diese und die folgende Art blühen – im Gegensatz zum Schwarzdorn – erst nach dem Laubausbruch. Die Blüten verbreiten einen strengen Geruch, der an Heringslake erinnert. Die Früchte (**1b**) beider Arten sind rot, ei- bis kugelförmig und tragen in einer Vertiefung zurückgebogene Kelchblätter. Sie werden häufig „Mehlfäßchen" oder „Mehlbeeren" genannt, weil sie mehliges Fruchtfleisch haben und weil man sie früher getrocknet dem Mehl zusetzte. Weil sie zum Teil bis tief in den Winter hinein an den Zweigen bleiben („Wintersteher"), helfen sie vielen Vögeln gerade über die schlimmste Notzeit. Die Weißdornarten werden gern als Heckenpflanzen zur Begrenzung von Weideland genutzt und liefern – vor allem bei entsprechendem Schnitt – einen vorzüglichen Zaunersatz. In der Pharmazie dienen Blätter, Blüten und Früchte als Mittel gegen mangelhafte Durchblutung der Herzkranzgefäße, gegen Bluthochdruck und Schlafstörungen.

2 Eingriffeliger Weißdorn
Crataegus monogyna

2–8 m Mai–Juni Strauch/Baum [24]
Kennzeichen: Blätter 3–5lappig, tiefer eingeschnitten; jede Blüte nur mit 1 Griffel, jede Frucht (**2b**) mit 1 Kern.
Vorkommen: Ebenfalls im gesamten Gebiet verbreitet, mit leichter Neigung zu etwas trockeneren und kalkreicheren Böden; in Waldlichtungen und an Waldrändern, in Gebüschen und Hecken.
Wissenswertes: Zwischen beiden Weißdorn-Arten kommt es gelegentlich zur Bastardierung. Bekannt ist eine Mutante mit roten, gefüllten Blüten, die als „Rotdorn" bezeichnet

wird und als kleiner Baum städtische Anlagen ziert. Weil der Rotdorn nicht erbfest ist, wird er durch Pfropfung vermehrt.

3 Schlehdorn
Prunus spinosa

2–3 m Apr. Strauch [24]
Kennzeichen: Verzweigung auffällig rechtwinklig; Blüten meist einzeln, vor dem Laubausbruch; Früchte (**3b**) fast kirschgroß, kugelig, schwarzblau, hell bereift.
Vorkommen: In Mitteleuropa weit verbreitet an Waldrändern, in Hecken und Gebüschen sowie auf Extensivweiden; vor allem auf tiefgründigen, nährstoffreichen Böden.
Wissenswertes: Bis zur Blütezeit wirkt der Strauch düster, schwarz (Schwarzdorn!), dann aber verwandelt er sich in einen leuchtend weißen Fleck in der Landschaft, das Schlehdorngebüsch in eine unübersehbare weiße Wand zwischen Wiesen und Feldern. Wo er erst Fuß gefaßt hat, breitet sich der Strauch mit seiner Wurzelbrut in das angrenzende Weideland aus und dominiert im Schlehen-Weißdorngebüsch. Er ist ein idealer Brutplatz für viele Vogelarten und bietet dem Neuntöter die Dornen zum Aufspießen seiner Beute. Die Beeren werden nach dem ersten Frost gesammelt und zu Marmelade, Kompott, Saft und Beerenschnaps verarbeitet.

4 Silberwurz
Dryas octopetala

5–15 cm Mai–Aug. Zwergstrauch [24]
Kennzeichen: Zweige eng dem Boden anliegend, wurzelnd und den Boden bedeckend (Spalierstrauch); Blütenkrone meist 8blättrig; Blätter wintergrün, unterseits weißfilzig, Blattrand nach unten umgebogen.
Vorkommen: Als Pionier auf Hangschutt und an felsigen Hängen der Alpen.
Wissenswertes: Wie alle Spaliersträucher auf winterkalten Standorten wird die Silberwurz bereits durch den ersten Schnee vor Kälte geschützt. Das gestattete ihr auch die starke Verbreitung während des Spätglazials, als sie ein so markanter Bestandteil der Tundrenflora war, daß man diese Epoche in der Wissenschaft als Dryas-Zeit bezeichnet.

1 Vogel-Kirsche
Prunus avium

20 m   Apr.–Mai Baum   24

Kennzeichen: Blätter verkehrt-eiförmig, oben an den Stielen zwei rote Nektardrüsen; Blüten weiß, in Büscheln, langgestielt (**1b**).

Vorkommen: Weit verbreitet, vor allem in artenreichen Laubmischwäldern; gelegentlich auch ihres wertvollen Holzes wegen angebaut.

Wissenswertes: Ein weiteres gutes Erkennungsmerkmal ist die glatte, rotbraune Rinde mit ihren Korkporen (Lentizellen), die die Querbänderung des Stammes hervorrufen (**1a**). Das hat die Vogel- mit der Süßkirsche gemeinsam, die schon sehr früh gezüchtet und bereits von den Römern mit nach Mitteleuropa gebracht wurde. Bereits bei der wilden Vogel-Kirsche sind die langgestielten Steinfrüchte (**1c**), die sich von Grün über Rot bis zur Reife fast schwarz verfärben, süß und saftig und mit einem glatten, runden „Kirschkern" ausgestattet. Er ist bei der Vogel-Kirsche aber nur dünn von süßem und aromatisch schmeckendem Fruchtfleisch umkleidet. Erst die kultivierten Süß-Kirschen, die mit ihrer gesamten Sorten-Vielfalt auf die Vogel-Kirsche zurückgehen, sind dick und knackig. Dennoch werden die wilden Kirschen auch heute noch hin und wieder wegen ihres besonderen Geschmacks gesammelt und zu Saft und Marmelade verarbeitet. Die Vögel – vor allem die Stare – fallen oft in ganzen Scharen über die reifen Früchte her und fressen das Fruchtfleisch. Die Kerne werden danach noch vom Kernbeißer geknackt, der deren Inhalt verzehrt. Die Fruchtfresser unter den Vögeln und den Kleinnagern tragen häufig Kirschen ein Stück fort und sorgen dadurch für die Verbreitung der Art. Daß selbst dem Fuchs herabgefallene Kirschen schmecken, beweist zur Zeit der Reife der Kirschen seine mit Kernen durchsetzte Losung.

2 Echte Trauben-Kirsche
Prunus padus

15 m   Apr.–Mai Strauch/Baum   24

Kennzeichen: Strauch oder kleiner Baum mit tief ansetzender, überhängender Krone; Blätter oberseits runzelig, verkehrt eiförmig; Blüten zu 10–20 in hängenden Trauben.

Vorkommen: In Mitteleuropa in Auen- und Bruchwäldern an lichten Stellen und an Waldrändern – von Ausnahmen abgesehen – allgemein recht häufig.

Wissenswertes: In der Regel weist das Vorkommen der Trauben-Kirsche darauf hin, daß das Grundwasser oberflächennah, zumindest für die Wurzeln erreichbar ist. Allerdings wurde die Art als Bienenweide und als willkommene Vogelnahrung auch auf trockeneren Standorten erfolgreich angepflanzt. Die bei der Reife schwarzen Steinfrüchte (**2b**) enthalten gefurchte Kerne, die ebenso wie andere Teile der Pflanze ein Blausäureglykosid enthalten. Giftfrei ist allein das Fruchtfleisch, das man aber auch wegen seines bittersüßen Geschmacks kaum genießen wird. Das Holz ist hellgelb bis rötlich; es gilt als besonders elastisch. In Ballungsräumen und Industriegebieten schätzt man die Trauben-Kirsche als eine besonders rauchharte Art, im Landschaftsbau als wertvolle Helferin gegen Bodenabtrag an Böschungen und Ufern.

3 Spätblühende Trauben-Kirsche
Prunus serotina

15 m   Mai–Juni Strauch/Baum   24

Kennzeichen: Große Ähnlichkeit mit der vorhergehenden Art, jedoch Blätter von ledriger Beschaffenheit und Aussehen.

Vorkommen: Ursprünglich im östlichen Nordamerika beheimatet; in Europa als Park- und Garten- sowie als Vogelschutzgehölz angebaut und vor allem in der nördlichen Hälfte Mitteleuropas vielfach verwildert; nimmt auch mit armen Böden vorlieb.

Wissenswertes: Diese Art blüht und fruchtet deutlich später als die heimische Trauben-Kirsche und behält auch länger – oft bis zum ersten Schneefall – ihre grünen Blätter. Sehr kurzsichtig war es, die Spätblühende Trauben-Kirsche in Vogelschutzgehölzen der Früchte wegen anzupflanzen, weil die Art durch Vögel rasch und weit verbreitet werden kann. Sie bildet dann oft große dichte Gebüsche und wird zum Hindernis bei der Aufforstung und zu einem Konkurrenten für etliche heimische Pflanzenarten.

1 Besenginster
Cytisus scoparius

1–3 m Mai–Juni Strauch [25]

Kennzeichen: Sträucher mit grünen, rutenförmigen Trieben und nur schwacher Belaubung; Blätter an den Langtrieben ungeteilt, sitzend, sonst 3teilig, gestielt, oft frühzeitig abfallend; Blüten (**1a**) groß, gelb, einzeln oder zu zweit in den Blattachseln.

Vorkommen: Im gesamten Gebiet, soweit die Böden kalkfrei sind, in lichten Wäldern, auf Kahlschlägen, Wildland und Heiden.

Wissenswertes: Die Anpassung des Besenginsters an sandige und steinige Trockenstandorte wird durch die stark reduzierten Blätter und durch die grünen Triebe unterstrichen, die im wesentlichen die Photosynthese übernehmen. Mit der Fülle seiner leuchtend gelben Schmetterlingsblüten verzaubert der Besenginster einige Wochen lang nicht nur Heidesandgebiete des Tieflandes, sondern auch jene Mittelgebirge, in denen Silikatgesteine vorherrschen. „Eifelgold" nennt ihn liebevoll der Bewohner des von Klima und Böden nicht gerade verwöhnten Berglandes. Im niederdeutschen Sprachraum ist es der Brambusch, der auch in vielen Ortsnamen und Flurbezeichnungen wiederkehrt.

2 Färber-Ginster
Genista tinctoria

30–80 cm Juni–Juli Halbstrauch [25]

Kennzeichen: Kleiner Strauch, dornlos, mit aufrechten Trieben; Blüten in dichten, endständigen Trauben.

Vorkommen: Im Nordwesten selten, sonst weit verbreitet auf Magerwiesen und in lichten Wäldern.

Wissenswertes: Früher diente der Strauch zum Gelbfärben von Leinen und Wolle (Name!) sowie als harntreibendes Heilmittel. Auf extensiv genutzten, nicht gedüngten Weiden kann der Färber-Ginster massenhaft auftreten und die Qualität des Weidelandes mindern, da ihn das Vieh wegen eines giftigen Alkaloids weitgehend meidet. Der Strauch hat eine ausgeprägte Pfahlwurzel, mit der er auch auf trockenen Standorten die Feuchte im Untergrund erreicht.

3 Behaarter Ginster
Genista pilosa

10–30 cm Apr.–Juli Halbstrauch [25]

Kennzeichen: Stengel dornlos, niederliegend; Blätter unterseits behaart, Kronblätter und Hülsen seidenhaarig.

Vorkommen: Insgesamt lückenhaft verbreitet, im Südosten fehlend; meist in lichten Nadelwäldern sowie auf Heiden und Magerrasen; nur selten auf kalkreichen Böden.

Wissenswertes: Der deutsche und der wissenschaftliche Artname verweisen auf die genannte Behaarung.

4 Englischer Ginster
Genista anglica

30–60 cm Mai–Juni Zwergstrauch [25]

Kennzeichen: Triebe und Blätter völlig unbehaart; Strauch nur im älteren Teil mit Dornen.

Vorkommen: Typisch atlantische Art; weiter verbreitet nur im Norden auf kalkarmen Böden; in Heiden und auf extensiv genutztem Grünland sowie in lichten Kiefernwäldern.

Wissenswertes: Diese Charakterart der Ginster-Heidekraut-Gesellschaften ist ausgesprochen frostempfindlich und wird durch strenge Winter an weniger günstigen Standorten ausgelöscht. Wie bei anderen Ginsterarten fallen die Blätter früh ab. Bauern und Hirten betrachten den Englischen Ginster bei größerem Massenvorkommen als Weidehindernis, weil sich das Vieh an den Dornen verletzten kann.

5 Deutscher Ginster
Genista germanica

30–60 cm Mai–Juni Zwergstrauch [25]

Kennzeichen: Kelchblätter und Hülsen sowie zumindest die jungen Zweige behaart; Strauch in seinen älteren Teilen mit Dornen besetzt.

Vorkommen: Kontinentales Gegenstück zur vorgenannten Art; vor allem im Süden heimisch, im Norden sehr lückig verbreitet und stark rückläufig; auf Magerrasen, in Heiden und lichten Wäldern auf kalk- und nährstoffarmen Böden.

Wissenswertes: Die Samen gelten wegen ihres Alkaloid-Gehaltes als giftig.

1 Flügelginster
Chamaespartium sagittale

10–25 cm Mai–Juli Halbstrauch   25

Kennzeichen: Rasenbildender Halbstrauch; Triebe dornenlos, mit Flügeln; goldgelbe Blüten in aufrechten, endständigen Ähren.

Vorkommen: Nur in der Südhälfte vereinzelt in Heiden, Eichen- und Kiefernwäldern auf basenarmen, trockenen Böden.

Wissenswertes: Die unterirdischen Triebe sind verholzt, die oberirdischen Teile dieses Halbstrauches sind krautig und wintergrün, allerdings frostgefährdet. Die Stengel haben Flügel, die durch Einkerbungen in 3–6 Abschnitte gegliedert sind. Sie nehmen für die Pflanze, die nur über wenige kleine Blätter verfügt, die Photosynthese wahr. Die geflügelten Triebe, „Flachsprosse" oder „Platykladien" genannt, werden alljährlich zur Blütezeit erneuert. Der Flügelginster ist in der mitteleuropäischen Flora eines der wenigen Beispiele für diese besondere Sproßmetamorphose.

2 Kopf-Zwergginster
Chamaecytisus supinus

20–60 cm Apr.–Aug. Zwergstrauch   25

Kennzeichen: Niederliegender Strauch mit aufsteigenden Trieben; Blüten entweder zu 1–4 in Kurztrieben oder zu 3–6 in kopfigen, endständigen Trauben; auf der Fahne der gelben Schmetterlingsblüte meistens ein rotbrauner Fleck.

Vorkommen: Nur im Süden des Gebietes in lichten Wäldern, Heiden und Trockenrasen auf flachgründigen, basenreichen Böden.

Wissenswertes: Die Art mit ihren kopfigen Blütenständen (Name!) ist auch unter dem Namen „Kopf-Geißklee" bekannt. Besonders bemerkenswert sind die unterschiedlichen Blütezeiten der Blüten: an den Kurztrieben im Frühling, an den Langtrieben (an der Triebspitze) im Sommer.

3 Stechginster
Ulex europaeus

1–2 m Apr.–Juli Strauch   25

Kennzeichen: Von Dornen geprägter, immergrüner Strauch, stark verzweigt; wenige, meist schuppenförmige Blätter; Schmetterlingsblüten einzeln, groß, gelb.

Vorkommen: Ursprünglich in West- und Südeuropa; in Mitteleuropa in wintermilden Lagen nur zum Teil dauerhaft eingebürgert.

Wissenswertes: Die wenigen kleinen Blätter vermögen allein die Photosynthese des Stechginsters nicht zu leisten; ganz maßgeblich wirken dabei auch die grünen Dornen und Sprosse mit. Nicht nur Kurztriebe, sondern auch Blätter und Nebenblätter sind zu Dornen umgebildet, die die Art zu einer besonders wehrhaften Pflanze machen. In Westeuropa ist sie Charakterpflanze der atlantischen Heiden und ein kalkmeidender Pionier auf Sand- und Lehmböden.

4 Goldregen
Laburnum anagyroides

2–8 m Mai–Juni Strauch/Baum   25

Kennzeichen: Blütentrauben erst aufrecht, dann lang herabhängend, 15–30 cm lang, goldgelb.

Vorkommen: Nur in den West- und Südalpen ursprünglich; sonst als Zierstrauch verwildert auf warmen, sonnigen Standorten mit kalk- und nährstoffreichen Böden.

Wissenswertes: Auch der Zierstrauch ist in allen Teilen stark giftig. Nach Verzehr von Samen (**4b**) kam es bei Kindern zu tödlichen Vergiftungen.

5 Robinie
Robinia pseudacacia

15–25 m Mai–Juni Baum   25

Kennzeichen: Weiße Schmetterlingsblüten in hängenden Trauben; Blätter unpaarig gefiedert, Nebenblätter zu 2 Dornen umgewandelt.

Vorkommen: Nordamerika; in Mitteleuropa in Parks und auf Rohböden, an Bahndämmen, auf Halden und Industriebrache angepflanzt.

Wissenswertes: Die Robinie reichert mit Hilfe der bei vielen Schmetterlingsblütlern vorkommenden Knöllchenbakterien im Boden Stickstoff an. Sie blüht als letzter Laubbaum und ist den Imkern als Bienenweide sehr willkommen. Im Winter fällt sie durch ihre besonders grobe, längsrissige Borke auf (**5a**).

1 Berg-Ahorn
Acer pseudoplatanus

20–30 m   Mai–Juni   Baum   33
Kennzeichen: Blätter bis 15 cm breit, mit 5 Lappen, durch spitze Buchten getrennt; Winterknospen mit grünlichen Schuppen; Blüten grünlich, in hängenden Trauben; Blütezeit nach dem Laubaustrieb.
Vorkommen: In allen Teilen Mitteleuropas, aber nicht überall ursprünglich; größte Verbreitung von allen drei Ahornarten; ursprünglich vor allem in buchenreichen Misch- und schattigen Schluchtwäldern des Berg- und Hügellandes; als wertvolles „Edellaubholz" vom Menschen auch in andere Waldbestände eingebracht.
Wissenswertes: Der wissenschaftliche Gattungsnahme (lat. acer = spitz, scharf) bezieht sich auf die Blattform. Alle Ahornarten sind Insektenblütler und mit ihren unterschiedlichen Blütezeiten als Bienenweide willkommen. Der Berg-Ahorn hat im Alter eine platanenähnliche Borke, die sich in Schuppen ablöst (wiss. Artname!). Er kann 400–500 Jahre alt werden und liefert ein oft nahezu weißes Holz, das für Möbel und Innenausbauten, aber auch für Küchengeräte und Spielzeug bis hin zu Musikinstrumenten begehrt ist. Die Flügel der beiden runden Nüßchen stehen bei dieser Art in einem spitzen Winkel (**1b**).

2 Spitz-Ahorn
Acer platanoides

20–30 m   Apr.–Mai   Baum   33
Kennzeichen: Blätter bis 18 cm breit, in 11–13 spitze Zähne auslaufend; Winterknospen mit rötlichen Schuppen; Blüten gelb, in aufrechten Sträußchen; Blütezeit vor dem Laubaustrieb.
Vorkommen: Weniger weit verbreitet als der Berg-Ahorn, aber mit ähnlicher forstlich bedingter Ausbreitung über die ursprünglich besiedelten Standorte hinaus; beide Arten obendrein häufig als Park- und Alleebäume.
Wissenswertes: Platanenähnlich („*platanoides*") sind bei dieser Art eher die Blätter (**2b**) als die Borke, die längsrissig ist und keine Schuppen bildet. Abweichend vom Berg-Ahorn enthalten die Blattstiele Milchsaft.

Der Spitz-Ahorn wird mit 150 Jahren nur knapp halb so alt und mit einem Stammdurchmesser von bis zu 1 m nur halb so stark wie der Berg-Ahorn. Sein Holz dient ähnlichen Verwendungszwecken, gilt aber als nicht ganz so wertvoll. Bei seinen bekannten Spaltfrüchten bildet die Rückenlinie der beiden Flügel einen stumpfen Winkel (**2c**). Besonders schön ist die gelbe bis rötliche Herbstfärbung.

3 Feld-Ahorn
Acer campestre

10–20 m   Mai   Baum/Strauch   33
Kennzeichen: Blätter nur bis 10 cm breit, mit 3–5 Lappen, Winterknospen mit bräunlichen Schuppen; Blüten grünlich, in aufrechten bis leicht überhängenden Doldenrispen; Blüte zeitgleich mit dem Laubaustrieb.
Vorkommen: Vor allem in Eichen-Hainbuchenwäldern und Hartholzauen der Ebene und des Hügellandes; fehlt im Nordwesten; bevorzugt kalk- und nährstoffreichere Böden.
Wissenswertes: Der Feld-Ahorn wird auch nach seinem althochdeutschen Namen „Maßholder" genannt. Forstlich spielt er keine nennenswerte Rolle, wohl aber als schnittfeste Heckenpflanze. Die Rückenlinie der beiden Flügel ihrer Spaltfrucht bildet eine Gerade. Das feste Holz wird für Werkzeugstiele, für Drechsler- und Tischlerarbeiten benutzt.

4 Roßkastanie
Aesculus hippocastanum

15–25 m   Mai–Juni   Baum   34
Kennzeichen: Blätter 5–7fingerig, Blattstiele bis zu 20 cm lang; Blüten in bis zu 30 cm langen, kegelförmigen Rispen; Winterknospen groß, klebrig, glänzend rotbraun.
Vorkommen: Heimat in Teilen Südosteuropas; bei uns als Parkbaum; in Wäldern vereinzelt der beim Rotwild besonders beliebten Früchte wegen angebaut.
Wissenswertes: Kinder lieben die Kastanienfrüchte (**4b**) als Spiel- und Bastelobjekte, die Pferde jedoch keineswegs. Der Name weist offenbar ebenso wie Tiernamen in anderen Pflanzennamen nur auf die Zweitrangigkeit gegenüber der Eßkastanie hin. Das Holz ist brüchig und oft kaum nutzbar.

1 Stechpalme
Ilex aquifolius

1–6 m Mai–Juni Strauch/Baum ☐43
Kennzeichen: Immergrüne, ledrige Blätter; im unteren Teil des Strauches oder Baumes dornig gezähnte Schatten-, im oberen Teil ganzrandige ovale Lichtblätter.
Vorkommen: Eine atlantisch-mediterrane Art; auf den Norden und Westen beschränkt, am Alpenrand nur punktuell.
Wissenswertes: Als traditioneller Weihnachtsschmuck ist die Art vor allem in England beliebt. Wo sie vorkommt, kann sie selbst in Buchenwäldern eine dichte Strauch- und niedrige Baumschicht bilden. Den Schatten der Rotbuche vermag die Stechpalme zu ertragen, weil sie die Jahresbilanz ihrer Photosynthese dadurch positiv gestalten kann, daß sie mit ihren immergrünen Blättern nach dem Laubfall der Buchen das volle Tageslicht nutzt. Mit ihren dornig gezähnten Schattenblättern hat sie einen wirksamen Schutz gegen Wild- und Viehverbiß. Die erbsengroßen, roten Steinfrüchte (**1b**) zählen zu den Winterstehhern, bleiben also bis tief in den Winter hinein am Strauch. Sie sind für Menschen giftig, werden aber von Vögeln gern verzehrt.

2 Pfaffenhütchen
Euonymus europaea

2–6 m Mai–Juni Strauch ☐44
Kennzeichen: Ganzjährig grüne, glatte Triebe; Blüten in kleinen Dolden in den Blattachseln, unscheinbar, grünlich.
Vorkommen: Im gesamten Gebiet weit verbreitet, nur in Sandgebieten selten; vor allem an Waldrändern, in Gebüschen und Hecken auf kalk- und nährstoffreichen Böden.
Wissenswertes: Zur Reifezeit öffnen sich die rosa- bis scharlachroten Kapseln und die 2–4 Samen werden sichtbar, die an Fäden hängen (**2b**). Sie sind von einem orangeroten Samenmantel umgeben, der sich als Wucherung der Achse entwickelt und als Arillus bezeichnet wird. Vögeln – allen voran dem Rotkehlchen – schmeckt der Arillus; auf Menschen wirkt er giftig. Das Pfaffenhütchen trägt seinen Namen nach der Form und der Farbe der Kapsel. Weil sich die Art auch durch Wur

zelbrut vermehren kann, bildet sie gelegentlich ganze Gebüsche.

3 Buchsbaum
Buxus sempervirens

0,2–2 (15) m März–Apr. Strauch/Baum ☐48
Kennzeichen: Immergrüne Blätter oval, 2 cm lang, glattrandig, ledrig; Blüten in blattachselständigen Knäueln, gelblich weiß (**3a**).
Vorkommen: Von Westeuropa und aus dem westlichen Mittelmeerraum bis zum Oberrhein und zur Mosel natürlich verbreitet; sonst sehr häufig angepflanzt.
Wissenswertes: Der Buchsbaum ist als niedrige Heckenpflanze zur Einfriedigung von Beeten ein wichtiger Bestandteil vieler Bauern- und Ziergärten und in dieser Funktion schon seit dem Mittelalter bekannt. Er ist hervorragend für den Schnitt geeignet und wird vereinzelt sogar zu großen kunstvollen Figuren geformt. In den Palmsonntagssträußen und –gebinden ersetzt er die Ölbaumzweige. Der Name soll damit zu tun haben, daß aus seinem Holz früher Schäfte für Waffen (Büchsen) gedrechselt wurden.

4 Faulbaum
Frangula alnus

1–4 m Mai–Juni (Aug.) Strauch/Baum ☐45
Kennzeichen: Blätter bis 7 cm lang, eiförmig; Strauch nur mit Langtrieben und deshalb spärlich beblättert und meist recht unauffällig; Blüten unscheinbar, grünlich weiß, 5zählig.
Vorkommen: Auf basenarmen, schweren Böden im gesamten Gebiet, meistens an Rändern von Wäldern und Gebüschen; vor allem auf staunassen Standorten.
Wissenswertes: Der Name geht auf den „faulen" Geruch der Rinde zurück, die an den hellen Korkwarzen (Lentizellen) zu erkennen ist. Sie ist heute wie eh und je Bestandteil von Abführmitteln. Imker schätzen den Faulbaum wegen seiner langen Blütezeit bis in den Sommer hinein. Die knapp erbsengroßen Steinfrüchte (**4b**) sind zuerst grün, dann rötlich und erst zur Reifezeit schwarz. Entsprechend der ausgedehnten Blütezeit stehen sie den ganzen Sommer über den Vögeln als Nahrung zur Verfügung.

1 Echter Kreuzdorn
Rhamnus catharticus

2–6 m Mai–Juni Strauch/Baum 45
Kennzeichen: Viele Zweige gabelig, dornig; Blätter eiförmig-lanzettlich, 4–6 cm lang; Blüten unscheinbar, gelbgrün, 4zählig.
Vorkommen: Auf kalkreichen, flachgründigen Böden; im Norden zerstreut, im Süden und Osten häufiger an Waldrändern und in Trockengebüschen.
Wissenswertes: Durch gegenständige Blätter und Zweige kommt ein gabeliger, kreuzförmiger Wuchs zustande (Name!). Die Dornen werden zusätzlich mit der Dornenkrone Christi in Zusammenhang gebracht. Das harte Holz wird von Tischlern und von Drechslern verarbeitet. Die schwarzen Früchte (**1b**) sind giftig und verursachen starken Durchfall. Sie wurden in der Volksheilkunde als Abführmittel empfohlen, doch muß heute dringend davon abgeraten werden. Der volkstümliche Name „Purgier-Kreuzdorn" weist ebenso wie „*catharticus*" auf die abführende, reinigende Wirkung hin: lat. purgare = reinigen, gr. catharticos = reinigend. Die Art ist überwiegend zweihäusig.

2 Zwerg-Kreuzdorn
Rhamnus pumilus

20–100 cm Apr.–Mai Strauch/Zwergstrauch 45
Kennzeichen: Strauch niederliegend, oft aber auch aufsteigend; Blätter im Gegensatz zur vorangehenden Art nur bis 3 cm lang.
Vorkommen: Nur in den Alpen; vor allem auf steinigen Böden der Nordalpen in lichten Wäldern und auf felsigen Hängen.
Wissenswertes: Die kugeligen Früchte, die glänzend schwarz sind, haben wahrscheinlich ähnliche Giftwirkung wie die Früchte des Echten Kreuzdorns.

3 Sommer-Linde
Tilia platyphyllos

20–35 m Juni Baum 59
Kennzeichen: Blätter herzförmig mit hellen Härchen in den Winkeln der Blattadern, mit 2–5 Blüten im hängenden Blütenstand und

mit harten, mit den Fingern kaum zerdrückbaren Nüßchen, die 5 deutlich vorspringende Leisten aufweisen.
Vorkommen: Auf nährstoffreichen Böden; in Schlucht- und Hangwäldern, aber auch in Buchen-Mischwäldern; von Natur aus nur verstreut, aber fast überall gepflanzt.
Wissenswertes: Der Baum der Deutschen ist – streng genommen – nicht die Eiche, sondern die Linde (**3a**). Ihr gab man den Vorzug überall dort, wo es um die Markierung und Gestaltung hervorgehobener Punkte in den Dörfern und in der freien Landschaft ging. Unter Linden sprachen die Germanen an ihren Thingstätten Recht. In Dörfern waren Linden Treffpunkt für Begegnung am Brunnen ebenso wie für gesellige Anlässe. Besonders ausgestattete „Tanz-Linden" erinnern noch heute an Feste unserer Vorfahren. Allein in den westlichen Bundesländern stehen 850 Ortsnamen im Zusammenhang mit der Linde, die übrigens ein stolzes Alter (bis zu 1000 Jahre) erreichen kann. Bei Grippe und Erkältungskrankheiten leistet der schweißtreibende und fiebersenkende Lindenblütentee weiterhin gute Dienste. Für Schnitz- und Drechslerarbeiten ist das kernlose Holz besonders empfehlenswert, weil es weich und leicht ist. Der Fruchtstand der Linden besteht meistens aus mehreren Nüßchen. Sein Stiel ist etwa zur Hälfte mit dem schmalen, zungenförmigen Vorblatt verwachsen, das die Verbreitung durch den Wind deutlich fördert.

4 Winter-Linde
Tilia cordata

15–25 m Juni–Juli Baum 59
Kennzeichen: Der Sommer-Linde ähnlich, jedoch mit bräunlichen Härchen; Blütenstand mit 5–11 hängenden Blüten. Die Nüßchen der Winter-Linde, die man mit den Fingern leicht zerdrücken kann, tragen keine Leisten.
Vorkommen: Verbreitung ähnlich wie Sommer-Linde; fehlt von Natur aus im Nordwesten, als Allee- und Parkbaum überall gepflanzt.
Wissenswertes: Außer Bastarden zwischen beiden Linden-Arten gibt es Unterarten mit jeweils markanten Merkmalen. Durch Anpflanzungen sind die Besonderheiten der natürlichen Verbreitung weitgehend verwischt.

1 Weinstock
Vitis vinifera

1–15 m Juni–Juli Kletterstrauch   46
Kennzeichen: Strauch mit Ranken ohne Haftscheiben; Blätter rundlich, 3- bis 5lappig.
Vorkommen: In Deutschland angebaut nordwärts bis zur Ahr und zum Siebengebirge sowie bis zur mittleren Oder, im Süden bis in Höhenlagen um 600 m; vor allem an südexponierten Hängen; Heimat der Wildform in den Mittelmeerländern.
Wissenswertes: Wie mehrere andere Kulturgewächse verdanken wir die ersten Weinstöcke von Kulturreben den Römern. Heute allerdings werden meistens reblausfeste amerikanische Weinstöcke als Unterlage benutzt. Beim Fruchtstand, den man gemeinhin „Weintraube" nennt, handelt es sich wegen der Verzweigung der Stielchen in Wirklichkeit um eine „Weinrispe".

2 Wilder Wein
Parthenocissus quinquefolia und
P. tricuspidata

5–12 bzw. 20 m   Juli–Aug. Kletterstrauch 46
Kennzeichen: Stengel mit verzweigten Ranken und Haftscheiben an deren Enden; Blätter 3- bis 7zählig (meist 5zählig) gefingert (*P. quinquefolia*) bzw. ungeteilt oder 3lappig (*P. tricuspidata*).
Vorkommen: Heimat der erstgenannten Art Nordamerika, der zweiten Ostasien; beide Arten recht anspruchslos.
Wissenswertes: Die Gattung *Parthenocissus*, deutsch Jungfernrebe, im Volksmund „Wilder Wein" genannt, hat mit dem eigentlichen Weinstock verwandtschaftlich nichts zu tun. Sie dient der Fassaden- und Mauerbegrünung und erfreut uns mit herrlich roter Herbstfärbung; die Früchte sind nicht eßbar.

3 Seidelbast
Daphne mezereum

50–120 cm Febr.–Apr. Strauch   50
Kennzeichen: Blätter an den Zweigenden gehäuft, lanzettlich, ganzrandig; Blüten vor dem Laubaustrieb, 4zipfelig.
Vorkommen: In Laubwäldern auf Kalk zerstreut, im Süden häufiger, im Norden fehlend.
Wissenswertes: Der Duft des Seidelbastes ist so stark, daß man die kleinen Sträucher oft „mit der Nase findet", nicht selten aus 10 oder 20 m Entfernung. Alle Teile des Strauches sind giftig, vor allem die roten Scheinfrüchte (**3b**), an deren Bildung neben den Fruchtblättern auch die Blütenachse beteiligt ist. Sie stehen unmittelbar am Stengel. Bereits 10–12 von ihnen sollen tödlich wirken.

4 Rosmarin-Seidelbast
Daphne cneorum

10–40 cm Apr.–Mai Zwergstrauch   50
Kennzeichen: Blätter immergrün, ledrig, über den Stengel verteilt; Blüten dunkelrosa, in endständigen Köpfchen, stark nach Nelken duftend.
Vorkommen: In den Alpen und entlang der Flüsse im Alpenvorland; zerstreute Vorkommen, meistens auf Kalk.
Wissenswertes: Diese Art hat mit dem Gewöhnlichen Seidelbast den Duft und die Giftigkeit gemeinsam. Alle Seidelbastarten stehen unter strengem Naturschutz.

5 Steinröschen
Daphne striata

10–30 cm Juni–Juli Zwergstrauch   50
Kennzeichen: Blätter immergrün, ledrig, an den Zweigenden gehäuft; Blüten hellrosa, in endständigen Köpfchen, stark nach Flieder duftend.
Vorkommen: In den Kalkalpen verbreitet, jedoch immer selten; meistens unmittelbar oberhalb des Waldgürtels.

6 Deutsche Tamariske
Myricaria germanica

0,5–2 m Juni–Aug. Halbstrauch   53a
Kennzeichen: Sparriger Wuchs; kleine graugrüne, heideähnliche Blätter an rutenförmigen Zweigen: kleine blaßrote Blüten in ährenartigen Blütenständen an den Triebspitzen.
Vorkommen: Nur im Schotterbett einiger Alpenflüsse im nördlichen Alpenvorland.
Wissenswertes: Halbstrauch, dessen Kurztriebe im Herbst absterben.

1 Sanddorn
Hippophae rhamnoides

1–6 m März–Apr. Strauch [29]

Kennzeichen: Blätter linealisch, oberseits graugrün und kahl, unterseits silbrig-weiß befilzt; Zweige in spitze Dornen auslaufend; Steinfrüchte blaßgelb bis orangerot, meistens sehr zahlreich, die Zweige umhüllend.

Vorkommen: Von Natur aus nur an der Nord- und Ostseeküste und am Oberrhein sowie an Flüssen des Alpenvorlandes; sehr häufig als Straßenbegleitgrün und zur Rekultivierung gestörter Böden angepflanzt.

Wissenswertes: Der Sanddorn ist zweihäusig und blüht vor dem Laubaustrieb; seine Pollen verbreitet der Wind. Der meistens besonders reiche Fruchtansatz steht den Vögeln oft den ganzen Winter über zur Verfügung. Aber auch viele Menschen schätzen die Wildfrucht, die andere heimische Früchte mit ihrem hohen Vitamin-C-Gehalt von 0,2–1,2% deutlich übertrifft. Sanddorn-Säfte und -Marmeladen sollen die Widerstandskraft gegenüber Erkältungskrankheiten erhöhen.

2 Blutroter Hartriegel
Cornus sanguinea

2–4 m Mai–Juni Strauch [40]

Kennzeichen: Zweige sonnenseits gerötet; Blätter länglich oval; Blüten weiß, 4zipfelig; Steinfrüchte (**2b**) blauschwarz, kugelig.

Vorkommen: Nur im äußersten Nordwesten Mitteleuropas fehlend, sonst an lichten Standorten an und in Wäldern, Hecken und Gebüschen verbreitet; vor allem auf kalk- und nährstoffreichen Böden.

Wissenswertes: An schattigen Stellen kann sich der Hartriegel auch ohne Blüten und Früchte vermehren, indem sich lange, zum Boden durchhängende Triebe bewurzeln. Die Früchte werden von Vögeln verzehrt. Eichhörnchen und Mäuse, die Vorräte speichern, sorgen ebenfalls für die Verbreitung der Art. Dem Menschen schmecken die bitteren Früchte nicht, deren hoher Fettgehalt aber gelegentlich zur Seifenherstellung und für technische Zwecke genutzt wird. Das harte, zähe Holz diente früher für Flechtwerk und Drechslerarbeiten.

3 Sibirischer Hartriegel
Cornus alba

1–3 m Mai–Juni Strauch [40]

Kennzeichen: Der vorigen Art ähnlich; Blüten gelblich weiß; Früchte kugelig bis eiförmig, schmutzig-weiß.

Vorkommen: Heimisch in Ostsibirien und in der Mandschurei; bei uns als besonders anspruchsloser Zierstrauch, an Straßen oder auf Deponien angepflanzt.

Wissenswertes: Für extensiv gepflegte Anpflanzungen erscheint die Art ideal. Von dort pflegt sie auch zu verwildern. Dennoch sollte aus Gründen des Artenschutzes zu Gunsten einheimischer Arten auf diesen Fremdling verzichtet werden.

4 Kornelkirsche
Cornus mas

2–6 m Febr.–März Strauch/Baum [40]

Kennzeichen: Blütezeit sehr früh (noch vor der Forsythie); Blüten gelbgrün, in einfachen Dolden; Früchte eiförmig, bis 2 cm groß.

Vorkommen: Von Natur aus in Mitteleuropa nur an wenigen Orten – z.B. in Thüringen – heimisch; allerdings weit verbreitet durch Anpflanzung auch in der freien Landschaft.

Wissenswertes: Die Früchte schmecken im vollreifen Zustand süßsauer und werden zum Bereiten von Marmelade benutzt.

5 Efeu
Hedera helix

1–15 m Sept.-Nov. Kletterstrauch [42]

Kennzeichen: Blätter immergrün, ledrig, die in Bodennähe im Schatten wachsenden 3- bis 5lappig (**5c**), die Lichtblätter älterer Pflanzen eiförmig (**5a**); Triebe mit Haftwurzeln; Beeren schwarzblau (**5b**).

Vorkommen: Im gesamten Gebiet häufig an Buchen, Eichen, Felsen und Fassaden kletternd.

Wissenswertes: Der Efeu ist kein Schmarotzer; er benutzt die Bäume nur als Kletterstütze, um ans Licht zu gelangen. Zu ungewöhnlich später Jahreszeit versorgen die Blütenstände noch einmal große Insektenheere reichlich mit Nektar und Pollen.

1 Glocken-Heide
Erica tetralix

10–40 cm Juni–Sept. Zwergstrauch 62
Kennzeichen: Blätter nadelförmig, immergrün, zu viert in Quirlen; Blüten glockenförmig, an der Stengelspitze doldig gehäuft.
Vorkommen: Vor allem im atlantischen Klimabereich; aber auch in der Lausitz zerstreut in den Resten der Feuchtheiden und Moore; immer auf basenarmen, sauren Böden.
Wissenswertes: Entwässerung und Eutrophierung, aber auch Beschattung durch höher wachsende Gräser, Stauden und Gehölze drohen die Glocken-Heide immer weiter zurückzudrängen. Sie ist heute Bestandteil einer stark bedrohten, besonders schutzwürdigen Lebensgemeinschaft. Im Verbund mit der Besenheide besiedelt sie immer die feuchteren Standorte. Weltweit betrachtet hat die artenreiche Gattung *Erica* ihren Verbreitungsschwerpunkt in Südafrika.

2 Schnee-Heide
Erica herbacea

10–40 cm Jan.–Apr. Zwergstrauch 62
Kennzeichen: Blätter wie vorige, aber kahl; Blüten rot, glockenförmig; Staubblätter ragen aus der Glocke hervor.
Vorkommen: In den Kalkalpen in Kiefernwäldern und im Krummholzgürtel; mit den Alpenflüssen abwärts bis in Wälder des Alpenvorlandes.
Wissenswertes: Die Art blüht oft bereits im Schnee (Name!). Als Gartenpflanze erfreut sie sich großer Beliebtheit.

3 Besenheide
Calluna vulgaris

10–80 cm Aug.–Sept. Zwergstrauch 62
Kennzeichen: Blätter immergrün, kahl, schuppenförmig, dachziegelartig angeordnet; Blüten glockenförmig, klein, rosa-rot, in einseitswendigen Trauben.
Vorkommen: In Heide- und Moorgebieten sowie in Magerrasen auf kalk- und nährstoffarmen Standorten; nahezu im gesamten Gebiet oft bestandsbildend und landschaftsprägend.

Wissenswertes: Die lichtliebende und anspruchslose Besenheide dürfte in den ursprünglich bodensauren Wäldern im wahrsten Sinne ein Schattendasein geführt haben. Mit der mittelalterlichen Waldverwüstung aber begann ihre hohe Zeit. Durch Rohhumusbildung trägt sie selbst zur Bodenverschlechterung bei. Dennoch spielte sie in der Heidewirtschaft früherer Jahrhunderte eine zentrale Rolle: als Nahrung für die Heidschnucken, als Lieferant von Heidesoden oder -plaggen, als Nektarspender für die Honigbienen, als Material zur Hausabdeckung und für Besen (Name!) u.a.m.

4 Rostblättrige Alpenrose
Rhododendron ferrugineum

50–150 cm Juni–Aug. Strauch 62
Kennzeichen: Blätter immergrün, unterseits rostbraun und nicht bewimpert, 3–6 cm lang; Blüten dunkelrot, zu 6–12 in Doldentrauben.
Vorkommen: In den Alpen auf kalkfreien Böden im Bereich der Waldgrenze und des Krummholzgürtels; zerstreut auch im Alpenvorland auf feuchten Böden.
Wissenswertes: Die kleinen Sträucher, die oft gesellig auftreten, können an die 100 Jahre alt werden. Frost ertragen sie allerdings nicht immer; sie brauchen deshalb schneesichere Lagen, wo sie rechtzeitig unter schützendem Schnee versinken. So sehr die naturgeschützten Sträucher den Bergwanderer erfreuen, so wenig gefallen sie den Sennern, die sie als Weideunkraut betrachten.

5 Behaarte Alpenrose
Rhododendron hirsutum

50–100 cm Juni–Aug. Strauch 62
Kennzeichen: Blätter immergrün, am Rande mit borstigen Wimpern, 1–4 cm lang; Blüten rosarot, zu 3–10 in Doldentrauben.
Vorkommen: Wie die vorige Art, aber meist auf kalkreichen Böden.
Wissenswertes: Die Alpenrosen enthalten in verschiedenen Pflanzenteilen ein Gift, das vor allem das Vieh gefährdet. Durch aus *Rhododendron*-Nektar stammenden Honig soll es bereits zu Vergiftungen beim Menschen gekommen sein.

1 Sumpf-Porst
Ledum palustre

50–120 cm Mai–Juli Strauch ☐62
Kennzeichen: Blätter ledrig, am Rande umgerollt, unterseits mit dichten rostbraunen Filzhaaren; Blüten meistens weiß, in endständigen Doldentrauben.
Vorkommen: Sehr zerstreut in Kiefernbrüchen und Hochmooren; im Norden und vor allem im Nordosten und Osten auf kalkarmen, nassen Standorten.
Wissenswertes: Die Zweige entlassen beim Reiben einen starken, kampferartigen Geruch, der an den des Gagelstrauchs erinnert. Beide Arten soll man früher zum Würzen des Bieres benutzt haben, die Zweige obendrein als Mottenmittel.

2 Rosmarinheide
Andromeda polifolia

10–30 cm Mai–Juli (Okt.) Zwergstrauch ☐62
Kennzeichen: Kriechender Halbstrauch; Blätter immergrün, schmal-lanzettlich, oberseits dunkelgrün, unterseits weißlich; Blüten glockig, zu 1–4 nickend auf langen Stielen.
Vorkommen: Im Norden und im Süden sowie an wenigen Reliktstandorten in den Mittelgebirgen und im Osten; auf nassen, basenfreien Torfböden der Hochmoore.
Wissenswertes: Die Art hat das typische zweigeteilte Areal eines eiszeitlich in Mitteleuropa weit verbreiteten Art, die sich nach der Eiszeit in kühlere Klimate zurückgezogen hat. Ausgeprägt ist eine zweite Blütezeit im Herbst, Die Art ist auch unter dem Namen „Poleigränke" bekannt.

3 Zwergalpenrose
Rhodothamnus chamaecistus

10–40 cm Juni–Juli Zwergstrauch ☐62
Kennzeichen: Blätter immergrün, ledrig, an den Zweigenden gehäuft, lanzettlich bis oval, nur 0,5–1,5 cm lang; Blüten mit einem Durchmesser von über 2 cm, langgestielt, zu 1–3 am Triebende.
Vorkommen: In den Ostalpen zerstreut auf kalkreichen Böden, vor allem im Krummholzgürtel.

4 Alpenheide
Loiseleuria procumbens

1–5 cm Juni–Juli Zwergstrauch ☐62
Kennzeichen: Niederliegender Spalierstrauch mit alten, knorrigen Ästen; Blätter immergrün, ledrig, schmal-eiförmig, nur ½ cm lang, nach unten eingerollt; Blüten klein, zu 1–4 an den Zweigspitzen.
Vorkommen: In den Polargebieten der Alten und Neuen Welt weit verbreitet; in den Alpen in Höhenlagen über 1500 m auf basenarmen Felsen mit geringer Bodenauflage.
Wissenswertes: Die Alpenheide, auch „Alpenazalee" und „Gemsheide" genannt, bildet mit ihren vielen Zweigen einen Teppich, der den flachgründigen Boden überdeckt, fest und zugleich feucht hält. Schon eine dünne Schneedecke garantiert, daß die Blätter grün über den Winter kommen. Der etwas ungewöhnliche wissenschaftliche Name erinnert an einen französischen Botaniker.

5 Alpen-Bärentraube
Arctostaphylos alpinus

10–30 cm Mai–Juni Zwergstrauch ☐62
Kennzeichen: Sparrig verzweigter Spalierstrauch; Blätter beiderseits netzadrig; Blüten glockig; Früchte blauschwarz.
Vorkommen: Nur in den Alpen; im Krummholzgürtel und in Zwergstrauchheiden.
Wissenswertes: Die Art sticht besonders durch ihre leuchtende Herbstfärbung hervor.

6 Immergrüne Bärentraube
Arctostaphylos uva-ursi

20–60 cm März–Juli Zwergstrauch ☐62
Kennzeichen: Niederliegender Spalierstrauch, Blätter 1,5–2 cm lang, verkehrt eiförmig, Unterseite netzadrig; Blüten glockig, eiförmig; Steinfrüchte (**6b**) rot, mehlig.
Vorkommen: Nur punktuell in Kiefernwäldern der Ebene und in lichten Bergwäldern.
Wissenswertes: Außer Vögeln sollen auch Bären (Name!) die Früchte verzehren und die Samen verbreiten. Als alte, aber auch heute noch aktuelle Heilpflanze dient die Bärentraube zur Gewinnung von Extrakten, die bei Blasenleiden verabreicht werden.

1 Moosbeere
Vaccinium oxycoccos

bis 15 cm Mai–Juli Zwergstrauch 62
Kennzeichen: Zweige sehr dünn, fadenartig, am Boden oder auf Torfmoospolstern kriechend, nur Blütentriebe aufrecht; Blüten turbanartig, an langen Stielen; Beeren (**1b**) rot, kugelig, eßbar.
Vorkommen: Vor allem im Norden und im Süden; immer nur verstreut in Hoch- und Zwischenmooren auf nassen, sauren Torfböden.
Wissenswertes: An den fadenartigen Stielchen wirken die roten Beeren unverhältnismäßig groß (Durchmesser 1 cm). Mit der Zerstörung letzter Hochmoorreste – vor allem durch Eutrophierung – schwindet auch dieser winzige, bei näherer Betrachtung aber überaus reizvolle Zwergstrauch dahin.

2 Preiselbeere
Vaccinium vitis-idaea

10–20 cm Mai–Aug. Zwergstrauch 62
Kennzeichen: Blätter lederartig, immergrün, am Rand leicht eingerollt, Blüten weiß-rötlich, glockig, in hängenden Trauben; Beeren (**2b**) scharlachrot.
Vorkommen: Vor allem im Norden, Süden und Südosten in Eichen-Birkenwäldern, aufgelichteten Nadelwäldern und Hochmooren.
Wissenswertes: Die Art kriecht mit unterirdischen verholzten Trieben. Da sie oft zweimal im Jahr blüht, reifen Beeren bis in den Oktober hinein. Sie haben einen herbsüßen Geschmack und werden gekocht genossen.

3 Heidelbeere
Vaccinium myrtillus

10–50 cm Apr.–Juni Zwergstrauch 62
Kennzeichen: Sommergrün; Sproß kriechend, Zweige aufrecht; Blätter eiförmig-zugespitzt; Blüten einzeln, krugförmig, hängend.
Vorkommen: Auf sauren Böden im gesamten Gebiet heimisch und zum Teil häufig; vor allem in lichten Wäldern und Heiden.
Wissenswertes: Als frostempfindlichste aller *Vaccinium*-Arten überdauert die Heidelbeere strenge Winter nur im Schutz von Schnee. Eine einzelne Pflanze kann sich unter der Erde auf vegetativem Wege so stark vermehren und ausbreiten, daß sie letztlich eine mehrere 1000 qm große Fläche bedeckt. Die grünen Triebe sind im Winter eine wichtige Nahrung für das Wild. Die Beeren (**3b**) gehören roh wie verarbeitet zu den schmackhaftesten Wildfrüchten. Die besondere Wertschätzung der Heidelbeeren kommt auch in den vielen regional unterschiedlichen Namen zum Ausdruck, unter denen neben Heidelbeere „Waldbeere", „Blaubeere" und „Bickbeere" besonders weit verbreitet sind.

4 Rauschbeere
Vaccinium uliginosum

30–80 cm Mai–Juli Strauch 62
Kennzeichen: Aufrecht wachsend, sparrig verzweigt; Blätter sommergrün, verkehrt eiförmig, unterseits netzartige Aderung; Blüten einzeln oder bis zu viert an den Spitzen von Kurztrieben; Beeren (**4b**) blau bereift.
Vorkommen: Im Norden auf nassen Torfböden, selten; im Süden – vor allem in den Alpen – im Krummholz und im Zwergstrauchgebüsch weiter verbreitet.
Wissenswertes: Die eßbaren, aber etwas fade schmeckenden Beeren sollen bei Genuß einer größeren Menge rauschartige Zustände verursachen (deshalb die Namen „Rausch-" und „Trunkelbeere").

5 Krähenbeere
Empetrum nigrum

30–50 cm Apr.–Mai Zwergstrauch 63
Kennzeichen: Zweige niederliegend, teppichartige Polster bildend; Blätter immergrün, nadelförmig; Blüten unscheinbar, zweihäusig verteilt; Beeren glänzend schwarz.
Vorkommen: Vor allem im Norden in Dünentälchen, Mooren und Heiden, aber auch auf vereinzelten Reliktstandorten in den Mittelgebirgen und Alpen; stets auf sauren Böden.
Wissenswertes: Die Beeren sind vor allem für Vogelarten, die Baumfrüchte nicht besonders geschickt abernten können, eine gut erreichbare Winterkost. Das gilt vor allem auch für Krähenvögel (Name!). Die ganze Pflanze ist giftig mit Ausnahme der Beeren, die zumindest nach Frosteinwirkung genießbar sind.

1 Esche
Fraxinus excelsior

25–35 m Apr.–Mai Baum 80

Kennzeichen: Blätter unpaarig gefiedert, mit 9–13 Fiederblättchen; Blüten in hängenden Rispen, unscheinbar, vor den Blättern erscheinend (**1a**); Winterknospen schwarz, samtig; Früchte als geflügelte Nüßchen (**1b**).

Vorkommen: In Laubmischwäldern weit verbreitet, häufig angebaut; sowohl auf feuchten, nährstoffreichen Standorten in Auen- und Schluchtwäldern als auch auf klüftigem Kalkgestein.

Wissenswertes: Die Esche liefert ein besonders wertvolles Holz, das sich durch Härte und Elastizität auszeichnet und vielfältige Verwendung bis hin zu Möbeln und Schmuckobjekten findet. Früher wurde neben einigen anderen Arten vor allem Eschenlaub besonders gern als Winterfutter für das Vieh getrocknet. Weil die Esche sich erst spät belaubt, manchmal aber doch die Eichen überrundet, meint der Volksmund daraus eine Wetterregel ableiten zu können. Der bekannte, aber durch nichts belegte Vers lautet: Grünt die Esche vor der Eiche, bringt der Sommer große Bleiche; grünt die Eiche vor der Esche, bringt der Sommer große Wäsche.

2 Liguster
Ligustrum vulgare

1–5 m Juni–Juli Strauch 80

Kennzeichen: Blätter länglich-lanzettlich, kreuzgegenständig, ganzrandig, teilweise auch im Winter noch grün; Blüten 4zählig, in dichten Rispen; Früchte (**1b**) rund, schwarz, ungenießbar.

Vorkommen: Weit verbreitet; in lichten Wäldern und Gebüschen, Waldmänteln und Hecken; vor allem auf kalkreichen Böden.

Wissenswertes: Der Liguster wird wegen seiner weidenähnlichen Blattform auch „Rainweide" genannt. Am natürlichen Standort entstehen durch die Bildung von Ausläufern und die Bewurzelung zum Boden abgesenkter Zweige oft ausgedehnte Gebüsche. In Kultur ist er – vor allem in einer stärker wintergrünen Form – eine der beliebtesten Heckenpflanzen und Beeteinfassungen. Das liegt an seiner besonderen Schnittfestigkeit, verbunden mit lebhaftem und verzweigtem Austrieb an den Schnittstellen. Ligusterhecken werden durch Beschneiden immer dichter. Die Beeren gehören zu den Winterstehern und wirken in Schmucksträußen besonders schön. Vor ihrem Genuß wird gewarnt. Früher wurden sie zum Färben des Weins benutzt.

3 Bittersüßer Nachtschatten
Solanum dulcamara

bis 3 m Juni–Aug. Halbstrauch 83

Kennzeichen: Im Gesträuch kletternd; Blüten blauviolett, mit 5 zurückgeschlagenen Kronblättern und großen, kegelförmig zusammengelegten Staubblättern.

Vorkommen: An Waldrändern, in Ufergebüschen und in Auenwäldern; vor allem auf feuchten, stickstoffreichen Standorten.

Wissenswertes: Nur der untere Teil des Stengels ist verholzt und überwintert (Kennzeichen für einen Halbstrauch). Die zuckerreichen Beeren schmecken anfangs bitter, später süß („*dulcamara*" von lat. dulcis = süß, amarus = bitter). Es wird dringend geraten, die roten, länglich ovalen Beeren (**3b**) nicht zu essen, obwohl die mit dem Genuß gemachten Erfahrungen in verschiedenen Gegenden Europas unterschiedlich sind. Früher galt die Art in der Homöopathie als Heildroge.

4 Gewöhnlicher Bocksdorn
Lycium barbarum

bis 3 m Mai–Aug. Strauch 83

Kennzeichen: Herabhängende, dünne, hellgraue Zweige, meistens mit Dornen; Blätter lanzettlich, graugrün; Blüten violett, langgestielt; Früchte länglich, scharlachrot, giftig.

Vorkommen: Aus dem Mittelmeerraum als Zierpflanze nach Mitteleuropa gelangt und hier verwildert; vor allem in tieferen Lagen; Fundorte sehr zerstreut.

Wissenswertes: Früher war der Bocksdorn als Zierstrauch bekannter und beliebter als heute. Aber er scheint sich auch ohne menschliche Zuwendung zu halten, zumal er sich zusätzlich durch Wurzeltriebe vermehrt, sehr anspruchslos ist und sogar in salzhaltiger Luft in Meeresnähe zu leben vermag.

1 Sommerflieder
Buddleja davidii

bis 3 m Juli–Aug. Strauch ☐84

Kennzeichen: Stark duftende Blüten in 20–30 cm langen, dichten, blauvioletten (teilweise auch weißen und rosafarbenen) Blütenrispen; Blätter unterseits weißfilzig.

Vorkommen: Heimat China, bei uns ein beliebter Zierstrauch; in wintermilden Landstrichen – vor allem im Rheinland – und in Stadt- und Industriebiotopen verwildert; oft massenhaftes Auftreten.

Wissenswertes: Als „Schmetterlingsstrauch" ist die Art vielleicht noch bekannter. Kaum eine andere heimische oder eingebürgerte Art lockt so viele Kleine Füchse, Tag-Pfauenaugen und Admirale an wie der Sommerflieder. Als Angehöriger einer sonst ausschließlich in den Tropen und Subtropen verbreiteten Familie ist er strengen Wintern hierzulande nicht gewachsen, schlägt aber von der Basis her meistens wieder aus. Der englische Geistliche und Botaniker Adam Budde (1660–1715) und der französische Missionar Armand David (1626–1690) haben als Namensgeber Pate gestanden.

2 Schneebeere
Symphoricarpus albus

1–2 m Juni–Sept. Strauch ☐76

Kennzeichen: Blätter rundlich-oval, bläulich grün; Blüten klein, hellrot, glockig; weiße Beeren mit schaumigem Fruchtfleisch.

Vorkommen: Heimat Nordamerika; bei uns nicht selten als Relikt ehemaliger Gärten und Parks in Gebüschen anzutreffen.

Wissenswertes: Kinder mögen die Schneebeeren ihrer gleichnamigen Früchte wegen, die sie „Knallerbsen" nennen. Anderen an den Kopf oder auf den Boden geworfen, platzen sie mit einem leisen, dumpfen „Knall". Die Früchte sind giftig und sollen bei intensiver Hautberührung Entzündungen verursachen. Die Schneebeere ist in Mitteleuropa eine Stinzenpflanze, d.h. eine Indikatorpflanze, die oft auf ehemalige Gärten und Parks hinweist, auch wenn ansonsten an diesen Orten von menschlichen Aktivitäten heute nichts mehr zu merken ist.

3 Schwarzer Holunder
Sambucus nigra

bis 7 m Juni Strauch/Baum ☐76

Kennzeichen: Blätter unpaarig gefiedert; Blüten in flachen Doldenrispen (Trugdolden, **3b**); Früchte schwarz, Trugdolden hängend, oft mit roten Stielchen (**3c**).

Vorkommen: In Hecken, Gebüschen, an Waldrändern und auf Ödland; überall häufig.

Wissenswertes: Obwohl nachweislich seit der Jungsteinzeit vom Menschen genutzt, ist der Schwarze Holunder nie im echten Sinne eine Kulturpflanze geworden. Menschen haben ihn zwar immer in der Nachbarschaft ihrer Häuser und Höfe gehabt, doch weitergezüchtet wurde er kaum. Heute gehört er zu den typischen Zivilisationsgewinnlern. Stickstoffanreicherung im Boden – durch Schadstoffeintrag aus dem Straßenverkehr, durch Ablagerung von Unrat oder durch Überdüngung landwirtschaftlicher Nutzflächen – gereicht ihm zum Vorteil. So breitet sich der Holunder zur Zeit überall aus. Seine vielen Freunde begrüßen das: Seinen stark duftenden Blüten verdanken sie den „Fliedertee" und besondere Köstlichkeiten wie Fliederkrapfen und Bergmannssekt; aus seinen roh giftigen, vitaminreichen Früchten kochen sie Säfte, Marmeladen und Gelees, wobei stets darauf zu achten ist, daß die Kerne zuvor entfernt und möglichst nicht zerquetscht werden.

4 Trauben-Holunder
Sambucus racemosa

bis 2 m März–Mai Strauch ☐76

Kennzeichen: Orangefarbenes Mark (im Gegensatz zum weißen Mark des Schwarzen Holunders); Fiederblätter schlanker; Blüten in grünlichweißen eiförmigen Rispen; daran später rote Steinfrüchte.

Vorkommen: Mehr im Bergland als in der Ebene; in lichten Wäldern, an Waldrändern und auf Kahlschlägen; im äußersten Nordwesten fehlend.

Wissenswertes: Die Früchte dieser Art sind hinsichtlich ihrer Verwendung mit dem Schwarzen Holunder nicht vergleichbar. Viele Menschen können sie nicht vertragen, auch wenn vorher die Kerne entfernt wurden.

1 Wasser-Schneeball
Viburnum opulus

2–4 m   Mai–Juni   Strauch   76

Kennzeichen: Blätter ahornartig; Blattstiele kurz unterhalb der Blattspreite mit 2–4 grünen Nektardrüsen; Blüten in endständigen Trugdolden; Früchte (**1b**) glasig rot, erbsengroß; Fruchtstände als hängende Trugdolden.

Vorkommen: Auf kalkreichen, gut wasserversorgten Standorten an Waldrändern, in Hecken und an den Ufern von Flüssen und Bächen.

Wissenswertes: Die Trugdolde – genauer gesagt die Doldenrispe – besteht aus zweierlei Blüten: Die auffälligeren äußeren Blüten haben keine Staub- und Fruchtblätter und locken nur – Attrappen vergleichbar – die Blütenbesucher an; innen stehen dann reguläre Blüten, die auch Nektar zu bieten haben (**1a**). Erst die Menschen haben Sorten gezüchtet, die wirklich ballförmige Blütenstände haben und nur noch Attrappen-Blüten besitzen. Sie sind so groß, daß sie in der Fläche nicht mehr genug Platz haben und die Blütenstände sich deshalb ballförmig runden müssen. Dafür haben sie weder Insekten noch Vögeln etwas zu bieten. Demgegenüber hält der wilde Wasser-Schneeball noch mitten im Winter für gefiederte nordische Wintergäste seine saftigen, für den Menschen allerdings nicht genießbaren Früchte bereit. Die nur selten als Invasionsvögel in Mitteleuropa auftretenden Seidenschwänze werden noch am häufigsten in den Sträuchern des Wasser-Schneeballs entdeckt. Neuerdings haben auch die Floristen Gefallen an den Fruchtständen gefunden, die sie allerdings bereits verarbeiten, wenn sie noch nicht ganz reif sind.

2 Wolliger Schneeball
Viburnum lantana

2–4 m   Mai   Strauch   76

Kennzeichen: Blätter länglich-eiförmig, 6–12 cm lang; Blüten der Doldenrispe alle gleich; Früchte anfangs rot, später schwarz (**2b**).

Vorkommen: Nur im südlichen Mitteleuropa ursprünglich; vor allem auf kalkreichen, sommerwarmen Standorten.

Wissenswertes: Die Art wird auch außerhalb ihres natürlichen Verbreitungsgebietes sehr häufig als Straßenbegleitgrün angepflanzt. Leider werden dadurch gebietsspezifische Eigenarten nivelliert und manche Landschaftsbilder austauschbar. Weil die einzelnen Früchte in einer Doldenrispe nicht immer gleichzeitig reifen, kommt es nicht selten zu dem merkwürdigen Phänomen, daß in einem Fruchtstand rote und schwarze Früchte unmittelbar benachbart stehen. In Herbststräußen sind sie besonders dekorativ.

3 Rote Heckenkirsche
Lonicera xylosteum

1–3 m   Mai–Juni   Strauch   76

Kennzeichen: Blüten jeweils zu zweit in den Blattachseln, gelblich-weiß; Beeren (**3b**) glasartig glänzend, die beiden benachbarten oft miteinander verwachsend.

Vorkommen: Außer im Nordwesten und Osten weit verbreitet; in artenreichen Laubmischwäldern und Gebüschen auf kalk- und nährstoffreichen Böden.

Wissenswertes: Im Gegensatz zum Wald-Geißblatt, das zur selben Familie gehört, windet die Heckenkirsche nicht. Jede Beere enthält 4 Samen; über die Gefährlichkeit der Früchte gehen die Meinungen auseinander; vom Geschmack her reizen sie jedenfalls nicht zum Verzehr.

4 Schwarze Heckenkirsche
Lonicera nigra

1–2 m   Apr.–Mai   Strauch   76

Kennzeichen: Im Erscheinungsbild den anderen Heckenkirschen ähnlich; wie bei der Roten Heckenkirsche Früchte nicht paarweise miteinander verwachsen; schwarz (**4b**); Blüten rötlich bis rosa-weiß.

Vorkommen: Bergmischwälder im Süden und Südosten; auf feuchten, eher basenärmeren Lehm- und Tonböden.

Wissenswertes: Wo Rote und Schwarze Heckenkirsche nebeneinander vorkommen, kann man gelegentlich mit Bastarden rechnen. Bei allen Heckenkirschen sind die Früchte entweder giftig oder zumindest giftverdächtig.

1 Wald-Geißblatt
Lonicera periclymenum

bis 10 m   Juni–Aug.   Kletterstrauch   76
Kennzeichen: Im Uhrzeigersinn windend; Blätter verkehrt-eiförmig, gegenständig; Blüten röhrenförmig, in Köpfchen an den Zweigspitzen, nachts stark duftend; Früchte über dem obersten verwachsenen Blattpaar, dunkelrot (**1c**).
Vorkommen: Weit verbreitet in Hecken und Gebüschen, in lichten Wäldern und an Waldrändern; bevorzugt kalk- und nährstoffarme Böden; fehlt im Südosten.
Wissenswertes: Bei dieser *Lonicera* handelt es sich um eine Liane, einen windenden Strauch. Er kann bis zu 50 Jahre alt werden und einen schwächeren Baum geradezu erwürgen. Auf ihre enge „Umarmung" gehen die gedrehten Haselgerten zurück, die gern als Spazierstöcke verwendet werden. Mit ihrer Farbe und ihrem Glanz verleiten die roten Beeren immer wieder einmal Kinder zum Probieren; sie sind jedoch giftig und verursachen Durchfall und Erbrechen. Die Blüten mit ihrer 3–4 cm langen Kronröhre und ihrer ölig glatten Lippe sind vor allem auf langrüsselige Nachtschmetterlinge wie Schwärmer ausgerichtet. Der wissenschaftliche Gattungsname erinnert an den Frankfurter Arzt und Botaniker Adam A. Lonitzer (1528–1586). Ziegen bevorzugen möglicherweise das Geißblatt (Name!) im Vorfrühling, weil es vor allen anderen Gehölzen erste Blättchen austreibt.

2 Gewöhnliche Waldrebe
Clematis vitalba

bis 8 m   Juni–Aug.   Kletterstrauch   6
Kennzeichen: Blätter gefiedert, mit 3–5 Fiederblättchen, mit rankenden Stielen; Blüten gelblichweiß, mit 4–5 Kelch- und keinen Kronblättern; Borke löst sich in langen Streifen ab.
Vorkommen: In Wäldern und Gebüschen auf Kalkböden, manchmal auch an Gemäuer und Felsen; im Mittelgebirge auf Grauwacke und Sandstein weitgehend fehlend.
Wissenswertes: Die Waldrebe gehört ebenfalls zu den Lianen. Zum Klettern setzt sie auch ihre Blätter ein, deren Stiele und Mittelrippen zum Teil zu Ranken umgebildet sind.

Auf diese Weise und mit Hilfe ihres linkswindenden Sprosses kann sie bis in die Wipfel junger und mittelhoher Bäume gelangen. Ohne zu parasitieren schädigt sie ihre Stützbäume dennoch, vor allem durch ihr oft erhebliches Gewicht und durch Konkurrenz um das Licht. Dazu trägt der verholzte Stamm bei, der nicht selten armdick ist. Die Blüten locken vor allem Zweiflügler und Käfer an. Nach der Blütezeit entwickeln sich die auch als „Teufelszwirn" bekannten Sammelfrüchte (**2b**). Aus jedem der zahlreichen Fruchtblätter einer Blüte geht ein Nüßchen hervor, während sich die Griffel schwanzartig verlängern und mit langen Haaren zu auffälligen Flugorganen werden. Sie bleiben oft den Winter über als weithin sichtbarer Schmuck der Waldrebe erhalten, bis starke Stürme sie schließlich einzeln oder in Flocken davontragen.

3 Alpen-Waldrebe
Clematis alpina

bis 2 m   Mai–Aug.   Kletterstrauch   6
Kennzeichen: Blüten blauviolett, einzeln, nickend, bis 5 cm groß; Blätter einfach bis doppelt 3teilig; Früchte mit langem behaartem Griffel als Flugorgan.
Vorkommen: Zerstreut in den Alpen im Nadelholz- und Krummholzgürtel.
Wissenswertes: Wenn sie über Felsblöcke kriecht und dicht über dem Gestein ihre unverhältnismäßig großen Blüten öffnet, bietet die Alpen-Waldrebe einen ganz besonders eindrucksvollen Anblick.

4 Götterbaum
Ailanthus altissima

20–25 m   Juni–Juli   Baum   32
Kennzeichen: Blätter gefiedert, bis 80 cm lang, aus bis zu 25 Fiederblättchen; Blüten klein, unscheinbar, in aufrechten Rispen.
Vorkommen: Heimat China; bei uns als Parkbaum angepflanzt; neuerdings in klimatisch günstigen Stadt- und Industriebiotopen zunehmend auch verwildert.
Wissenswertes: Die Blätter riechen beim Zerreiben unangenehm. *Ailanthus* ist ein anspruchsloser, aber nicht ganz winterharter, schnellwüchsiger Pionierbaum.

1 **Japanischer Staudenknöterich**
Reynoutria japonica

1–3 m Juli–Sept. ♃ [69]

Kennzeichen: Stattliche Staude mit 10–12 cm langen Blättern und hohlen Stengeln; zur Blütezeit über und über weiß mit Tausenden kleiner Blüten in lockeren, ährenartigen Blütenständen (**1b**).

Vorkommen: Örtlich an Ufern und Waldrändern, auch auf Ruderalflächen; vor allem auf feuchteren und nährstoffreichen Standorten; angepflanzt und verwildert.

Wissenswertes: Als man die Art in den 20er Jahren des vorigen Jahrhunderts aus Ostasien in europäische Gärten und Parks holte, ahnte niemand die Folgen. Heute macht dieser Staudenknöterich vielerorts heimischen Pflanzen den Lebensraum streitig. Dabei ist er vor allem auf vegetative Vermehrung durch abgerissene und verschleppte Rhizomteile angewiesen. Noch nicht ganz so weit verbreitet und wohl auch noch frostempfindlicher ist der oft dreimal so hohe Sachalin-Staudenknöterich (*Reynoutria sachalinensis*), dessen Blätter bis 30 cm lang werden. Er gelangte um 1870 als Zierpflanze nach Europa.

2 **Knöllchen-Knöterich**
Polygonum viviparum

5–15 cm Juni–Aug. ♃ [69]

Kennzeichen: Kleiner, aufrechter und unverzweigter Knöterich; weiße bis hellrosafarbene Blüten in lockeren Ähren; in deren unterem Teil markante Brutknospen.

Vorkommen: Auf alpinen Magerrasen und Weiden; auch im Alpenvorland und vereinzelt auf der Schwäbischen Alb.

Wissenswertes: Lebendgebärend (vivipar, Name!) ist die Art nur scheinbar. In Wirklichkeit vermehrt sie sich vegetativ durch Brutknospen, die sich oft schon auf der Mutterpflanze zu Jungpflänzchen weiterentwickeln.

3 **Quendelblättriges Sandkraut**
Arenaria serpyllifolia

5–20 cm Mai–Sept. ☉ [65]

Kennzeichen: Zartes, stark verästeltes Kraut; eiförmige Blätter sitzend; sternartige Blütchen

mit 5 Kronblättern, die von den Kelchblättern überragt werden.

Vorkommen: An Wegrändern, auf Brachäckern, auf sandigen oder steinigen Böden; im gesamten Gebiet sehr häufig.

Wissenswertes: Als Pionier besiedelt die Art häufig vom Menschen gestörte Standorte mit zunächst lückiger Vegetation und kommt auch auf Mauerkronen vor. Es handelt sich um eine Sammelart mit mehreren, schwer unterscheidbaren, aber ökologisch und geographisch unterschiedlichen Unterarten.

4 **Dreinervige Nabelmiere**
Moehringia trinervia

10–30 cm Mai–Juli ☉ [65]

Kennzeichen: Der Vogelmiere ähnlich, doch an den ringsum flaumig behaarten Stengeln leicht erkennbar; Blätter 3nervig (Name), seltener 5nervig.

Vorkommen: In Wäldern, Hecken und Gebüschen im gesamten Gebiet häufig; meist an etwas feuchteren Standorten.

Wissenswertes: Die Art erhielt ihren wissenschaftlichen Namen zu Ehren des Arztes und Naturwissenschaftlers Paul Heinrich Gerhard Moehring, der von 1710–1792 lebte. Statt der üblichen 5 Kronblätter findet man bei allen Mieren gelegentlich auch 4 (**4b**).

5 **Frühlingsmiere**
Minuartia verna

5–15 cm Mai–Aug. ♃ [65]

Kennzeichen: Kleines Nelkengewächs mit lanzettlichen, 3nervigen Blättchen; Blüten- und Kelchblätter gleich lang.

Vorkommen: Auf warmen, trockenen Standorten; vor allem in den Alpen, der Fränkischen Alb und im Harz; in lückigen Kalkmagerrasen; vergleichsweise selten.

Wissenswertes: Die Frühlingsmiere wächst in dichten Rasen oder Polstern und ist eine sehr formenreiche Art, zu der auch eine Unterart gehört, die als sogenannte „Galmeipflanze" auf bergbaubedingten Schwermetallböden wächst. Auch dieser wissenschaftliche Gattungsname erinnert an einen Arzt und Botaniker: den Spanier Juan Minuart (1693–1768).

1
Salzmiere
Honckenya peploides

10–30 cm Juni–Juli ⁴   65

Kennzeichen: Fleischige, gelbgrüne Strandpflanze mit aufsteigenden Stengeln, gabelig verzweigt; Blätter auffallend regelmäßig kreuzweise gegenständig (**1b**).

Vorkommen: Auf sprühnassen, salzhaltigen Sandböden zwischen Spülsaum und Vordünen; nur an den Nord- und Ostseeküsten, dort aber häufig.

Wissenswertes: Die Salzmiere zeigt mit ihren fleischigen Stengeln und Blättern beispielhaft Gestalt und Anatomie einer Salzpflanze (Halophyt), die sowohl über sie hin laufende Wellen als auch Sandbewegungen erträgt. Wenn sie übersandet wird, wächst der Sproß dennoch horizontal weiter. Da die Art an ihrem extremen Standort nur selten mit Insektenbesuch rechnen kann, begnügt sie sich in der Regel mit Selbstbestäubung. Nicht selten haftet Pollen auch an Flugsandkörnern und gelangt gelegentlich mit diesem ungewöhnlichen Vehikel auf eine fremde Narbe.

2
Vogelmiere
Stellaria media

3–20 cm ganzjährig ☉   65

Kennzeichen: Das bekannte Acker- und Gartenwildkraut wurzelt sehr flach; Kron- und Kelchblätter 2 mm lang; Stengel niederliegend, nur einseitig behaart.

Vorkommen: Überall in Mitteleuropa in Gärten, auf Hackfruchtfeldern und Schutt anzutreffen; Indikatorpflanze für stark stickstoffversorgte Böden.

Wissenswertes: Vogelmiere auf Gartenbeeten signalisiert dem Kenner Bodenfruchtbarkeit. Über Winter sollte man die als „Unkraut" verschrieene Art wohlwollend dulden, weil sie dann ein wertvoller Bodendecker ist, der die Bodenkrume feucht und locker hält und vor allem vor Erosion schützt. Im Frühling schließlich gejätet, ergibt die Vogelmiere einen vorzüglichen Kompost. Der Name erinnert daran, daß auch etliche Vogelarten diese nur scheinbar wertlose Pflanze schätzen. Als Art, die das ganze Jahr über blühen kann, also keinen strengen Blührhythmus aufweist, gewährlei-

stet sie mit ihren zahlreichen Samen ganzjährig ein willkommenes Nahrungsangebot. Die zarten Pflänzchen können im Frühling den ersten Wildkrautsalat bereichern.

3
Große Sternmiere
Stellaria holostea

10–40 cm Apr.–Juni ⁴   65

Kennzeichen: Blüten langgestielt, mit 5 bis zur Mitte gespaltenen Kronblättern; Blätter lanzettlich, starr, wintergrün; Stengel aufsteigend, 4kantig.

Vorkommen: Auf Lehmböden; in Wäldern, Hecken und Gebüsch sehr weit verbreitet und meistens häufig; südlich der Donau jedoch weitgehend fehlend.

Wissenswertes: Diese Art eignet sich besonders gut, um daran den dichasialen Aufbau der Nelkengewächse zu studieren. Das nicht gerade alltägliche, für diese Familie aber spezifische Bauprinzip besteht darin, daß mit jeder Blüte ein Haupt- oder ein übergeordneter Seitentrieb endet; aus den Achseln des höchsten Blattpaares entspringen zwei Seitentriebe, an deren Spitze ebenfalls wieder je eine Blüte steht. So können Sproß und Nebensprosse sehr gleichmäßig bis zu 3mal nacheinander gegabelt sein. Die starren Blätter sind angesichts der schwachen Sprosse wichtige Klimmhilfen zur Wahrung einer aufrechten Haltung beim Drang zum Licht.

4
Wald-Sternmiere
Stellaria nemorum

20–50 cm Mai–Juli ⁴   65

Kennzeichen: Blütenblätter fast bis zum Grund 2geteilt; Blätter im Unterschied zur vorigen Art breiter, herz-eiförmig; Stengel rund.

Vorkommen: Auf feuchten, nährstoff- und humusreichen, jedoch kalkarmen Waldstandorten; vor allem in Berg- und Schluchtwäldern, in den Alpen bis in die Latschengebüsche; in der Ebene seltener und im Nordwesten nicht vertreten.

Wissenswertes: Bei den Sternmieren wirken die weißen Blüten in ihrem 5strahligen Aufbau wie kleine Sterne (Name!). Darauf deutet auch der wissenschaftliche Gattungsname hin (lat. stella = Stern).

1 **Gras-Sternmiere**
Stellaria graminea

10–30 cm Apr.–Juni ♃ |65|
Kennzeichen: Eine wenig standfeste, meist schlaff ausgebreitete Pflanze mit aufsteigenden, kantigen Stengeln; Blätter grasgrün, linealisch; Blütenblätter so lang wie der Kelch, fast bis zum Grunde eingeschnitten.
Vorkommen: Im gesamten Gebiet häufig auf mäßig sauren Lehmböden; an Wegrändern, auf mageren Wiesen und Weiden, an Rändern von Hecken und Gebüschen.
Wissenswertes: Noch stärker als andere Sternmieren-Arten bedarf die Gras-Sternmiere der Stütze anderer Pflanzen, um sich aufrichten zu können. Zwar versuchen die zu Boden gesunkenen Stengel aus eigener Kraft aufzusteigen. So recht gelingt ihnen das aber nur, wenn sich die Blätter abstützen können. „Spreizklimmer" nennt der Botaniker Arten, die sich auf solche Weise zum Licht vorkämpfen.

2 **Acker-Hornkraut**
Cerastium arvense

15–30 cm Apr.–Juli ♃ |65|
Kennzeichen: Blütenblätter 5, nur zu einem Drittel gespalten und doppelt so lang wie der Kelch; Blätter und Stengel kurz behaart, etwas gräulich-grün.
Vorkommen: An Wegen, Böschungen, auf aufgeschütteten oder angeschnittenen Böden, besonders auf Sand ziemlich häufig.
Wissenswertes: Im Vergleich zur Großen Sternmiere ist diese Art licht- und wärmeliebender und deshalb auf offene, vollbesonnte Standorte angewiesen. Deshalb trifft man sie nicht selten als Pionierpflanze auf neu zu besiedelnden, nicht selten grusig-steinigen Böden an, wo die meisten anderen Arten nur schwerlich Fuß fassen können. Dabei sind ihr ihre unterirdischen Ausläufer behilflich.

3 **Gewöhnliches Hornkraut**
Cerastium fontanum

10–40 cm Apr.–Okt. ♃ |65|
Kennzeichen: Pflanzen mit blühenden und nicht blühenden Trieben; Blätter länglich, dunkelgrün, bis 2 cm lang; unscheinbare Blüten; Kronblätter die Kelchblätter nur wenig überragend.
Vorkommen: Auf Wiesen und Weiden, auch auf nicht übermäßig gepflegtem Rasen, an Wegrändern und auf gelegentlich umbrochenem Brachland; auf Lehmböden überall in Mitteleuropa anzutreffen.
Wissenswertes: Diese häufige, auch im Siedlungsbereich fast allgegenwärtige Art begegnet uns mit unterschiedlichen wissenschaftlichen Artnamen (u.a. *Cerastium vulgatum, C. caespitosum, C. holosteoides*). Hier haben wir den für die Sammelart gebräuchlichen Namen gewählt. Die an der trockenen Fruchtkapsel hornartig abgespreizten Zähnchen sollen bei der Bildung des deutschen und des wissenschaftlichen Gattungsnamens Pate gestanden haben (griech. keras = Horn).

4 **Knäuel-Hornkraut**
Cerastium glomeratum

5–30 cm Apr.–Sept. ☉ |65|
Kennzeichen: Im Gegensatz zur vorigen Art Pflanze gelbgrün; Blüten mit sehr kurzen Stielen knäuelartig dicht gedrängt (Name!).
Vorkommen: Auf ähnlichen Standorten wie die vorige Art, aber nicht ganz so häufig und so allgemein verbreitet.

5 **Wasserdarm**
Myosoton aquaticum

20–40 cm Juni–Sept. ☉–♃ |65|
Kennzeichen: Ähnlichkeit mit Sternmieren, aber 5 statt 3 Griffel; Blütenblätter so lang wie der drüsig behaarte Kelch.
Vorkommen: Auf feuchten Standorten an Ufern, in Gräben, aber auch auf zeitweilig überfluteten Äckern und Ödland in Talauen; weit verbreitet, nur im Nordwesten fehlend.
Wissenswertes: Die Art ist auch unter der Bezeichnung Wassermiere (*Malachium aquaticum*) bekannt. Ihr Vorkommen an feuchten bis nassen Stellen und die oft liegende, schlaffe Stengel spiegeln sich im deutschen Namen dieser Art wieder. Regelmäßig bildet der Wasserdarm dort, wo der liegende Stengel Kontakt mit dem Boden hat, an den Knoten Wurzeln aus.

1 **Acker-Spark**
Spergula arvensis

10–50 cm Mai–Sept. ☉ [65]

Kennzeichen: Zierliches Ackerwildkraut mit aufsteigenden Stengeln; nadelförmige, in Quirlen gedrängt beisammenstehende Blätter; kleine weiße Blüten; deren Stiele nach dem Verblühen zurückgeschlagen.

Vorkommen: Im gesamten mitteleuropäischen Raum auf Äckern und zeitweilig umbrochenem Brachland anzutreffen; aber nur auf sauren Böden, d.h. am häufigsten auf Sandäckern.

Wissenswertes: Obwohl die schwarzen Samen von Vögeln gern gefressen werden, bleiben immer noch genügend übrig, um den Fortbestand dieser einjährigen Art trotz intensiver Landwirtschaft zu sichern. Dazu trägt gewiß die erhöhte Herbizidresistenz der Pflanze mit ihren sehr schmalen, nadelförmigen Blättern bei. In Norddeutschland wird die Art „Spörgel" genannt. Die Bezeichnung hängt ebenso wie „Spark" mit dem latinisierten „spergula" zusammen. Die Bedeutung des Acker-Sparks für den Menschen wird dadurch unterstrichen, daß man im hohen Norden Europas seine Samen dem Brotgetreide beimischte und als Futterpflanzen angebaute Kultursorten entwickelte.

2 **Nickendes Leimkraut**
Silene nutans

30–60 cm Juni–Sept. ♃ [65]

Kennzeichen: Blüten in anfangs einseitswendiger Rispe, herabhängend (Name!), leicht verwelkt wirkend; Blütenblätter tief 2geteilt, deren Zipfel oft aufgerollt (**2b**); Stengel verzweigt, weich behaart, im oberen Teil drüsig-klebrig („Leimkraut").

Vorkommen: Auf mageren, trockenen Böden; in Magerrasen ebenso wie im Halbschatten lichter Gebüsche; außer im Nordwesten verstreut im gesamten Gebiet.

Wissenswertes: Abends straffen sich die zuvor welk erscheinenden Blütenblätter. Den tagsüber duftlosen Blüten entströmt während der Nacht ein geradezu betäubender Hyazinthengeruch, der Nachtschmetterlinge, vor allem kleine Eulenarten, von weither anlockt. Sie naschen in den Blüten des Nickenden Leimkrauts nicht nur vom Nektar, sondern legen dort oft auch ihre Eier ab. Zwei oder drei Nächte lang währen Duft und Nektarrausch, dann welken die Blüten unwiederbringlich.

3 **Aufgeblasenes Leimkraut**
Silene vulgaris

15–50 cm Mai–Sept. ♃ [65]

Kennzeichen: Kelch eiförmig, kropfartig aufgeblasen, weshalb die Art auch „Taubenkropf-Leimkraut" genannt wird; Pflanze kahl, meistens bläulich-grün.

Vorkommen: Auf flachgründigen, trockenen Böden; in Magerrasen, an Wegrändern und in Gebüschsäumen; im gesamten Gebiet weit verbreitet, nur im Nordwesten seltener.

Wissenswertes: Als wissenschaftliche Namen dieser Art findet man auch *Silene cucubalus* („Taubenkopf") und *Silene inflata* („aufgeblasen"). Der Kelch als ein erweiterter Vorraum der eigentlichen Blüte dient als „Windfang". Außer Nachtfaltern gehören auch Honigbienen zu den Bestäubern. Gelegentlich schließt die Art mit ihren über 1 m tief greifenden Wurzeln als Rohbodenbesiedlerin Neuland auch für andere Blütenpflanzen auf, die wie sie als Pioniere wirken.

4 **Weiße Lichtnelke**
Silene alba

40–80 cm Juni–Sept. ☉ [65]

Kennzeichen: Blüten 2–3 cm groß, Kronblätter tief 2geteilt, zweihäusig, weibliche Blüten mit bauchigem (**4b**), männliche mit walzenförmigem Kelch (**4a**).

Vorkommen: An nährstoffreichen Wegrändern, Rainen und Schuttplätzen allgemein recht häufig.

Wissenswertes: Diese auch als Nacht-Lichtnelke (Nachtnelke) und als *Melandrium album* bekannte Art mit starker UV-Licht-Reflektion der weißen Blüten kommt erst nachts so richtig zur Geltung. Dann entsendet sie ihren starken, angenehmen Duft und lockt langrüsselige Nachtfalter an. Winzlinge unter den Insekten werden zurückgewiesen; dafür sorgen schon die 2 mm hohen Schuppen, die als Nebenkrone den Schlundeingang umgeben.

1 Weiße Seerose
Nymphaea alba

5–10 cm　Juni–Sept.　♃　　　　4

Kennzeichen: Schwimmblattgewächs mit großen weißen Blüten; mit einem Durchmesser von über 15 cm die größten Blüten der heimischen Flora; Stengelquerschnitt rund; Schwimmblätter im Umriß rundlich (bei der Teichrose abgeflacht bzw. stärker oval).

Vorkommen: In nährstoffreichen stehenden und langsam fließenden Gewässern; Wassertiefe zwischen 0,5 und 3 m; vor allem im Norden, Osten und im Süden, nur vereinzelt in der Mitte.

Wissenswertes: Eine Abfolge unterschiedlicher Zwischenformen bewirkt einen fließenden Übergang von den Staub- zu den Blütenblättern. Dieses für die Evolution der Blüten sehr bemerkenswerte Phänomen kann bei der Weißen Seerose beispielhaft demonstriert werden. – Eine besondere Anpassung an intensive Sonneneinstrahlung, Wellengang, Hagel und wechselnde Wasserstände zeigen die auf dem Wasser schwimmenden Blätter: Sie besitzen eine derbe, elastische Struktur und ihre Oberfläche ist mit einer wasserabstoßenden Wachsschicht überzogen. Bemerkenswert ist auch, daß sich – abweichend von der Regel – die Spaltöffnungen auf der Blattoberseite befinden. Durchhängende, bis zu 3 m lange Blattstiele stellen die Verbindung zum armdicken, wenig verzweigten Rhizom her, das als Sproßersatz im Schlamm liegt und dort durch Wurzeln verankert ist.

2 Christrose
Helleborus niger

10–30 cm　Jan.–Apr.　♃　　　　6

Kennzeichen: Winterblüher; Blüte weiß bis schwach rosa, auf dickem, rötlichgrünem Stengel; Laubblätter wintergrün, ledrig, 7–9teilig.

Vorkommen: Nur in den östlichen Kalkalpen, meistens in lichten Buchen- oder Kiefernwäldern auf kalk-, nährstoff- und humusreichen Lehmböden.

Wissenswertes: Gezüchtete Formen der Christrose haben meistens noch etwas größere Blüten; sie verwildern nur selten und

kaum dauerhaft. Gut erkennbar sind die 15–20 gelblichen „Honigblätter" (Nektarien) zwischen den zahlreichen Staub- und den blumenblattähnlichen Kelchblättern als kleine, tütenförmige Gefäße. Die Samen, die in den einzelnen Balgfrüchten heranreifen, werden wegen ihrer ölhaltigen Anhängsel (Elaiosomen) von Ameisen verschleppt. Wegen ihrer winterlichen, bei Zuchtformen oft weihnachtlichen Blütezeit ist die Christrose sehr bekannt und beliebt. Gemeinsam mit der Schneeheide verbreitet sie im weithin winterlich starren Garten ebenso wie im Gebirge Frühlingshoffen, selbst wenn es noch friert und die Blüten zeitweilig im Schnee versinken. Ein schwarzbraunes Pulver, aus dem Wurzelstock gewonnen, verursacht heftigen Niesreiz, worauf der Name „Schwarze Nieswurz" hinweist.

3 Christophskraut
Actaea spicata

30–60 cm　Mai–Juli　♃　　　　6

Kennzeichen: Blüten in endständiger Traube, meist mit 4 Blütenblättern und zahlreichen die Blüten beherrschenden Staubblättern; Blätter nur 1–3 je Stengel, 3teilig, mit unpaarig gefiederten Blattabschnitten.

Vorkommen: Zerstreut in Wäldern und Gebüschen, vor allem in Bergwäldern mit kalkreichem Untergrund und im Nordosten.

Wissenswertes: Unter den Hahnenfußgewächsen stellt das Christophskraut insofern einen Sonderfall dar, als es als Früchte schwarze Beeren hat (**3b**). Es ist nach Christophorus benannt, dem Schutzpatron gegen die Pest.

4 Weiße Alpenanemone
Pulsatilla alpina

10–30 cm　Mai–Juli　♃　　　　6

Kennzeichen: Blüten einzeln, bis 6 cm groß, auf langem Stiel; Blätter 3fach geteilt; Stengel zottig behaart.

Vorkommen: Auf Alpenmatten, im Latschen- und Alpenrosengebüsch, auf Geröll; meistens gesellig; nur in den Alpen.

Wissenswertes: Wegen der Haarschweife, die den Nüßchen als Flugorgan dienen, wird die Art auch „Teufelsbart" genannt.

1 Busch-Windröschen
Anemone nemorosa

5–20 cm März–Apr. ♃ ☐6
Kennzeichen: Bekannter Frühblüher; Blüten 1,5–4 cm groß, weiß, oft etwas rötlich, unbehaart; Blätter 3teilig.

Vorkommen: In Laubwäldern und Gebüschen im gesamten Gebiet außer auf gar zu sauren und nährstoffarmen Böden; im Bergland auch auf Wiesen; insgesamt sehr häufig.

Wissenswertes: Bei den charakteristischen drei Blättern handelt es sich um Hochblätter, die erst den Blütenknospen Schutz gewähren und später – oft als einzige grüne Blätter – die Aufgabe der Photosynthese wahrnehmen. Die frühe Blütezeit ist dem Busch-Windröschen möglich, weil die zum Aufbau der Pflanze erforderlichen Assimilate schon im Vorjahr gebildet und im als Überdauerungsorgan dienenden Rhizom gespeichert wurden. Die Blüten öffnen und schließen sich im Tag-Nacht-Wechsel, was vor allem für den Pollen einen gewissen Schutz vor Feuchtigkeit und für die Narben Kälteschutz bedeutet.

2 Großes Windröschen
Anemone sylvestris

15–40 cm Apr.–Juni ♃ ☐6
Kennzeichen: Blüten weiß, rötlich angehaucht, 4–7 cm groß; Blätter 5teilig.

Vorkommen: Nur in den kalkreichen Mittelgebirgen nördlich der Donau regional verbreitet; nordwärts bis in den Harz; an trockenwarmen Waldrändern, Böschungen und in lichtem Gebüsch.

Wissenswertes: Wenn die Nüßchen reifen, tragen sie einen Haarschopf, der die Verbreitung durch den Wind erleichtert. Die Art ist vielerorts in ihrem Bestand gefährdet und bedarf deshalb eines besonderen Schutzes.

3 Gletscher-Hahnenfuß
Ranunculus glacialis

5–15 cm Juli–Aug. ♃ ☐6
Kennzeichen: Stengel dicht am Boden, nur blütentragende Stiele aufsteigend; Blätter 3zählig mit 3–4spaltigen Blättchen, deutlich verdickt, dunkelgrün; Blütenblätter weiß, oft

aber auch rötlich; Kelch außen rotbraun und behaart.

Vorkommen: Im Hochgebirge als Pionier an Hängen, in Gesteinsschutt, auf feuchten Moränenböden; vor allem auf Silikatschutt.

Wissenswertes: Der Gletscher-Hahnenfuß trägt seinen Namen zu Recht, weil er unter allen Blütenpflanzen am weitesten bis in Gletschernähe vordringt. Mit Vorkommen in der alpinen Stufe oberhalb von 4000 m ist er die am höchsten beheimatete Blütenpflanze Europas.

4 Wasser-Hahnenfuß
Ranunculus aquatilis

bis 5 cm Apr.–Aug. ♃ ☐6
Kennzeichen: Blütenreiche Wasserpflanze; Stengel untergetaucht, bis zu 150 cm lang; Blütenstiele deutlich länger als die Stiele der gelappten Schwimmblätter.

Vorkommen: In nährstoffreichen, aber kalkarmen Weihern und Teichen mit einer Wassertiefe von bis zu 2 m.

Wissenswertes: In Schul- und Lehrbüchern dient die Art als Beispiel für Verschiedenblättrigkeit (Heterophyllie). Unter Wasser sind die Blätter fädig zerteilt und dadurch bei vergrößerter Oberfläche besser zum Gasaustausch und zur Nährsalzaufnahme befähigt. Die schwimmenden und erst recht die an der Luft wachsenden Blätter sind dagegen stärker flächig ausgebildet, und zwar meistens nierenförmig und 3–5spaltig (**4b**).

5 Flutender Hahnenfuß
Ranunculus fluitans

bis 5 cm Juni–Aug. ♃ ☐6
Kennzeichen: Ebenfalls blütenreiche Wasserpflanze; Stengel 1–6 m lang, flutend, verzweigt; Blätter alle gleich gestaltet, borstenförmig zerschlitzt.

Vorkommen: In schnell fließenden, sauerstoffreichen Bächen und kleinen Flüssen; seltener als die vorige Art.

Wissenswertes: Die Bestände dieser Art sind effektive Sauerstoffproduzenten, allerdings bei Massenauftreten auch gelegentlich ein Hindernis für die Schiffahrt, vor allem für Sportboote.

1 Rankender Lerchensporn
Corydalis claviculata

Bis 1 m Juni–Sept. ☉   9

Kennzeichen: Klettergewächs mit dünnem, wenig standfestem, 4kantigem Stengel; Blüten zu 5–12 in dichten Trauben, knapp 1 cm lang, mit kurzem Sporn; Blätter gefiedert mit Wikkelranken statt der End- und der obersten Seitenfiedern.

Vorkommen: Nur im Nordwesten, vor allem in Eichen-Birkenwäldern und aufgelichteten Kiefernforsten; stets auf sauren Lehm- oder Sandböden.

Wissenswertes: Dank seiner Wickelranken kann sich der Rankende Lerchensporn in Kräutern und niedrigem Gesträuch zum Licht emporstrecken. Die Art gilt als typisches Element der euatlantischen Klimaregion und kommt demgemäß weiter verbreitet und zum Teil recht häufig auf den ihr zusagenden Waldstandorten von Belgien über die Niederlande bis zur Elbe vor. Zur Zeit breitet sie sich offensichtlich weiter in das Binnenland aus.

2 Knoblauchsrauke
Alliaria petiolata

30–100 cm Apr.–Juli ☉–⚄   54

Kennzeichen: Blätter herzförmig, buchtig gezähnt, mit starkem Knoblauchgeruch beim Zerreiben; Kreuzblütler mit knapp 1 cm großen Blüten in doldig abgeflachten Trauben.

Vorkommen: Fast im gesamten Gebiet; an beschatteten Wegrändern, auf Schuttplätzen, in Wäldern und Gebüschen, sofern die Böden nährstoffreich, locker und nicht zu trocken sind.

Wissenswertes: Weil zunehmend altes Gartenland brach fällt, viele Gebüsch- und Wegränder durch Abfälle verschmutzt und durch Düngereintrag eutrophiert werden, können sich allenthalben die nitrophilen, d.h. die stickstoffliebenden Pflanzenarten, zu denen auch die Knoblauchsrauke gehört, auffallend ausbreiten. Sie beherrscht oft schon ganze Wald- und Gebüschsäume gemeinsam mit anderen Nitrophilen wie Brennessel, Kletten-Labkraut und Gemeinem Giersch. Früher war sie als Salatpflanze in den Bauerngärten vertreten. Mit den zerkleinerten Blättern werden

auch heute noch gern Salate und Gemüse gewürzt.

3 Meerrettich
Armoracia rusticana

40–150 cm Mai–Juni ⚄   54

Kennzeichen: Grundblätter sehr markant, bis zu 60 cm lang; Stengelblätter fiederspaltig; Blüten klein, in Doldentrauben.

Vorkommen: Als Kulturrelikt in verwilderten Gärten, auf Schuttplätzen und nährstoffreichem Wildland; ziemlich weit verbreitet.

Wissenswertes: Die bekannte Gewürzpflanze ist im ausgehenden Mittelalter aus Südosteuropa eingewandert. Für den Menschen wertvoll ist ihre fleischige Pfahlwurzel, die bei angebauten und später dauerhaft verwilderten Formen mehrere Zentimeter dick sein kann. Sie hat einen beißend scharfen Geschmack und eine heftige Reizwirkung auf Augen und Nase. Zum Würzen von Fleisch und Soßen sind geriebene Wurzeln nach wie vor willkommen. Da der Meerrettich häufig keine Samen ausbildet, ist er auf die vegetative Vermehrung durch Wurzelstücke angewiesen, die durch Garten- und Erdarbeiten, aber wohl auch durch Kleinnager verbreitet werden.

4 Echte Brunnenkresse
Nasturtium officinale

30–80 cm April–Aug. ⚄   54

Kennzeichen: Ähnlich dem Bitteren Schaumkraut (S. 114); Stengel liegend bis aufsteigend, kahl, hohl, Blätter gestielt, unpaarig gefiedert; Blütentraube mit kopfig gedrängten Blüten.

Vorkommen: Vor allem im klaren, kühlen Wasser von Quellteichen und fließenden Gewässern (**4b**), sofern der Untergrund sandig oder kiesig und möglichst nährstoff- und kalkreich ist; fehlt in reinen Sandgebieten und kalkarmen Mittelgebirgen.

Wissenswertes: Im zeitigen Frühling ist die Echte Brunnenkresse eine beliebte Salat- und Gemüsepflanze mit hohem Vitamin-C-Gehalt und harntreibender Wirkung. Sie wird gerade neuerdings auch gern in Wasserbecken kultiviert.

1
Bitteres Schaumkraut
Cardamine armara

10–50 cm   Apr.–Juni   ⦶   54

Kennzeichen: Im Gegensatz zur Echten Brunnenkresse Stengel nicht hohl, sondern markig und Staubbeutel nicht anfangs gelb, sondern immer rotviolett.

Vorkommen: Fast im gesamten Gebiet in Quellfluren und Erlenbruchwäldern, auf sikkernassen, nährstoffreichen Böden und am Rande fließender Gewässer.

Wissenswertes: Auch diese Art ist wie die Echte Brunnenkresse für Wildsalate geeignet, obwohl sie noch etwas bitterer schmeckt. Mischung mit anderen Wildkräutern ist empfehlenswert. Der Vitamin C-Gehalt und die Möglichkeit, grüne Pflanzenteile schon im Vorfrühling sammeln zu können, machten auch das Bittere Schaumkraut in Zeiten mit durchweg vitaminarmer Winternahrung für den Menschen recht wertvoll.

2
Spring-Schaumkraut
Cardamine impatiens

10–60 cm   Mai–Juli   ⦶   54

Kennzeichen: Winzige, dicht gedrängte Blüten, aber als Früchte über 2 cm lange Schoten; Grundblätter rosettig angeordnet, gefiedert, früh absterbend; Stengelblätter ebenfalls gefiedert, größer, mit grob gezähnten Teilblättchen.

Vorkommen: In artenreichen Laub- und Mischwäldern, auf Waldwegen und Blockgestein, am häufigsten in Schluchtwäldern; gebietsweise – vor allem im Norden – fehlend.

Wissenswertes: Beim Öffnen der Schoten, das auch durch Berührung ausgelöst werden kann, rollen sich die beiden Fruchtblätter urplötzlich auf, während die starren Rahmen der Scheidewand stehen bleiben. Dabei springen (Name!) die Samen bis zu 5 m weit.

3
Garten-Schaumkraut
Cardamine hirsuta

5–20 cm   März–Juni   ⦶   54

Kennzeichen: Eine kleine, in Gärten oft sehr gesellig auftretende Pflanze; stets sowohl mit Grund- als auch mit Stengelblättchen (letztere nur 2–4), gefiedert; an Blattstielen und Rändern der Teilblättchen spärlich behaart.

Vorkommen: Auf nährstoffreichen, nur lückig begrünten Gartenböden, auch gelegentlich auf Äckern und in Weinbergen; zur Zeit in starker Ausbreitung begriffen.

Wissenswertes: Selten hat sich in den Gärten eine bislang unbekannte Art so weit und rasch ausgebreitet wie in den 70er und 80er Jahren das Garten-Schaumkraut. Maßgeblich dazu beigetragen haben Groß- und Versandgärtnereien und -baumschulen, die mit dem torfigen Wurzelsubstrat von Kräutern und den Wurzelballen von Sträuchern und Bäumen die Samen in Tausende von Gärten und Parkanlagen schickten.

4
Rauhe Gänsekresse
Arabis hirsuta

15–60 cm   Mai–Juli   ⦶–⽊   54

Kennzeichen: Stengel aufrecht, meistens unverzweigt, im unteren Teil rauh behaart (Name!); Stengelblätter eiförmig bis lanzettlich, lang behaart, mit pfeilförmigem Grunde stengelumfassend.

Vorkommen: Auf nährstoffarmen Wiesen, Wegrändern und Böschungen; nur auf kalkreichem Untergrund, vor allem im Süden.

Wissenswertes: Dieser rauhhaarige Kreuzblütler hat seinen Verbreitungsschwerpunkt in Kalk-Magerrasen zwischen Main und Alpen.

5
Graukresse
Berteroa incana

30–50 cm   Juni–Okt.   ⦶   54

Kennzeichen: Weißgrauer Kreuzblütler (Name!); Stengel und Blätter dicht filzig mit Sternhärchen überzogen und dadurch graugrün; Stengelblätter länglich-lanzettlich, sitzend; Blütenblätter tief 2spaltig.

Vorkommen: An Böschungen und Wegrändern, auf Ödland und Industriebrache; meistens auf Sandböden; stets kalkarme, aber nährstoffreiche Standorte; im gesamten Gebiet, aber mit großen Verbreitungslücken.

Wissenswertes: Der wissenschaftliche Gattungsname erinnert an den italienischen Arzt Carlo Giuseppe Bertero (1789–1831), der vor allem in Chile botanisierte.

1 Dänisches Löffelkraut
Cochlearia danica

10–20 cm   Mai–Juni ☉   54

Kennzeichen: Kleine Sandpflanze mit kahlen Stengeln und Blättern; weiße Kreuzblüten zu mehreren in endständiger Traube; Schötchen kugelig bis eiförmig, mit gewölbten Klappen; Stengelblätter handförmig gelappt, efeuähnlich; Grundblätter ganzrandig, bis 1 cm lang, zur Blütezeit allerdings schon abgestorben.

Vorkommen: An der Nord- und westlichen Ostseeküste auf nur lückig bewachsenem, zeitweilig überflutetem Schlick; auf salzwasserübersprühten Felsbändern und Salzwiesen.

Wissenswertes: Hier handelt es sich um eine Art, die zwingend eines gewissen Kochsalzgehaltes im Boden bedarf. Ihren Gattungsnamen trägt sie wegen der löffelartig geformten und gestielten Grundblätter.

2 Echtes Löffelkraut
Cochlearia officinalis

20–40 cm   Mai–Juni ☉   54

Kennzeichen: Im Unterschied zum Dänischen Löffelkraut obere Stengelblätter stengelumfassend, geöhrt; Schötchen mit bleibendem Griffel besetzt.

Vorkommen: Außer an der Meeresküste auch auf einigen salzhaltigen Standorten im Binnenland; vor allem in der östlichen Nordsee, von der Wesermündung an ostwärts; an der schleswig-holsteinischen Nord- und Ostseeküste; am häufigsten im Außendeichbereich auf Salzwiesen.

Wissenswertes: Die Art enthält Bitterstoffe, Senfölglykoside und vor allem auch Vitamin C und wird deshalb auch als Salatpflanze angebaut. An der Küste galt sie als wertvoller Vitaminspender und geschätzter Bestandteil von Wildkrautsalaten.

3 Hirtentäschelkraut
Capsella bursa-pastoris

20–40 cm   ganzjährig ☉   54

Kennzeichen: Winzige Blüten, aber auffällige und bekannte 3eckige, taschenähnliche Schötchen (Name!) in lockeren Trauben, deutlich vom Stengel abstehend; grundständige Blätter in einer Rosette, fiederteilig.

Vorkommen: Auf nährstoffreichen Böden in Gärten, auf Äckern, an Wegrändern und auf Brachland; überall anzutreffen.

Wissenswertes: Das Hirtentäschelkraut hat keinen festen Blührhythmus; es kann bei mildem Wetter auch im Winter blühen. Die Schötchen sind so markant geformt, daß sie jedermann kennt. Sie sollen an Hirtentaschen erinnern, was sowohl der deutsche als auch die wissenschaftlichen Namen belegen (lat. capsula = Tasche, lat. bursa pastoris = Hirtentasche). Ein beliebtes Kinderspiel ist es, die Schötchen etwas herabzuziehen und damit zu klimpern; aus dem Hirtentäschelkraut wird dann ein „Schellenbaum".

4 Acker-Hellerkraut
Thlaspi arvense

10–30 cm   Mai–Sept. ☉   54

Kennzeichen: Im Unterschied zur vorigen Art auffallende, flache und fast kreisrunde Schötchen, die an eine Geldmünze erinnern (Name!); Stengel kantig, kahl; zerriebene Blätter mit Lauchgeruch.

Vorkommen: Als Unkraut in Gärten und Hackfruchtfeldern, an Wegrändern und auf Schuttplätzen.

Wissenswertes: Das Acker-Hellerkraut ist schon in der Jungsteinzeit nach Mitteleuropa gelangt und trotzt bis auf den heutigen Tag allen Bemühungen, es zu verdrängen; selbst gegen Herbizide setzt es sich immer wieder durch.

5 Stengelumfassendes Hellerkraut
Thlaspi perfoliatum

5–20 cm   März–Mai ☉   54

Kennzeichen: Stengel rund; Pflanze ohne Lauchgeruch; Blätter ganzrandig, sitzend, mit herz- oder pfeilförmigem Grund stengelumfassend.

Vorkommen: Nur auf kalkreichen, nährstoffarmen Böden; an Wegrändern, in lückiger Vegetation flachgründiger Standorte, in Weinbergen und Trockenrasen; fehlt im Norden und in Teilen des Alpenvorlandes.

1   Hungerblümchen
Erophila verna

2–15 cm   Febr.–Mai   ☉   54

Kennzeichen: Ein schmächtiges Pflänzchen mit blattlosem Stengel und einer Grundrosette aus lanzettlich-eiförmigen Blättern.

Vorkommen: Im gesamten Gebiet auf sandigen Äckern, lückigen Magerrasen, an Böschungen, auf Mauern und Felsen.

Wissenswertes: Dieser zierliche Kreuzblütler ist der Konkurrenz anderer Arten nicht gewachsen. Er kann daher nur mal hier oder dort auftauchen, wo die Vegetation auf besonders armen Standorten Lücken aufweist. Der Name mag sowohl von der geringen Produktionskraft der Äcker, auf denen das Hungerblümchen wächst, als auch von dessen schmächtigem Wuchs herrühren.

2   Feld-Kresse
Lepidium campestre

20–50 cm   Apr.–Juni   ☉   54

Kennzeichen: Blüten weiß, unauffällig, an der Spitze in reichblütigen Trauben; um so deutlicher die eiförmigen, 0,5 cm langen Schötchen; Stengel abstehend behaart.

Vorkommen: Mit größeren Verbreitungslücken im gesamten Gebiet auf kalk- und nährstoffreichen Böden; vor allem auf Hackfruchtäckern, Wegrändern und Schuttplätzen.

Wissenswertes: Die Schötchen sind vorn geflügelt und ausgerandet. Weil sie bei der Reife mehr oder weniger waagerecht stehen, werden sie leicht von Regentropfen getroffen. Dadurch, daß die Schötchen beim Aufprall zurückweichen und danach wieder vorschnellen, werden die Samen herausgeschleudert. „Regenballisten" nennt der Botaniker jene Pflanzenarten, die sich zur Verbreitung ihrer Samen einer solchen Methode bedienen.

3   Pfeilkresse
Cardaria draba

20–60 cm   Mai–Juli   ⏚   54

Kennzeichen: Blütenstände an der Spitze von Haupt- und Nebensprossen, traubig; obere Stengelblätter bis 10 cm lang, sitzend, pfeilförmig stengelumfassend.

Vorkommen: Auf warmen, trockenen, kalk- und nährstoffreichen Böden; an Wegrändern und auf Industrieödland, auf Rainen und in Weinbergen; nur regional häufiger.

Wissenswertes: Die Art ist erst seit den 20er Jahren des vorigen Jahrhunderts aus Südost- nach Mitteleuropa vorgedrungen. Sie gehört vielfach zu den „Bahnbegleitern", die sich deshalb so auffällig entlang von Bahnlinien ausbreiten können, weil die Samen vom Fahrtwind der Züge mitgerissen werden.

4   Rundblättriger Sonnentau
Drosera rotundifolia

5–20 cm   Juli–Aug.   ⏚   23

Kennzeichen: Blätter rötlich, langgestielt, in einer grundständigen Rosette, mit langstieligen Drüsenzotten besetzt; Blütenstiele unbeblättert (**4b**).

Vorkommen: Vor allem im Norddeutschen Tiefland, im Fichtel- und Erzgebirge und im Alpenvorland; in Moorgebieten, auf Torfmoospolstern, auf Torf oder in Heiden auf humosem Sand.

Wissenswertes: Die Sonnentau-Arten dienen als Paradebeispiel für fleischfressende Pflanzen in Mitteleuropa. Die wie Tau glitzernden Tropfen (Name!) auf den Spitzen der langstieligen Drüsenzotten enthalten eiweißspaltende Verdauungsfermente. Kurzstieligere Verdauungsdrüsen befinden sich in der Blattmitte. Von den glitzernden und duftenden „Tautropfen" werden kleine Insekten angelockt, von der schleimartigen Flüssigkeit festgehalten und schließlich durch Krümmung an die Verdauungsdrüsen weitergereicht. Die Nutzung der tierischen Stickstoffverbindungen ist für die Sonnentau-Arten angesichts ihrer nährstoffarmen Standorte bedeutsam.

5   Mittlerer Sonnentau
Drosera intermedia

5–10 cm   Juli–Aug.   ⏚   23

Kennzeichen: Blätter länglich-keilförmig, fast so lang wie der Blütenstand.

Vorkommen: Wie die vorige Art stark gefährdet; noch mehr auf Vorkommen in Norddeutschland, im Voralpenraum und in der Lausitz beschränkt.

1 Weißer Mauerpfeffer
Sedum album

5–20 cm Juni–Aug. ♃ [20]

Kennzeichen: Rasen aus dicht beblätterten blütenlosen und locker beblätterten blütenreichen Stengeln; Blätter fleischig, länglich-keulenförmig, kahl, fast waagerecht abstehend; Blüten weiß oder hellrötlich, mit 5 sehr schmalen Blütenblättern.

Vorkommen: In der Mitte und im Süden regional auf Felsen und Mauern, Kiesdächern und grusig-steinigem Untergrund.

Wissenswertes: Der Weiße Mauerpfeffer gehört wie alle *Sedum*-Arten zu den Pflanzen mit als Wasserspeicher verdickten Blättern. Eine derart sukkulente Art trug bereits bei den Römern den Namen „Sedum".

2 Knöllchen-Steinbrech
Saxifraga granulata

15–40 cm Apr.–Juni ♃ [21]

Kennzeichen: Rosette aus nierenförmigen, gekerbten Blättern ohne Kalkausscheidungen; Brutknöllchen in den Achseln abgestorbener Blätter am Stengelgrund; Stengel aufrecht, mit kleineren Blättern und wenigen Blüten in einer unregelmäßigen lockeren Rispe.

Vorkommen: Ein Steinbrech der kalkarmen Mittelgebirgslagen, der sowohl im Nordwesten als auch in den Alpen fehlt; meistens auf Wiesen und an Waldrändern.

Wissenswertes: Mit den „Knöllchen" (Name!) sind die Brutknöllchen oder Bulbillen gemeint. Sie gelangen durch Zugwurzeln zusammen mit abgestorbenen Rosettenblättern, in deren Blattachseln sie gebildet wurden, unter welke Pflanzenteile und Bodenkrumen. Sie dienen der vegetativen Vermehrung der Pflanze, die auch im Winter grün ist.

3 Finger-Steinbrech
Saxifraga tridactylites

2–15 cm März–Mai ☉ [21]

Kennzeichen: Einzige einjährige Steinbrech-Art Mitteleuropas; sowohl Grund- als auch Stengelblätter oft 3lappig und mit keilförmigem Grund zum Stengel verschmälert; drüsenhaarig; Frühblüher.

Vorkommen: Auf kalkarmen Böden; auf Sandäckern, in Magerrasen, auf mit Kies abgedeckten Flachdächern und auf Mauerkronen; allerdings nur regional.

Wissenswertes: Keine andere Steinbrech-Art dringt so deutlich auch in Industriebiotope vor. Man trifft ihn auf Bergbau- und Industriebrachen ebenso an wie an Bahndämmen, wo er vielfach zu den Pionieren gehört und sich neuerdings deutlich ausbreitet.

4 Rundblättriger Steinbrech
Saxifraga rotundifolia

15–50 cm Juni–Sept. ♃ [21]

Kennzeichen: Rosettenblätter langgestielt, im Umriß rundlich (Name!), gezähnt, im Vergleich zu anderen Steinbrech-Arten dünnfleischig; Blütenrispe locker, reichblütig.

Vorkommen: In den Alpen in Schluchtwäldern, an Bachufern, in Hochstaudenfluren; auf kalk- und nährstoffreichen Böden.

Wissenswertes: Unter seinen Verwandten gehört der Rundblättrige Steinbrech zu den wenigen, die halbschattige Standorte mit hoher Luftfeuchtigkeit dem voll sonnenexponierten vorziehen (vgl. Blattstruktur!).

5 Rispen-Steinbrech
Saxifraga paniculata (S. aizoon)

5–40 cm Mai–Juli ♃ [21]

Kennzeichen: Bekannte Steinbrech-Rosetten (**5b**); felsbewohnende Pflanze mit zungenförmigen, lederartigen, scharf gesägten Blättern, mit weißen Kalkschüppchen; Blüten 5 cm groß, in Rispen (Name!).

Vorkommen: Außer in den Alpen im Südschwarzwald, den Vogesen und auf der Schwäbischen Alb; in Gesteinsfluren und in Trockenrasen; auf kalkhaltigem Untergrund.

Wissenswertes: Diese und mehrere weitere Steinbrech-Arten scheinen geradezu aus dem Stein hervorzubrechen („*Saxifraga*" aus lat. saxum = Stein und frangere = zerbrechen). Der Name wird aber auch mit der Heilwirkung bei Blasensteinen in Verbindung gebracht. Das aus Wasserspalten (Hydathoden) zwischen den Blattzähnchen ausgeschiedene Wasser verdunstet und läßt Kalkschüppchen zurück.

1 Sumpf-Herzblatt
Parnassia palustris

15–30 cm Juni–Aug. ♃   22

Kennzeichen: Markante ganzrandige, herzförmige Grundblätter (Name!); ein einziges stengelumfassendes Laubblatt am Stengel, der an der Spitze eine einzige, 2–3 cm große Blüte trägt.

Vorkommen: In Flach- und Quellmooren, aber auch auf Magerrasen, soweit der Boden kalkreich und feucht ist; vor allem im Süden, im Norden stark zurückgehend.

Wissenswertes: Die Staubblätter stehen in zwei Kreisen zu je 5 (**1b**). Die des äußeren Kreises reifen in festgelegter Reihenfolge und bieten den Pollen feil; die des inneren Kreises sind zu Nektarschuppen umgewandelt, die an ihrer Basis zwar Nektar, an ihrer Spitze jedoch ganz normale Wassertröpfchen absondern. Auf diese glitzernden Tröpfchen fallen aber nur ganz bestimmte, im Grunde unerwünschte Insekten wie Fliegen herein. Sie werden abgelenkt, während der Nektar „klügeren", d.h. vor allem blütensteten Insektenarten vorbehalten bleibt.

2 Wald-Geißbart
Aruncus dioicus

80–120 cm Juni–Juli ♃   24

Kennzeichen: Stengel steif aufrecht, rispenartig verzweigter Blütenstand mit Hunderten winziger sitzender Blütchen; Blätter 2–3fach gefiedert und bis zu 1 m lang.

Vorkommen: An schattigen, luftfeuchten Orten in Schluchtwäldern, an steilen Hängen und Bergbächen, zerstreut, nur im Süden, aber auch dort gebietsweise fehlend.

Wissenswertes: Die Art ist das einzige zweihäusige Rosengewächs in Mitteleuropa. Weibliche Pflanzen haben unscheinbare Blüten und dünne Blütenstände; männliche Pflanzen erscheinen mit über 20 Staubblättern je Blüte buschiger und fülliger.

3 Großes Mädesüß
Filipendula ulmaria

60–150 cm Juni–Aug. ♃ ✿   24

Kennzeichen: Stattliche Staude mit üppigen und dichten Blütenständen (**3b**); Blätter unpaarig gefiedert mit den für Rosengewächse typischen Nebenblättern und einer besonders dekorativen Abfolge von Fiederblättern unterschiedlicher Größe.

Vorkommen: Auf nassen Wiesen, in Gräben und an Bachufern; im gesamten Gebiet, zum Teil sehr häufig.

Wissenswertes: Nur wenige andere Pflanzenarten offener Standorte verbreiten einen vergleichbar starken, mandelartigen Duft wie das Mädesüß, das ganzen Tallandschaften eine eigene Duftnote verleihen kann. Ob er auch bei der Namensgebung für die Art insofern eine Rolle gespielt hat, als sie der Mahd (dem Heu) seinen süßlich schweren Duft gibt, ist nicht ganz sicher. Vielleicht stand auch der Met (Bier) bei dem Namen Pate, zumal gesichert ist, daß die fleischigen Wurzeln bei der Bierbrauerei verwandt wurden. Für Duftsträuße und Kräuterkissen sowie zum Aromatisieren von Desserts und Getränken wird Mädesüß gerade heute wieder empfohlen. Wurzeln und junge Triebe kommen als Wildgemüse in Betracht. – Die Art hat sich mit der Aufgabe der Nutzung vieler feuchter bis nasser Wiesen stark ausgebreitet und die Vorherrschaft in den aufkommenden Hochstaudenfluren übernommen.

4 Kleines Mädesüß
Filipendula vulgaris (*F. hexapetala*)

30–80 cm Mai–Juli ♃   24

Kennzeichen: Einzelblüten der vorigen Art ähnlich, aber fast doppelt so groß; bei beiden Arten überragen in der Blütenrispe die Seitenzweige die Hauptachse; Blüten bei der vorigen Art auf der 5-Zahl, bei dieser auf der 6-Zahl aufgebaut (griech. hexapetala = 6 Blütenblätter); Blätter unpaarig gefiedert, mit 10–25 Fiederpaaren.

Vorkommen: Nur im Süden und Osten; auf Kalkmagerrasen, in Gebüschsäumen und lichten Trockenwäldern.

Wissenswertes: Die wärmeliebende Art, die vor allem in den kontinentaleren Landschaften Osteuropas beheimatet ist, erreicht in Mitteleuropa die Nordwestgrenze ihrer Verbreitung. Als Gartenpflanze ist sie häufiger anzutreffen als ihre zuvor behandelte Verwandte.

1a

1b

3a

2

3b

4

1 Wald-Erdbeere
Fragaria vesca

5–15 cm Apr.–Juni ⊿ [24]

Kennzeichen: 3zählige Blätter, die unterseits heller sind als oberseits; Blütenblätter 5, vorne abgerundet, einander überdeckend; Blütenboden kahl.

Vorkommen: An hellen bis halbschattigen Stellen in aufgelichteten Wäldern, an Waldwegen und Waldrändern; allgemein verbreitet.

Wissenswertes: Die süßeste unter den heimischen Wildobstarten ist so bekannt, daß es kaum einer näheren Beschreibung bedarf. Neben der Verbreitung der Nüßchen, die auf der fleischig vergrößerten Blütenachse stehen und an der vor allem Vögel und Schnecken beteiligt sind, spielt auch die vegetative Vermehrung eine wichtige Rolle. Die Ausläufer, die bis über 2 m lang werden können, bewurzeln sich an den Knoten und bilden dort die Rosetten neuer Tochterpflänzchen. Die als Gartenpflanze bekannte Monats-Erdbeere ist aus der Wald-Erdbeere hervorgegangen.

2 Erdbeer-Fingerkraut
Potentilla sterilis

5–15 cm März–Mai ⊿ [24]

Kennzeichen: Der Wald-Erdbeere ähnlich, aber Blütenblätter einander nicht berührend; Blütenboden behaart.

Vorkommen: In nährstoff- und krautreichen Eichen-Mischwäldern verbreitet; nur im Norden, Osten und Südosten mit größeren Verbreitungslücken.

Wissenswertes: Die Art ist ebenfalls zu generativer und vegetativer Vermehrung fähig, bringt aber keine schmackhaften „Beeren" – in Wirklichkeit Sammelnußfrüchtchen – hervor und erhielt deshalb von Linné den Artnamen „sterilis". Die Ausläufer der Erdbeer-Doppelgängerin sind viel kürzer, meistens höchstens 10–20 cm lang.

3 Weißer Steinklee
Melilotus alba

30–120 cm Juni–Sept. ⊙⊿ ✿ [25]

Kennzeichen: Blüten in lockeren, langen und reichblütigen Trauben, hängend; Blätter kleeartig, 3teilig; Teilblättchen eiförmig-lanzettlich.

Vorkommen: Im gesamten Gebiet auf Ödland, Schuttplätzen, Industriebrache und an Wegrändern, vor allem auf Rohböden.

Wissenswertes: Die Art ist ebenso wie ihre gelbblühende Verwandte durch einen intensiven Duft ausgezeichnet, der an frisches Heu oder an Waldmeister erinnert und auf den Cumaringehalt zurückgeht. Im Wäscheschrank sind beide Steinklee-Arten wirksame Helfer gegen Motten. Weil er ebenso wie andere Schmetterlingsblütler an den Wurzeln in besonderen Knöllchen Bakterien Domizil bietet, die Luftstickstoff zu binden vermögen, wird der Weiße Steinklee in der Landwirtschaft auch als Gründünger angebaut.

4 Weiß-Klee
Trifolium repens

5–15 cm Mai–Okt. ⊿ [25]

Kennzeichen: Kugelige Blütenköpfe auf einem langen Stiel; untere Blüten früh braun und nach unten zurückgeschlagen (**4a**).

Vorkommen: Im gesamten Gebiet von den Küsten bis ins Hochgebirge; auf Fettweiden, Parkrasen, Wiesen und an Wegrändern.

Wissenswertes: Sobald der Rasen etwas weniger häufig geschnitten wird, breitet sich der Weiß-Klee aus, der sich auch dann stark vermehren kann, wenn die Blüten nicht zur Samenreife kommen. Dafür sorgen die zahlreichen unterirdischen Ausläufer. Bienen und viele andere Insekten, aber auch Kleintier-, vor allem Kaninchenhalter, wissen den bis tief in den Winter hinein grünen Klee zu schätzen.

5 Berg-Klee
Trifolium montanum

10–40 cm Mai–Juli ⊿ [25]

Kennzeichen: Im Unterschied zum Weiß-Klee aufrecht oder zumindest aufsteigend; Einzelblüten sehr kurz gestielt, nach der Blüte nicht zurückgeschlagen.

Vorkommen: Im Norden fehlend, in der Mitte punktuell, im Süden zum Teil häufig; auf Kalkmagerrasen, auf anderen Magerwiesen und an Wald- und Gebüschsäumen auf Kalk.

1 **Kleiner Vogelfuß**
Ornithopus perpusillus

5–25 cm Mai–Juni ☉   25
Kennzeichen: Blüten winzig, weiß, oft etwas rötlich, zu 3–7 in Köpfchen; Stengel niederliegend; Hülsen zwischen den Samen eingeschnürt und dadurch gegliedert, zu mehreren von einem Punkt ausgehend (**1b**).
Vorkommen: Auf armen Sandböden; an Wegrändern, auf Sandäckern und schütter bewachsenem Brachland; auch im Dünenbereich; nur im Norden und Osten verbreitet, sonst regional eng begrenzt.
Wissenswertes: Die vogelfußähnlichen Hülsen sind sehr markant und trotz ihrer geringen Größe recht auffällig (Name!).

2 **Wald-Sauerklee**
Oxalis acetosella

5–15 cm Apr.–Mai ⅄   35
Kennzeichen: Blätter kleeähnlich, dreifingerig (Name!); Blütenblätter 5, mit dekorativen rötlichen Adern auf weißem Grund.
Vorkommen: Im gesamten Gebiet häufig; in Laubwäldern mit mittlerer Basen- und Nährstoffversorgung.
Wissenswertes: Der säuerliche Geschmack der Blätter war der Anlaß für den deutschen wie für den wissenschaftlichen Gattungsnamen (griech. oxys = sauer). Wegen der Giftwirkung der Kleesalz- und der Oxalsäure wird Zurückhaltung beim Genuß der Blätter empfohlen. – Der Frühblüher vermag noch schattigste Stellen im Walde zu besiedeln, wo ihn nur noch 1% des Sonnenlichts erreicht; in dieser Hinsicht hält er unter den grünen Blütenpflanzen Mitteleuropas den Rekord.

3 **Purgier-Lein**
Linum catharticum

5–25 cm Mai–Sept. ☉   36
Kennzeichen: Kräutchen mit sparrigem Wuchs, aufrecht oder aufsteigend; Blüten in einem sehr lockeren Blütenstand, weiß, mit gelbem Fleck am Grunde; Blätter entfernt, gegenständig, sitzend, eiförmig bis lanzettlich, ganzrandig.
Vorkommen: Im Nordwesten seltener, sonst weit verbreitet, aber immer nur zerstreut; vor allem in feuchteren Kalkmagerrasen.
Wissenswertes: Tees aus blühenden Kräutern – frisch zubereitet – wirken abführend oder „purgierend" (= reinigend), worauf auch der wissenschaftliche Artname hinweist (lat. catharticus = abführend). Vor Überdosierung muß allerdings gewarnt werden.

4 **Wassernuß**
Trapa natans

bis 3 cm Juni–Juli ☉   27
Kennzeichen: Wasserpflanze mit Schwimmblättern; diese rhombisch, langgestielt, mit im mittleren Teil verdickten Stielen; Blütenblätter 4, nicht verwachsen.
Vorkommen: Nur noch wenige Vorkommen an Altwassern des Oberrheins, der mittleren Elbe und im Spreewald.
Wissenswertes: Die besonders wärmeliebende Art war früher weiter verbreitet. Die Verdickungen an den Blattstielen gehen auf die luftgefüllten Kammern im Innern zurück, die den Schwimmblättern Auftrieb geben. Jeweils eine 1samige Nuß ist von dem verholzenden, 4blättrigen Kelch umgeben, der 4 dornartige, mit Widerhaken ausgestattete Fortsätze bildet (**4b**), mit denen sich die Frucht im Bodenschlamm des Gewässers verankert. Die im Herbst reifenden Samen werden seit der Jungsteinzeit hier und dort roh gegessen oder zu Mehl vermahlen.

5 **Gewöhnliches Hexenkraut**
Circaea lutetiana

20–60 cm Juni–Aug. ⅄   28
Kennzeichen: Blüten in langen, blattlosen Trauben, mit nur 2 Kronblättern; Blätter matt, gegenständig, nur auf den Nerven behaart.
Vorkommen: Im gesamten Gebiet vertreten; am häufigsten in feuchten Laubwäldern; gern auf Waldwegen und verdichteten Böden.
Wissenswertes: Hier handelt es sich um eines der vielen Zauberkräuter aus dem Umfeld des Aberglaubens unserer Vorfahren. Auch der wissenschaftliche Gattungsname erinnert daran, denn Circe (griech. Kirke) war im Altertum eine bekannte Hexe oder Zauberin.

1 Sanikel
Sanicula europaea

25–40 cm Mai–Juni ⳃ   41

Kennzeichen: Blüten in kleinen kopfigen Dolden, klein, weiß bis rosa; Grundblätter handförmig geteilt, dunkelgrün, ledrig.

Vorkommen: Auf kalk- und nährstoffreichen Böden in krautreichen Laub- und Mischwäldern; im gesamten Gebiet, am seltensten im Nordwesten.

Wissenswertes: Im Aufbau ihrer Blütenstände nehmen der Sanikel und die nachfolgende Art unter den Doldengewächsen eine Sonderstellung ein. Auch das Verbreitungsmuster der Gattung ist bemerkenswert: Unsere Art ist die einzige Vertreterin der Gattung in Europa (Name!), während es in Nordamerika und Ostasien gleich mehrere Arten gibt. Diese Tatsache wird als Hinweis auf eine holarktische Verbreitung der Gattung vor der Eiszeit gedeutet; *Sanicula europaea* wäre danach ein Tertiärzeitrelikt. Die Namen bedeuten übrigens „Kleine Heilerin" (von lat. sanare = heilen) und verweisen auf die früher bedeutsame Rolle des Sanikels als Heilpflanze bei Asthma und Erkrankungen der Atemwege, zur Behandlung von Wunden und als Mundwasser zum Gurgeln bei Mund- und Halsentzündungen.

2 Große Sterndolde
Astrantia major

20–60 cm Juni–Aug. ⳃ   41

Kennzeichen: Im Gegensatz zu anderen Doldengewächsen nur einfache Dolde (**2b**), die kopfig und von sternförmig strahlenden auffälligen Hochblättern (Name!) umgeben ist; Grundblätter langgestielt, handförmig.

Vorkommen: Nur im Süden größere geschlossene Verbreitungsgebiete; auf Bergwiesen und lichten Standorten in Wäldern und Gebüschen; auf kalkreichen Lehmböden.

Wissenswertes: Die sternförmigen Dolden sind offenbar sehr markant, so daß sie sowohl beim deutschen als auch beim wissenschaftlichen Namen Pate gestanden haben (griech. aster oder astron = Stern). Als Gartenpflanze begegnet uns die Große Sterndolde in wenig veränderten Kulturformen.

3 Wiesen-Kerbel
Anthriscus sylvestris

60–150 cm Apr.–Juni ⳃ   41

Kennzeichen: Zur Maienzeit der auffälligste Massenblüher der Straßen- und Wegränder; Blätter 2–3fach gefiedert; Dolde aus 8–15 gestielten Döldchen (**3b**); Stengel gefurcht.

Vorkommen: In der offenen Kulturlandschaft im gesamten Gebiet sehr häufig; vor allem an Feldwegen und auf Fettwiesen.

Wissenswertes: Als stickstoffliebende Art ist der Wiesen-Kerbel kennzeichnend für durch Düngung stark eutrophierte Agrarlandschaften. Er wird durch Viehhaltung gefördert, weil die Samen mit dem Futter aufgenommen, mit dem Kot ausgeschieden und mit der Gülle wieder ausgebracht werden. Wenn man um die Mai–Juni–Wende die Bestandsdichte des Wiesen-Kerbels registriert, hat man einen guten Indikator für den Grad der Düngung und Überdüngung einzelner Standorte in der Feldmark. In der Regel ist deutlich erkennbar, wie die Stickstoffbelastung zu den hofnahen Bereichen hin noch weiter zunimmt. Bei aller Schönheit der zur Blütezeit des Wiesen-Kerbels weißen Ackerraine trägt die Massenausbreitung der Art letztlich doch zur Verarmung und zur Monotonisierung der Flora der mitteleuropäischen Kulturlandschaften bei.

4 Gewöhnlicher Klettenkerbel
Torilis japonica

30–100 cm Juli–Aug. ☉   41

Kennzeichen: Stengel rauh, mit rückwärts gerichteten starren Haaren; Blätter dunkelgrün, glänzend; sonst der vorigen Art ähnlich.

Vorkommen: Im gesamten Gebiet häufig, nur in Höhenlagen über 1000 m selten; liebt ebenfalls nährstoffreiche Standorte, bevorzugt jedoch lichten Schatten an Wald- und Gebüschrändern.

Wissenswertes: Obwohl nicht mit Widerhaken ausgestattet, werden die von Borstenhaaren überzogenen Früchte wie andere Klettenfrüchte durch Tiere und Menschen verbreitet. Darauf deutet zu recht der deutsche Artname hin, während die Bezeichnung „*japonica*" diese in Mitteleuropa heimische Art nicht zutreffend ist.

1 Hecken-Kälberkropf
Chaerophyllum temulum

30–100 cm Mai–Juli ☉–♃ | 41 |

Kennzeichen: Stengel steifhaarig, teilweise rötlich überlaufen, mit kropfartigen Verdickungen der Knoten (Name!).

Vorkommen: An ähnlichen Standorten wie der Klettenkerbel; halbschattige, nährstoffreiche Weg-, Wald- und Gebüschränder; im gesamten Gebiet verbreitet.

Wissenswertes: Die schon lange als Giftpflanze bekannte Art enthält ein Alkaloid, das bei Kälbern, die von der Pflanze fraßen, zu Störungen des Zentralnervensystems führte. Die Tiere zeigten taumelnde Bewegungen, weshalb man auch vom Taumel-Kälberkropf spricht. Das bringt auch die wissenschaftliche Artbezeichnung zum Ausdruck: lat. temulus = taumelnd. Wenn man die Blätter zerreibt, verbreiten sie einen ausgesprochen unangenehmen Geruch.

2 Große Bibernelle
Pimpinella major

40–100 cm Juni–Sept. ♃ | 41 |

Kennzeichen: Stengel kantig gefurcht; Blätter einfach gefiedert (**2b**); Fiederblättchen und grundständige Blätter bis 4 cm lang, glänzend.

Vorkommen: Vor allem auf Fettwiesen des Berglandes; nur auf gut nährstoff- und basenversorgten Böden; fehlt in Teilen des Tieflandes, sonst weit verbreitet.

Wissenswertes: Wurzelstock und Wurzeln der beiden hier behandelten Arten der Gattung *Pimpinella* enthalten ätherische Öle und Saponine, weshalb sie seit langem als wertvolle Heilpflanzen gelten. Getrocknet als Tee sowie als Bestandteil von Husten-, Hals- und Gurgelmitteln haben sie vielfach gute Dienste geleistet. Heute werden sie vor allem auch als Wildkrautgemüse und für Salate empfohlen. Die Bezeichnung „Bibinella" findet sich schon im Althochdeutschen. Ob der wissenschaftliche Gattungsname durch Latinisierung des alten deutschen Namens künstlich gebildet wurde oder ob er auf lat. bipinella (= doppelt gefiederte Blätter) zurückgeht, ist schwer zu entscheiden.

3 Kleine Bibernelle
Pimpinella saxifraga

10–50 cm Juni–Sept. ♃ | 41 |

Kennzeichen: Stengel rund und feingerillt; Blätter einfach gefiedert; Fiederblättchen nur bis 1,5 cm lang, matt (**3a**).

Vorkommen: In sonnigen, trockenen Magerrasen und Magerweiden, auf Rainen und in lichten Wäldern und Gebüschen; vor allem auf Kalk; im gesamten Gebiet verbreitet.

Wissenswertes: Die Art ist eher auf flachgründigen, mageren Böden anzutreffen; vielfach gilt sie als Magerkeitsanzeiger. Auf manchen Standorten entwickelt sie ein besonders umfangreiches Wurzelwerk, mit dem sie den Boden bis in 1,30 m Tiefe aufschließt.

4 Giersch
Aegopodium podagraria

30–80 cm Mai–Aug. ♃ ✿✿✿ | 41 |

Kennzeichen: Stengel aufrecht, hohl, gefurcht, grundständige Blätter 3teilig, meistens etwas blaugrün; Stengelblätter einfach bis doppelt 3teilig; mehr oder weniger tief eingeschnittene Blätter als Übergangsformen.

Vorkommen: An schattigen, stickstoffreichen Standorten in Gärten, Wäldern, Hecken und Gebüschen; überall sehr häufig.

Wissenswertes: Die Floristen haben die Schönheit und gute Haltbarkeit dieses bei näherer Betrachtung sehr hübschen Doldengewächses offenbar erst in jüngster Zeit entdeckt. Umso länger und allgemeiner bekannt ist der Giersch als ein Problemunkraut der Gärten, das deshalb schwer zu beseitigen ist, weil aus jedem Teilstück des tief und weit kriechenden Rhizoms neue Pflanzen hervorgehen können. Nur durch intensives Ausdunkeln, d.h. durch Abdecken des Bodens kann man Gartenbereiche gierschfrei bekommen. Vor der Blüte gepflückte Blätter werden gern zusammen mit Brennesselblättern als Wildgemüse genutzt. Über die tatsächliche Heilwirkung des Gierschs ist wenig bekannt. Früher jedenfalls schrieb man sie ihm zu, weshalb er auch „Zipperleinskraut" genannt wurde. Der wissenschaftliche Artname *„podagraria"* bringt den Giersch in Beziehung zur Gicht (Podagra = Zehengicht).

Die **Doldengewächse**, früher *Umbelliferae*, heute *Apiaceae* genannt, sind weit überwiegend weiß blühende Kräuter mit gefiederten Blättern und mit einer großen Blattscheide. Von den ersten beiden Arten auf S. 128 abgesehen, sind alle hier erwähnten Doldengewächse an ihren zusammengesetzten Dolden leicht als zu dieser Familie gehörig zu erkennen. Der gesamte Blütenstand wird jeweils als Dolde bezeichnet, die aus mehreren Döldchen zusammengesetzt ist. Dementsprechend werden die Tragblätter der Dolde als „Hülle", die der Döldchen als „Hüllchen" bezeichnet. Die Zahl der Hüll- und der Hüllchenblätter ist oft ein wichtiges Unterscheidungsmerkmal sonst einander oft recht ähnlicher Arten.

1 **Aufrechter Merk**
Berula erecta

30–80 cm   Juli–Aug.   ⚃   [41]

Kennzeichen: Sumpf- und Wasserpflanze mit einfach gefiederten Blättern und grob, ungleich gesägten Fiederblättchen, mit aufrechtem rundem, hohlem Stengel; Dolde kurzgestielt mit 10–20 Döldchen und jeweils mehreren Hüll- und Hüllchenblättern.

Vorkommen: In Gräben und nicht zu schnell fließenden Bächen mit sandigem Schlammboden und nur mäßig nährstoffreichem Wasser; nur regional häufiger auftretend.

Wissenswertes: Die Namen „*Berula*" und „Merk" gehen auf alte, nicht weiter übersetzbare Pflanzennamen zurück. Die Art wurde früher unter dem wissenschaftlichen Namen „*Sium*" geführt. Sie kommt in unterschiedlichen Formen in seichten und in tieferen Gewässern vor, im Extremfall bei einer Wassertiefe von über 1 m. Mit Ausläufern kann sie sich im Schlammboden halten und vermehren.

2 **Großer Wasserfenchel**
Oenanthe aquatica

30–120 cm   Juni–Sept.   ☉⚃   [41]

Kennzeichen: Stengel dieser Sumpf- und Wasserpflanze rund, hohl, gerillt, abstehend verzweigt und – zumindest bei Wasserformen – bis zu 5 cm dick; Blütenstand ohne Hüll-, aber mit zahlreichen rundum verteilten Hüll-chenblättern; Blätter 2–3fach gefiedert, die untergetauchten Wasserblätter im Gegensatz zu den Luftblättern haarfein.

Vorkommen: In Verlandungsgesellschaften an Altwassern und Tümpeln; in Röhrichten bei einer Wassertiefe bis zu 1 m; in kalk- und nährstoffreichem Wasser; im Norden verbreitet, sonst selten.

Wissenswertes: Die Art erträgt starke Schwankungen des Wasserspiegels. Früher waren die Früchte Bestandteil harntreibender und hustenstillender Heilmittel. Daran erinnert noch der Name „-fenchel".

3 **Hundspetersilie**
Aethusa cynapium

10–80 cm   Juni–Okt.   ☉   [41]

Kennzeichen: Von der vorigen Art u.a. durch den Standort, unangenehmen Geruch und 3 auffallend vergrößerte, einseitig nach unten abstehende Hüllchenblätter unterschieden.

Vorkommen: Auf Hackfruchtäckern, auf Schuttplätzen und in Gebüschen weit verbreitet.

Wissenswertes: Vor Verwechslungen mit der Garten-Petersilie, die einen angenehmeren Geruch und keine glänzenden Blattunterseiten hat, muß gewarnt werden. Die Hundspetersilie, deren Tier-Suffix (auch griech. cyn = kynos = Hund) bereits auf die „falsche" Petersilie hinweist, hat bereits tödliche Vergiftungen verursacht.

4 **Gefleckter Schierling**
Conium maculatum

80–200 cm   Juni–Aug.   ☉⚃   [41]

Kennzeichen: Stengel bläulich bereift, unten mit länglichen, roten Flecken (**4a**); penetranter Geruch nach Mäuseharn.

Vorkommen: Vor allem in Unkraut- und Schuttfluren von Dörfern; nur regional anzutreffen.

Wissenswertes: Der Schierlingsbecher, den Sokrates leeren mußte, hat den Namen der Art allen Kulturbeflissenen vertraut gemacht. Bis heute ist sie eine der gefährlichsten Giftpflanzen, deren Alkaloid Conin das Atemzentrum lähmt und zu einem fürchterlichen Tod bei vollem Bewußtsein führen kann.

1a 1b 2 3 4a 4b

1

Herkulesstaude
Heracleum mantegazzianum

2–4 m   Juni–Sept.   ☉–⅃   41

Kennzeichen: Ungewöhnlich große krautige Pflanze mit Stengeln von bis zu 10 cm Ø und Dolden mit bis über 30 Döldchen und einem Gesamtdurchmesser von bis über 50 cm; Blätter bis 2 m lang, mehr oder weniger stark fiedrig geteilt.

Vorkommen: An Bach- und Flußufern vielfach stark in Ausbreitung begriffen, auch auf Wildland, an Wald-, Weg- und Straßenrändern; lokal bereits recht häufig.

Wissenswertes: Dieses durch seine Größe und Üppigkeit überaus eindrucksvolle Doldengewächs stammt aus dem Kaukasus und ist wohl zuerst als Blickfang in die Parks geholt worden. Vereinzelt wurde es auch bewußt aus landschaftsästhetischen Motiven und zur Begrünung von Bodenanschnitten und Aufschüttungen ausgesät. Das hat sich in mehrfacher Hinsicht als falsch erwiesen. Einerseits breitet sich die Herkulesstaude immer weiter aus und verdrängt dabei einheimische, zum Teil schützenswerte Arten. Andererseits stellt sie ein in der Öffentlichkeit noch immer nicht hinreichend bekanntes Gefahrenpotential dar. Vor allem bei empfindlichen Personen führt schon eine Berührung der Blätter und Stengel, erst recht ein Kontakt mit dem Saft, zu einer starken Erhöhung der Photosensibilität. Generell, erst recht an sonnigen Tagen, kann es danach zu Brandblasen und zur Ausbreitung ganzer Geschwüre kommen, die häufig ärztliche und vereinzelt sogar stationäre Behandlung erforderlich machen. Obwohl die riesigen Blütenstände herrlich aussehen und oft Scharen von Insekten anlocken, sollte der Art keine Ausbreitung mehr gestattet werden. Der ungewöhnliche Artname erinnert an den italienischen Reisenden Paolo Mantegazzi (1831–1910). Im Volksmund ist die Art auch unter dem Namen „Riesen-Bärenklau" bekannt.

2

Wiesen-Bärenklau
Heracleum sphondylium

50–150 cm   Juni–Okt.   ⅃   ✿   41

Kennzeichen: Stengel bis 2 cm dick, gefurcht und rauh behaart; Blätter bis 50 cm lang, gelappt bis fiederteilig (Bärentatzen ähnlich; Name!) mit stark aufgeblasenen Blattscheiden (**2b**).

Vorkommen: Im gesamten Gebiet häufig; auf überdüngten Wiesen, in Hochstaudenfluren und an Wegrändern oft massenhaft.

Wissenswertes: Die auffällig großen Blattscheiden dienen anfangs den Knospen der Blüten- und Seitentriebe als Schutz.

3

Wiesen-Kümmel
Carum carvi

30–70 cm   Mai–Juli   ☉   41

Kennzeichen: Blätter doppelt gefiedert; das unterste Fiederpaar 2. Ordnung unmittelbar am Stengel, Nebenblätter vortäuschend; Blütenstand mit 8–15 Döldchen, meistens ohne Hüll- und ohne Hüllchenblätter.

Vorkommen: Auf Wiesen und Weiden sowie an Wegrändern, vor allem in mittleren und höheren Lagen des Berglandes; auf nährstoffreichen Böden; im Süden häufig, im Norden nur regional.

Wissenswertes: Die Früchte des Wiesen-Kümmels haben den charakteristischen Kümmelgeruch und enthalten ätherische Öle. Sie regen die Verdauungsdrüsen an und fördern den Appetit, weshalb man sie vor allem als Gewürz bei „schweren" Speisen verwendet. Als Kräuterlikör wird manch ein „Kümmel" auch schon gern vorbeugend verabreicht.

4

Sumpf-Haarstrang
Peucedanum palustre

80–120 cm   Juli–Aug.   ⅃   41

Kennzeichen: Blätter 3- und mehrfach gefiedert, mit linealisch-lanzettlichen Blattzipfeln und weißlichen Spitzen; Stengel kahl, hohl und gefurcht; Hüllblätter zurückgeschlagen.

Vorkommen: Weit verbreitet im Tiefland, sonst nur vereinzelt auf nassen Wiesen, an Ufern und in Erlenbruchwäldern.

Wissenswertes: Den für die Gattung benutzten Namen „Peukedanon" kannte man bereits im griechischen Altertum und gab ihn einer Pflanzenart, die ebenso wie der Sumpf-Haarstrang in ihren Wurzeln scharf und bitter schmeckende Stoffe enthielt.

1
Bärwurz
Meum athamanticum

20–50 cm Mai–Juli ♃   41
Kennzeichen: Pflanze beim Zerreiben mit starkem würzigen Geruch; Fiederblättchen 3. Ordnung mit haarfeinen Zipfeln, quirlig angeordnet; Stengel fein gerillt, kahl, nur wenig verästelt.
Vorkommen: Nur regional, dann aber oft bestandsbildend auf Bergwiesen mit kalk- und nährstoffarmem Untergrund; vor allem im Harz, in der Eifel, im Hunsrück, im Schwarzwald, Frankenwald, Fichtel- und Erzgebirge.
Wissenswertes: Die Art wurde früher als Arznei- und Gewürzpflanze genutzt. Ihr Futterwert für das Vieh ist gering, um so intensiver ihr Beitrag zur Würze und zum Duft von Gras und Heu. Der dicke Wurzelstock mit seinem Schopf aus Resten abgestorbener Blätter soll den Bären schmecken. Der wissenschaftliche Artname „*athamanticum*" verweist auf Ähnlichkeiten mit der Augenwurz (*Athamanta cretensis*), die in den Alpen, im Alpenvorland und punktuell auf der Schwäbischen Alb auf Kalkgestein vorkommt.

2
Wilde Engelwurz
Angelica sylvestris

80–200 cm Juli–Sept. ☉–♃   41
Kennzeichen: Dolde meistens leicht, manchmal sogar halbkugelig gewölbt; Stengel rund, kahl, gestreift, oft leicht violett getönt; Blätter 2fach gefiedert, Blattstiele mit einer rinnigen Vertiefung auf der Oberseite; Fiederblättchen eiförmig; Blattscheiden bauchig aufgeblasen.
Vorkommen: Vor allem auf Feuchtwiesen, an Gräben und Wegrändern, in Bruch- und Auenwäldern; im gesamten Gebiet auf nährstoffreichen Standorten.
Wissenswertes: Der weit verbreitete Name „Brustwurz" erinnert an die frühere Verwendung der Art, aus deren Wurzeln auswurffördernde, schleimlösende Heilmittel gewonnen wurden. Eine Legende erzählt, daß ein Engel die Heilkraft entdeckt und den Menschen kundgetan habe. Darauf sollen sowohl der deutsche als auch der wissenschaftliche Gattungsname (lat. Angelus = Engel) zurückge-

hen. Mit einem noch kompetenteren Helfer wird die Heilwirkung der früher zeitweilig sogar angebauten Arznei-Engelwurz (*Angelica archangelica*) in Verbindung gebracht (lat. archangelus = Erzengel). Diese noch etwas stattlichere, insgesamt aber recht ähnliche Verwandte besiedelt vor allem die Ufer größerer Flüsse wie Elbe, Weser, Ems, Rhein, Main und Donau. Ein ungewöhnliches, aber besonders markantes Vorkommen hat sie am Mittellandkanal, der erst in jüngerer Zeit besiedelt wurde. Beide Arten haben ähnliche Inhaltstoffe und Heilkraft. Zusammen mit den vielen anderen Pflanzenarten, die das Wort „-wurz" in ihrem Namen tragen, belegen sie, wie eifrig unsere Vorfahren offenbar unterirdische Pflanzenteile („Wurz") gesammelt und als Heil- und Nahrungsmittel genutzt haben müssen. Leider sind ihre umfangreichen Kenntnisse zumindest teilweise verlorengegangen.

3
Wilde Möhre
Daucus carota

30–60 cm Juni–Sept. ☉ ⚘   41
Kennzeichen: Markant fiederteilige Hüllblätter; im Zentrum der Dolde häufig eine sterile, etwas größere, schwarzrote Lockblüte (**3b**); Dolde zur Zeit der Samenreife vogelnestartig zusammengezogen (**3c**).
Vorkommen: Auf Grünland im gesamten Gebiet verbreitet.
Wissenswertes: Die Lockblüte wird wegen ihrer Färbung im Volksmund häufig als „Mohr" bezeichnet. Daß die Art danach ihren Namen erhielt, ist unwahrscheinlich. – Die Wurzelrübe, die aus der Hauptwurzel und einem unterhalb der Keimblätter befindlichen Stengelabschnitt hervorgeht, ist Ergebnis eines besonders intensiven sekundären Dickenwachstums, bei dem vor allem der Bast als äußerer, fleischiger Teil den vor allem farblich unterscheidbaren und als „Herz" bezeichneten Holzteil deutlich übertrifft („Bastrübe"). Das ist vor allem bei den Kulturformen der Fall, von denen erste Vorläufer schon den Germanen bekannt waren. Durch ihren Gehalt an Vitamin B und C sowie an den orangeroten Karotinen (Provitamin A) ist die Möhre für die Ernährung – vor allem auch von Säuglingen – sehr wertvoll.

1

Kleines Wintergrün
Pyrola minor

10–20 cm Juni–Juli ♃   60

Kennzeichen: Immergrüne Rosettenpflanze mit rundlich-ovalen Blättern und 8–15 nickenden, kugeligen Blüten in einer lockeren Traube.

Vorkommen: Sehr zerstreut und nur regional in lichten Kiefern- und Eichen-Birkenwäldern auf sauren Böden.

Wissenswertes: Alle 6 in Mitteleuropa heimischen Wintergrün-Arten kommen stets nur vereinzelt und weit verstreut vor. An ihren auch im Winter grünen, ledrigen und glänzenden Blättern (Name!) und an ihren gerundeten Blüten kann man sie verhältnismäßig leicht erkennen. Die Symbiose mit einem anspruchsvollen Wurzelpilz (Mykorrhiza) ist möglicherweise ein Grund für die empfindliche Reaktion des Kleinen Wintergrüns auf Standortveränderungen. Zunächst mit dem Nadelholzanbau weiter verbreitet, schrumpft sein Areal derzeit, so daß es besonderen Schutzes bedarf.

2

Siebenstern
Trientalis europaea

5–20 cm Mai–Aug. ♃   64

Kennzeichen: Blüten einzeln auf bis zu 5 cm langen Stielen; Blütenorgane meistens in der 7-Zahl (Name!), was höchst ungewöhnlich ist; obere Laubblätter in einem Quirl.

Vorkommen: In mehreren, weit voneinander entfernten Kleinarealen auf feuchtem, sauren und moosigen Untergrund; in Fichten- und Kiefernwäldern, Birkenmooren und Eichen-Birkenbeständen.

Wissenswertes: Weil die Art früher in kälteren Klimaepochen weiter verbreitet war, werden deren heute meistens voneinander isolierte Verbreitungsinseln als Eiszeitrelikte betrachtet.

3

Fieberklee
Menyanthes trifoliata

20–30 cm Apr.–Juni ♃   72

Kennzeichen: 3zählige Blätter, die an große Kleeblätter erinnern (deutscher Name und lat. trifoliatus = 3blättrig); Blüten mit bärtigen Zipfeln an den Kronblättern (**3b**).

Vorkommen: Im gesamten mitteleuropäischen Raum, aber jeweils nur in einzelnen Regionen; vor allem in Flach- und Zwischenmooren, auf nassen, zeitweilig überschwemmten Wiesen und auf Torfschlammböden; insgesamt jedoch selten und rückläufig.

Wissenswertes: Die bartartigen Fransen auf den Kronblättern halten kleinere, unerwünschte Insekten vom Nektar fern. Weil die Bitterstoffe des Fieberklees die Sekretion von Verdauungssäften anregen, wurde er früher als Heilpflanze eingesetzt; heute spielt er noch bei der Herstellung eines als „Magenbitter" bekannten Likörs eine Rolle.

4

Schwalbenwurz
Vincetoxicum hirundinaria

30–100 cm Mai–Aug. ♃   74

Kennzeichen: Blätter länglich-herzförmig, gegenständig, an einem aufrechten, hohlen, wenig verzweigten Stengel; zahlreiche, etwa 0,5 cm große Blüten in Trauben in den Achseln der oberen Laubblätter.

Vorkommen: In Wald- und Gebüschsäumen und in Steinschutt-Fluren; auf warmen, kalkreichen Standorten; nur in der Mitte und im Süden, auch an der Oder und auf Rügen.

Wissenswertes: Die Art gilt als giftig. Die Wurzelstöcke wurden früher zur Herstellung von Medikamenten gesammelt.

5

Waldmeister
Galium odoratum

10–30 cm Mai ♃ ✿✿✿   75

Kennzeichen: Stiele unverzweigt; Blätter in mehreren Wirteln übereinander, jeweils zu 6–8, lanzettlich-eiförmig.

Vorkommen: Außer im Nordwesten fast im gesamten Gebiet; vor allem in artenreichen Buchenwäldern, aber auch sonst in Wäldern auf kalk- und nährstoffreichen Böden.

Wissenswertes: Für die bekannte Waldmeister-Bowle müssen die Blätter vor der Blüte gepflückt werden. Der Cumarin-Gehalt sorgt vor allem bei welkenden Blättern für den angenehmen Geruch, ist aber auch zugleich Anlaß, vor einer höheren Dosis zu warnen.

1 Sumpf-Labkraut
Galium palustre

10–40 cm Mai–Aug. ♃   75
Kennzeichen: Blätter meist zu 4, nach vorn zu verbreitert; Stengel zumindest etwas rauh; Staubbeutel rötlich bis dunkelrot.
Vorkommen: In nährstoffreicheren Sumpfwiesen und Röhrichten im gesamten Gebiet; fast überall nicht selten.
Wissenswertes: Die 5 Labkraut-Arten, die an dieser Stelle behandelt werden, haben durchweg kleine, radförmige Blüten mit 4 Zipfeln und nur scheinbar quirlständige Blätter. Wie bei allen Arten der Familie der Rötegewächse, zu der die Labkräuter gehören, gleichen nämlich auch bei ihnen die Nebenblätter den Laubblättern und täuschen Blattquirle nur vor.

2 Wald-Labkraut
Galium sylvaticum

40–100 cm Juli–Sept. ♃   75
Kennzeichen: Das größte heimische Labkraut; mit ausgebreiteter Blütenrispe, runden Stengeln, bis zu 1 cm breiten Blättern und insgesamt leicht blaugrüner Färbung.
Vorkommen: Außer im Nordwesten, wo die Art völlig fehlt, in den krautreichen Laubwäldern auf nährstoffreichen Böden; nach Osten und Süden zu häufiger; in den Alpen bis zur Laubwaldgrenze.
Wissenswertes: Vor allem in Eichen-Hainbuchenwäldern ist das Wald-Labkraut ein durch seine Größe und die Vielzahl seiner kleinen Blüten recht auffälliger Sommerblüher. Er wurzelt bis zu 50 cm tief und fühlt sich auf mittel- bis tiefgründigen Böden offensichtlich besonders wohl.

3 Wiesen-Labkraut
Galium mollugo

30–100 cm Mai–Okt. ♃   75
Kennzeichen: Stengel kahl, kantig, aufsteigend; Blüten 4zählig; alle Blätter quirlständig, zumeist 6–9 Blätter je Quirl.
Vorkommen: An Weg- und Grabenrändern im gesamten Gebiet auf unterschiedlichen Böden durchweg recht häufig.

Wissenswertes: Der deutsche Name, aber auch die wissenschaftliche Bezeichnung der Gattung (griech. gala = Milch) weisen darauf hin, daß die Labkräuter dazu benutzt wurden, Milch zum Gerinnen zu bringen. Der Gehalt an Labfermenten wurde bei der Käsebereitung genutzt. „Mollugo" dürfte auf lat. mollis = glatt, weich zurückgehen; es unterstreicht, daß die Art kahle, glatte Stengel hat.

4 Harzer Labkraut
Galium harcynicum

5–20 cm Juni–Aug. ♃   75
Kennzeichen: Niederliegende, rasige Bestände bildende Art; Blätter am Rande mit Wimpern, meistens zu 6 in einem Quirl.
Vorkommen: Auf kalk- und nährstoffarmen Böden; vor allem in den Silikatgebirgen auf Magerrasen und Magerweiden; im Norden und in der Mitte zum Teil recht häufig; südlich des Mains fast nur im Schwarzwald und im Bayerischen Wald.
Wissenswertes: Der Name „hercynicus" oder „harcynicus" bedeutet „im Harz heimisch". Die Art war früher unter der Bezeichnung Galium saxatile = Stein-Labkraut bekannter.

5 Kletten-Labkraut
Galium aparine

30–150 cm Mai–Okt. ☉   75
Kennzeichen: Stengel, Blätter und Früchte mit klettenartigen Widerhaken (**5b**); Blätter zu 6–9 in jedem Quirl.
Vorkommen: Auf Äckern und auf Schutt, an Wegrändern und in Säumen überall sehr häufig, vor allem auf besonders nährstoffreichen Standorten.
Wissenswertes: Das Kletten-Labkraut gehört zu den nitrophilen Arten, die durch Düngung und Überdüngung gefördert wird. Es klimmt mit Hilfe der Widerhaken und seiner abgespreizten Zweige in den üppig dichten Pflanzenbeständen. Außer durch seine Klettfrüchte wird es durch die Verschleppung ganzer Pflanzenteile durch Tier und Mensch verbreitet. Bauern und Gärtner betrachten es als „Problem-Unkraut", dessen man nur schwer Herr wird.

1 Zaun-Winde
Calystegia sepium

100–300 cm   Juni–Sept. ♃   81
Kennzeichen: Windende Staude mit großen weißen, trichterförmigen Blüten, die einen Durchmesser von bis zu 5 cm haben.
Vorkommen: In feuchteren Hecken und Gebüsch, auf Schutt- und Brachflächen im gesamten Gebiet recht häufig anzutreffen.
Wissenswertes: Die drehenden Bewegungen, die die Stengelspitze ausführt, bis sie auf einen Halt bietenden Zweig oder Halm stößt, verlaufen gegen den Uhrzeigersinn, also nach links (Linkswinder). Nur an einer „Kletterstange" kann die Zaunwinde sich zum Licht emporwinden. Die becherförmigen Blüten werden im Volksmund „Muttergottesgläschen" genannt: Kinder wissen, daß man aus ihnen trinken kann. Der langrüsselige Winden-Schwärmer ist eng auf diese Blüten spezialisiert und mit gutem Grund nach den Winden benannt. Die Blüten gehören zu den größten, die die heimische Flora zu bieten hat.

2 Acker-Steinsame
Lithospermum arvense

20–50 cm   Apr.–Juni ☉   82
Kennzeichen: Ein stark rauh behaartes Akkerwildkraut mit länglich-lanzettlichen Blättern und wenigen kleinen Blüten zwischen den Blättern an der Sproßspitze; je Blüte entwikkeln sich 4 runzelige, steinharte Nüßchen.
Vorkommen: Mit großen Verbreitungslücken im Norden, doch letztlich im gesamten Gebiet anzutreffen; in Getreideäckern und Gebüschsäumen auf Lehm- und Tonböden.
Wissenswertes: Als Folge intensiver Saatgutreinigung und chemischer Unkrautbekämpfung ist auch dieses früher weit verbreitete Ackerunkraut in weiten Landstrichen bereits selten geworden. Die steinharten Samen sind so markant, daß sie sowohl beim deutschen als auch beim wissenschaftlichen Namen Pate standen: griech lithos = Stein und sperma = Same. Der volkstümliche Name „Bauernschminke" erinnert noch heute daran, daß der rote Farbstoff aus der Wurzel früher mancherorts den Bauernmädchen als Schminke diente.

3 Weiße Taubnessel
Lamium album

20–50 cm   März–Apr. ♃ ✿✿✿   91
Kennzeichen: Mit brennesselähnlichen Blättern und weißen Lippenblüten allgemein bekannt.
Vorkommen: Überall verbreitet und häufig; an Weg- und Grabenrändern, vor allem auch auf Schutt und besonders nährstoffreichen Standorten.
Wissenswertes: Wie Wiesen-Kerbel, Wiesen-Bärenklau, Giersch, Brennessel und Kletten-Labkraut profitiert auch die Weiße Taubnessel von der Eutrophierung der Landschaft durch Düngung und Verschmutzung mit organischen Materialien. Die Blätter sind denen der Brennessel ähnlich, aber „taub" (Name!), d.h. sie brennen nicht. Die Blüten der Vertreter dieser Gattung zeigen die Merkmale eines Lippenblütlers so beispielhaft, daß man inzwischen die ganze Familie nach ihr benennt: *Lamiaceae*. Die schlundähnliche Kronröhre muß auch den Römern schon aufgefallen sein; sie verwandten bereits die Bezeichnung „lamium" (von griech. lamion = Schlund oder Rachen).

4 Wolfstrapp
Lycopus europaeus

30–100 cm   Juli–Aug. ♃   91
Kennzeichen: Sumpfpflanze mit am Grunde tief fiederspaltigen, unverwechselbaren Blättern; kleine Lippenblüten in den Blattwinkeln, scheinbar quirlständig.
Vorkommen: An Bach- und Flußufern; in Röhrichten und in niedrigerer Vegetation sowohl ober- als auch unterhalb der mittleren Wasserlinie; häufig im Überschwemmungsbereich; im gesamten Gebiet anzutreffen.
Wissenswertes: Die Blätter sind je nach Ort am Stengel sehr unterschiedlich: Die oberen sind lanzettlich bis eiförmig; nach unten zu sind die Blätter buchtig gezähnt und unter Wasser tief fiederspaltig. Die Ähnlichkeit mit einem Wolfsfuß (Name!) ist nur schwer zu entdecken; dennoch klingt sie sowohl im deutschen wie auch im wissenschaftlichen Gattungsnamen an: griech. lykos = Wolf, pous, podos = Fuß.

1 Gewöhnliche Judenkirsche
Physalis alkekengi

30–50 cm Mai–Aug. ⑂   83

Kennzeichen: Blüten einzeln, grünlichweiß, rad- bis glockenförmig; auffällig durch die anfangs grünen, später orangeroten, ballonförmig aufgeblasenen, bis 4 cm großen Kelche, die jeweils eine rote Beere einschließen.

Vorkommen: Vor allem in den Kalkgebieten zwischen Main und Donau aus Gärten verwildert; vereinzelt auf nährstoffreichen Böden in Hecken und Gebüschen eingebürgert.

Wissenswertes: Nach der Blüte vergrößern sich die Kelchblätter fast um das Zehnfache und bilden einen auffälligen roten Lampion, der zur Überraschung von Kindern und Uneingeweihten eine einzelne rote Beere enthält. Der wissenschaftliche Gattungsname ist von griech. physa = Blasebalg, Aufblähung abgeleitet. Daß man sich früher von der Pflanze Heilwirkung ausgerechnet bei Blasenleiden versprach, geht auf das vermeintliche Zeichen „blasenförmiger Kelch" zurück (Signaturenlehre). Mit Ausnahme der Beere sollen alle Pflanzenteile leicht giftig sein. Heimat der Judenkirsche ist der östliche Mittelmeerraum. Von dort gelangte sie in unsere Gärten. In Herbst- und Wintersträußen, Kränzen und Gestecken finden die dekorativen und ausdauernden „Lampions" gerade heute wieder vielerorts Verwendung.

2 Schwarzer Nachtschatten
Solanum nigrum

10–60 cm Juni–Okt. ☉   83

Kennzeichen: Blüte mit zurückgeschlagenen Kronblättern und den gelben, gemeinsam wie eine Säule hervorragenden Staubblättern einer kleinen Kartoffelblüte sehr ähnlich; Blätter eiförmig bis 3eckig, meistens deutlich gebuchtet.

Vorkommen: Immer häufiger als Stickstoffzeiger in Gärten, auf Hackfruchtäckern und auf Schuttplätzen; fast im gesamten Gebiet.

Wissenswertes: Der Giftgehalt der anfangs grünen, später schwarzen Beeren (**2b**, Name!) ist offensichtlich je nach Reife und auch regional sehr unterschiedlich. Nur so läßt es sich erklären, daß einerseits von gefährlichen Ver-

giftungen und andererseits vom Verzehr und der Nutzung der Beeren berichtet wird, wegen derer die Art im Mittelmeerraum sogar angebaut wurde.

3 Weißer Stechapfel
Datura stramonium

30–100 cm Juli–Okt. ☉   83

Kennzeichen: Röhrige Trichterblumen mit zugespitzten Zipfeln (**3a**); große eiförmige Kapseln meist mit auffälligen Stacheln (**3b**).

Vorkommen: In warmen Landstrichen und in den Flußtälern des gesamten Gebiets, vorzugsweise auf nährstoffreichen Schuttplätzen und in aufgelassenen Gärten.

Wissenswertes: Als Neueinwanderer (Neophyt) gelangte der Stechapfel im 17. Jahrhundert aus Mexiko und Nordamerika in europäische Arzneigärten und von dort aus auch in das Umland. Vor allem die Früchte und Samen enthalten stark giftige, lebensgefährliche Alkaloide. Die krampflösende Wirkung war wohl maßgeblich dafür, daß man früher aus den getrockneten Blättern die letztlich doch sehr gefährlichen „Asthma-Zigaretten" drehte. Als Rauschmittel war das Kraut Bestandteil von allerlei „Liebestränken". Aber auch die moderne Pharmazie nutzt noch die Art ihrer der Tollkirsche vergleichbaren Wirkung wegen.

4 Wiesen-Augentrost
Euphrasia rostkoviana

5–30 cm Mai–Okt. ☉   85

Kennzeichen: Zierliche Pflanze mit weißen Rachenblütchen; daran gelbe Flecken, gelber Schlundeingang und violette Äderung der Oberlippe.

Vorkommen: Vor allem in der Mitte und im Süden auf nährstoffarmen Wiesen und Wegrändern.

Wissenswertes: Als Halbschmarotzer zapft der Augentrost mit seinen Saugwurzeln die Wasserleitungsbahnen in den Wurzeln benachbarter Gräser an. Nur in deren Nachbarschaft sind die Samen dieser Art keimfähig. Früher nutzte man die entzündungshemmende Wirkung von Inhaltsstoffen dieses Augentrostes bei Augenerkrankungen (Name!).

1 Alpen-Fettkraut
Pinguicula alpina

3–10 cm Apr.–Juni ⚃ 87

Kennzeichen: Kleine Rosettenpflanze mit mehreren blattlosen Stielen und jeweils einer einzigen Blüte an der Spitze; Blüten 2lippig mit 2lappiger Ober- und 3lappiger Unterlippe (**1b**); Blätter zu 5–8 in einer Rosette, ganzrandig, oberseits dicht mit Drüsen besetzt und dadurch fettig glänzend (Name!), Blattränder nach oben gekrümmt (**1a**).

Vorkommen: Vereinzelt in feuchten, steinigen Rasen; an von Wasser überrieselten Standorten und in Quellmooren im Alpenvorland und in den Kalkalpen.

Wissenswertes: Ebenso wie das blauviolett blühende Gewöhnliche Fettkraut *Pinguicula vulgaris* gehört auch diese Art zu den „fleischfressenden Pflanzen". Es hält kleine Insekten durch das klebrige Sekret von Drüsen auf der Blattoberseite fest, verdaut sie mit Hilfe eiweißspaltender Enzyme und nimmt die verwertbaren Stoffe auf. Der Hinweis auf den Fettglanz der Blätter findet sich ebenso wie im deutschen auch im wissenschaftlichen Namen: griech. pinguis = fettig.

2 Gewöhnlicher Feldsalat
Valerianella locusta

10–25 cm Apr.–Mai ☉ 78

Kennzeichen: Gabelig verzweigtes Pflänzchen mit gegenständigen, länglich-eiförmigen Blättern; Blüten in einem doldigkopfigen Blütenstand, sehr klein, weiß bis blaßblau.

Vorkommen: Außer in Sandgebieten und in kühleren Lagen der Mittelgebirge und des Alpenraums auf Äckern und Rainen im gesamten Gebiet verbreitet.

Wissenswertes: Dieser wildwachsende Feldsalat ist ebenso wie die angebauten Kulturformen (**2b**) sehr gut zu Salaten zu verwenden. Die Blätter der Wildart sind allerdings heller und gelblicher als die der Kulturformen. Als Ackerwildpflanze ist der Gemeine Feldsalat schon in der Jungsteinzeit nach Süddeutschland gelangt. Er gehört zu den vielen Alteinwanderern (Archaeophyten), die mit dem Getreide und später wohl auch als verwilderte Kulturpflanzen nach Mitteleuropa ge-

langten. Feldsalat keimt im Spätsommer, bleibt über Winter grün und blüht im Frühling. Dann ist er zum Verzehr nicht mehr geeignet. Am besten schmecken die ersten in dichter Rosette stehenden Blättchen. Die Art ist auch unter dem Namen „Rapünzchen" bekannt.

3 Behaarte Karde
Dipsacus pilosus

60–120 cm Juli–Aug. ☉ 79

Kennzeichen: Kugeliger Blütenstand mit über 2 cm Durchmesser, vor der Blüte nickend; Stengel weniger stachelig als die Wilde Karde, eher borstig behaart (Name!).

Vorkommen: Nur regional verbreitet; vor allem in Auenwäldern und anderen feuchten Waldbeständen und im Ufergebüsch.

Wissenswertes: Im Gegensatz zur Wilden Karde, die zu den Alteinwanderern gehört und heute weit verbreitet ist, ist die wahrscheinlich ursprünglich in Mitteleuropa heimische Behaarte Karde enger an bestimmte Standortbedingungen gebunden und schon deshalb seltener, weil diese nicht überall gegeben sind.

4 Ährige Teufelskralle
Phyteuma spicatum

30–60 cm Mai–Juli ⚃ 92

Kennzeichen: Einzige weißlich und nur ausnahmsweise auch mal blaßblau blühende Teufelskralle; Blütenstand anfangs eiförmig, später stark verlängert ährenförmig; längliche Blütenkronröhre anfangs gekrümmt („Teufelskralle").

Vorkommen: Außer im Nordwesten und teilweise im Westen sowie im Einzugsgebiet der Elbe in artenreichen Laubwäldern, aber auch auf Bergwiesen verbreitet.

Wissenswertes: Die grundständigen Laubblätter sind rundlich-eiförmig und am Grunde herzförmig; sie tragen oft sehr markante schwärzliche Flecken („Tröpfchenkraut"). Als Wildgemüse sind sie ebenso geschätzt wie der am „Wurzelhals" rübenförmig verdickte Wurzelstock. Ihm verdankt die Ährige Teufelskralle auch den verbreiteten volkstümlichen Namen „Rapunzel": lat. rapum = die Rübe, rapulum = die kleine Rübe.

1 Gänseblümchen
Bellis perennis

3–15 cm ganzjährig ⚄ ❀❀ 94

Kennzeichen: Eine der bekanntesten heimischen Wildpflanzen; die Blume ist – wie bei allen auf dieser und der folgenden Seite abgebildeten Arten – ein Körbchen, das innen mit winzigen Röhrenblütchen gefüllt und außen von Zungenblüten umhüllt ist.

Vorkommen: Überall auf kurzgrasigen Rasen-, Wiesen- und Weideflächen anzutreffen, manchmal in dichten Reinbeständen.

Wissenswertes: Die Beliebtheit dieser Art kommt in den vielen verschiedenen volkstümlichen Namen zum Ausdruck, unter denen „Gänseblümchen", „Marienröschen" und „Maßliebchen" die bekanntesten sind.

2 Kanadisches Berufkraut
Erigeron canadensis

20–100 cm Juli–Aug. ⊙ 94

Kennzeichen: Aufrechte, schlanke Pflanze, im oberen Teil verzweigt; Stengel dicht beblättert und wie die Blätter steif behaart; viele sehr kleine, schmutzigweiße Blütenkörbchen.

Vorkommen: Im gesamten Gebiet auf Schuttplätzen, aber auch in Magerrasen, sogar in Pflasterritzen der Bürgersteige.

Wissenswertes: „Berufkräuter" haben immer etwas mit Aberglauben und Hexerei zu tun; sie helfen beim oder schützen gegen das „Berufen". Das Kanadische Berufkraut gelangte erst in der Mitte des 17. Jahrhunderts aus Nordamerika nach Europa, ist also ein Neueinwanderer (Neophyt).

3 Gewöhnliches Katzenpfötchen
Antennaria dioica

5–20 cm Mai–Juni ⚄ 94

Kennzeichen: Rosetten und Polster bildende Kriechstaude mit lanzettlichen bis spateligen Blättern, die unterseits dicht weißfilzig behaart sind; Blütenkörbchen weiß oder rosa.

Vorkommen: Regional verbreitet auf kalk- und nährstoffarmen Böden; in lichten Wäldern, auf Heiden und Bergwiesen.

Wissenswertes: Die Art tendiert zur Zweihäusigkeit (wissenschaftlicher Name „di-

oica"). Die männlichen Körbchen erscheinen weiß, die weiblichen mehr rötlich. Der Haarfilz der Blätter dient als Transpirationsschutz: In ihm hält sich die Feuchtigkeit; zugleich schützt er Blätter und Spaltöffnungen vor trockenem Wind. Die weiche Behaarung erinnert an ein zartes „Katzenpfötchen" (Name!).

4 Behaartes Franzosenkraut
Galinsoga ciliata

10–50 cm Juni–Okt. ⊙ 94

Kennzeichen: Knapp erbsengroße, knopfförmige Blütenkörbchen mit nur 5 weißen Zungenblüten. Vom sehr ähnlichen Kleinblütigen Franzosenkraut (*Galinsoga parviflora*) durch oberwärts abstehend behaarten Stengel unterschieden.

Vorkommen: Beide Arten im gesamten Gebiet sehr häufig in Gärten, auf Hackfruchtfeldern und Schuttplätzen.

Wissenswertes: Beide Arten sind in der ersten Hälfte des vorigen Jahrhunderts aus dem tropischen Südamerika zu uns gekommen. Während der Franzosenkriege, als man keine Zeit zum Unkrautjäten hatte, sollen sie sich besonders stark vermehrt und ausgebreitet haben (Name!). Nach der Form der Blütenkörbchen werden sie auch „Knopfkraut" genannt. Die Herkunft beider Arten erklärt leicht ihre Frostempfindlichkeit.

5 Gewöhnliche Wucherblume
Leucanthemum vulgare

20–80 cm Mai–Okt. ⚄ ❀❀ 94

Kennzeichen: Wiesenblume mit großen Körbchen (3–6 cm Ø) einzeln auf langen Stengeln.

Vorkommen: Auf Wiesen und Weiden, heute oft besonders häufig an Straßenböschungen.

Wissenswertes: Nach der Einsaat von frisch überformten Böschungen ist die Wucherblume an Straßen- und Wegrändern stellenweise in großen Beständen anzutreffen. Als „Margerite" ist die Art möglicherweise noch bekannter, obwohl der Name „Wucherblume" ihr Verhalten schon recht gut beschreibt. Besonderer Beliebtheit erfreut sie sich als langlebige Schnittblume für Wildblumensträuße und als Orakel für Verliebte.

1 Schaf-Garbe
Achillea millefolium

20–80 cm   Juni–Nov. ♃ ⚘ |94|

Kennzeichen: Blütenstand als flache Doldenrispe aus kleinen Körbchen, die jeweils nur aus wenigen Blüten bestehen; Blätter 2–3fach gefiedert.

Vorkommen: Auf trockenen Wiesen, Weiden und Wegrändern im gesamten Gebiet häufig.

Wissenswertes: Ein sehr merkwürdiges Bild bietet die Schaf-Garbe überall dort, wo Schafe weiden (Name!). Hier tragen die Stengel meist nur noch die Blütenstände, während die Blätter abgefressen sind. Die ersten Blättchen im Frühling für Salate zu sammeln, ist durchaus empfehlenswert. Als Heilmittel wird Schaf-Garbe zur Förderung der Sekretion der Verdauungsdrüsen und auch wegen seiner krampflösenden und entzündungshemmenden Wirkung eingesetzt. Weil die Blattfiederchen wie viele winzige Blättchen wirken, hat die Art den wissenschaftlichen Namen *„millefolium"* (tausendblättrig) erhalten.

2 Sumpf-Garbe
Achillea ptarmica

20–60 cm   Juli–Sept. ♃ ⚘ |94|

Kennzeichen: Körbchen größer, aber weniger zahlreich im Vergleich zur Schaf-Garbe; Blätter linealisch-lanzettlich.

Vorkommen: Außer im Süden insgesamt überall anzutreffen, allerdings mehr auf stau- oder wechselnassen Standorten im Grünland und an Bach- und Grabenrändern.

Wissenswertes: Beide *Achillea*-Arten lösen bei empfindlichen Personen allergische Reaktionen aus: lat. ptarmicus = zum Niesen anregend.

3 Acker-Hundskamille
Anthemis arvensis

10–50 cm   Juni–Sept. ⊙ |94|

Kennzeichen: Blütenkörbchen mit einem Durchmesser von 2–4 cm; Zungenblüten 8–13, flach ausgebreitet; auf dem durch Herausrupfen der Blütchen freigelegten halbkugeligen bis kegelförmigen Blütenboden zahlreiche lanzettliche Spreublätter.

Vorkommen: In den meisten Gegenden auf Äckern und an Wegrändern; vorzugsweise auf nährstoffreichen, aber kalkarmen Böden.

Wissenswertes: Dieser geruchlosen und arzneilich bedeutungslosen Kamille hat bereits der Volksmund mit dem Tier-Attribut ein entsprechendes Markenzeichen gegeben („Hundskamille").

4 Geruchlose Kamille
Tripleurospermum perforatum
(T. inodorum)

30–70 cm   Juni–Okt. ⊙ |94|

Kennzeichen: Der Echten Kamille ähnlich, aber mit kompaktem Blütenboden und immer ausgebreiteten Zungenblüten.

Vorkommen: Überall häufig in Unkrautgesellschaften der Felder, Wegränder und Schuttplätze.

Wissenswertes: Die Blütenkörbchen sind meistens etwas größer als bei der Echten Kamille und nahezu geruchlos (Name!). Der wissenschaftliche Gattungsname ist aus griech. tripleuros = dreiseitig, dreirippig und sperma = Same zusammengesetzt.

5 Echte Kamille
Matricaria chamomilla

15–40 cm   Mai–Juli ⊙ |94|

Kennzeichen: Unterscheidungsmerkmale gegenüber ähnlichen Arten sind: aromatischer Duft, hohle Köpfchen, meistens mehr oder weniger zurückgeschlagene Zungenblüten.

Vorkommen: Noch immer im gesamten Gebiet ein häufiges Ackerwildkraut und Besiedler frischer Böschungen und Bodenmieten.

Wissenswertes: Mit den getrockneten Blütenkörbchen der Echten Kamille werden die wohl bekanntesten Hausmittel in Form von Tee oder Aufgüssen hergestellt, deren entzündungshemmende und krampflösende Wirkung heute wie einst geschätzt wird. Der Name *„Matricaria"* weist auf die Verwendung in der Frauenheilkunde hin (lat. matrix = Gebärmutter). „Chamomilla" ist der lateinische Name der Kamille, deren deutsche Bezeichnung deutlich verwandtschaftliche Nähe aufweist.

1 Silberdistel
Carlina acaulis

10–30 cm   Juli–Sept.   ♃   94
Kennzeichen: Rosettenpflanze mit nur einem einzigen un- bis kurzgestielten Blütenkorb (Ø 5–15 cm); Blätter silbergrau (Name!), fiederspaltig, dornig.

Vorkommen: Im Süden, lokal auch nördlich der Mainlinie, vor allem im Gebirge auf beweideten Magerrasen, an Wegen und Böschungen; allgemein zerstreut.

Wissenswertes: Als „Wetterdistel", die ihren Blütenkorb bei feuchtem Wetter schließt, ist sie den meisten Bergwanderern wohlbekannt. Früher nahm man die dekorative Pflanze gerne mit; inzwischen ist sie so selten geworden, daß sie strengen Schutz genießt. Die Schönheit des großen Blütenkorbes geht vor allem auf die ihn umgebenden inneren Hüllblätter zurück, die – zur Blütezeit bereits abgestorben – weißglänzend wirken. Mit den dornigen Blättern schützt sich die *Carlina*, die kleine Distel (lat. Verkleinerungsform „cardulina" von carduus = Distel), gegen Viehfraß, mit ihrem niedrigen Wuchs unter der Schneedecke vor der Winterkälte und mit ihren langen Wurzeln vor der Austrocknung im steinigen Boden. Die Art ist vielfach auch unter dem Namen „Eberwurz" bekannt.

2 Gemeines Pfeilkraut
Sagittaria sagittifolia

20–100 cm   Juni–Aug.   ♃   95
Kennzeichen: Sumpfpflanze mit dreierlei unterschiedlichen Blättern: am höchsten und markantesten die langgestielten, pfeilförmigen Luft-, kreisförmig die Schwimm- und lang, bandartig die sitzenden Unterwasserblätter.

Vorkommen: In der Ebene und in Talauen verbreitet in langsam fließenden, etwas nährstoffreichen Gewässern; nach vorübergehender Absenkung des Wasserspiegels auch auf dem Land.

Wissenswertes: Die Pfeilform der Blätter ist so ungewöhnlich und auffallend, daß neben dem deutschen auch beide wissenschaftliche Namen sie aufgreifen (lat. sagitta = Pfeil, sagittifolia = pfeilblättrig). Bemerkenswert sind auch die der Überwinterung und der vegetativen Vermehrung dienenden Knollen, die sich im Herbst an dünnen Ausläufern bilden. Sie sind stärkereich und erreichen Walnußgröße. In China werden sie wegen ihres nußartigen Geschmacks geschätzt und von eigens dafür angebauten Pflanzen geerntet.

3 Froschbiß
Hydrocharis morsus-ranae

bis 5 cm   Mai–Aug.   ♃   97
Kennzeichen: Schwimmpflanze mit runden bis herzförmigen Blättern; Blüten einzeln an bis zu 5 cm aufsteigenden Stengeln.

Vorkommen: Vor allem im Norden; im Süden in einigen Talauen; in stehenden Gewässern oder stillen Flußbuchten, vorzugsweise in nährstoffreichem Wasser.

Wissenswertes: Die Art zeigt beispielhaft Merkmale frei schwimmender, also nicht mit dem Boden verbundener Wasserpflanzen: für den Auftrieb Ausstattung mit einem gut entwickelten Durchlüftungsgewebe; unbenetzbare Schwimmblätter mit Spaltöffnungen auf der Blattoberseite; ein feines im Wasser ausgebreitetes Wurzelgeflecht zur Aufnahme von Wasser und Nährsalzen; Verbreitung der schleimig-klebrigen Samen durch Wasservögel; zusätzliche vegetative Vermehrung durch sich abtrennende Ausläufer und durch Winterknospen.

4 Froschlöffel
Alisma plantago-aquatica

20–100 cm   Juni–Sept.   ♃   95
Kennzeichen: Luftblätter langgestielt, löffelförmig (Name!), zugespitzt; Unterwasserblätter bandförmig und langflutend; Blütenstand sparrig wirkend, quirlig verzweigt, dadurch arm- und entferntblütig.

Vorkommen: Im gesamten Gebiet verbreitet in den Verlandungsgesellschaften nährstoffreicher Gewässer; auch auf wechselfeuchten Standorten und Schlammböden.

Wissenswertes: An Land bildet der Froschlöffel besonders lange Blattstiele aus. Der wissenschaftliche Artname bedeutet gewissermaßen „Wasser-Wegerich" und zielt auf die Größe und die Form der Blätter (vgl. Breit-Wegerich, *Plantago major*).

1 Krebsschere
Stratiotes aloides

20–30 cm Mai–Aug. ⵉ 97

Kennzeichen: Rosette mit schwertförmigen, stachelig-gesägten Blättern; Pflanze frei unter Wasser schwebend, nur zur Blütezeit teilweise über der Wasseroberfläche.

Vorkommen: Nur im Tiefland; vor allem in flachen, bis zu 2 m tiefen, nährstoffreichen Weihern; vereinzelt noch große Bestände bildend, allgemein aber deutlich auf dem Rückzug.

Wissenswertes: Der nicht alltäglichen Blattform verdankt die Art ihren deutschen und ihren wissenschaftlichen Namen. Die stachelig gesägten Blätter erinnern einerseits an die Scheren von Krebsen, andererseits durch ihre Schwertform an Kriegswerkzeug (griech. stratiotes = Krieger). Der wissenschaftliche Artname „aloides" besagt „der Aloë ähnlich". „Wasser-Aloë" ist eine weitere volkstümliche Bezeichnung für die Krebsschere, die die längste Zeit des Jahres unter Wasser lebt und im Herbst sogar bis zum Gewässergrund absinkt. Die Pflanzen sind zweihäusig und bilden oft auf einzelnen Gewässern ganze Bestände rein männlicher oder rein weiblicher Pflanzen aus. Das wird darauf zurückgeführt, daß Wasservögel eine einzelne Jungpflanze oder einen Ausläufer verschleppen, von dem der gesamte Krebsscheren-Bestand des neu erreichten Gewässers ausschließlich durch vegetative Vermehrung abstammt.

2 Ästige Graslilie
Anthericum ramosum

30–60 cm Mai–Aug. ⵉ 100

Kennzeichen: Weiße Lilienblütchen auf aufrechtem, verästeltem Stengel (Name!); Blätter in Büscheln, schmal, grasartig (Name!).

Vorkommen: In Rasen und Gebüschen auf trockenen, warmen und kalkreichen Standorten zerstreut; allerdings – von Ausnahmen abgesehen – nur in den Kalkgebieten im südlichen und östlichen Mitteleuropa.

Wissenswertes: Die Art ist in den Mittelmeerländern weit verbreitet und dementsprechend nördlich der Alpen nur in den besonders warmen Kalklandschaften bis über den Main hinaus vertreten. In heißen, niederschlagsarmen Jahren, in denen viele andere Pflanzenarten vorzeitig vertrocknen, entwickeln sich die Graslilien meistens besonders gut.

3 Doldiger Milchstern
Ornithogalum umbellatum

10–20 cm Apr.–Mai ⵉ 100

Kennzeichen: Zwiebelgewächs mit grasartigen Blättern; Blüten in einem traubigen Blütenstand, scheinbar doldig angeordnet (Name!), milchig weiß (Name!); weiße Blütenblätter außen mit grünen Streifen.

Vorkommen: Nur regional verbreitet; vor allem in Weinbergen und auf trockenem Grünland; wahrscheinlich zum Teil aus Gärten und Parks verwildert.

Wissenswertes: Nur bei sonnigem Wetter sind die hübschen Blüten sternförmig ausgebreitet (Name!), nachts und bei Regen dagegen eng geschlossen. Als Stinzenpflanze deutet sie heute vielfach inmitten wildwachsender Vegetation auf Standorte ehemaliger Bauern-, Burg- oder Klostergärten hin.

4 Bärlauch
Allium ursinum

20–40 cm Apr.–Juni ⵉ 100

Kennzeichen: Blätter grundständig, gestielt, mit intensivem Lauchgeruch; Blüten auf einem langen, blattlosen Stiel in einem doldenähnlichen Blütenstand.

Vorkommen: Frühblüher in artenreichen, etwas feuchten Laubwäldern, vor allem auf kalk- und nährstoffreichen Böden; im Norden fehlend, aber auch sonst mit großen Verbreitungslücken.

Wissenswertes: Große Bärlauch-Bestände in den Wäldern entdeckt man in einiger Entfernung oft zuerst mit der Nase. Der Volksmund spricht – vor allem im Hinblick auf die Zwiebelchen des Bärlauchs – auch vom „Wilden Knoblauch". Und in der Tat können sie als Knoblauch-Ersatz verwendet werden. Die vor der Blüte gesammelten und kleingeschnittenen Blätter eignen sich, um Salaten, Gemüsen und Suppen einen angenehm milden Knoblauchgeschmack zu geben.

1 Maiglöckchen
Convallaria majalis

10–30 cm Mai–Juni ♃ `100`

Kennzeichen: Zwei Blätter elliptisch, gegenständig; Blüten in einer einseitswendigen Traube.

Vorkommen: Im gesamten Gebiet verbreitet, oft in großen Beständen, vor allem in Eichen-Buchenwäldern mit mittlerem Nährstoff- und Artenreichtum.

Wissenswertes: Nicht einzelne Blütenstiele, sondern die dicken Blumensträuße, die häufig zum Muttertag gepflückt werden, lassen ehemals große Maiglöckchen-Bestände schrumpfen, zumal wenn auch die Blätter mit abgepflückt werden. Das hat das Maiglöckchen eigentlich nicht verdient! Sein Blütenöl dient als Zusatz zu Parfüms; seine Giftwirkung ist der des Roten Fingerhuts vergleichbar. Vergiftungen kommen vor allem durch den Verzehr der roten Beeren zustande, die lange Zeit an den Blütenstielen stehen (**1b**). Als Speicherorgan dient diesem Frühblüher der dritten oder vierten Blütenphase ein relativ dünner, aber stark verzweigter Wurzelstock.

2 Schattenblümchen
Maianthemum bifolium

5–20 cm Mai–Juni ♃ `100`

Kennzeichen: Zwei Blätter eiförmig, mit herzförmigem Grund, wechselständig; Blüten in einer endständigen Traube.

Vorkommen: In Wäldern auf kalk- und nährstoffärmeren Böden – vor allem in Laub-, vielfach aber auch in Nadelwäldern – im gesamten Gebiet anzutreffen.

Wissenswertes: Entfernte Ähnlichkeit, gleiche Blütezeit und oft benachbarter Wuchsort sind wohl die Anlässe dafür, daß die Art auch als „Falsches Maiglöckchen" bezeichnet wird, dem der Duft fehlt. „Maiblume" lautet übersetzt auch der wissenschaftliche Gattungsname (lat. majus = Mai, griech. anthemon = Blume). Der Artname „*bifolium*"(= 2blättrig) beschreibt ein markantes Artmerkmal. „Schattenblümchen" weist auf den schattigen Standort hin, das Vorkommen dieser Art zusätzlich auf leichte Bodenversauerung. Die Früchte sind hellrote Beeren, die ebenso wie die des Maiglöckchens erst im Herbst reifen. Auch das Schattenblümchen ist giftig, allerdings durch andere Wirkstoffe als das Maiglöckchen.

3 Quirlblättrige Weißwurz
Polygonatum verticillatum

30–80 cm Mai–Juni ♃ `100`

Kennzeichen: Kantiger Stengel mit oben immer und unten meistens in 3–8blättrigen Scheinquirlen angeordneten lanzettlichen Blättern; Blüten grünlichweiß, einzeln oder zu 2–6 je Blattachse (**3b**).

Vorkommen: Nur in Bergwäldern und in Wäldern der subalpinen Lagen, zumeist auf besonders luftfeuchten Standorten; fehlt in der Ebene und damit im Norden ganz.

Wissenswertes: Die Früchte dieser Weißwurz-Art sind ebenso wie die der beiden anderen erst rot (**3c),** im Spätsommer letztendlich aber dunkelblau. Ungewöhnlich ist der Blattschopf an der Stengelspitze; er kommt zustande, weil sich die Endknospe nicht weiterentwickelt.

4 Vielblütige Weißwurz
Polygonatum multiflorum

30–60 cm Mai–Juni ♃ `100`

Kennzeichen: Elliptische Blätter an einem runden, bogigen Stengel, wechselständig; Blüten länglich, zu jeweils 1–5 in den Blattachseln. Bei der Echten Weißwurz (*P. odoratum*) Stengel kantig und Blüten zu 1–2.

Vorkommen: In artenreichen Laubmischwäldern kalk- und nährstoffreicher Standorte des gesamten Gebietes heimisch.

Wissenswertes: Die Verdickungen des Wurzelstocks oder Rhizoms sind einzelne Jahresabschnitte, die an ihrer Spitze den Blütensproß entwickeln, während der Wurzelstock selbst sein Wachstum aus der Achsel eines Niederblattes fortsetzt. Die siegelartige Vertiefung auf der Spur des Leitbündel auf der verdickten, weißen Rhizom waren für unsere Wurzeln sammelnden Vorfahren der Anlaß, sowohl von „Weißwurz" als auch vom „Salomonssiegel" zu sprechen. Geheimnisvolle Kräfte wurden dieser „Springwurz" nachgesagt, die durch eine besondere Zauberkraft verschlossene Türen zu öffnen vermag.

1 Märzenbecher
Leucojum vernum

10–30 cm Febr.–Apr. ♃ ☐101
Kennzeichen: Blüten als 2–3 cm große, nikkende Glocken einzeln oder zu zweit; an den Spitzen der 6 Kronblätter gelbgrüne Flecken; Grundblätter 3–4, bis über 2 cm breit.
Vorkommen: Auf kalkreichen, warmen Standorten in lichten und feuchten Wäldern und Gebüschen; im Norden fehlend und auch sonst nur regional verbreitet, im Süden auch auf Sumpf- und Bergwiesen.
Wissenswertes: Der ebenfalls gebräuchliche Name „Frühlings-Knotenblume" geht auf die auffällige knotenartige Verdickung, den unterständigen Fruchtknoten, zurück (**1b**). Der wissenschaftliche Gattungsname, der aus griech. leucos = weiß und griech. ion = Veilchen zusammengesetzt ist, wird mit dem veilchenähnlichen Duft der Märzenbecher-Blüten in Zusammenhang gebracht.

2 Alpen-Krokus
Crocus albiflorus

10–15 cm Febr.–Apr. ♃ ☐102
Kennzeichen: Blüten einzeln, in der Regel weiß, manchmal leicht violett, oben glockig, unten in eine lange, enge Röhre übergehend; Blätter grasartig, grün mit weißem Mittelstreifen, an der Basis mit einer häutigen Scheide.
Vorkommen: Nur im Süden, vor allem in den Alpen; auf Bergwiesen mit tiefgründigen, fruchtbaren Böden; sonst gelegentlich aus der Kultur verwildert.
Wissenswertes: Die Krokus-Blüten erscheinen als Schmuck der Alpenmatten oft bereits zwischen Schneeresten und bei zeitweilig noch oberflächennah gefrorenem Boden. Ihn und den Schnee vermögen die an der Spitze und der Mittelrinne deutlich verstärkten Blätter zu durchstoßen. Die Blüten reagieren auf geringste Temperaturschwankungen und schließen sich bereits, wenn nur einzelne größere Wolken aufziehen. Obwohl der Fruchtknoten sich zunächst 5–6 cm unter der Erde entwickelt, gelangt die reife Fruchtkapsel durch Streckung des Stiels bis zur Heuernte so weit über den Boden, daß sie sich noch zum Boden hin neigen und die Samen ausstreuen

kann. Die Samen tragen kleine Anhängsel, derentwegen sie von Ameisen verschleppt werden. Aus Gärten und Parks verwilderte Krokusse – sowohl unsere Art als auch der Frühlings-Krokus (*Crocus napolitanus*) – haben sich als Stinzenpflanzen außerhalb ihres natürlichen Verbreitungsgebietes hier und dort fest in bestehende Wiesengesellschaften eingefügt.

3 Weißes Waldvögelein
Cephalanthera damasonium

20–50 cm Mai–Juni ♃ ☐103
Kennzeichen: 3–8 gelblich-weiße spornlose Orchideenblüten, nur wenig geöffnet, bis 2 cm lang; Stengel im oberen Teil geschlängelt, durch herablaufende Blätter kantig.
Vorkommen: Außer im Norden, Nordwesten und Osten auf kalkreichem Untergrund in Buchen- und Eichenmischwäldern verbreitet, aber fast immer einzeln.
Wissenswertes: Wie viele Orchideen braucht das Weiße Waldvögelein wegen seiner Pilzsymbiose Standorte, die langfristig frei von Störungen und Veränderungen sind. Wenn sich die ersten Laubblätter zeigen, haben bereits bis zu 8 Jahre lang unterirdisch Pilze für die Ernährung der neuen Pflanze gesorgt, die unter Umständen erst nach 1–2 weiteren Jahren erstmalig zur Blüte gelangt.

4 Weiße Waldhyazinthe
Platanthera bifolia

20–50 cm Juni ♃ ☐103
Kennzeichen: Blüten in einer Ähre, grünlich-weiß, duftend, mit langem Sporn (**4b**); 2 grundständige Blätter (lat. bifolia = 2blättrig).
Vorkommen: Im Norden vereinzelt, in der Mitte und im Süden weiter verbreitet; auf basenreichen Böden vor allem in Kalk-Magerrasen und in Eichen- und Kiefernwäldern.
Wissenswertes: Die Art ist auch unter dem Namen „Kuckucksblume" bekannt. Vor allem nachts entströmt den Blüten ein starker Duft (Name!), der Nachtfalter anlockt. An ihren langen Rüsseln, mit denen sie den Nektar aus dem Sporn saugen, bleiben die Pollenpakete haften und werden so auf eine andere Waldhyazinthen-Blüte übertragen.

1 Gelbe Teichrose
Nuphar lutea

bis 10 cm   Juni–Sept.   ⌃ ☐4

Kennzeichen: Schwimmblätter eiförmig, bis zu 40 cm lang; Stengel im Querschnitt abgeflacht; Blüten kugelig, etwa 4 cm groß.

Vorkommen: Vor allem im Norden und im Süden; in der Mitte auf die Talauen beschränkt; in langsam fließenden, aber auch in stehenden Gewässern bis zu einer Wassertiefe von 6 m.

Wissenswertes: Die Blüte der Teichrose, die auch „Mummel" genannt wird, besteht aus 5 kelchblattartigen Perigon- und aus zahlreichen kronblattartigen Nektarblättern (**1b**). Käfer und Schwebfliegen besuchen die stark duftenden Blüten und sorgen für die Bestäubung. Die Verbreitung erfolgt nicht nur durch die schwimmfähigen Samen, sondern auch durch den Wurzelstock, von dem immer wieder Teile durch das Wasser abgerissen und fortgeschwemmt werden. Die Teichrose kann auch Gewässer besiedeln, die der Weißen Seerose zu tief sind. Der wissenschaftliche Name *Nuphar* ist von „ninufar" abgeleitet, dem arabischen Namen der Teichrose.

2 Gemeine Osterluzei
Aristolochia clematitis

30–60 cm   Mai–Juni   ⌃ ☐10

Kennzeichen: Blüten ca. 4 cm lang, tütenförmig mit enger Röhre, am Grunde bauchig verdickt; Blätter herzförmig, unterseits mit auffälliger Nervatur.

Vorkommen: Auf warmen, kalk- und nährstoffreichen Standorten in Weinbaugebieten, milden Flußtälern, aber auch vereinzelt südlich Berlins; Heimat in den Mittelmeerländern.

Wissenswertes: Die Blüte ist eine Falle, einem Kessel gleich (bauchige Verdickung), in den kleine Fliegen hineinrutschen. Haare verhindern ihr Entkommen. Erst wenn die Blüte welkt und die Fliegen wieder ins Freie gelangen können, öffnen sich die Pollensäcke und stäuben die Gäste ein, die den Pollen zu einer anderen Blüte tragen, wo sich der Vorgang wiederholt. Der deutsche Name ist aus „*Aristolochia*" verballhornt und ein Hinweis auf die einstige Rolle der Art in der Geburts-

hilfe: griech. aristos = das Beste für locheia = die Geburt.

3 Sumpf-Dotterblume
Caltha palustris

20–40 cm   März–Juni   ⌃ ☐6

Kennzeichen: Blüten dottergelb (Name!); Blätter ungeteilt, rund bis herzförmig.

Vorkommen: Noch im gesamten Gebiet auf Feuchtwiesen, an Graben- und Bachrändern und in Bruchwäldern heimisch, jedoch in vielen Gegenden stark rückläufig.

Wissenswertes: Unter den gelbblühenden Hahnenfußgewächsen, die der Volksmund „Butterblumen" nennt, trägt diese Art die Bezeichnung mit besonderem Recht, nutzte man doch ihre Blüten, um der Butter damit eine noch attraktivere Farbe zu geben. Im Gegensatz zur Trollblume ist der Pollen in der Blüte völlig ungeschützt; er schwimmt nicht selten in der regenwassergefüllten Blüte und gelangt so zu den Narben.

4 Trollblume
Trollius europaeus

20–50 cm   Mai–Juli   ⌃ ☐6

Kennzeichen: Blüten 4 cm groß; Blütenblätter nach innen vorgewölbt, die Blüte bis auf eine kleine Öffnung verschließend (**4a**).

Vorkommen: Im Süden verbreiteter, in der Mitte nur noch vereinzelt auf feuchten Bergwiesen und in Flachmooren, auch in Mecklenburg-Vorpommern; zunehmend gefährdet, deshalb streng geschützt.

Wissenswertes: In der kugeligen Blüte sind Pollen und Nektar vor Regen und Tau bestens geschützt. Durch die enge Öffnung gelangen nur kleine Insekten in die Blüte, größere stemmen allerdings nicht selten die Blütenblätter auseinander. Ob auf „legalem" Weg durch die Öffnung oder gewaltsam eingedrungen, in jedem Falle finden sie in den tütenförmigen Nektarien zwischen Staub- und Blütenblättern, was sie suchen und obendrein immer auch reichlich Pollen für die Bestäubung. Ob beim Namen der altnordische Berggeist „Troll" unmittelbar Pate stand oder beide auf das althochdeutsche „trol" für Kugel zurückgehen, muß offen bleiben.

1

Gelber Eisenhut
Aconitum vulparia

30–80 cm   Juni–Juli   ⟃   ☐ 6

Kennzeichen: Blüten grünlichgelb, 2seitig-symmetrisch, mit hohem Helm, fast 3mal so hoch wie breit; Grundblätter handförmig geteilt.

Vorkommen: Im Süden in Auwäldern und lichten, möglichst feuchten Laubwäldern und Gebüschen, aber auch in Hochstaudenfluren, auf Geröllhalden und an Waldrändern; in der Mitte nur sehr vereinzelt, im Norden fehlend.

Wissenswertes: Die nach unten geneigten Blüten werden vor allem von Hummeln angeflogen. Das aufwärtsgerichtete Blütenblatt, das den Helm bildet, wird nicht selten von Nektarräubern aus anderen Insektengruppen angebissen, die auf direktem Wege an den Nektar zu gelangen versuchen. Der Gelbe Eisenhut ist wie sein blauer Verwandter sehr giftig. Man nutzte ihn früher zur Gewinnung von Extrakten, mit denen man Wölfe und Füchse vergiftete. Namen wie „Wolfs-Eisenhut" und „Wolfswurz" erinnern noch heute daran. Im wissenschaftlichen Artnamen klingt zumindest noch der Fuchs an (lat. vulpes = Fuchs).

2

Gelbes Windröschen
Anemone ranunculoides

10–25 cm   März–Mai   ⟃   ☐ 6

Kennzeichen: Blüten einzeln oder zu zweit, lang gestielt, die 3 kurzgestielten, wirtelig angeordneten Hochblätter überragend; Grundblätter tief eingeschnitten.

Vorkommen: Außer im Nordwesten vielerorts in Laubmischwäldern auf kalk- und nährstoffreichen Böden.

Wissenswertes: Es gibt Wälder, in denen das Gelbe Windröschen Bestände bildet (**2a**) wie sonst vielerorts das Busch-Windröschen. Auf die Ähnlichkeit der Art mit manchen Hahnenfuß-Arten weist der wissenschaftliche Artname „*ranunculoides*" hin.

3

Frühlings-Adonisröschen
Adonis vernalis

10–30 cm   Apr.–Mai   ⟃   ☐ 6

Kennzeichen: Blüten groß (5–6 cm), end-

ständig, mit 10–20 Kronblättern; Blätter fein fiederteilig mit nur 1 mm breiten Zipfeln.

Vorkommen: Außerhalb des Hauptverbreitungsgebietes im südlichen Osteuropa nur wenige Reliktstandorte auf Wärmeinseln in Mitteleuropa; durch punktuelle Beschränkung auf einige Trockenrasen ist die Art extrem gefährdet.

Wissenswertes: Die isolierten Vorkommen in besonders warmen und trockenen Regionen, wie Mainzer Sand, Thüringer Becken und Harzvorland werden als Reste einer weiteren Verbreitung in einer früheren Wärmezeit interpretiert. Der aus der griechischen Mythologie bekannte Adonis, der Liebling der Aphrodite, tritt im deutschen wie im wissenschaftlichen Namen auf, weil der Sage nach die Blüte – aber wohl das rot blühende Sommer-Adonisröschen – aus seinem Blut und das zart gegliederte Blatt aus ihren Tränen erwuchsen. „Teufelsauge" ist ein anderer weit verbreiteter Name für die Pflanzengattung, die über hochwirksame herzstärkende Inhaltsstoffe verfügt.

4

Gelbe Wiesenraute
Thalictrum flavum

50–120 cm   Juni–Aug.   ⟃   ☐ 6

Kennzeichen: Stattliche Staude mit einer duftenden Blütenrispe aus einzeln unscheinbaren Blütchen mit zahlreichen Staubblättern; die Blätter am Stengel von oben nach unten zunehmend 2–3fach fiederteilig; Stengel kahl und kantig.

Vorkommen: Auf Feuchtwiesen, an Graben-, Bach- und Flußufern, in Gebüschen im Uferbereich von Seen; stets auf wechselnassen, nährstoff- und basenreichen Standorten.

Wissenswertes: Nicht die 4 lanzettlichen, früh abfallenden Blütenhüllblättchen, sondern die zahlreichen abstehenden gelben Staubblätter sorgen für den Schaueffekt, der letztlich erst durch die Blütenfülle des gesamten Blütenstandes entsteht. Außer dem Insekten- spielt auch die Windbestäubung eine wichtige Rolle. Auffallend an der Gesamtverbreitung der Art in Mitteleuropa ist die Bindung an die größeren Flüsse. Die Art eignet sich als Bestandteil feuchter Flächen in naturnahen Gärten; verwandte Formen finden sich im Angebot der Staudengärtnereien.

1 Scharfer Hahnenfuß
Ranunculus acris

30–100 cm Apr.–Okt. ♃   6

Kennzeichen: Blätter tief eingeschnitten, mit schmalen Zipfeln; Blütenstiele nicht gefurcht.

Vorkommen: Im gesamten Gebiet eine der häufigsten Pflanzenarten auf nicht zu trockenen Wiesen und Weiden; auch an Straßen- und Wegrändern, auf Dämmen und Deichen, wenn der Boden nährstoffreich genug ist.

Wissenswertes: Ebenso wie die Sumpf-Dotterblume werden auch die gelbblühenden Hahnenfuß-Arten im Volksmund kurzerhand als „Butterblumen" zusammengefaßt. Der Fettglanz der Blüten dieser und der folgenden Art mag zur Namensgebung beigetragen haben. Die handförmig geteilten, vogelfußähnlichen Blätter standen Pate beim Namen „Hahnenfuß". „Scharf" (lat. acer, acris) ist der Hahnenfuß insofern, als der Saft abgeschnittener Stengel heftige Hautreizungen verursachen kann und auch scharf schmeckt. Ebenso wie die meisten nachfolgenden Hahnenfuß-Arten ist auch der Scharfe Hahnenfuß – vor allem im frischen Zustand – giftig. Er wird vom Vieh vielfach gemieden, wodurch er sich oft noch stärker ausbreiten kann. Auf nährstoffreichen Wiesen kann er im Mai weithin das Bild beherrschen.

2 Kriechender Hahnenfuß
Ranunculus repens

10–40 cm Mai–Sept. ♃   6

Kennzeichen: Blätter weniger stark eingeschnitten; Blütenstiele gefurcht; die niedrigere der beiden häufigsten Hahnenfuß-Arten, die mit Ausläufern am Boden kriecht.

Vorkommen: Ebenfalls im gesamten Gebiet sehr häufig, allerdings stärker zu etwas feuchteren Standorten tendierend.

Wissenswertes: Die Art tritt nicht selten gemeinsam mit dem Scharfen Hahnenfuß auf und bildet dann unter der höheren eine zweite niedrigere Blütenetage. Mit ihren langen oberirdischen Ausläufern dringt sie oft in frisch umgegrabene Gartenbeete vor. Der wissenschaftliche Gattungsname „*Ranunculus*" (lat. rana = Frosch, ranunculus = kleiner Frosch) stellt die Verbindung zum feuchten Lebensraum her, in dem verschiedene *Ranunculus*-Arten leben. Das Vorkommen des Kriechenden Hahnenfußes weist vielfach auf Nässe durch Bodenverdichtung hin. Der Blütenaufbau ist bei den beiden häufigsten Hahnenfuß-Arten sehr gleichartig: Von außen nach innen folgen auf die 5 kelchblattähnlichen Perigonblätter 5 kronblattähnliche Nektarblätter, an deren Grund der Nektar ausgeschieden wird. Zur Samenreife entwickeln sich in jeder Blüte gleich zahlreiche Nüßchen, die durch Wind und Weidevieh verbreitet oder ganz einfach ausgestreut werden.

3 Knolliger Hahnenfuß
Ranunculus bulbosus

10–30 cm Mai–Juli ♃   6

Kennzeichen: Blütenstiele kantig; Kelchblätter zurückgeschlagen; Grundblätter 3zählig.

Vorkommen: Verbreitet, aber nach Nordwesten seltener; auf kalkhaltigen, nicht zu nährstoffreichen Böden; daher mehr auf Magerrasen und ungedüngtem Grünland.

Wissenswertes: Der Stengel dieser Art ist unten knollig verdickt (Name!). Die Stickstoffüberdüngung weiter Bereiche in der offenen Landschaft durch Landwirtschaft und Umweltverschmutzung hat in den letzten Jahrzehnten zu einer deutlichen Abnahme dieser Art und zu einer weiteren Zunahme der beiden vorausgehenden geführt.

4 Wolliger Hahnenfuß
Ranunculus lanuginosus

20–120 cm Mai–Juli ♃   6

Kennzeichen: Blätter größer, weniger tief eingeschnitten, mit gelblichen Härchen dicht abstehend überzogen (Name!).

Vorkommen: Nur regional verbreitet in artenreichen Laubmischwäldern auf kalk- und nährstoffreichen Böden.

Wissenswertes: Diese im Vergleich zu den vorangehenden Verwandten recht stattliche Hahnenfuß-Art ist eine ausgesprochene Waldpflanze. Die wollige Behaarung ist so auffallend, daß außer im deutschen auch im wissenschaftlichen Artnamen darauf verwiesen wird: lat. lanugo = Flaum, weiches Haar; *lanuginosus* = flaumig weich behaart.

1 Brennender Hahnenfuß
Ranunculus flammula

20–50 cm Juni–Okt. ♃ 6

Kennzeichen: Stengel der unbehaarten Pflanze aufsteigend; Blätter im Gegensatz zu den vorangehenden Arten ungeteilt, schmal lanzettlich bis länglich-elliptisch.

Vorkommen: Fast im gesamten Gebiet überall auf sumpfigen Wiesen und an den Ufern von Gräben und Fließgewässern anzutreffen.

Wissenswertes: Der Brennende Hahnenfuß besiedelt oft als erster den Schlick und bislang unbewachsene lehmig-tonige Böden. Die Stengel richten sich nur zum Teil auf. Wo sie den Boden berühren, können sich an den Knoten Wurzeln bilden. Der brennende Geschmack der Blätter spiegelt sich in den Namen. Der wissenschaftliche Artname vergleicht diese Feuchtlandart mit einer kleinen Flamme oder einem kleinen Feuer (*„flammula"* als Verkleinerungsform von lat. flamma).

2 Gold-Hahnenfuß
Ranunculus auricomus

20–40 cm Apr.–Mai ♃ 6

Kennzeichen: Stengelblätter sitzend, geteilt, mit schmal-linealischen Zipfeln; Grundblätter langgestielt, im Umriß rundlich, tief geteilt; Blütenblätter oft verkümmert oder frühzeitig abfallend.

Vorkommen: In Laubmischwäldern auf kalkreichem Untergrund; deshalb große Verbreitungslücken im Nordwesten und in manchen Mittelgebirgen.

Wissenswertes: Die Formenvielfalt innerhalb dieser Art ist groß: Sie vermehrt sich durch Samen, die ohne Befruchtung (apomiktisch), d.h. ohne Mischung des mütterlichen und des väterlichen Erbgutes, entstehen.

3 Gift-Hahnenfuß
Ranunculus sceleratus

20–60 cm Mai–Nov. ☉ 6

Kennzeichen: Stengel kahl, hohl, aufrecht; die ganze Pflanze sparrig verzweigt; Blätter glänzend, etwas fleischig, handförmig gelappt; Blüten blaßgelb, mit einer walzlich vorgewölbten Blütenachse.

Vorkommen: Auf nassen oder wechselfeuchten, am liebsten auf nährstoffreichen schlammigen Böden an Gräben und an Ufern langsam fließender, zum Teil auch stärker verunreinigter Gewässer; im Norden weiter, im Süden nur regional verbreitet.

Wissenswertes: Wenn Schlammböden – etwa in Absetzbecken von Kläranlagen – trockenfallen, ist der Gift-Hahnenfuß oft einer der ersten Siedlungspioniere. Nicht selten wächst er auch im Wasser. Die zahlreichen Nüßchen, die aus dem auffällig vergrößerten Blütenboden fallen, haben ein besonderes Schwimmgewebe. Unter seinen Verwandten ist er wahrscheinlich der giftigste. Der Saft verursacht starke Hautreizungen.

4 Berg-Hahnenfuß
Ranunculus montanus

10–20 cm Apr.–Aug. ♃ 6

Kennzeichen: Blüten einzeln, selten 2–3, goldgelb; Blätter 3–5spaltig; im Vergleich zum Scharfen Hahnenfuß niedriger Wuchs.

Vorkommen: Nur auf Fettwiesen und Matten der Alpen und des Alpenvorlandes in Höhenlagen ab 600 m.

5 Scharbockskraut
Ranunculus ficaria

5–15 cm März–Apr. ♃ 6

Kennzeichen: Blätter rundlich-herzförmig; Blüten mit 6–12 Blütenblättern; als Frühblüher oft den Waldboden teppichartig überziehend.

Vorkommen: Überall in Wäldern, aber auch in Gärten, Gebüschen und in Wiesen.

Wissenswertes: Das Scharbockskraut ist Inbegriff des Frühblühers. Es bildet nur selten Samen aus, ist aber dafür um so erfolgreicher bei der vegetativen Vermehrung. Dazu dienen neben den feigenähnlichen (lat. ficarius) Wurzelknollen auch die getreidekorngroßen Brutknöllchen oder Bulbillen, die im Mai/Juni in den Winkeln der unteren Blattstiele voll entwickelt sind. Der heutige Name hat sich aus „Skorbutkraut" entwickelt. Die frischen Scharbockskraut-Blätter galten als wertvolle vitaminreiche Nahrung, die durch Vitamin C-Mangel im Winter hervorgerufenen Krankheit entgegenwirkt.

1 Schöllkraut
Chelidonium majus

30–60 cm Apr.–Okt. ⁴ | 8 |

Kennzeichen: Stengel mit gelb-orangefarbenem Milchsaft; Blätter einfach gefiedert mit gekerbten Fiedern, unterseits blaugrün; Blüten mit 2 früh abfallenden Kelch- und 4 großen Blütenblättern.

Vorkommen: Auf Schutt an Wegrändern und in Heckensäumen im gesamten Gebiet anzutreffen.

Wissenswertes: Ölkörperchen als Ameisenanhängsel (Elaiosomen) an den schwarz glänzenden Samen sorgen dafür, daß Ameisen sie verschleppen. So gelangt das Schöllkraut an Orte, wo man es zunächst nicht erwartet: auf Mauerkronen und in Steinspalten, auf Kopfweiden und in Astgabeln. Der wissenschaftliche Name *Chelidonium* geht auf griech. chelidon = Schwalbe zurück. Nach der Überlieferung legen Schwalben Stengelstückchen des Schöllkrauts auf die anfangs geschlossenen Augen ihrer Nestlinge, die durch den Milchsaft sehend werden. Der deutsche Name hat sich – kaum noch erkennbar – ebenfalls aus *Chelidonium* entwickelt. Er ist gewiß so alt wie der volkstümliche Rat, Warzen mit dem Milchsaft des Schöllkrauts wegzuätzen.

2 Gelber Lerchensporn
Corydalis lutea

10–30 cm Mai–Sept. ⁴ | 9 |

Kennzeichen: Blätter 2–3fach gefiedert; Blüten mit Sporn 1,5 cm lang, in einseitswendigen Trauben.

Vorkommen: Außer im Norden örtlich in wintermilden Lagen; meistens an Mauern und in Felsspalten.

Wissenswertes: Wildwachsend kommt die Art in den südlichen Kalkalpen vor. Die Vorkommen nördlich der Alpen gehen offenbar durchweg auf aus Steingärten und von Parkmauern verwilderte Gartenpflanzen zurück, die inzwischen allerdings als fest eingebürgert gelten können. Auch hier haben wieder Ameisen ihren Teil dazu beigetragen, indem sie die Samen des Gelben Lerchensporns verschleppten.

3 Weg-Rauke
Sisymbrium officinale

30–60 cm Mai–Sept. ☉ | 54 |

Kennzeichen: Sparrig verzweigte Pflanze mit hellgelben Kreuzblüten; Schoten stielrund, meistens dem Stengel eng anliegend (**3b**).

Vorkommen: Weit verbreitet im gesamten Gebiet in Schutt- und Unkrautfluren, aber auch an vielen Wegrändern.

Wissenswertes: Der Artname „officinalis" weist auf die frühere Nutzung der Weg-Rauke als Heilpflanze hin. Die Samen bleiben auch nach dem Absterben der Pflanze noch in den Schoten. Wenn durch Wind oder Tiere das welke Kraut insgesamt an einen anderen Ort gelangt, sind auch die Samen am Ziel.

4 Ungarische Rauke
Sisymbrium altissimum

30–100 cm Mai–Juli ☉ | 54 |

Kennzeichen: Oft auffallend große Exemplare mit hellgelben, im Alter weißlich verblassenden Blüten und mit bis zu 10 cm langen, schräg aufwärtsstehenden Schoten.

Vorkommen: Noch mit großen Verbreitungslücken; vielerorts deutlich in Ausbreitung begriffen; vor allem auf Schuttplätzen und an Wegrändern.

Wissenswertes: Die Art ist ein Neubürger, der erst im vorigen Jahrhundert aus Osteuropa zu uns gelangte und sich entlang der Straßen und der Bahndämme auch heute noch immer weiter ausbreitet.

5 Besenrauke
Descurainia sophia

20–60 cm Mai–Juli ☉ | 54 |

Kennzeichen: Im Gegensatz zur Weg-Rauke Schoten abstehend und Blätter 2–3fach gefiedert mit sehr schmalen Zipfeln.

Vorkommen: Nur in einigen Regionen Mitteleuropas weiter verbreitet; vor allem auf Schuttplätzen und an Wegrändern.

Wissenswertes: Die Samen enthalten ein fettes Öl, das die bei der Züchtung neuer Rapssorten ins Gespräch gelangte Erucasäure enthält, die auch bei etlichen anderen Kreuzblütlern nachgewiesen wurde.

1

Färber-Waid
Isatis tinctoria

50–120 cm Mai–Juni ☉   54

Kennzeichen: Blütenstand aus mehreren Trauben; Blüten an den Stengelspitzen gehäuft; Stengelblätter pfeilförmig, stengelumfassend, durch dünnen Wachsüberzug blaugrün; Schötchen für Kreuzblütler ungewöhnliche Schließfrüchte, 1samig, bis 2 cm lang und mit gedrehtem Flügelrand, zuletzt schwarz-violett.

Vorkommen: Auf warmen, oft steinigen, nährstoffreichen Böden; vor allem entlang von Rhein, Main, Neckar, Elbe und Saale an Wegrändern, Bahndämmen und auf Schuttplätzen; im Süden in Kalkgebirgen.

Wissenswertes: Auf die Bedeutung der Art als Färberpflanze verweisen der deutsche und der wissenschaftliche Artname (lat. tinctorius = zum Färben verwendet). Das im Althochdeutschen bereits bekannte „Waid" ist verwandt mit lat. vitrum (blaue Farbe, bläuliches Glas). Aus Kleinasien stammend, wurde der Färber-Waid schon im Altertum im Mittelmeerraum und seit dem 9. Jahrhundert auch in Mitteleuropa kultiviert. Aus seinen Blättern gewann man den Farbstoff Indigo zum Blaufärben des Leinens. Bis zum Beginn des 17. Jahrhunderts spielte sein Anbau am Niederrhein, in Brandenburg und Thüringen eine recht beachtliche Rolle. Dann wurde er durch ergiebigere tropische Pflanzenfarbstoffe teilweise und schließlich seit 1880 durch synthetisches Indigo völlig verdrängt. Als Kulturflüchtling aber lebt der Färber-Waid weiter.

2

Acker-Schöterich
Erysimum cheiranthoides

30–60 cm Mai–Juni ☉   54

Kennzeichen: Als Blütenstand eine Traube mit dottergelben Kreuzblüten; Blätter länglich-lanzettlich, etwas rauh behaart; Schoten 1–3 cm lang, 4kantig, aufrecht abstehend.

Vorkommen: Mit einigen größeren Verbreitungslücken im gesamten Gebiet vertreten, aber zum Teil nur noch vereinzelt auf feuchten Äckern, an Ufern, Wegrändern und auf Schuttplätzen.

Wissenswertes: Die Art war früher weiter verbreitet und wird offenbar durch die chemische Unkrautbekämpfung zurückgedrängt.

3

Kelch-Steinkraut
Alyssum alyssoides

5–20 cm Mai–Sept. ☉   54

Kennzeichen: Kleine, grau- oder weißfilzig behaarte Pflanze mit schwefelgelben, später weiß verbleichenden Kreuzblüten mit 4 Kelchblättern, die – in dieser Familie nicht alltäglich – nicht vorzeitig abfallen.

Vorkommen: Auf kalkreichen, warmen, oft steinig-grusigen Böden, vor allem in der Südhälfte; oft auf Bodenanschnitten, zwischen Gleisen, auf Äckern und an Wegrändern.

Wissenswertes: Der wissenschaftliche Gattungsname geht auf den griech. Pflanzennamen „Alysson" zurück. Dabei soll es sich um eine Art gehandelt haben, der man Wirksamkeit gegen die Tollwut nachsagte. Das Vorkommen des Kelch-Steinkrauts, dessen Hauptverbreitungsgebiet südlich der Alpen liegt, markiert bei uns Wärmeinseln.

4

Orientalisches Zackenschötchen
Bunias orientalis

30–120 cm Mai–Juli ☉–⚄   54

Kennzeichen: Stengelblätter sitzend, nicht stengelumfassend; Frucht ein Schötchen, eiförmig, knapp 1 cm lang, warzig, nicht zackig geflügelt wie eine verwandte Art, die der Gattung den Namen gab.

Vorkommen: Nur gebietsweise, vor allem im Süden; auf Ödland, Schuttplätzen und hin und wieder an Wegrändern.

Wissenswertes: Möglicherweise sind einige Vorkommen dieser Art durch Verwilderung früher angebauter Futterpflanzen entstanden.

5

Brillenschötchen
Biscutella laevigata

10–30 cm Mai–Juni ⚄   54

Kennzeichen: Markante brillenartige Schötchen (Name!) mit zwei runden Hälften beiderseits des Griffels (**5b**).

Vorkommen: Vor allem in den Kalkalpen und im Alpenvorland, sonst nur zerstreut; oft in Felsspalten, aber auch in alpinen Rasen.

1

Echtes Barbarakraut
Barbarea vulgaris

30–80 cm   Apr.–Juli   ☉   54

Kennzeichen: Blätter fiederlappig, mit einem besonders großen Endlappen; Blüten goldgelb, Blütenblätter doppelt so lang wie der Kelch; Schoten 2 cm lang, vom Stengel schräg aufwärts weisend.

Vorkommen: Im gesamten Gebiet auf nährstoffreichen, nicht zu trockenen Böden, gern auf wenig bewachsenen Standorten an Ufern, auf Ödland, an Weg- und Straßenrändern und auf Anschüttungen.

Wissenswertes: „Echte Winterkresse" wird das Barbarakraut genannt, weil die jungen Blätter – zu Salaten verarbeitet – wie Kresse schmecken. Die Rosetten überwintern und können auch um den Barbaratag (4. Dezember) sowie im zeitigen Frühling gesammelt werden. Wie Spinat zubereitet, sind sie gerade in der vitaminarmen Zeit auch ein sehr willkommenes Wildgemüse. Im 16. Jahrhundert wurde das Barbarakraut sogar in den Bauerngärten als Salatpflanze ausgesät. Schon damals war die Art der Heiligen Barbara gewidmet.

2

Wasser-Sumpfkresse
Rorippa amphibia

40–100 cm   Mai–Aug.   ⚃   54

Kennzeichen: Stengel an den Spitzen aufsteigend, hohl; Schötchen 4 mm lang, auf doppelt so langem Stiel, schräg aufwärts abstehend; die oberen Blätter ungeteilt, scharf gezähnt.

Vorkommen: Im Nordwesten selten, sonst zerstreut in der Verlandungsvegetation von stehenden und von langsam fließenden Gewässern.

Wissenswertes: Neben der Landform findet man vereinzelt auch Pflanzen dieser Art, die submers, also unter Wasser leben. Sie unterscheiden sich von den landbewohnenden Artgenossen durch kaum geteilte Blätter und auf Belüftung eingerichtete Stengel mit größeren Hohlräumen. Der wissenschaftliche Gattungsname geht wahrscheinlich auf den Pflanzennamen „Rorippen" zurück, der im niederdeutschen Sprachraum gebräuchlich ist.

3

Wilde Sumpfkresse
Rorippa sylvestris

20–40 cm   Juni–Sept.   ⚃   54

Kennzeichen: Blütenblätter länger als die Kelchblätter, goldgelb; Schote bis knapp 2 cm lang auf ebenso langem Stiel; Blätter gefiedert, zumindest die unteren, mit gezähnten Fiederabschnitten.

Vorkommen: Auf zumindest zeitweilig feuchtem Grund; an Gräben und Ufern von stehenden und langsam fließenden Gewässern; auch auf zeitweilig überfluteten Äckern.

Wissenswertes: Die Wilde Sumpfkresse, die überall in Mitteleuropa vorkommen kann, weist einerseits auf Nährstoffreichtum des Bodens, andererseits auf Bodenverdichtung und Nässe hin. Als ausläuferbildende Art tritt sie als Pionier auf unbewachsenen Flächen auf. Ihre Wurzeln dringen bis zu 80 cm tief in den Boden ein. Der wissenschaftliche Artname „sylvestris" erscheint bei der Wilden Sumpfkresse ebenso deplaziert wie etwa beim Wiesen-Kerbel (*Anthriscus sylvestris*). Das gilt zumindest, wenn man lat. silvestris mit „zum Walde gehörig" oder „im Wald heimisch" (von lat. silva = Wald) übersetzt. „Silvestris" heißt aber auch „in der Wildnis (am unbebauten Ort) heimisch" oder kurzum „wild". Und eben das trifft auf unsere Art zu.

4

Gewöhnliche Sumpfkresse
Rorippa islandica (*R. palustris*)

20–60 cm   Juni–Sept.   ☉–⚃   54

Kennzeichen: Blütenblätter kürzer als der Kelch, blaßgelb; Schötchen und ihre Stiele nur jeweils ½ cm lang; Blätter fiederspaltig und zumindest andeutungsweise geöhrt.

Vorkommen: Als häufigste der 3 Sumpfkressen im gesamten Gebiet verbreitet; auf nährstoffreichen, feuchten bis nassen, im Sommer austrocknenden Standorten an Ufern und Gräben; gern auf Schlammböden.

Wissenswertes: Hier handelt es sich um eine Sammelart, zu der von Experten noch weiter unterscheidbare, aber wahrscheinlich eng verwandte Sippen zusammengefaßt werden. Ihre Bestimmung, sogar bereits die verschiedener Sumpfkresse-Arten, wird dadurch erschwert, daß sie zum Bastardieren neigen.

1 Mauer-Doppelsame
Diplotaxis muralis

15–30 cm Mai–Aug. ☉   54

Kennzeichen: Stengelblätter buchtig-fiederspaltig, gestielt, kahl; Kelchblätter etwas abstehend; Schote etwa 2–4 cm lang und mit kleinem, 2 mm langen Schnabel.

Vorkommen: Vor allem entlang von Rhein, Main, Neckar sowie Weser und Elbe und im Osten; auf Hackfruchtfeldern und in Weinbergen, an Wegen, auf Schutt und Mauern (Name!); sehr zerstreut.

Wissenswertes: Wie alle Arten dieser Gattung kommt der Mauer-Doppelsame aus dem Mittelmeerraum zu uns, ist hier aber schon seit über 200 Jahren heimisch.

2 Acker-Senf
Sinapis arvensis

30–60 cm Apr.–Okt. ☉   54

Kennzeichen: Blüten schwefelgelb; Kelchblätter waagerecht abstehend, Blütenblätter länger als ihr Stiel; Schote 3–4 cm lang, nicht perlschnurartig gegliedert.

Vorkommen: Im gesamten Gebiet auf Äckern, vor allem auf Hackfruchtfeldern, und auf Schuttplätzen und meist häufig, zumindest auf nährstoff- und basenreichen Böden.

Wissenswertes: Unter den auf den Seiten 168 bis 174 behandelten Kreuzblütlern gehören Acker-Senf und Hederich zu den am weitesten verbreiteten Ackerunkräutern. Um den Schülern den Unterschied zwischen Senf und Hederich einprägsam zu vermitteln, benutzten die Lehrer früher die heute vielfach nicht mehr bekannte Eselsbrücke „Hederich hebt, Senf senkt" (die Kelchblätter!). Beide Arten gehören zu den Archäophyten, den Alteinwanderern. Sie gelangten – wohl durch mit dem Getreide verschleppte Samen – mit dem Ackerbau nach Mitteleuropa. Darauf deutet auch die Tatsache, daß die Namen „Senf" und „Hederich" ebenso wie „Kresse" in ähnlicher Form bereits im Althochdeutschen erscheinen. Weil die Kelchblätter beim Acker-Senf abgesenkt sind, können die Insekten ungehindert an den Nektar gelangen. Käfer und Fliegen machen davon am häufigsten Gebrauch. Die Samen bleiben viele Jahre im Boden und keimen erst aus, wenn sie durch die Erdbewegung beim Pflügen in Oberflächennähe gelangen. Früher hat man die Samen zur Herstellung eines Hausmacher-Senfs benutzt. Junge Pflänzchen kann man als Gemüse zubereiten; die Blütenknospen sollen geschmacklich an Broccoli erinnern.

3 Schwarzer Senf
Brassica nigra

60–120 cm Juni–Sept. ☉   54

Kennzeichen: Blüten lebhaft gelb; Kelchblätter aufrecht abstehend, schon früh schrumpfend; Schoten 4kantig, 1–2 cm lang, mit Verdickungen durch die Samen, aufwärts weisend, manchmal sogar der Achse des Fruchtstandes anliegend.

Vorkommen: Nur am Rhein mit Neckar, Main und Mosel sowie an Elbe, Saale und Weser weiter verbreitet; sonst nur zerstreut an Ufern, auf Ödland, an Wegen und auf Äckern.

Wissenswertes: Zur selben Gattung (*Brassica*) gehören sowohl der Gemüse-Kohl, dem wir vom Grün- über den Weiß- und Rotkohl, den Wirsing und den Rosenkohl bis hin zum Blumenkohl die breiteste Palette an Kulturformen verdanken, als auch Raps und Steckrübe sowie Rübsen und Wasserrübe. Der Schwarze Senf ist in Mitteleuropa Kulturpflanze seit der Römerzeit und seither immer wieder hier und dort verwildert. Seine Samen werden zur Senfherstellung verwendet.

4 Hederich
Raphanus raphanistrum

30–60 cm Apr.–Sept. ☉   54

Kennzeichen: Blüten blaßgelb, in der Südhälfte Mitteleuropas überwiegend weiß (**4b**); Kelchblätter aufrecht (vgl. Acker-Senf!); Schote perlschnurartig gegliedert.

Vorkommen: Ähnlich verbreitet wie der Acker-Senf; stärker auf etwas kalkärmeren Böden.

Wissenswertes: In der Wildkräuterküche leistet der Hederich fast durchweg dieselben Dienste wie der Acker-Senf. Er scheint durch Herbizide leichter zurückzudrängen und wohl deshalb bereits deutlich seltener zu sein als dieser.

1 Färber-Wau
Reseda luteola

50–150 cm Juni–Sept. ☉ ✿✿ [55]

Kennzeichen: Aufrechter Wuchs; kleine Blüten in langen, rutenförmigen Trauben; Blätter lanzettlich, ungeteilt.

Vorkommen: Oft nur vorübergehend an Straßen- und Wegrändern, auf Banketten und anderen vegetationsarmen Standorten; auch auf Ödland und Schuttplätzen, nährstoff- und kalkreiche Böden vorausgesetzt.

Wissenswertes: Als „Wau" werden seit alters Pflanzen bezeichnet, die zum Gelbfärben geeignet sind. Zu eben diesem Zweck wird die im Mittelmeergebiet heimische Art anscheinend schon seit der Jungsteinzeit verwendet und kultiviert. Funde in alpenländischen Pfahlbau-Siedlungen belegen dies. Der Anbau des Färber-Waus spielte bis in die jüngste Vergangenheit – vor allem in wärmeren Landstrichen – eine beachtliche Rolle, in Frankreich, Italien und auch vereinzelt in Deutschland noch bis ins vorige Jahrhundert hinein. Wo Färben mit Naturfarben wieder neu belebt wird, erinnert man sich gern des Färber-Waus, mit dem man Wolle gelb, sogar goldgelb (mit Chrom) oder sanft grün, moos- oder „resedagrün" (mit Eisen-II-sulfat) färben kann. Dazu werden zu Beginn der Blütezeit die kompletten Pflanzen (mit Wurzeln) gesammelt und getrocknet. Pro kg Wolle braucht man mindestens 1 kg Pflanzenmaterial.

2 Gelber Wau
Reseda lutea

30–60 cm Mai–Sept. ⁂ ✿✿ [55]

Kennzeichen: An geringerer Größe, doppelt fiederspaltigen Blättern und verzweigtem Wuchs vom Färber-Wau zu unterscheiden.

Vorkommen: Ähnlich weit verbreitet und an ähnlichen Standorten heimisch wie der Färber-Wau; ein ausgesprochener Rohbodenpionier mit tiefgreifendem Wurzelwerk.

Wissenswertes: Die Blüten mögen um einen Hauch gelber und die des Färber-Waus blasser oder gelblicher sein. Jedenfalls deutet das die Abschwächungsform „luteolus" gegenüber lat. luteus (gelb) an. Ansonsten weisen die beiden Arten große Übereinstimmungen auf, allerdings nicht in der Verwendung als Färbepflanzen, die dem Färber-Wau vorbehalten ist.

3 Scharfer Mauerpfeffer
Sedum acre

5–15 cm Mai–Aug. ⁂ [20]

Kennzeichen: Blätter nur 4 mm lang, eiförmig verdickt (**3b**), mit scharfem Geschmack (Name!).

Vorkommen: Vielerorts nur vorübergehend als Pionier auf steinigen oder sandigen Böden, Mauern (Name!) und Kiesdächern.

Wissenswertes: Die Art besiedelt gern als erste die von der Vegetation gereinigten Bankette am Straßenrand. Die sukkulenten Blätter mit ihrem Wasserspeichergewebe ermöglichen es ihr, auch an trockenen Standorten zu wachsen. Kränzchen und Sträuße aus Mauerpfeffer wachsen längere Zeit ohne Wasser und ohne Bodenkontakt weiter.

4 Felsen-Fetthenne
Sedum rupestre (S. reflexum)

10–30 cm Juli–Aug. ⁂ [20]

Kennzeichen: Blätter 10–15 cm lang, linealisch-pfriemlich, mit einer kleinen Stachelspitze.

Vorkommen: Auf Felsen, Mauern, steinigen und sandigen Rasen; mit großen Verbreitungslücken im Nordwesten und südlich der Donau; immer auf kalkarmen Standorten.

Wissenswertes: Etliche Vorkommen dieser Art gehen wahrscheinlich auf verwilderte Gartenpflanzen zurück, die auch unter dem Namen Tripmadam (von franz. Tripemadame = dickes Fräulein) bekannt sind.

5 Fetthennen-Steinbrech
Saxifraga aizoides

5–20 cm Juni–Aug. ⁂ [21]

Kennzeichen: Lockerer Rasen aus Kriechtrieben mit aufsteigenden, reich beblätterten Sprossen; Blätter fleischig, halbrund, fetthennenähnlich (Name!); keine Blattrosetten.

Vorkommen: In Quellfluren und auf feuchten Felsen und Steinschutt; vor allem in den Kalkalpen recht verbreitet.

1 Wechselblättriges Milzkraut
Chrysosplenium alternifolium

5–15 cm März–Mai ⅄ [21]

Kennzeichen: Wechselständige Blätter und 3kantiger Stengel; im Gegensatz dazu das Gegenblättrige Milzkraut (*Chrysosplenium oppositifolium*) mit gegenständigen Blättern und 4kantigem Stengel.

Vorkommen: In feuchten Laub- und Auenwäldern, in Quellmulden und an Bächen; zerstreut, aber oft in größeren Beständen.

Wissenswertes: Goldgelbe Hochblätter sorgen dafür, daß der Blütenbereich aus dem Grün der Laubblätter hervorsticht. Gemäß der Signaturenlehre erwartete man im Spätmittelalter von den milzförmigen Blättern eine Heilwirkung bei Milzerkrankungen. Der wissenschaftliche Gattungsname ist aus griech. chrysos = golden und griech. splen = Milz zusammengesetzt.

2 Echte Nelkenwurz
Geum urbanum

30–70 cm Mai–Sept. ⅄ [24]

Kennzeichen: Blätter unten am Stengel gefiedert, oben 3zählig, immer mit großen Nebenblättern.

Vorkommen: In artenreichen Laubmischwäldern ebenso wie im Saum von Hecken und Gebüschen, an leicht beschatteten Wegrändern; überall auf nährstoffreichen Standorten recht häufig.

Wissenswertes: In der Volksheilkunde geht es vor allem um den Wurzelstock dieser Art, dessen Inhaltsstoffe gegen Durchfall und Verdauungsstörungen helfen sollen. Wegen seines Nelkengeruchs wurde er auch als Ersatz für Gewürznelken (Name!) und wegen seiner keimtötenden Wirkung auch als Gurgelmittel bei Rachen- und Zahnfleischentzündungen eingesetzt.

3 Gewöhnlicher Odermennig
Agrimonia eupatoria

30–100 cm Juni–Aug. ⅄ ⚘ [24]

Kennzeichen: Blätter dekorativ, aus großen und kleinen Fiedern zusammengesetzt; Blütenstand eine lange, schlanke Traube.

Vorkommen: Außer in den Sandgebieten im Nordwesten an lichten, trockenen Standorten weit verbreitet; vor allem in Kalk-Magerrasen, aber auch auf vielen Rainen und Böschungen auf basenreichem Untergrund.

Wissenswertes: Mit ihren abstehenden, hakigen Stacheln haften die Früchte wie Kletten im Pelz von Tieren und in der Kleidung von Menschen und werden auf diese Art verbreitet. In der modernen Pharmazie findet das Kraut in Fertigpräparaten gegen Leber- und Gallenleiden sowie gegen Magen- und Darmkatarrh Verwendung.

4 Blutwurz-Fingerkraut
Potentilla erecta

10–30 cm Mai–Aug. ⅄ [24]

Kennzeichen: Kronblätter 4 (im Gegensatz zu den meisten Fingerkräutern, die 5 haben); Blätter 3zählig, sitzend, mit großen Nebenblättern (Blätter durch sie scheinbar mehrzählig).

Vorkommen: Auf kalkarmen Böden; auf Magerwiesen und -weiden, in Heiden und lichten Eichen-Birkenwäldern recht häufig.

Wissenswertes: Der nach dem Anschneiden rötlich anlaufende Wurzelstock (Name!) findet wegen seines hohen Gerbstoffgehaltes (über 15%) auch heute noch pharmazeutische Verwendung, vor allem für Mundwasser und zur Blutstillung. „*Potentilla*" bedeutet „die kleine Kräftige oder Wirksame" und stellt die Verkleinerungsform von lat. potens = kräftig, mächtig dar.

5 Gänse-Fingerkraut
Potentilla anserina

5–20 cm Mai–Aug. ⅄ [24]

Kennzeichen: Pflanze mit über 1 m langen Ausläufern, die sich an den Knoten bewurzeln, Blätter unterbrochen unpaarig gefiedert, unterseits silbrig behaart.

Vorkommen: Besonders auf noch unbewachsenen, verdichteten Böden; Pionier auf Wegen und zeitweilig überfluteten Flächen, an Ufern und auf Schuttplätzen.

Wissenswertes: Die Art ist in Trittrasen sowie auf besonders nitratreichen Flächen wie in Hühnerhöfen und auf Gänseweiden (Name!) oft der erste Siedler.

1 Silber-Fingerkraut
Potentilla argentea

10–30 cm Juni–Aug. ♃   24

Kennzeichen: Blätter 5zählig gefingert, am Rande umgerollt; Stengel und Blattunterseiten weißfilzig behaart, silbrig (Name!).

Vorkommen: Außer im Nordwesten und im Alpenraum in Mitteleuropa zerstreut, aber weit verbreitet; fast immer auf kalkarmen, flachgründigen, felsig-grusigen Standorten; in Magerrasen, an Wegrändern und auf Felsen.

Wissenswertes: Die dichte filzige Behaarung läßt die Blattunterseiten weiß erscheinen. Sie stellt einen wirksamen Transpirationsschutz dar, dessen die Art bei ihrem standortbedingten, schnell austrocknenden Wurzelraum sehr wohl auch bedarf.

2 Norwegisches Fingerkraut
Potentilla norvegica

30–70 cm Juni–Sept. ☉   24

Kennzeichen: Eines der größten nicht verholzten Fingerkräuter, Blüten nur gut 1 cm groß, Blütenblätter kürzer als der Kelch; Blätter 3zählig, behaart.

Vorkommen: Noch mit großen Verbreitungslücken; auf feuchten, teilweise unbewachsenen Böden; an Ufern und nassen Wegrändern, in Schlamm-Gesellschaften.

Wissenswertes: Die ursprünglich weiter nördlich, d.h. von England über Skandinavien bis Westsibirien verbreitete Art dringt seit 1880 weiter südwärts vor. An der Elbe und am Niederrhein bereits regelmäßig anzutreffen, vereinzelt aber auch schon bis in den Süden des Gebietes verschleppt.

3 Frühlings-Fingerkraut
Potentilla verna

5–15 cm März–Apr. ♃   24

Kennzeichen: Ein echter Frühblüher unter den Fingerkräutern (Name!); Stengel niederliegend, nur an den Spitzen aufsteigend; mit ausläuferartigen Trieben, die Tochterrosetten bilden; Blätter mit handförmiger Spreite, 3–7fingerig.

Vorkommen: Im Tiefland fehlend; sonst auf sonnigen, basenreichen Standorten weit verbreitet, vor allem in warmen Magerrasen und an südexponierten Hängen.

Wissenswertes: In den erst spät im Frühling zu neuem Leben erwachenden Magerrasen ist dieses Fingerkraut eine echte Ausnahmeerscheinung. Es öffnet seine leuchtend gelben Blüten bereits im März, wenn ringsum noch das Grau abgestorbener Grashalme das Bild beherrscht.

4 Kriechendes Fingerkraut
Potentilla reptans

10–20 cm Juni–Aug. ♃   24

Kennzeichen: Alle Blätter langgestielt, 5–7zählig gefingert; Blüten über 2 cm im Durchmesser, ansehnlich goldgelb.

Vorkommen: Eines der am weitesten verbreiteten Fingerkräuter, nur im Tiefland seltener; an Wegrändern, auf feuchten Wiesen und an Ufern fast überall recht häufig.

Wissenswertes: Diese Art macht ihrem Namen alle Ehre: Ihr Stengel scheint über den Boden zu kriechen; er bildet bis 1,50 m lange Ausläufer, die sich an den Knoten bewurzeln und dort jeweils neue Blattrosetten hervorbringen. „Fingerkraut" nimmt Bezug auf die handförmigen, gefingerten Blätter, die wir mit wenigen Ausnahmen (z.B. Gänse-Fingerkraut) bei den meisten Arten dieser Gattung finden.

5 Hohes Fingerkraut
Potentilla recta

30–70 cm Juni–Juli ♃   24

Kennzeichen: Grundblätter handförmig, 5–7teilig; Teilblättchen schlank oval, nur zerstreut mit Haaren besetzt; Blüten meistens sehr blaß gelb, bis 2,5 cm im Durchmesser groß.

Vorkommen: Nur regional an Wegen und Ufern; meistens auf sandigen, kiesigen oder steinigen Böden, oft auf Aufschüttungen oder in Abgrabungen.

Wissenswertes: Das Hohe Fingerkraut ist hier und dort als Zierpflanze in den Gärten zu finden. Es ist nicht ausgeschlossen, daß alle Vorkommen – nur die südöstlichen ausgenommen – auf verwilderte Gartenpflanzen zurückgehen.

1

Bärenschote
Astragalus glycyphyllos

20–60 cm   Mai–Juni   ♃   25

Kennzeichen: Stengel niederliegend und aufsteigend, bis über 1 m lang, kantig; Schmetterlingsblüten zu 8–25 in einer dichten Traube, grünlich-gelb; Blätter unpaarig gefiedert, mit 9–13 Fiederblättchen, bis 15 cm lang.

Vorkommen: Im lichten Schatten von Waldsäumen, Hecken und Gebüschen, an Waldwegen und Böschungen; auf basenreichen Lehmböden im Süden und Osten verbreitet, sonst zerstreut und im Nordwesten fehlend.

Wissenswertes: Wie alle Schmetterlingsblütler hat auch die Bärenschote eine Hülse. Sie wird 3–4 cm lang und ist etwas aufwärts gebogen. Dem süßen Geschmack der Blätter, die als Futter für das Weidevieh recht wertvoll sind, verdankt sie den volkstümlichen Namen „Süßer Tragant" und die wissenschaftliche Artbezeichnung, die aus griech. glykys = süß und griech. phyllon = Blatt zusammengesetzt ist. Hummeln und langrüsselige Schmetterlinge gehören zu den regulären Blütenbesuchern; Bienen gelangen illegal an den Nektar, indem sie die Blütenröhre aufbeißen.

2

Wiesen-Platterbse
Lathyrus pratensis

20–60 cm   Mai–Aug.   ♃   25

Kennzeichen: Kletternde Pflanze mit 4kantigem Stengel; Blätter mit nur einem Fiederpaar und Wickelranke; Blütentraube mit 3–10 Blüten auffallend lang gestielt.

Vorkommen: Im gesamten Gebiet auf Wiesen und an Wegrändern recht häufig.

Wissenswertes: Eigenständig vermag sich der 1 m lange Stengel nicht aufrecht zu halten. Er bedarf dazu der Stütze durch andere Pflanzen, an denen sich die Wiesen-Platterbse mit Hilfe ihrer zu Ranken umgebildeten Endfieder festhält und aufrichtet. Die im Vergleich zur Erbse platten Hülsen werden als ein Merkmal der gesamten Gattung sowohl im deutschen als auch im wissenschaftlichen Namen angesprochen (griech. lathyros = abgeflacht). Bei der Reife und bei starker Austrocknung der rund 2 cm langen Hülsen springen diese in 2 Klappen auf und rollen sich schraubenartig ein. Dabei können die Samen mehrere Meter weit fortgeschleudert werden.

3

Echter Steinklee
Melilotus officinalis

30–90 cm   Juni–Sept.   ♃   ❀   25

Kennzeichen: Als Blütenstand eine bis zu 10 cm lange Traube; Blätter 3zählig, Teilblättchen eiförmig.

Vorkommen: An Wegen, Bahndämmen, Ufern und Dämmen, auf Industriebrache und Schuttplätzen allgemein verbreitet.

Wissenswertes: Der angenehme Waldmeisterduft des Steinklees geht auf Cumaringlykoside zurück, die beim Trocknen Cumarin freisetzen und dadurch als Mottenmittel gute Dienste leisten. Wegen der besonders nektarreichen, nach Honig duftenden Blüten ist der Steinklee bei Imkern beliebt. Mancherorts wird er auch „Honigklee" genannt, was genau auch im wissenschaftlichen Gattungsnamen zum Ausdruck kommt. Er ist nämlich aus griech. meli = Honig und griech. lotos = Klee zusammengesetzt.

4

Wundklee
Anthyllis vulneraria

30–60 cm   Apr.–Sept.   ♃   ❀   25

Kennzeichen: Blüten dottergelb, in Köpfchen, mit filzigem Kelch; Blätter unpaarig gefiedert; endständiges Fiederblättchen größer als die seitlichen Fiederblättchen.

Vorkommen: Außer im Nordwesten im gesamten Gebiet zerstreut an Wegrändern und auf Böschungen anzutreffen.

Wissenswertes: Die Art findet man vorzugsweise auf stickstoffarmen Standorten. Nach Düngung und Nährstoffanreicherung verschwindet sie, weil sie der Konkurrenz anderer Arten erliegt. So hält sie sich auch auf neu angelegten Böschungen und Banketten, wohin sie oft mit Wiesensaatgut mit höherem Kräuteranteil gelangt, meistens nur begrenzte Zeit. Früher wurde das frische Kraut zerquetscht und als Wundheilmittel benutzt. Daran erinnern noch der deutsche und der wissenschaftliche Artname, denn lat. vulnerarius bedeutet „Wunden heilend".

1 Hopfenklee
Medicago lupulina

20–50 cm Mai–Sept. ☉–⼁ 25

Kennzeichen: Blüten nur 2 mm lang; als Blütenstand ein rundliches Köpfchen aus 10–15 Blüten (**1b**); Früchte stark gedreht, nierenförmig.

Vorkommen: Im gesamten Gebiet auf Wiesen und an Wegrändern recht häufig, vor allem auf Kalk- und Lehmböden.

Wissenswertes: Dieser extrem kleinblütige Schmetterlingsblütler bringt vor allem auf nährstoffreichen Böden durchaus ansehnliche Futtererträge. Deshalb wurde er früher auch gelegentlich angebaut. In Kalk-Magerrasen, in denen der Hopfenklee ebenfalls meistens stark vertreten ist, bleibt er deutlich kleiner. Schon im Altertum war eine Futterpflanze unter dem Namen „Medicago" bekannt; ob sich darin ein Hinweis auf die Herkunft dieser Pflanzenart und speziell des Hopfenklees aus Medien in Kleinasien verbirgt, bleibt besser dahingestellt. In Mitteleuropa gibt es den Hopfenklee auf jeden Fall bereits seit der Bronzezeit.

2 Sichelklee
Medicago falcata

20–60 cm Mai–Aug. ⼁ 25

Kennzeichen: Eine niederliegende, an den Spitzen aufsteigende Pflanze; Blüten etwa 1 cm lang, zu 5–20 in fast kugeligen Trauben; Blätter 3teilig, Teilblätter schmal-lanzettlich; als Frucht eine sichelförmig gebogene Hülse (Name!).

Vorkommen: In der Nordhälfte nur vereinzelte Vorkommen; in der Südhälfte weiter verbreitet, aber meistens nur zerstreut; in Kalk-Magerrasen, an Wegrändern und auf Böschungen, vor allem auf warmen und kalkreichen Standorten.

Wissenswertes: Wegen der Verwandtschaft und ähnlicher Gestaltsmerkmale wird der Sichelklee auch Gelbe oder Sichelluzerne genannt. Angebaut aber wurde er wegen seiner schwachen Erträge wohl kaum. Die sichelförmigen Hülsen gaben der Art ihren deutschen und den wissenschaftlichen Artnamen, denn lat. falcarius bedeutet ebenfalls „sichelförmig".

3 Gewöhnlicher Hornklee
Lotus corniculatus

10–30 cm Juni–Aug. ⼁ 25

Kennzeichen: Blüten zu 3–7 in kleinen Dolden; Fahnen und Schiffchen der goldgelben Schmetterlingsblüten anfangs oft rotbraun oder rötlich überlaufen (**3a**); Blätter 5zählig gefiedert, wobei es sich bei den beiden unteren, dem Stengel anliegenden Fiedern in Wirklichkeit um Nebenblätter handelt; Stengel markig.

Vorkommen: Auf Wiesen und Trockenrasen, an Wegrändern und auf Böschungen im gesamten Gebiet, vor allem auf kalkreichen Böden.

Wissenswertes: Der deutsche Gattungs- und der wissenschaftliche Artname (lat. corniculatus = gehörnt) werden mit dem hornförmig gebogenen Schiffchen erklärt. Größere Hautflügler, die auf dem Schiffchen landen und dabei dieses herunterdrücken, berühren zuerst die frei werdenden Pollensäcke, bei späteren Besuchen die sich dann herausschiebende Narbe. Dadurch, daß die Pollensäcke sich bereits öffnen, wenn die Narben noch nicht voll entwickelt sind (vormännliche Blüten), wird Selbstbestäubung unwahrscheinlicher. Die mit Pollen eingepuderten Schmetterlinge berühren möglicherweise erst auf einer Nachbarpflanze die Narbe einer schon früher entfalteten Blüte. Mit einem spitzen Bleistift kann man die Schiffchenspitze herunterdrücken und den Vorgang experimentell nachvollziehen.

4 Sumpf-Hornklee
Lotus uliginosus

20–60 cm Mai–Juli ⼁ 25

Kennzeichen: Von der vorigen Art durch blütenreichere Dolden (8–12 Blüten), hohlen Stengel und insgesamt höheren Wuchs zu unterscheiden.

Vorkommen: Mit Ausnahme des Alpenvorlandes und der Kalkalpen im gesamten Gebiet; recht häufig auf Feuchtwiesen, an Gräben und Ufern.

Wissenswertes: Als Futterpflanze wird dieser Hornklee gern gesehen und gelegentlich sogar ausgesät.

1 Aufrechter Sauerklee
Oxalis fontana (O. stricta)

10–30 cm   Juni–Okt.   ☉–⧸⧸   35

Kennzeichen: Stengel aufrecht (Name!); Blüten knapp 1,5 cm im Durchmesser; Blätter kleeartig 3teilig.

Vorkommen: Auf gehackten Beeten in Gärten und auf Hackfruchtfeldern; auf nährstoffreichen, aber meist kalkarmen Böden.

Wissenswertes: Die vergleichsweise wärmeliebende Art, die die höheren Lagen sowie Kalkgestein meidet, ist ein Neophyt, ein Neueinwanderer, der erst seit Anfang des 19. Jahrhunderts in Mitteleuropa beobachtet wird. Heimat des Aufrechten Sauerklees ist Nordamerika. Als Gartenunkraut ist er nur schwer zu entfernen, weil nicht nur aus den Samen, sondern auch aus kleinsten Teilen der Wurzeln und des Wurzelstocks neue Pflanzen heranwachsen.

2 Rührmichnichtan
Impatiens noli-tangere

30–80 cm   Juni–Sept.   ☉   38

Kennzeichen: Große zitronengelbe Blüten jeweils unter einem Hochblatt regengeschützt hängend (**2b**); Kelchblatt vergrößert und kronblattähnlich, den abwärts gebogenen Sporn bildend.

Vorkommen: In feuchten Laubwäldern des gesamten Gebietes, vor allem an Quellen und Bächen, aber auch auf den sickernassen Rändern von Waldwegen weit verbreitet; oft in großen Beständen.

Wissenswertes: Der Name „Kräutchen-rühr-mich-nicht-an" ist zumindest im übertragenen Sinne nicht nur Naturfreunden vertraut. Inhaltlich sagt der wissenschaftliche Name dasselbe: lat. impatiens = unduldsam, ungeduldig; noli tangere = rühr mich nicht an. In Wirklichkeit jedoch ist Berührung sehr wohl willkommen. Die länglichen Kapseln stehen unter erheblichem Zelldruck. Sie reißen auf, wenn sie durch den Wind mit anderen Pflanzenteilen in Berührung gebracht werden oder wenn Menschen oder Tiere daran vorüberstreifen. Blitzschnell rollen sie sich abschnittsweise auf und schleudern die Samen heraus – manchmal bis zu 3 m weit. Wegen ihrer aufspringenden Kapseln und des Weitsprungs der Samen ist die Gattung auch unter dem Namen „Springkraut" bekannt. Die zarte Schattenpflanze hat einen glasig durchscheinenden Stengel mit gut erkennbaren Leitbündeln. Wenn man den Stengel sogleich nach dem Abschneiden in rote Tinte stellt, kann der Wasseranstieg im Sproß und bis in die Blätter hinein verfolgt werden.

3 Kleinblütiges Springkraut
Impatiens parviflora

20–60 cm   Juni–Sept.   ☉   38

Kennzeichen: Blüten mit kaum gekrümmtem Sporn und insgesamt blasser gelben Blüten an den Stengelspitzen.

Vorkommen: Noch regional eng begrenzt, aber offenbar vielerorts sich ausbreitend, vor allem in siedlungsnahen, oft durch Gartenabfälle verunkrauteten Laubwäldern auf nährstoffreichen, meist kalkarmen Böden.

Wissenswertes: Dieser Neophyt, der wie seine Gattungsverwandten Schleuder- oder Explosionsfrüchte (**3b**) hat, ist ein Asiat und erst nach 1837 erstmalig aus dem Botanischen Garten Berlin verwildert.

4 Gewöhnliche Nachtkerze
Oenothera biennis

60–120 cm   Juni–Sept.   ☉   28

Kennzeichen: Auffällig große, tellerförmige Blüten (5–6 cm) mit zurückgeschlagenen Kelchblättern.

Vorkommen: Mit einigen größeren Verbreitungslücken in ganz Mitteleuropa heimisch geworden; vor allem auf Schotterflächen in Bahngelände und Industriegebieten, auf Halden und Schuttplätzen, aber auch auf sandigen Dämmen und Abgrabungen.

Wissenswertes: Die ersten Exemplare der Gattung *Oenothera*, die aus Nordamerika stammt, sollen 1619 aus dem Botanischen Garten von Padua verwildert sein. Die heutigen europäischen Sippen sind in den letzten Jahrhunderten durch Kreuzung verschiedener Arten neu entstanden und inzwischen beliebte Objekte der genetischen Forschung. Die Blüten öffnen sich erst in der Dämmerung (Name!) und halten sich zwei Nächte lang.

1 Echtes Johanniskraut
Hypericum perforatum

30–80 cm Juni–Sept. ♃ ✿ [51]

Kennzeichen: Stengel 2kantig; Blätter gegenständig, eiförmig, durchscheinend punktiert; Blüten goldgelb; Kelchblätter lanzettlich.

Vorkommen: An Wegrändern und Böschungen, in den Säumen von Hecken und Gebüschen; im gesamten Gebiet verbreitet.

Wissenswertes: Die alte Heilpflanze liefert auch heute noch als wichtigsten Inhaltsstoff das Hypericin. Es ist in modernen Arzneien enthalten, die bei depressiven und nervösen Erkrankungen hilfreich sein sollen. Johannisöl als Auszug aus den frischen Blüten wird als Wundmittel angewendet. Zerdrückte Blütenknospen hinterlassen auf den Fingerspitzen einen roten Fleck: als „Johannisblut" und „Christi-Wunden-Kraut" volkstümlich interpretiert. Die Art spielt vielerorts im religiösen Volksbrauchtum eine wichtige Rolle, u.a. als Bestandteil des am Fest Mariä Himmelfahrt geweihten Kräuterbundes. Die Blütezeit um den Johannistag (24. Juni) war Anlaß zur Namensgebung für die gesamte Gattung. Tüpfel- oder Durchlöchertes Johanniskraut wird diese Art auch genannt, weil die Blätter – gegen das Licht gehalten – durch zahlreiche Öldrüsen durchlöchert (wissenschaftlicher Artname lat. perforatus) erscheinen.

2 Schönes Johanniskraut
Hypericum pulchrum

20–50 cm Juni–Aug. ♃ [51]

Kennzeichen: Stengel zierlich, wenig verzweigt, rund und kahl; Blätter herzförmig, fast 3eckig.

Vorkommen: In bodensauren, lichten Laubmischwäldern, im Besenginstergebüsch und in *Calluna*-Heiden, also auf nährstoff- und basenarmen Böden; nach Osten in den kontinentaleren Bereich hinein seltener werdend.

Wissenswertes: Die Art trägt ihren Namen – auch lat. pulcher heißt „schön" – wohl zu Recht. Mit ihrer schlanken Blütenrispe und ihren goldgelben, im Knospenstadium oft außen rötlich überlaufenen Blüten gehört sie zweifellos zu den schönsten Johanniskräutern.

3 Niederliegendes Johanniskraut
Hypericum humifusum

5–15 cm Juni–Sept. ☉–♃ [51]

Kennzeichen: Stengel niederliegend, nur an den Spitzen aufsteigend, fadenartig dünn; Blüten klein, 1 cm im Durchmesser.

Vorkommen: Auf durch Vernässung oder Bodenverdichtung nur lückig bewachsenen Flecken an Waldwegen ebenso wie auf Äckern; allerdings nur auf kalkarmen Böden, zerstreut.

4 Zweiblütiges Veilchen
Viola biflora

5–15 cm Mai–Juli ♃ [52]

Kennzeichen: Rein gelbes Veilchen; Blüten meistens zu zweit (Name!); Blätter herznierenförmig, d. h. breiter als lang.

Vorkommen: In den Alpen verbreitet; in der subalpinen Zone in Bergwäldern und Hochstaudenfluren auf steinigen, sickerfeuchten Standorten; in den Mittelgebirgen nur sehr vereinzelt.

Wissenswertes: Das Verbreitungsmuster der Art, die sowohl im Norden Skandinaviens als auch in den Alpen recht häufig anzutreffen ist, weist auf eine weitere Verbreitung der Art während der Eiszeit hin.

5 Acker-Stiefmütterchen
Viola arvensis

5–20 cm Apr.–Nov. ☉ [52]

Kennzeichen: Blüten mit 1 nach unten und 4 schräg nach oben gerichteten Kronblättern (bei Veilchen 3 nach unten und 2 nach oben); Blüten farblich sehr variabel, oft sogar blauviolett (**5b**).

Vorkommen: Häufig auf Äckern und in Gärten; auf nährstoffreichen Böden.

Wissenswertes: Der Volksmund beschreibt das größte, mit Sporn ausgestattete Blütenblatt als die Stiefmutter, die beiden seitlichen als deren hübsch gekleidete Töchter und die beiden nach oben gerichteten als die viel schlichteren Stieftöchter. In der Heilkunde dienen die Inhaltsstoffe des Acker-Stiefmütterchens zur Behandlung von Hauterkrankungen.

1 Gewöhnliches Sonnenröschen
Helianthemum nummularium

10–30 cm Juni–Sept. ♃-Halbstrauch   53
Kennzeichen: Blütenstand armblütig, als endständige Traube; Blätter länglich-oval, ledrig, oft am Rande zurückgerollt, mit Nebenblättern.

Vorkommen: In der Mitte und im Süden in Kalk-Magerrasen, auf Böschungen und Rainen ziemlich weit verbreitet; immer auf sonnigen, trockenen, kalkreichen Standorten.

Wissenswertes: Wegen seiner zumindest im unteren Teil verholzten Sprosse kann man das Sonnenröschen auch zu den Halbsträuchern zählen. Auffällig sind die nickenden Knospen. Nur bei Sonnenschein und sommerlichen Temperaturen über 20 °C öffnen sich die Blüten, und zwar jeweils nur für 1 Tag. Darauf zielen auch der deutsche und der wissenschaftliche Gattungsname: griech. helios = Sonne, griech. anthemos = Blüte. Die überaus zahlreichen Staubblätter (über 100) kommen durch Vervielfachung einzelner Staubblätter zustande, die zu ganzen Staubblattbüscheln geworden sind.

2 Alpen-Sonnenröschen
Helianthemum alpestre

5–15 cm   Juni–Aug.   ♃-Halbstrauch   53
Kennzeichen: Rasig polsterartiger Wuchs; Blätter ohne Nebenblätter.

Vorkommen: Nur im Hochgebirge; auf steinigen, kalkreichen Böden, vor allem in Höhenlagen zwischen 1500 und 2500 m.

3 Pastinak
Pastinaca sativa

30–100 cm Juni–Sept. ☉ ⚘   41
Kennzeichen: Doldengewächs mit gelblichen Blüten; Blätter einfach gefiedert.

Vorkommen: An Straßen- und Wegrändern, auf Schuttplätzen und gelegentlich auch auf Wiesen; im Norden seltener, sonst weiter verbreitet.

Wissenswertes: In manchen Regionen findet man die Art auf Straßenbanketten unmittelbar am Fahrbahnrand. Ursprünglich jedoch ist sie in Mitteleuropa nicht heimisch, sondern als Kulturflüchter in unsere Vegetation gelangt. Sie wurde der Wurzelrüben wegen angebaut. Diese können bei Kulturformen bis zu 1,5 kg schwer werden. Auch im übrigen ist der Pastinak vielseitig verwendbar: die Wurzelrüben als Gemüse und als Viehfutter, die jungen Blätter samt den Sprossen als Mischgemüse, die Früchte als Gewürz. Die Wurzeln sind wegen ihres Geschmacks Bestandteil mancher Kräuterschnäpse. „Pastinak" ist von einem lat. Pflanzennamen entlehnt, der auf pastus = Speise zurückgehen soll.

4 Nickendes Wintergrün
Orthilia secunda

5–20 cm Juni–Juli ♃   60
Kennzeichen: Blütenstand als einseitswendige Traube mit 8–30 nickenden gelbgrünen Blüten (Name!); immergrüne Blätter eiförmig, zugespitzt (Name „Wintergrün").

Vorkommen: In den höheren Mittelgebirgen, den Alpen und im Osten weiter verbreitet; fehlt weitgehend im Tiefland; vor allem in rohhumusreichen Nadelwäldern.

Wissenswertes: Weit verbreitet ist das Nickende Wintergrün in den Fichtenwäldern des borealen Waldgürtels. In Mitteleuropa wurde es durch den Fichtenanbau gefördert. Die staubfeinen Samen können durch Aufwinde und Luftbewegungen überall hin gelangen.

5 Pfennigkraut
Lysimachia nummularia

1–3 cm Juni–Aug. ♃   64
Kennzeichen: Stengel kriechend, bis zu 50 cm lang; Blätter gegenständig, rundlich (im Gegensatz zu den ovalen Blättern des Wald-Gilbweiderichs).

Vorkommen: In Wiesen und Weiden, an Ufern und Gräben im gesamten Gebiet; auf feuchtfrischen, nährstoffreichen Böden.

Wissenswertes: Wie andere Primel-Verwandte ist die Art selbststeril. Ihre Vermehrung erfolgt vornehmlich durch Ausläufer. In Gärten, vor allem auch in Steingärten, wird sie dadurch zu einem Bodendecker. Die Artnamen trägt das Pfennigkraut wegen seiner runden Blätter; lat. nummularius bedeutet soviel wie „münzenartig".

1 Hohe Schlüsselblume
Primula elatior

10–20 cm März–Mai ♃ ☐64

Kennzeichen: Ungeteilte Blätter in grundständiger Rosette; Blüten langröhrig mit 5teiligem Blütenteller (Stieltellerblüten), hellgelb, nicht duftend.

Vorkommen: Verbreitet im gesamten Gebiet, vornehmlich in Eichen-Hainbuchenwäldern; auf nährstoffreichen, gern auf etwas feuchteren Standorten.

Wissenswertes: Die Primel-Arten zeichnen sich durch die Heterostylie ihrer Blüten aus, durch die Fremdbestäubung gewährleistet wird: Bei einem Teil der Individuen stehen die Narben auf langen Griffeln am Blüteneingang und die Staubbeutel deutlich tiefer; bei einem anderen Teil sind die Verhältnisse umgekehrt. Hummeln und Falter, die zuvor eine Blüte mit oben stehenden Staubbeuteln besucht haben, bringen den Pollen am leichtesten auf langgriffelige Blüten, und nur dort vermag er zu keimen. Die langgriffeligen Individuen können sich miteinander nicht fortpflanzen; dasselbe gilt für die kurzgriffeligen.

2 Echte Schlüsselblume
Primula veris

10–20 cm Apr.–Mai ♃ ☐64

Kennzeichen: Blüten dottergelb mit 5 orangefarbenen Flecken am Blütengrund, duftend; sonst der vorigen Art ähnlich.

Vorkommen: Vor allem in der Mitte, im Nordosten und im Süden auf eher trockenen, kalkreichen Böden; lichtliebender als die vorige Art; daher mehr auf Wiesen, an Weg- und Waldrändern, häufig auf Kalk-Magerrasen.

Wissenswertes: Vor allem diese Art dient als Heilpflanze. Deshalb trägt sie auch den Artnamen „Echte Schlüsselblume" (lat. veris = echt). In der Volksmedizin nutzte man die Wurzel als Mittel gegen Rheuma und als Niespulver. Die Blüten mit ihrem angenehmen Honigduft sind Bestandteil verschiedener Hustenmittel. Der volkstümliche Name „Primel" für die Schlüsselblume ist aus dem Lateinischen entlehnt: lat. primula als Verkleinerungsform zu prima = die erste. Er hebt die frühe Blütezeit hervor.

3 Stengellose Schlüsselblume
Primula vulgaris

5–15 cm März–Apr. ♃ ☐64

Kennzeichen: Blüten nicht in Dolden, sondern einzeln grundständig, langgestielt.

Vorkommen: Nur eng begrenzte, weit über das gesamte Gebiet verstreute Vorkommen von Schleswig-Holstein und vom Niederrhein bis in die Alpen; sowohl auf Wiesen als auch in lichten Wäldern.

Wissenswertes: Die Stengellose Schlüsselblume gehört zu den Stammeltern unserer Garten-Primeln.

4 Gewöhnlicher Gilbweiderich
Lysimachia vulgaris

50–120 cm Juni–Aug. ♃ ☙ ☐64

Kennzeichen: Blätter länglich-eiförmig, sehr kurz gestielt, in markanten 3blättrigen Wirteln; Blüten goldgelb, in endständigen Trauben oder Rispen.

Vorkommen: Im gesamten Gebiet recht häufig an Ufern, Gräben, in Erlenbruchwäldern und Weidengebüschen.

Wissenswertes: Wegen der Ähnlichkeit ihrer Blätter mit schmalen Weidenblättern werden Arten aus mindestens 3 verschiedenen Gattungen „Weiderich" oder „Weidenröschen" genannt; der „gelbe Weiderich" ist eine von ihnen.

5 Punktierter Gilbweiderich
Lysimachia punctata

50–120 cm Juni–Aug. ♃ ☐64

Kennzeichen: Blüten gelb, rot punktiert (Name!), jeweils zu 1–4 in den Achseln der oberen Stengelblätter; Blüten größer und Blütenstand länger als bei der vorigen Art.

Vorkommen: Nur im Norden und im Süden häufiger, sonst sehr vereinzelt an Wegen, Gräben und Bahndämmen anzutreffen.

Wissenswertes: Vor allem in traditionellen Bauerngärten ist die Art sehr häufig vertreten. Von dort aus ist dieser ursprünglich auf dem Balkan beheimatete Gilbweiderich an etlichen Orten unabhängig voneinander entwichen und Bestandteil der Wildvegetation geworden.

1 Gelber Enzian
Gentiana lutea

50–100 cm Juni–Aug. ♃ ⏹72

Kennzeichen: Blätter blaugrün, gegenständig, bis 30 cm lang; Blüten am Stengelende und in den Achseln der oberen und mittleren Blätter in Büscheln zu jeweils 3–10.

Vorkommen: In Magerrasen und lichten Gebüschen der hochmontanen und subalpinen Stufe; in den Alpen, im Alpenvorland und auf der Schwäbischen Alb noch vielerorts, in den Mittelgebirgen sonst nur sehr vereinzelt.

Wissenswertes: An den großen gegenständigen, an den Blattscheiden zu Zisternen miteinander verwachsenen Blättern ist der Gelbe Enzian leicht zu erkennen. Die fleischig verdickten Speicherwurzeln enthalten Bitterstoffe, die zu den schärfsten bisher bekannten gehören. Sie wurden jahrhundertelang gesammelt und auf Grund altverbürgter Nutzungsrechte sogar noch bis in unsere Zeit hinein ausgegraben, mancherorts auch aus Feldkulturen gewonnen. Die letzten Vorkommen des Gelben Enzians sind heute streng geschützt. Die Bitterstoffe regen die Speichel- und Magensekretion an und helfen bei Verdauungsstörungen und Appetitlosigkeit. Enzian-Schnäpse und Magenbitter erfreuen sich nicht allein deshalb einer besonderen Beliebtheit.

2 Seekanne
Nymphoides peltata

bis 5 cm Juli–Sept. ♃ ⏹71

Kennzeichen: Schwimmblattpflanze mit seerosenähnlichen (griech. nymphoides), aber nur 8 cm langen Blättern; Blüten zu 2–5 unter Wasser in Blattachseln entspringend und sich über Wasser entfaltend, goldgelb, bis 3 cm im Durchmesser.

Vorkommen: Vor allem an Rhein, Elbe und Oder sowie bei Berlin noch größere Vorkommen in nährstoffreichen, im Sommer gut durchwärmten stehenden und langsam fließenden Gewässern.

Wissenswertes: Über 1,50 m tiefe Gewässer werden von der Seekanne selten besiedelt. Die Samen sind schwimmfähig, werden aber auch im Gefieder von Wasservögeln verbreitet. Die bärtigen Wimpern am Rande der Kron-

blätter sollen die Schauwirkung der Blüten auf Insekten erhöhen.

3 Echtes Labkraut
Galium verum

30–80 cm Juni–Okt. ♃ ⏹75

Kennzeichen: Blätter zu 8–12 in Quirlen, nadelförmig, nur 1–2 mm breit; sehr zahlreiche Blüten in dichten endständigen Rispen, flach ausgebreitet, 2–3 mm breit.

Vorkommen: Im Norden nur zerstreut, sonst weit verbreitet; vor allem auf kalkreichen Magerstandorten; an Wegrändern, auf trockenen Rasen und in Saumgesellschaften.

Wissenswertes: Wegen seines Gehalts an Lab-Enzymen (etwa 1%) wurde das Echte Labkraut sogar zeitweilig angebaut. Eine Marienlegende machte aus dem Kraut, das sehr angenehm nach Waldmeister duftet, die Füllung für die Krippe des Jesuskindes und verbreitete den Namen „Unser-lieben-Frau-Bettstroh". Mit den Wurzeln kann man rotfärben; auch Käse verlieh man damit ein besonders attraktives Aussehen. Getränke erhalten durch blühende Triebe dieser Art Aroma und Farbe. Nur die Erwartungen an die Heilkraft des als „echt" (lat. verus) bezeichneten Krauts haben sich nicht erfüllt.

4 Gewöhnliches Kreuzlabkraut
Cruciata laevipes

20–50 cm Apr.–Juni ♃ ⏹75

Kennzeichen: Blätter eiförmig, bis 2 cm lang, in Quirlen zu viert; Stengel rauhhaarig, aufsteigend; Blüten zu 3–8 in den Achseln der oberen Blätter; sie täuschen einen Quirl vor; Stengel und Blätter mit kurzen, abstehenden Haaren.

Vorkommen: Im Norden nur regional, in der Mitte und im Süden weiter verbreitet; an Ackerrändern und Heckensäumen, in Auwäldern und Ufergehölzen; aber nur selten in größeren Beständen.

Wissenswertes: Das Kreuzlabkraut, das heute in eine von den Labkräutern abgetrennte eigene Gattung gestellt ist, trägt diesen Namen (auch lat. cruciatus = gekreuzt), weil die vier Laubblätter jedes Quirls zwei sich kreuzende Linien bilden.

1

Bunter Hohlzahn
Galeopsis speciosa

30–80 cm   Juli–Aug.   ☉   91

Kennzeichen: Ungewöhnlich gefärbte Blüten: Oberlippe und Seitenlappen der Unterlippe schwefelgelb, Mittellappen violett mit weißen und gelben Flecken.

Vorkommen: In Wald- und Gebüschsäumen, an Weg- und Ackerrändern und auf Schuttplätzen; am ehesten im Norden, im Südosten und Osten des Gebietes anzutreffen; auf stickstoffreichen, nicht zu trockenen Standorten.

Wissenswertes: Die 2 „hohlen Zähne" auf dem Gaumen der Lippenblüte und der unter den gegenständigen Blättern verdickte und steif behaarte Stengel läßt die verwandtschaftliche Nähe zu anderen Hohlzahn-Arten erahnen. Die Größe und die Färbung der Blüten aber nehmen eine Sonderstellung ein; sie sind wirklich ansehnlich und schön, was genau auch das lateinische Adjektiv „speciosus" aussagt.

2

Goldnessel
Lamiastrum galeobdolon

20–50 cm   Apr.–Juni   4   91

Kennzeichen: Eine gelbblühende Taubnessel; Blüte allerdings mit 3- statt mit 2teiliger Unterlippe.

Vorkommen: In krautreichen Wäldern des gesamten Gebietes verbreitet und oft in großen Beständen vertreten.

Wissenswertes: An den langen oberirdischen Ausläufern der Goldnessel fallen die mehr oder weniger deutlich hell gefleckten, grün überwinternden Blätter auf. Die Blätter der langen, kriechenden Ausläufer und der sich erst nach zwei bis drei Jahren bildenden aufrechten, blühenden Triebe sind in Form und Größe deutlich voneinander unterschieden.

3

Großblütige Königskerze
Verbascum thapsiforme
(V. densiflorum)

100–200 cm   Juni–Sept.   ☉   85

Kennzeichen: Stengel wenig verzweigt, nur im oberen Teil manchmal ästig; Blüten 3–4 cm groß, dicht gedrängt in einem langen ährenartigen Blütenstand (**3b**).

Vorkommen: An Wegrändern, auf Schuttplätzen und Industriebrachen; ziemlich weit verbreitet, regional aber auch selten oder ganz fehlend.

Wissenswertes: Die stattliche Pflanze blüht nur ein einziges Mal: Im ersten Jahr bildet sie eine grundständige Rosette aus, im zweiten Jahr den Blütenstand. Nach der Blüte und der Samenreife stirbt sie ab. Wegen ihres dichten Haarfilzes wird sie auch „Wollblume" genannt. Die Behaarung dient ihr als Verdunstungsschutz. Im Weihbund, das in manchen katholischen Gegenden zum Fest Mariä Himmelfahrt (15. August) gesammelt wird, bildet die Königskerze oft den Mittelpunkt.

4

Kleinblütige Königskerze
Verbascum thapsus

80–180 cm   Juni–Sept.   ☉   85

Kennzeichen: Der vorigen Art sehr ähnlich, aber deutlich kleinere Blüten mit nur 1,5 bis 2,5 cm Durchmesser.

Vorkommen: Wie vorige Art.

Wissenswertes: Die dicht behaarten Blütenstände dieser und der vorigen Art sollen früher in Wachs getaucht worden sein und dann als Fackeln gedient haben (Name!). Die am Stengel herablaufenden Blätter führen dem Stengel und damit gezielt den Wurzeln das Regenwasser zu.

5

Schwarze Königskerze
Verbascum nigrum

50–120 cm   Mai–Sept.   ☉   85

Kennzeichen: Staubblätter dunkelviolett behaart (**5a**), ein dunkler Blütenmittelpunkt (Name!); Stengel nach oben zu kantig, oft rötlich-braun gefärbt, fast kahl.

Vorkommen: Noch häufiger als die beiden anderen Königskerzen; ebenfalls auf Ödland, an Wegrändern und auf Schuttplätzen, auch an Ufern und auf Waldlichtungen.

Wissenswertes: Alle drei Königskerzen eignen sich zur Aussaat im Hausgarten, wenn man bereit ist, sich im ersten Jahr mit den Blattrosetten zu begnügen und sich erst im folgenden an den Blüten zu erfreuen.

1 Schwarzes Bilsenkraut
Hyoscyamus niger

30–60 cm Juni–Okt. ☉   83

Kennzeichen: Pflanze zottig-klebrig, stinkend; Blüte 3–4 cm im Durchmesser, hellgelb, mit violetter Aderung und dunkelviolettem Schlund als Saftmalen.

Vorkommen: Sehr zerstreut, auf besonders warmen und stickstoffreichen Standorten; vor allem auf Müllplätzen.

Wissenswertes: Obwohl ursprünglich aus dem Mittelmeerraum stammend, begleitet das Schwarze Bilsenkraut den Menschen in Mitteleuropa seit alters. Die gesamte Pflanze ist stark giftig! Dennoch oder gerade deshalb benutzte man sie im Mittelalter zur Bereitung von Heilmitteln, aber auch von Hexentränken und Hexensalben, von denen eine berauschende und erotisierende Wirkung ausging. Sehr gefährlich war die zeitweilig geübte Praxis, dem Bier Bilsenkrautsamen zuzusetzen.

2 Gewöhnliches Leinkraut
Linaria vulgaris

20–40 cm Juni–Okt. ⚘   85

Kennzeichen: Blätter wechselständig, ungestielt, schmallanzettlich, dem Lein oder Flachs ähnlich (Name!); Blüten in dichter Traube, 2lippig, hellgelb, mit langem Sporn.

Vorkommen: Im gesamten Gebiet an Wegrändern, Bahndämmen und auf sandigem Wildland.

Wissenswertes: Die Art ist auch als „Frauenflachs" und „Wildes Löwenmäulchen" bekannt. Die farblich sich abhebende „Maske" auf der Unterlippe verschließt den Eingang zur Blüte. Nur größere Hautflügler wie Hummeln drücken durch ihr Gewicht die Unterlippe so weit herunter, daß sich das „Mäulchen" für sie öffnet.

3 Wiesen-Wachtelweizen
Melampyrum pratense

10–40 cm Juni–Sept. ☉   85

Kennzeichen: Blätter gegenständig, ganzrandig, ungestielt; spornlose Rachenblüten meist zu zweit, allesamt einseitswendig.

Vorkommen: In bodensauren Eichenwäldern, mageren Rasen und Heiden weit verbreitet, allerdings nicht in Wiesen (die Namen sind hier irreführend).

Wissenswertes: Diese und die nachfolgende Art sind Halbschmarotzer, die mit ihren Saugwarzen aus den Wurzeln benachbarter Blütenpflanzen, auch Bäume und Sträucher, Wasser und die darin gelösten Mineralsalze beziehen. Der Gattungsname bezieht sich auf die weizenähnlichen, mit einem Ameisenanhängsel ausgestatteten Samen. *Melampyrum* ist aus griech. melas = schwarz und pyros = Weizen zusammengesetzt.

4 Kleiner Klappertopf
Rhinanthus minor

10–40 cm Mai–Sept. ☉ ⚘   85

Kennzeichen: Blätter gegenständig, gekerbt, lanzettlich; Blüten seitlich zusammengedrückt, mit Ober- und Unterlippe und gerader Blütenröhre, im Spitzenbereich gedrängt (**4b**).

Vorkommen: Verbreitet in nährstoffarmen Wiesen und Magerrasen auf kalkreichem Untergrund.

Wissenswertes: Dafür, daß die Samen im Wind weit ausgestreut werden, sorgt der zum Windfang vergrößerte, aufgeblasene Kelch. Weil die Samen im trockenen Kelch klappern (Name!), benutzen Kinder die Pflanze gern als Rassel.

5 Gewöhnlicher Wasserschlauch
Utricularia vulgaris

10–35 cm Juni–Aug. ⚘   87

Kennzeichen: Untergetaucht flutende Pflanze mit fein zerteilten Wasserblättern und zum Teil zu Blasen umgebildeten Blattzipfeln (**5b**); über Wasser 4–15 goldgelbe Blüten in lockerer Traube.

Vorkommen: Mit großen Verbreitungslücken über das gesamte Gebiet verstreut; im Schwimmpflanzengürtel kalkarmer, aber nährstoffreicher Gewässer.

Wissenswertes: Die 5 mm großen Blasen oder Schläuche (lat. utriculus = kleiner Schlauch) dienen dem Fang von Kleinkrebsen und Insektenlarven, die zur Verbesserung der Stickstoffversorgung verdaut werden.

1 Gewöhnliche Goldrute
Solidago virgaurea

20–80 cm Juli–Okt. ♃ 94

Kennzeichen: Zahlreiche Blütenkörbchen dicht gedrängt in einem rispigen Blütenstand; Körbchen deutlich größer als bei den beiden folgenden Arten.

Vorkommen: In lichten Wäldern mit ausgeprägter Kraut- und Grasschicht, auf Heiden und Magerrasen weit verbreitet.

Wissenswertes: Der deutsche Gattungs- und der wissenschaftliche Artname sind inhaltsgleich und setzen sich zusammen aus lat. virga = Rute und lat. aureus = golden. Der wissenschaftliche Gattungsname wird von lat. solido = fest oder heilmachen abgeleitet. Er erinnert an die Heilwirkung des Goldrutenkrauts, aus dem Extrakte gewonnen und als harntreibendes Mittel bei Nierenleiden, aber auch bei Rheumatismus angewendet wurden. Äußerlich behandelte man damit schwer heilende Wunden. Mit dem Kraut kann man Wolle goldgelb färben, nach Zufügung von 2% Eisensulfat auch dunkelgrün.

2 Kanadische Goldrute
Solidago canadensis

50–200 cm Juli–Sept. ♃ ✿ 94

Kennzeichen: Wie die folgende Art auffallend durch stattlichen Wuchs und durch den großen, rispenartig verzweigten Gesamtblütenstand; weibliche Zungenblüten so lang wie die zwittrigen Scheibenblüten; Stengel größtenteils deutlich behaart, rötlich.

Vorkommen: Auf Schuttflächen und Industriebrache oft in großen Reinbeständen, gelegentlich auch an Ufern; nur im Norden deutlich seltener, sonst allgemein verbreitet.

Wissenswertes: Die Art kam als Zierpflanze aus Nordamerika in europäische Gärten; von dort verwilderte sie. Damit ist sie ein typischer Neueinwanderer, ein Neophyt, wie die erst in den Jahrhunderten nach der Entdeckung Amerikas aus aller Welt zu uns gelangten Pflanzenarten genannt werden. Wie manche Neophyten besiedelt die Kanadische Goldrute als Pionier „Neuland" unterschiedlichster Art sehr schnell, nicht zuletzt durch unterirdisch kriechende Ausläufer, und bildet dabei Massenbestände, in denen nur wenige andere Arten mithalten können. Wegen ihres vergleichsweise hohen Kautschukgehalts (in den Blättern bis zu 4%) wurden Goldruten-Arten bereits versuchsweise angebaut. Als Heilpflanzen werden auch diese und die folgende Art genutzt; der Gehalt an wirksamen Inhaltsstoffen soll bei beiden deutlich höher liegen als bei der seit alters gebräuchlichen Gewöhnlichen Goldrute.

3 Riesen-Goldrute
Solidago gigantea

50–150 cm Juli–Sept. ♃ ✿ 94

Kennzeichen: Der vorigen Art sehr ähnlich, allerdings Zungenblüten länger als die Scheibenblüten und Stengel größtenteils kahl und grün.

Vorkommen: Ähnlich wie die vorige Art; örtlich unterschiedlich ist einmal die eine oder die andere Art häufiger; oft aber kommen auch beide nebeneinander vor.

Wissenswertes: Diese Art ist genauso wie die vorige in der 2. Hälfte des vorigen Jahrhunderts als Gartenpflanze verwildert. Weil sie meistens etwas kleiner als die Kanadische Goldrute ist, wirkt der Artname (auch lat. giganteus) etwas irreführend.

4 Dürrwurz
Inula conyza

50–80 cm Juli–Aug. ♃ 94

Kennzeichen: Stengel aufrecht, am Grunde leicht verholzt; Blütenkörbchen in einem doldig-traubigen Blütenstand; Zungenblüten im Körbchen nicht sichtbar.

Vorkommen: In lichten Gebüschen und an Waldrändern; vor allem in den Mittelgebirgen, aber auch dort mit größeren Verbreitungslücken.

Wissenswertes: Die früher in eine eigene Gattung gestellte Art wird heute der Gattung *Inula* (Alant) eingegliedert, ohne daß sie allerdings so ansehnlich wie andere Alant-Arten ist. Das nach dieser Gattung benannte Inulin, das für Diabetikergebäck genutzt wird, ist in den Wurzeln verschiedener Korbblütler vertreten, in nutzbaren Mengen am ehesten in Topinambur- und Dahlienknollen.

1 Dreiteiliger Zweizahn
Bidens tripartita

20–120 cm   Juli–Okt.   ☉   94

Kennzeichen: Blütenkörbchen ohne Zungenblüten, etwa 2 cm breit und hoch; Blätter meist 3teilig.

Vorkommen: Auf offenen, nassen Schlammflächen oft massenhaft und weit verbreitet; an verschmutzten Gräben, an Teichufern und auf vernäßtem Brachland.

Wissenswertes: In Siedlungsnähe weist die Art oft gleichzeitig auf Vernässung und Verschmutzung hin, etwa unterhalb von Abflußrohren. Auch auf wechselfeuchten Schlammböden wächst sie oft in großen Beständen und je nach Nährstoffversorgung in sehr unterschiedlicher Größe, manchmal mit bis über 1 m großen Exemplaren. Der Gattungsname nimmt auf die Samen Bezug, die meistens mit 2 widerhakigen Grannen ausgestattet sind und sich nur schwer lösbar in Strümpfen und Hosen, natürlich erst recht im Fell und Gefieder verhaken und so weiter verbreitet werden. Der wissenschaftliche Gattungsname ist – aus lat. bis = doppelt und lat. dens = Zahn zusammengesetzt – nur eine Übersetzung des deutschen Namens.

2 Färber-Hundskamille
Anthemis tinctoria

20–60 cm   Juni–Sept.   ♃   ✿   94

Kennzeichen: Körbchen 3 cm groß und lang gestielt; Blätter graugrün, wollig behaart und 2fach gefiedert.

Vorkommen: Nur regional verbreitet, vor allem in der Mitte und im Süden; zerstreut an Bahndämmen, auf Trockenrasen und Mauern.

Wissenswertes: Weil die Samen häufig in bunten Wiesenblumenmischungen enthalten sind, trifft man die Färber-Hundskamille heute häufiger in Gärten und Siedlungsnähe an. Der deutsche und der wissenschaftliche Artname weisen den bei Massenvorkommen auch für bunte Wildblumensträuße geeigneten Korbblütler als alte Färbepflanze aus: lat. tinctorius = zum Färben geeignet. Um 1 kg Wolle satt gelb zu färben, braucht man mindestens 1 kg Blüten, die entweder frisch oder zuvor getrocknet verwendet werden.

3 Rainfarn
Tanacetum vulgare

40–120 cm   Juli–Okt.   ♃   ✾   94

Kennzeichen: Körbchen knopfförmig (im Volksmund „Soldatenknöpfe"); Blätter gefiedert; die Fiederblättchen tief eingeschnitten und gesägt (**3b**).

Vorkommen: An Weg- und Gewässerrändern, auf Schuttflächen und Brachland.

Wissenswertes: Auf stickstoffreichem Wildland ist oft das Rainfarn-Beifuß-Gestrüpp ein sich über Jahre hinweg fast unverändert haltendes Entwicklungsstadium in der vom Menschen unbeeinflußten Sukzession. Den Namen trägt die Art nicht nur wegen der farnartig gefiederten Blätter, sondern auch wegen der gemeinsamen Verwendung von Rainfarn und Wurmfarn als Mittel gegen Würmer und Ungeziefer bei Hunden und Rindern. Dazu wird das stark riechende Kraut in Hundehütten und Viehboxen ausgestreut.

4 Huflattich
Tussilago farfara

10–30 cm   Febr.–Apr.   ♃   94

Kennzeichen: Goldgelbe Korbblüten schon im ersten Vorfrühling; Blätter erst später erscheinend, rundlich bis herzförmig („hufförmig", Name!) und unterseits graufilzig behaart (lat. farfarus = mehlbestäubt).

Vorkommen: Im gesamten Gebiet häufig in Pioniergesellschaften an Straßen- und Wegrändern, auf Schuttflächen, auf Anschüttungen und in Abgrabungen, sofern der Boden humusarm, aber basenreich ist.

Wissenswertes: Das Massenvorkommen des Huflattichs weist auf Lehm und auf Staunässe hin. Eine Sonderstellung unter den Korbblütlern nimmt der Huflattich insofern ein, als die ca. 300 Zungenblüten weiblich und die 30–40 Röhrenblüten männlich sind. Die Blätter (**4c**) sind wegen ihrer schleimlösenden und entzündungshemmenden Wirkung Bestandteil von Hustenmitteln und werden wegen dieser Eigenschaften in der Volksheilkunde schon seit Jahrhunderten genutzt, was auch im wiss. Gattungsnamen zum Ausdruck kommt: lat. tussis = Husten, lat. ago = treiben, vertreiben, in Bewegung setzen.

1 Schmalblättriges Greiskraut
Senecio inaequidens

20–50 cm Aug.–Dez. ⚇ ✿ 94

Kennzeichen: Blätter wechselständig, linealisch schmal (Name!), fast ganzrandig.

Vorkommen: In einigen Regionen massenhaft auf Banketten von Straßen, in Bahn- und Hafengeländen.

Wissenswertes: Die erste Greiskraut-Art ist zugleich die jüngste in Mitteleuropa, ein Neophyt, der sich gerade zur Zeit in rasender Ausbreitung befindet. Seine Heimat ist Südafrika. Wahrscheinlich ist er mit Wolleballen eingeschleppt worden. Zu den Ausgangspunkten für die Besiedlung gehören offensichtlich der westliche Teil des Rheinisch-Westfälischen Industriereviers und die Unterweser. An den Autobahnen kann man Jahr für Jahr die Ausbreitung der Art verfolgen, die stellenweise Reinbestände bildet und dadurch auffällt, daß sie bis in den Winter hinein blüht.

2 Fuchs-Greiskraut
Senecio fuchsii

60–150 cm Juli–Sept. ⚇ ✿ 94

Kennzeichen: Blätter breit-lanzettlich, gezähnt; Blütenkörbchen meistens nur mit 5 Zungenblüten.

Vorkommen: Auf Kahlschlägen und Waldlichtungen des Hügel- und Berglandes.

Wissenswertes: Seinen Namen erhielt das Fuchs-Greiskraut zu Ehren des Tübinger Arztes und Kräuterbuch-Autors Leonhart Fuchs, der von 1501 bis 1566 lebte.

3 Jakobs-Greiskraut
Senecio jacobaea

30–100 cm Juni–Sept. ⚇ ✿ 94

Kennzeichen: Blätter tief eingeschnitten, fiederteilig; Blütenkörbchen mit 13 flach ausgebreiteten Zungenblüten (**3b**).

Vorkommen: An Wegen und Rainen allgemein verbreitet; stellenweise auch auf einschürigen Wiesen.

Wissenswertes: Ebenso wie die anderen Greiskraut-Arten enthält auch diese für Menschen und Tiere gleichermaßen giftige Alkaloide. Vom Weidevieh wird das Jakobs-Greiskraut meistens gemieden, so daß die Bauern es schon deshalb als Weideunkraut betrachten. Schlimmer aber noch ist es, wenn das Kraut tatsächlich vom Vieh gefressen wird. Dann kommt es zu gefährlichen Vergiftungen, die bei Kleintieren sogar tödlich sein können. Der Name weist auf die Blütezeit im Hochsommer um Jakobi (25. Juli) hin.

4 Klebriges Greiskraut
Senecio viscosus

10–50 cm Juni–Okt. ☉ 94

Kennzeichen: Pflanze drüsig-klebrig (**4b**); Zungenblüten meistens zurückgerollt; unangenehmer, bisamartiger Geruch.

Vorkommen: Überall auf Stein- und Schotterflächen, auf Schuttplätzen, Brandstellen und Kahlschlägen zu erwarten.

Wissenswertes: Das Klebrige Greiskraut ist ein echter Pionier, der oft als erste Blütenpflanze aufgeschüttetes steiniges Material besiedelt. Der klebrige Stengel (Name!) hindert Ameisen und andere als Bestäuber unzuverlässige Insekten daran, zu den Blütenkörbchen emporzuklettern.

5 Gewöhnliches Greiskraut
Senecio vulgaris

10–30 cm ganzjährig ☉ 94

Kennzeichen: Blütenkörbchen unscheinbar, fast immer ausschließlich aus Röhrenblüten bestehend.

Vorkommen: Sehr häufig als Unkraut in Gärten und auf Hackfruchtfeldern; vor allem auf stickstoffreichen Böden.

Wissenswertes: Die Greiskräuter werden in vielen Büchern immer noch „Kreuzkräuter" genannt, obwohl man rein gar nichts an ihnen findet, was diesen Namen rechtfertigte: also weder Kreuzblüten noch etwa kreuzgegenständig angeordnete Blätter. Der Name ist nur durch Verballhornung aus „Greiskraut" zu erklären. Und für diesen Namen gibt es eine gute Begründung: Der reife Haarkelch, der zur Windverbreitung der Früchte dient, lugt schon zur Blütezeit aus der Hülle mancher Körbchen und erinnert an das graue Haupthaar eines Greises. Auch „*Senecio*" geht auf lat. senex = Greis zurück.

1 Golddistel
Carlina vulgaris

10–40 cm Juli–Sept. ☉ |94|

Kennzeichen: Stengel mit mehreren 2–3 cm großen, gelblichen Blütenkörbchen; Blätter lanzettlich, stachelig-gezähnt.

Vorkommen: Außer im Nordwesten im gesamten Gebiet verstreut auf Magerrasen und in Gebüschsäumen; nur auf warmen, kalkreichen Standorten.

Wissenswertes: Die nahe Verwandtschaft mit der Silberdistel (S. 152) ist auf den ersten Blick nicht zu erkennen. Und doch hat die insgesamt häufigere, aber durch landwirtschaftliche Intensivierung und Überdüngung stark rückläufige Golddistel vieles mit der Silberdistel gemeinsam, vor allem die Anpassung an trockene Standorte, die Öffnungs- und Schließbewegungen der hygroskopischen Hüllblätter und die Wehrhaftigkeit gegen Viehverbiß. Auf Kalkmagerrasen, die oft Naturschutzgebiete sind, trifft man die Golddistel noch ziemlich regelmäßig an.

2 Berg-Wohlverleih
Arnica montana

20–60 cm Juni–Aug. ♃ |94|

Kennzeichen: Nur 1–3 Blütenkörbchen je Pflanze, mit etwa 5 cm Durchmesser; Blätter in grundständiger Rosette; nur 1–2 Paar gegenständige Stengelblätter.

Vorkommen: Nur noch sehr zerstreut auf nährstoff- und kalkarmen Wiesen und Heiden sowie in lichten Wäldern, vor allem im Bergland; in den Alpen, im Erzgebirge und Bayerischen Wald allerdings noch weiter verbreitet; im Norden und in den Mittelgebirgen sind viele ehemalige Vorkommen erloschen.

Wissenswertes: Die Art ist unter ihrem schwer ableitbaren wissenschaftlichen Gattungsnamen, also als „Arnika", als seit alters genutzte Heilpflanze bekannt. Daß sie auch heute noch immer seltener wird, liegt kaum am längst verbotenen Sammeln der Blütenkörbchen und der unterirdischen Pflanzenteile, sondern an der Belastung ihrer Standorte durch Düngung und intensive Grünlandnutzung. Wer der Arnika-Tinktur vertraut, wenn es um Prellungen und Blutergüsse zu behandeln

gilt, sollte in jedem Falle auf Fertigpräparate zurückgreifen, deren Pflanzenanteil aus Kulturen und nicht aus der Natur stammt.

3 Kohl-Kratzdistel
Cirsium oleraceum

30–120 cm Juni–Okt. ♃ |94|

Kennzeichen: Pflanze eigentlich nicht distelartig; Blütenkörbchen gelblichweiß, endständig, dicht gedrängt, von gelbgrünen, kohlblattartig wirkenden Hochblättern umhüllt (Name!); Blätter mit weichen, nicht stechenden Dornen, bewimpert, die oberen stengelumfassend.

Vorkommen: Verbreitet auf nährstoffreichen, nassen, aber zumindest wechselfeuchten Standorten in Feuchtwiesen, Gräben, Sümpfen und an Ufern.

Wissenswertes: Die Kohl-Kratzdistel wird durch Düngung und durch Nährstoffanreicherung infolge von Umweltverschmutzung gefördert. Im Grünland ist sie weder als Viehfutter noch im Heu besonders geschätzt. Ihr wissenschaftlicher Artname nach lat. oleraceus = gemüseartig hat nichts mit ihrer Verwendung oder ihrem Futterwert zu tun, sondern bezieht sich wie der Namensteil „Kohl" nur auf das Erscheinungsbild des Gesamtblütenstandes.

4 Ferkelkraut
Hypochoeris radicata

20–50 cm Juni–Okt. ♃ |94|

Kennzeichen: Pflanze mit weißem Milchsaft; alle Scheibenblüten zungenförmig; Blätter in grundständiger Rosette, entfernt löwenzahnartig buchtig gezähnt; am Blütenschaft nur Blattschuppen.

Vorkommen: Allgemein verbreitet, doch gebietsweise selten; vor allem an Wegrändern, auf mageren Wiesen und Weiden; oft auf sandigen Böden.

Wissenswertes: Zumindest dem Namen nach ist die Pflanze – wahrscheinlich mit ihren Wurzeln – für Ferkel eine besondere Delikatesse. Das bringt auch der wissenschaftliche Name zum Ausdruck, der sich aus griech. hypo = unterhalb und griech. choiros = Ferkel oder Schwein zusammensetzt und durch den Hinweis auf lat. radix = Wurzel (radicatus = zur Wurzel gehörig) ergänzt wird.

1a 1b 2 3a 3b 4

Blütenpflanzen

1 Wiesen-Löwenzahn
Taraxacum officinale

10–50 cm Apr.–Okt. ⅟ [94]

Kennzeichen: Allgemein bekannte Pflanze mit grundständiger Rosette aus buchtig eingeschnittenen, grob gezähnten Blättern (Name!) und jeweils 1 Blütenkörbchen auf dem unbeblätterten Schaft; sich innerhalb weniger Tage zu den bei Kindern beliebten Pusteblumen entwickelnd (**1b**).

Vorkommen: Auf Grünland aller Art überall häufig, aber auch auf Wegschotter und Mauerkronen; besonders häufig und aspektbildend auf gedüngten Kuhweiden (daher der volkstümliche Name „Kuhblume").

Wissenswertes: Obwohl er zur Samenbildung keiner Bestäubung und damit auch keines Insektenbesuchs bedarf, spendiert der Löwenzahn Bienen und etlichen anderen Besuchern reichlich Pollen und Nektar. Hier handelt es sich um einen der wenigen Fälle von Apomixis, d.h. einer eingeschlechtigen Samenbildung ohne vorausgehende Befruchtung. Sie ist Ursache für die große Formenvielfalt oft sogar bei Blättern benachbarter Pflanzen. Diese Formenvielfalt entsteht durch Mutationen und bleibt hier leichter erhalten, während sie bei den im allgemeinen zweigeschlechtlichen Pflanzen infolge der Mischung des Erbgutes meistens wieder nivelliert wird. Ein Körbchen umfaßt bis zu 200 Blüten. Trotz des reichen Nektarangebots soll es des Besuchs von 125000 Blütenkörbchen bedürfen, bevor Bienen den Nektar für 1 kg Honig eingesammelt haben. Der Name „Butterblume" erinnert nicht nur an die Blütenfarbe, sondern auch daran, daß man mit den Blüten früher die Butter gefärbt hat. Ein Salat aus frischen Löwenzahn-Blättern ist zwar bitter, aber appetitanregend und gesund, vor allem harntreibend und blutreinigend.

2 Herbstlöwenzahn
Leontodon autumnalis

20–50 cm Juli–Okt. ⅟ [94]

Kennzeichen: Stengel gabelig verzweigt; im Körbchen nur Zungenblüten und ein Blütenboden ohne Spreublätter; Blätter wie beim Wiesen-Löwenzahn (vgl. oben) kahl und eingebuchtet, aber nicht so tief und so scharf gesägt.

Vorkommen: Überall vertreten, vor allem auf fetten Weiden.

Wissenswertes: Die Blattform ist das gleich mehrere Körbchenblütler verbindende Element, das beim Herbstlöwenzahn nicht nur im deutschen, sondern auch im wissenschaftlichen Artnamen seinen Niederschlag gefunden hat. Er ist nämlich aus griech. leon = Löwe und griech. odous = Zahn zusammengesetzt. Der Zusatz „Herbst" (lat. autumnalis = herbstlich) verweist auf die im Vergleich zum Wiesen-Löwenzahn späte Blütezeit.

3 Gewöhnliches Bitterkraut
Picris hieracioides

30–80 cm Juli–Okt. ☉–⅟ [94]

Kennzeichen: Blätter rauh, borstig, schmal und ungeteilt, an den Rändern buchtig gezähnt; Pflanze mit Milchsaft; Körbchen mit gelben bis goldgelben Zungenblüten, zu mehreren in einem lockeren Gesamtblütenstand.

Vorkommen: An Wegen und in Gebüschsäumen, auch in Wiesen- und Rasengesellschaften; in den Mittelgebirgen zum Teil ausgesprochen häufig.

4 Wiesen-Bocksbart
Tragopogon pratensis

30–80 cm Mai–Aug. ☉ [94]

Kennzeichen: Blätter linealisch; Hüllblätter 8, lang, die Kronblätter deutlich überragend.

Vorkommen: Im gesamten Gebiet auf nährstoffreichen Böden; auf Wiesen und an Wegrändern.

Wissenswertes: Die Art hat besonders kunstvoll und effektiv konstruierte Flugfrüchte mit Fallschirmchen. Diese verfügen über eine nahezu geschlossene Tragfläche, die dadurch entsteht, daß die Strahlen des radförmigen Haarkranzes durch Fiederhärchen miteinander verbunden sind. Es lohnt sich, dieses Muster einmal näher mit der Lupe zu betrachten. Die gefiederten Härchen auf jeder Frucht sollen an einen Ziegenbart erinnern und Anlaß für den deutschen wie den wissenschaftlichen Gattungsnamen sein (griech. tragos = Bock und griech. pogon = Bart).

1

Kohl-Gänsedistel
Sonchus oleraceus

30–80 cm　Juni–Okt.　☉　　　　94

Kennzeichen: Stengel ästig verzweigt; Blätter hell blaugrün, weich, unbehaart; Stengelblätter mit zugespitzten Öhrchen stengelumfassend; Blüten hellgelb.

Vorkommen: In Unkrautgesellschaften an Wegrändern, in Gärten und Äckern, oft auch auf Schutt; weit verbreitet; immer auf nährstoffreichen Böden.

Wissenswertes: Dieser schon in prähistorischer Zeit nach Mitteleuropa gelangte Kulturbegleiter ist inzwischen durch den Menschen weltweit verbreitet worden. Dazu tragen zusätzlich allerdings auch die mit Fallschirmchen ausgestatteten Früchte bei, die der Wind oft über 10 km weit verweht. Daß sie im Boden bis über 1 m tief zu wurzeln vermag, ist für eine nicht ausdauernde Pflanze schon eine beachtliche Leistung. Die Artnamen im Zusammenhang mit „Kohl" und lat. oleraceus = gemüseartig oder als Gemüse verwendbar sind Hinweise darauf, daß die Kohl-Gänsedistel in früheren Jahrhunderten auch dem Menschen und nicht nur den Tieren – wie etwa den Gänsen – als Nahrung diente. Das ermöglichten vor allem die weichen und nicht starr-stachelig gezähnten Blätter.

2

Acker-Gänsedistel
Sonchus arvensis

50–120 cm　Juli–Sept.　♃　　　　94

Kennzeichen: Stengel einfach, erst an der Spitze verzweigt, dicht drüsig behaart; Blätter lanzettlich, fiederspaltig gebuchtet, dornig gezähnt, sitzend; Blütenköpfchen goldgelb.

Vorkommen: Ähnlich weit verbreitet und an denselben Orten anzutreffen wie die vorige Art; auch Salz ertragend.

Wissenswertes: Bei den gelben drüsigen Haaren am Stengel und am Hüllkelch ist noch ungeklärt, ob sie vornehmlich dem Verdunstungsschutz dienen oder zu den Blütenköpfen aufwärtskriechende „unerwünschte" Besucher fernhalten sollen. Wahrscheinlich hat sich dieses Merkmal als insgesamt für die Art vorteilhaft erwiesen, weil es sich sowohl in der einen als auch in der anderen Weise positiv auswirkt. Im Gegensatz zur vorigen Art ist die Acker-Gänsedistel ausdauernd.

3

Kompaß-Lattich
Lactuca serriola

50–120 cm　Juni–Sept.　☉　　　　94

Kennzeichen: Blaugrüne Blätter: die unteren fiederlappig, die oberen ungeteilt, mit unterseits stacheliger Mittelrippe (deshalb auch Stachel-Lattich genannt; ebenfalls lat. serrulus = fein gesägt); kleine Blütenkörbchen mit nur wenigen gelben Zungenblüten.

Vorkommen: Weit verbreitet an Wegrändern und in Unkrautfluren, auf Schuttplätzen und oft an Mauern.

Wissenswertes: Ihren Namen hat diese Art erhalten, weil sie sehr deutlich auf intensive Sonneneinstrahlung reagiert, der sie auszuweichen versucht. Bei Sonnenschein sind die Blattflächen senkrecht gestellt; die Blattspitzen weisen nach Norden und Süden. Dieses Verhalten und die extrem tief greifenden Wurzeln (bis 2 m) weisen den Kompaß-Lattich als ehemalige Steppenpflanze aus, die aus dem Südosten zu uns kam. Auf den weißen Milchsaft nimmt der wissenschaftliche Gattungsname Bezug, der auf lat. lac = Milch zurückgeht und auch die Wurzel für den deutschen Namen „Lattich" lieferte.

4

Mauerlattich
Mycelis muralis

40–80 cm　Juni–Sept.　♃　　　　94

Kennzeichen: Staude kahl; Blätter fiederspaltig, grob gezähnt; Körbchen meistens mit nur 5 blaßgelben Blüten, in einer lockeren Rispe angeordnet.

Vorkommen: In krautreichen Wäldern und auf Waldlichtungen, gern an schattigen Mauern (Name!) und Felsen, auch auf Kopfbäumen und in Astgabeln (als Epiphyt); nur im Nordwesten seltener, sonst weit verbreitet.

Wissenswertes: Auch diese Art enthält weißen Milchsaft und trägt somit den Namen „Lattich" zu Recht, was nicht immer der Fall ist; man denke nur an den milchsaftfreien Huflattich. Im übrigen gilt der Mauerlattich bei verstärktem Vorkommen im Walde als Störungsanzeiger.

1   Wiesen-Pippau
Crepis biennis

50–100 cm   Mai–Aug.   ☉   94

Kennzeichen: Wiesenpflanze mit aufrechtem gefurchten Stengel; Blütenkörbchen goldgelb, 3 cm groß; Blätter wie Löwenzahnblätter buchtig gezähnt, fast fiederspaltig.

Vorkommen: Allgemein verbreitet; vor allem auf Fettwiesen und an Wegrändern.

Wissenswertes: Diese Art wird auf Wiesen gar nicht gern gesehen, weil sie hartes Heu liefert und vom Vieh meistens verschmäht wird. Die Vorläufer ihres heutigen deutschen Namens sind schon im Althochdeutschen belegt.

2   Rainkohl
Lapsana communis

30–120 cm   Juni–Okt.   ☉   94

Kennzeichen: Stengel aufrecht, ästig verzweigt, milchsaftführend; die Blätter von oben nach unten: lanzettlich-elliptisch-fiederspaltig; Blütenkörbchen mit 8–12 blaßgelben Zungenblüten in einer lockeren Rispe.

Vorkommen: In Gärten, auf Äckern, an Wegrändern und in Saumgesellschaften; auf nährstoffreichen, oft etwas beschatteten Standorten.

Wissenswertes: Die Blütenkörbchen sind nur vormittags ausgebreitet und bleiben bei bedecktem Himmel ganz geschlossen. Der Name weist daraufhin, daß der Rainkohl als Gemüse oder Salat gegessen werden kann.

3   Kleines Habichtskraut
Hieracium pilosella

5–30 cm   Mai–Okt.   ♃   94

Kennzeichen: Blütenkörbchen einzeln auf unverzweigten, blattlosen Stengeln; Blätter in einer Rosette, graufilzig, eiförmig.

Vorkommen: An Wegrändern und auf Triften, auch in manchen Kiefernwäldern; immer auf trockenen, sauren und nährstoffarmen Standorten, gern auch auf Mauern.

Wissenswertes: Das Kleine Habichtskraut ist seinem Trockenstandort bestens angepaßt und sehr gut gegen Austrocknung geschützt, u. a. durch seine starke Behaarung. Außerdem

kann es seine Blätter nach oben einrollen, wodurch die helle, das Licht reflektierende Unterseite nach außen gelangt. Die kleinen, rasenbildenden Pflänzchen haben beblätterte Ausläufer, die zur Verdichtung und Vergrößerung der rasigen Bestände durch vegetative Vermehrung beitragen.

4   Wald-Habichtskraut
Hieracium sylvaticum

30–60 cm   Juni–Aug.   ♃   94

Kennzeichen: Blütenstand sparrig verzweigt, aber nur bis zu 10 Blütenkörbchen; Köpfchenstiele drüsig; Blätter weich, dunkelgrün, ungefleckt, grob gezähnt.

Vorkommen: Im Norden nur vereinzelt, sonst in lichten Wäldern und Gebüschen, an Waldrändern und Waldwegen; auf humosen, kalkarmen Böden verbreitet.

Wissenswertes: Die Habichtskräuter sind die artenreichste Pflanzengattung Mitteleuropas. Die Aufspaltung in so viele Arten erfolgte außer durch Mutation auch durch Bastardierung verschiedener Formen und die nachfolgende Bewahrung der Erbkombinationen. Das ist dadurch möglich, daß es bei vielen Habichtskrautarten die beim Löwenzahn (vgl. S. 208) beschriebene eingeschlechtige Vermehrung oder Apomixis gibt. Allein vom Wald-Habichtskraut wurden über 300 verschiedene Sippen beschrieben.

5   Doldiges Habichtskraut
Hieracium umbellatum

30–100 cm   Juli–Okt.   ♃   94

Kennzeichen: Stengel reich beblättert (meistens mehr als 20), Grundblätter früh verdorrt; Blätter linealisch-lanzettlich, am Rande oft umgerollt; Gesamtblütenstand der einzelnen Körbchen eine Doldenrispe bildend.

Vorkommen: In lichten Wäldern und Gebüschen, an Wald- und Wegrändern, manchmal auch auf Wiesen und Triften; immer auf kalkarmen Böden; trotz einiger Verbreitungslücken allgemein weit verbreitet.

Wissenswertes: Der wissenschaftliche Gattungsname soll auf griech. hierax = Habicht zurückgehen und der deutsche Name nur eine Übersetzung sein.

1 Beinbrech
Narthecium ossifragum

10–30 cm　Juli–Aug.　♃　　　100

Kennzeichen: Blüten in einer endständigen, lockeren Traube, langgestielt, sternförmig, mit ziegelroten Staubbeuteln (**1c**); Blätter grundständig, schwertförmig (**1b**).

Vorkommen: Nur im Nordwesten, vor allem im Tiefland, aber auch in niederschlagsreichen Lagen im Rheinischen Schiefergebirge; immer auf moorigen, torfigen und extrem stickstoffarmen Standorten; insgesamt nur punktuelle Verbreitung.

Wissenswertes: Der Beinbrech, der auch Moorlilie genannt wird, gilt als eines der Paradebeispiele für die Beschränkung des Verbreitungsgebietes auf niederschlagsreiche, wintermilde Regionen, also auf den atlantischen Klimabereich. Die wichtigsten Lebensräume dieser Art, die Hochmoore und Feuchtheiden im Tiefland und die Hangmoore einiger Mittelgebirge, sind vielerorts durch Eutrophierung und durch Austrocknung gefährdet. Unbedingt erklärungsbedürftig ist der deutsche Name „Beinbrech", der gleichbedeutend mit dem wissenschaftlichen Artnamen „*ossifragum*" ist, allerdings sowohl mit „knochenbrüchig" als auch mit „Knochenbrüche heilend" übersetzt werden kann. Entsprechend widersprüchlich sind auch die Erklärungsversuche. Weist der Name auf Heilwirkung bei Knochenbrüchen oder aber auf den Volksglauben hin, daß das Weidevieh brüchige Knochen bekommt, wenn es von diesen Pflanzen frißt? Zur ersten Version paßt recht gut der wissenschaftliche Gattungsname: lat. narthecium = Salbenbüchse.

2 Weißer Germer
Veratrum album

50–150 cm　Juni–Aug.　♃　　　100

Kennzeichen: Kräftige aufrechte Pflanze mit gelbgrünen, oft auch weißlichen Blüten in reichblütigen Rispen (**2b**); Blätter breit-oval, stark gerieft, im Gegensatz zum Gelben Enzian wechselständig.

Vorkommen: In den Alpen und Voralpen in Höhenlagen zwischen 500 und 2500 m ziemlich weit verbreitet und örtlich sogar häufig; vor allem in Hochstaudenfluren, auf Almen und anderen Bergweiden; auf kalkhaltigen, frischen bis nassen Böden.

Wissenswertes: Weil er zu den gefährlichsten Giftpflanzen Mitteleuropas gehört, ist der Germer glücklicherweise aus dem Pflanzenrepertoire der Volksmedizin inzwischen völlig getilgt. Der wichtigste Inhaltsstoff ist das Alkaloid Protoveratrin, das starke blutdruck- und herzfrequenzsenkende Wirkungen zeitigt. Erfahrenes Weidevieh läßt den Weißen Germer stehen und fördert durch starke Beweidung der ihn umgebenden Flächen natürlich indirekt seine Ausbreitung. Bei Schafen, Ziegen und Kälbern wurden tödliche Vergiftungen beobachtet. Kein Wunder, daß man den Weißen Germer als Weideunkraut betrachtet und ihn gelegentlich durch Ausgraben des Wurzelstocks zurückzudrängen versuchte. Da er auch auf Insekten und Milben tödlich wirkt, hat man ihn auch zur Bekämpfung der Außenparasiten von Haustieren benutzt. Die auffällige, zu den Liliengewächsen gehörende Giftpflanze wurde bereits von den Römern „Veratrum" genannt.

3 Wald-Goldstern
Gagea lutea

10–20 cm　März–Apr.　♃　　　100

Kennzeichen: Nur 1 grundständiges Blatt, das fast 1 cm breit ist und an der Spitze eine kleine Kapuze bildet; Blüten an der Stengelspitze in einer Scheindolde, lang gestielt.

Vorkommen: Nur gebietsweise in Laubmischwäldern auf nährstoffreichen Böden, vor allem in Auenwäldern mit zeitweilig hohem Grundwasserstand, seltener im Grünland.

Wissenswertes: Unter den 7 mitteleuropäischen Goldsternarten ist der Wald-Goldstern die am weitesten verbreitete Art. Er gehört zu den Frühblühern unserer artenreichen Laubwälder, ist aber den Massenblühern meistens nur einzeln beigemischt und zieht bereits im Frühsommer wieder ein. Bis dahin hat er die erforderlichen Reservestoffe in den zu Brutzwiebeln fleischig verdickten Blattscheiden deponiert. Die Gattung *Gagea* wurde nach Sir Thomas Gage (1781–1820), einem bedeutsamen Förderer der englischen Wissenschaften, benannt.

1 Gelbe Narzisse
Narcissus pseudo-narcissus

10–40 cm März–Mai ♃ |101|

Kennzeichen: Wildform der bekannten „Osterglocke"; Blüten meist einzeln am Stengel, waagerecht oder etwas nach oben abstehend; Nebenkrone etwa so lang wie die 6 meist abgespreizten Blütenhüllblätter; Laubblätter 4–6, schmallinealisch.

Vorkommen: Nur im Westen auf einigen Bergwiesen der Eifel, des Hunsrücks, der Vogesen und des westlichen Alpenvorlandes; dort stellenweise in großen Beständen.

Wissenswertes: Mit ihrer stattlichen Nebenkrone, die auch „Trompete" genannt wird, gehören die Narzissen zu den beliebtesten Zwiebelgewächsen in Gärten und Parks. Wegen ihrer Blütezeit um das Osterfest werden sie auch „Osterglocken" oder „Osterschellen" genannt. Obwohl deutlich kleiner, ist die Wildform der Narzisse ebenfalls sehr eindrucksvoll. Wenn sich auf der Bergwiese zwischen noch graufahlen Grasbulten im Frühling oft Tausende gelber Glocken entfalten, dann ist das schon ein überwältigendes Bild und für die Naturschützer in der Eifel der Anlaß, ihr alljährliches Narzissenfest zu feiern. Vor allem Hummeln kriechen in die „Trompete", um an den Nektar zu gelangen, der an ihrem Grunde abgesondert wird. Neben den durch Ameisen verbreiteten Samen tragen die eiförmigen, knapp 4 cm großen Zwiebeln zur Erhaltung, Ausbreitung und Verdichtung der inzwischen erfreulicherweise zumeist geschützten Bestände dieser Art bei.

2 Sumpf-Schwertlilie
Iris pseudacorus

50–100 cm Mai–Juni ♃ |102|

Kennzeichen: Mit 8–10 cm großen gelben, dunkler geaderten äußeren Blütenhüllblättern (**2b**) und den 1–3 cm breiten schwertförmigen Blättern weder zu übersehende noch zu verwechselnde Art.

Vorkommen: Noch im gesamten Gebiet weit verbreitet an stehenden und fließenden Gewässern, in Verlandungsgesellschaften und in Waldsümpfen; vor allem in der Ebene und im Hügelland.

Wissenswertes: Um den Blütenaufbau der Iris zu verstehen, muß man wissen, daß die 3 Griffeläste blumenblattähnlich gestaltet sind. Sie bilden zusammen mit den äußeren Blütenhüllblättern 3 Röhren, aus denen nur langrüsselige Insekten, vor allem Hummeln, den Nektar holen können. Beim Eindringen in die Röhre berühren sie die lippenartige, empfängnisfähige Schuppe, die beim Zurückweichen geschlossen wird, so daß Selbstbestäubung mit dem von den Staubbeuteln abgestreiften Pollen unterbleibt. Die geldrollenartig in den langgestreckten Kapseln angeordneten Samen (**2c**) können bis zu 1 Jahr lang auf dem Wasser schwimmen und dann noch keimen. Unterirdisch hat die Sumpf-Schwertlilie ein kräftiges Speicherrhizom, dessen Jahreszuwachs man an der Verjüngung zum Ende der jeweiligen Vegetationsperiode erkennen kann. Während der deutsche Name der insgesamt giftigen Pflanze den Lebensraum und die Blattform anspricht, erinnert der wissenschaftliche Name an die Göttin des Regenbogens und an die Ähnlichkeit mit Kalmusblättern (*pseudacorus* = falscher Kalmus).

3 Frauenschuh
Cypripedium calceolus

20–50 cm Mai–Juni ♃ |103|

Kennzeichen: Blüte mit schuhartig aufgeblasener Lippe (Name!), größer als alle anderen mitteleuropäischen Orchideenblüten.

Vorkommen: Selten, am ehesten noch im Süden und Südosten; in Wäldern, Gebüschen und Trockenrasen auf Kalk.

Wissenswertes: Weil Grabbienen, die in den „Schuh" fallen, diesen wegen der glatten Wände nur auf einem bestimmten Weg verlassen können, auf dem sie mit der Narbe und dem Pollen in Berührung kommen, werden sie zur Bestäubung geradezu gezwungen. Die Seltenheit und die Notwendigkeit strengsten Schutzes für diese edelste heimische Orchidee wird sofort verständlich, wenn man bedenkt, daß sie erst nach 16 Jahren – davon die längste Zeit in enger Symbiose mit einem Pilz – erstmalig blüht. Ihr Name setzt sich aus sypria, einem Beinamen der Venus, und griech. pedilon = Schuh sowie lat. calceolus = kleiner Schuh zusammen.

1 Floh-Knöterich
Polygonum persicaria

10–60 cm   Juni–Okt.   ☉   69

Kennzeichen: Stengel verzweigt, kahl; Blätter lanzettlich, meistens mit schwarzem Fleck, der im Volksmund „Deiwelschitt" heißt.

Vorkommen: Fast überall in Mitteleuropa auf Äckern, in Gärten und auf Schuttplätzen anzutreffen.

Wissenswertes: Bei allen Knöterich-Arten tragen die Stengel deutlich verdickte Knoten (Name!). Der wissenschaftliche Gattungsname greift die reiche Samenproduktion auf: griech. polys = viel, griech. genos = Same. Speziell diese Art soll man früher zum Vertreiben von Flöhen benutzt haben (Name!).

2 Wasser-Knöterich
Polygonum amphibium

bis 15 cm   Juni–Sept.   ♃   69

Kennzeichen: Stengel entweder im Wasser flutend, langgestreckt und kahl oder aber auf dem Trockenen, dann klebrig behaart und mit deutlich schmaleren Blättern.

Vorkommen: Mit einigen Verbreitungslücken im gesamten Gebiet heimisch; vor allem in Teichrosengesellschaften stehender Gewässer und Uferröhrichten, manchmal auch auf feuchten Wiesen und vernäßten Äckern.

Wissenswertes: Die Art ist überaus anpassungsfähig und kann sowohl Wasser- als auch Landbiotope besiedeln und sich auch gestaltlich in den verschiedenen Lebensräumen unterscheiden. Die Wasserform wurzelt im Schlammboden und hat Schwimmblätter mit allen dafür typischen Merkmalen.

3 Schlangen-Knöterich
Polygonum bistorta

30–80 cm   Mai–Aug.   ♃ ✿   69

Kennzeichen: Stengel unverzweigt; Blütenstände dicht, walzenförmig, bis 1 cm dick und 9 cm lang.

Vorkommen: Mehr im Berg- und Hügelland, deshalb im Norden in weiten Teilen nicht vertreten; auf feuchteren Wiesen und an Ufern.

Wissenswertes: Der deutsche und der wissenschaftliche Artname beschreiben ein markantes Merkmal, den verdickten und schlangenförmig gewundenen Wurzelstock, der früher im Sinne der Signaturenlehre als schützend und heilsam bei Schlangenbissen galt. Der wissenschaftliche Artname ist aus lat. bis = zweimal und lat. tortus = gedreht zusammengesetzt. Die einzelnen dichten Knöterichflecken innerhalb der Wiesen gehen auf die weit kriechenden Ausläufer und die vegetative Vermehrung zurück. Sie werden auf der Weide vom Vieh gemieden, als gemähtes Grünfutter und Heu jedoch verzehrt. Mit ihrem hohen Gerbstoffgehalt wirkt die „Schlangenwurzel" entzündungshemmend und blutgerinnungsfördernd. Die frischen Sprosse und Blätter ergeben ein vorzügliches Gemüse.

4 Ampfer-Knöterich
Polygonum lapathifolium

20–80 cm   Juli–Sept.   ☉   69

Kennzeichen: Dem Floh-Knöterich ähnlich, jedoch Rand der Blattscheiden kaum bewimpert (Floh-Knöterich: lang bewimpert).

Vorkommen: Fast so weit verbreitet wie der Floh-Knöterich; vor allem auf feuchten, nährstoffreichen Böden.

Wissenswertes: Der Ampfer-Knöterich wirkt wie ein besonders kräftiger Floh-Knöterich.

5 Vogel-Knöterich
Polygonum aviculare

1–30 cm   Juni–Nov.   ☉   69

Kennzeichen: Stengel verzweigt, oft auf dem Boden liegend (**5a**), sonst aufsteigend; Blüten unscheinbar, einzeln oder bis zu 5 in den Blattwinkeln (**5b**).

Vorkommen: Überall anzutreffen, einerseits in Trittgesellschaften auf Wegen und in Pflasterritzen, andererseits auch auf Äckern und Gartenbeeten.

Wissenswertes: Als Vogelfutter für Körnerfresser finden die Samen schon seit je her Verwendung. Darauf nehmen auch der deutsche und der wissenschaftliche Artname Bezug (lat. avis = Vogel, aviculare = von Vögeln gern genommen). Die Samen bleiben an Schuhen und Tierpfoten kleben und wurden auf diese Weise weltweit verbreitet. Die Art ist Paradebeispiel für einen Kosmopoliten.

1 Fluß-Ampfer
Rumex hydrolapathum

80–200 cm Juli–Aug. ⚇　　　　　69

Kennzeichen: Auffallend großer Ampfer; grundständige Blätter 50–100 cm lang, länglich-lanzettlich, spitz, in den Stiel verschmälert (**1a**).

Vorkommen: Weit verbreitet, aber meistens zerstreut im Röhricht stehender und langsam fließender Gewässer; auf Schlammböden und in Verlandungsgesellschaften.

Wissenswertes: Der Fluß-Ampfer, der Riese unter den Ampfer-Arten, ist frostempfindlicher als seine Verwandten und wohl deshalb in den Mittelgebirgen und erst recht in den Alpen relativ selten. Er kommt auch auf zeitweilig trockenfallenden Standorten vor, vorausgesetzt, sie sind ausgesprochen nährstoffreich.

2 Kleiner Sauerampfer
Rumex acetosella

5–20 cm Mai–Aug. ⚇　　　　　69

Kennzeichen: Blätter lanzettlich-linealisch, mit spießförmiger Basis (Spieße oft nach außen weisend); endständige Blütenrispe, Stengel und Blätter oft rötlich.

Vorkommen: Auf nährstoffarmen, sauren Böden weit verbreitet; auf Rohböden, Sandäckern, Heideland, Kahlschlägen und Rainen.

Wissenswertes: Die Art ist ein typischer Magerkeits- und Versauerungszeiger. Als Pionierpflanze ärmster Standorte kann sie mit ihrem weit ausgreifenden Wurzelwerk windgefährdete Sandböden befestigen. Hinsichtlich des Oxalsäuregehaltes steht der Kleine Sauerampfer der folgenden Art kaum nach, wenn auch der wissenschaftliche Artname *„acetosella"* als Diminutivum zu „acetosa" soviel wie säuerlich bedeutet.

3 Wiesen-Sauerampfer
Rumex acetosa

30–100 cm Mai–Juli ⚇ ✿✿　　69

Kennzeichen: Blätter eiförmig, mit spießförmigem Blattgrund; die oberen stengelumfassend, die unteren langgestielt.

Vorkommen: Im gesamten Gebiet auf Grünland aller Art.

Wissenswertes: Den sauren Geschmack der Blätter haben wohl alle Pflanzenfreunde schon einmal genossen. Er kehrt gleich mehrfach in den Namen wieder: „Ampfer" und das lat. amarus = bitter sind miteinander verwandt und die „Sauerampfer"-Arten somit streng genommen „weiße Schimmel". Auch lat. acetosus bedeutet sauer. Botanisch bemerkenswert ist, daß die Art zweihäusig ist und im Mai und Juni solch große Mengen Pollen dem Wind überläßt, daß manche Allergiker unter ihm leiden. Junge Blätter sind angenehme Gewürze für Suppen und Gemüse. Wegen ihres Oxalsäuregehaltes wird davor gewarnt, gleich etliche frische Blättchen zu kauen oder die Blätter zu reichlich zu verwenden.

4 Salz-Schuppenmiere
Spergularia salina (*Sp. marina*)

5–20 cm Mai–Sept. ☉–⚇　　　65

Kennzeichen: Stengel am Boden ausgebreitet; Blätter gegenständig, linealisch, abgerundet, etwas fleischig; Blüten klein, rosarot, manchmal auch weiß.

Vorkommen: Im Nord- und Ostseeküstengebiet verbreitet; im Binnenland nur punktuell an Salzquellen und auf versalzten Böden; meistens in niedriger oder lückiger Vegetation.

Wissenswertes: Diese unscheinbare Pflanze der küstennahen, salzhaltigen Standorte fällt häufig dadurch auf, daß sie Vertritt erträgt und sich in den Andelwiesen auch auf Wegen ausbreitet.

5 Rote Schuppenmiere
Spergularia rubra

5–25 cm Mai–Sept. ☉–⚇　　　65

Kennzeichen: Stengel aufsteigend; Blätter gegenständig, linealisch, mit Stachelspitze, nicht fleischig.

Vorkommen: Mit größeren Verbreitungslücken (in Kalkgebieten fehlend) im gesamten Gebiet, am seltensten im Süden; auf Wegen, Rainen und schlammigen Ufern.

Wissenswertes: Auch bei dieser Schuppenmiere liegen die Stengel oft dicht dem Boden an. Eine Bindung an Salzböden gibt es hier nicht. Die Schuppenmieren sind auch unter dem Namen „Spärkling" bekannt.

1 Kuckuckslichtnelke
Lychnis flos-cuculi

30–60 cm Mai–Aug. ♃ ❀❀❀ 65

Kennzeichen: Kronblätter 4spaltig, bis über die Mitte eingeschnitten (**1b**); Stengelblätter gegenständig, schmal-lanzettlich.

Vorkommen: Auf nassen oder wechselfeuchten Wiesen und Rainen im gesamten Gebiet verbreitet.

Wissenswertes: Ein sehr bemerkenswertes und einprägsames Bauprinzip vieler Nelkengewächse ist die dichasiale Verzweigung. Dabei endet der Haupttrieb jeweils mit einer Blüte. Aus den Achseln der beiden darunterstehenden Stengelblätter entspringen zwei Seitenprosse, die in die Höhe wachsen, Haupttriebfunktion übernehmen und ebenfalls wieder mit je einer Blüte enden. Das kann sich noch zwei- oder dreimal wiederholen. Bei größeren Exemplaren der Kuckuckslichtnelke ist die Verzweigung besonders gut zu studieren. Ebenfalls recht bemerkenswert ist die Vierteilung jedes der 5 Kronblätter; sie soll die Lockwirkung der Blüten auf Insekten noch weiter erhöhen. Im oberen Teil der Pflanzen sind häufig Schaumtröpfchen zu finden, die von den Larven der Schaumzikade ausgeschieden werden und ihnen Schutz bieten. Der Volksmund nennt sie „Kuckucksspeichel", wahrscheinlich weil man das zunächst schwer erklärbare Phänomen mit dem Teufel in Zusammenhang brachte, den man jedoch nicht beim Namen nannte (vgl. „Zum Kuckuck!"). Ob unser Nelkengewächs dadurch zu seinem Namen kam oder durch seine Blütezeit im Mai, wenn der Kuckuck aus seinem Winterquartier heimkehrt und ruft, ist nur schwer zu entscheiden. Auch der wissenschaftliche Artname ist aus lat. flos = Blume und lat. cuculus = Kuckuck zusammengesetzt.

2 Pechnelke
Lychnis viscaria

15–50 cm Mai–Juni ♃ 65

Kennzeichen: Kronblätter an der Spitze nur etwas eingekerbt; Blätter gegenständig, schmal-lanzettlich; Stengel kahl, unterhalb der Knoten klebrig.

Vorkommen: Nur gebietsweise häufig auf trockenen, sonnigen Wiesen, auf ungedüngten Rainen und mageren Rasen; sonst selten bis zerstreut; im Norden fast völlig fehlend, ebenso in den Alpen.

Wissenswertes: Der dunkle Leimring unter den oberen Blättern ist so auffällig, daß er der Pechnelke ihren deutschen und auch den wissenschaftlichen Namen verschaffte: lat. viscarius = klebrig. Wahrscheinlich soll er weniger willkommene Blütenbesucher wie Ameisen am Emporklettern hindern.

3 Kornrade
Agrostemma githago

50–100 cm Juni–Aug. ☉ 65

Kennzeichen: Pflanze graufilzig behaart, nicht oder nur wenig verzweigt; Blüten meistens einzeln, seltener 2–3, 3–4 cm groß, langgestielt; 5 purpurfarbene Kronblätter von 5 schmalen Kelchzipfeln überragt (**3a**).

Vorkommen: Früher ein weit verbreitetes Getreideunkraut; heute nur noch sehr selten.

Wissenswertes: Kornraden trugen neben Klatsch-Mohn und Kornblumen zur Farbenpracht der Getreidefelder bei. Sie verschwanden schon vor dem Aufkommen der chemischen Unkrautbekämpfungsmittel. Als einjährige Pflanzen waren die Kornraden darauf angewiesen, alljährlich mit dem Getreide neu ausgesät zu werden, weil die Samen meistens erst beim Dreschen aus den Kapseln fielen. Neuere Methoden der mechanischen Saatgutreinigung führten innerhalb weniger Jahrzehnte zum Rückgang und Erlöschen dieser uralten Begleiterin des Getreidebaus.

4 Stengelloses Leimkraut
Silene acaulis

1–5 cm Juni–Sept. ♃ 65

Kennzeichen: Polsterpflanze mit vielen rosaroten, kurzgestielten Blüten; Blätter dachziegelartig dicht stehend.

Vorkommen: In alpinen Steinrasen und Schutthalden in Höhenlagen über 1500 m; vor allem auf kalkreichen Standorten.

Wissenswertes: Mit starkem Duft lockt diese Alpenpflanze die in ihrem oft kühlen und windexponierten Lebensraum nicht gerade zahlreichen Insekten von weit her an.

1 Pracht-Nelke
Dianthus superbus

20–60 cm Juni–Okt. ♃ [65]

Kennzeichen: Blüten rosa, 3–4 cm groß; Blütenblätter fast bis zum Grunde unregelmäßig fiedrig zerschlitzt.

Vorkommen: Im Süden und Osten in Moorwiesen, lichten Eichenwäldern und alpinen Bergwiesen und Magerrasen; nur zerstreut und mit großen Verbreitungslücken.

Wissenswertes: Die Pracht-Nelke spiegelt auch in ihren wissenschaftlichen Namen besondere Verehrung. „Göttliche Blume" wird sie dort genannt, zusammengesetzt aus griech. dios = göttlich und griech. anthos = Blüte. Und „stolz" oder „erhaben" (lat. superbus) ist sie noch obendrein. Die tief zerschlitzten, wie aus feinen Fransen zusammengesetzten Blütenblätter sollen nach den Ergebnissen experimenteller Untersuchungen auf Bienen ganz besonders attraktiv wirken. Der sehr angenehme Vanilleduft trägt ein Übriges dazu bei. Kein Wunder, daß auch Wanderer und Spaziergänger die Art schätzen und begehren, so daß man sie heute ganz nachdrücklich vor dem Menschen schützen muß.

2 Heide-Nelke
Dianthus deltoides

10–30 cm Juni–Sept. ♃ [65]

Kennzeichen: Blüten einzeln stehend, purpurrot mit weißen Punkten, etwa 1,5 cm im Durchmesser; lockere Rasen bildend.

Vorkommen: Über ganz Mitteleuropa verbreitet, allerdings in manchen Landschaften völlig fehlend; in Sandrasen und anderen kalkarmen Magerrasen.

Wissenswertes: Unter den Arten der Gattung *Dianthus* ist die Heide-Nelke in Mitteleuropa am weitesten verbreitet. Die Anordnung der hellen Punkte, die in manchen Blüten an ein Dreieck oder das große griechische Delta erinnern, soll der Anlaß für den wissenschaftlichen Artnamen „*deltoides*" (= einem Delta oder einem Dreieck ähnlich) sein. Der deutsche Name „Nelke" ist aus Nägelein„ entstanden. „Nagel" nennt man den stielartigen Basisteil eines Kronblattes, der bei den Nelken ganz besonders ausgeprägt ist. Der zu einer engen Röhre verwachsene Kelch verhüllt allerdings diese Stielchen; sie werden erst sichtbar, wenn man eine Nelkenblüte längsschneidet oder zerlegt.

3 Büschel-Nelke
Dianthus armeria

30–50 cm Juni–Juli ⊙ [65]

Kennzeichen: Blüten bis zu 10 in einem endständigen, büscheligen Blütenstand (Name!); Kelchschuppen grün; Stengel und Blätter rauh behaart.

Vorkommen: Im Norden nur sehr zerstreut, in den Alpen über 1000 m fehlend; sonst aber auch nur regional auf meistens kalkarmen Böden; im Halbschatten von Hecken, Säumen, Besenginstergebüschen und in lichten Wäldern.

Wissenswertes: Wohl wegen des büscheligen Blütenstandes und der dicht gedrängten Einzelblüten greift der wissenschaftliche Artname die Bezeichnung der Gattung der Grasnelken (*Armeria*) erneut auf. Als nicht ausdauernde Art bedarf die Büschel-Nelke regelmäßiger Samenproduktion zum Überleben. Diese ist hier durch erfolgreiche Selbstbestäubung garantiert.

4 Kartäuser-Nelke
Dianthus carthusianorum

20–50 cm Mai–Sept. ♃ [65]

Kennzeichen: Blüten zu 4–6 in endständigen Köpfchen; an deren Basis besonders auffallend die sie umgebenden braunen, schuppigen Hochblätter.

Vorkommen: Nur in der Südhälfte und im Osten weiter verbreitet, sonst nur punktuell auf kalkreichen, sommerwarmen Standorten; in Kalk-Magerrasen, an Böschungen und in sonnigen Waldsäumen.

Wissenswertes: Je nachdem ob Carl v. Linné die Art nach seinen naturforschenden Zeitgenossen, den Gebrüdern Karthäuser, oder den Kartäusermönchen benannte, wird man sie mit „th" oder „t" schreiben. Die Mönchs-Version ist allerdings trotz des „th" im wissenschaftlichen Artnamen recht naheliegend, weil die Kartäuser gerade diese Nelke in ihren Gärten gehegt und gezüchtet haben.

1 Rote Lichtnelke
Silene dioica

30–60 cm   April–Okt.   ♃ ⚘   [65]

Kennzeichen: Der Weißen Lichtnelke (vgl. S. 106) bis auf die rosa bis purpurrote Blütenfarbe sehr ähnlich.

Vorkommen: Im gesamten Gebiet ziemlich häufig, vor allem auf feuchten Wiesen und in lichten Wäldern und Gebüschen; vorzugsweise auf kalk- und nährstoffreichen Böden.

Wissenswertes: Besonders hellrosa und weißliche Blüten deuten auf Bastarde mit der Weißen Lichtnelke hin. Mit dieser hat die Rote Lichtnelke die Zweihäusigkeit gemeinsam, die der wiss. Artname griech. dioikos = zweihäusig anspricht. Weil es neben männlichen und weiblichen Pflanzen auch solche mit zwittrigen Blüten gibt, müßte – streng genommen – sogar von einer Dreihäusigkeit die Rede sein. Besonders interessant ist, daß man bei der Roten wie bei der Weißen Lichtnelke männliche und weibliche Blüten schon äußerlich am Kelch unterscheiden kann. Während der Kelch männlicher Blüten schlank und 10nervig ist, erscheint der 20nervige Kelch der weiblichen Blüten aufgeblasen. Im Gegensatz zur duftenden Weißen Lichtnelke, die Nachtfalter anlockt, ist die auf Tagfalter und andere tagaktive größere Insekten spezialisierte Rote Lichtnelke duftlos. Besonders schön sind auch die reifen Fruchtkapseln mit den zurückgeschlagenen Kapselzähnchen (**1b**).

2 Mauer-Gipskraut
Gypsophila muralis

5–25 cm   Juni–Sept.   ☉   [65]

Kennzeichen: Nelkengewächs mit kleinen Blüten, ohne Schlundschuppen; Stengel aufrecht, verästelt; Blätter linealisch, blaugrün.

Vorkommen: Im Norden ganz, im Süden fast fehlend; nur in der Mitte regional als Pionier auf vegetationsarmen, nassen Stellen an Ufern, auf verschlämmten Äckern und gelegentlich auch auf Wegen.

Wissenswertes: Das Auftreten dieser hübschen Pionierpflanze ist meistens nicht von langer Dauer. Der deutsche wie der wissenschaftliche Name sind wenig hilfreich, weil sie den tatsächlichen Standort nicht beschreiben.

Zur selben Gattung gehört übrigens das aus Ziersträußen bekannte Schleierkraut.

3 Seifenkraut
Saponaria officinalis

30–60 cm   Juni–Sept.   ♃   [65]

Kennzeichen: Blüten in Büscheln zu 3–5, mit bis zu 2 cm langer Kelchröhre; Blätter gegenständig, elliptisch-lanzettlich (**3a**).

Vorkommen: Fast im gesamten Gebiet anzutreffen; ursprünglich an kiesigen Flußufern, heute auch zerstreut auf Straßenbanketten und Bahnschotter.

Wissenswertes: Abend- und Nachtfalter besuchen die nachts betörend duftenden Blüten. Um aus den fingerdicken Rhizomen durch den Saponingehalt schäumende, seifenähnlich verwendete Extrakte herstellen zu können, hat man die Art jahrhundertelang gesammelt und wohl auch angebaut. Auch der wissenschaftliche Gattungsname (lat. sapo = Seife) weist auf diese Art der Verwendung hin. Im übrigen aber nutzte man auch die schleimlösende Wirkung der Inhaltsstoffe bei der Behandlung von Bronchialkatarrhen.

4 Sommer-Adonisröschen
Adonis aestivalis

20–50 cm   Mai–Juli   ☉   [6]

Kennzeichen: Ein Ackerwildkraut mit einzelnen 2–3 cm großen, tiefroten Blüten, die im Zentrum meistens einen schwarzen Fleck haben; Blätter 2–3fach fiederteilig mit fadenartigen Zipfeln.

Vorkommen: In Getreidefeldern auf flachgründigen, kalkhaltigen Böden; nur zwischen Main und Donau und im Thüringer Becken weiter verbreitet; sonst nur noch punktuell.

Wissenswertes: Diese durch Saatgutreinigung und Herbizideinsatz weitgehend ausgelöschte Ackerbaubegleiterin ist mancherorts wieder aufgetreten, wo der Naturschutz sich mit den Bauern vertraglich darauf einigte, 3–5 m breite Ackerrandstreifen herbizidfrei zu bewirtschaften. Offensichtlich sind Samen, die im Boden ruhen und durch die Bodenbearbeitung in eine für die Keimung günstige Position gelangen, noch nach 2 oder 3 Jahrzehnten keimfähig.

Blütenpflanzen

1 Klatsch-Mohn
Papaver rhoeas

30–80 cm Mai–Aug. ☉   8

Kennzeichen: Blüten leuchtend rot, 6–8 cm groß, in der Mitte meistens mit einem schwarzen Fleck; Kapsel kugelig bis eiförmig, kahl, mit 5–18 Narbenstrahlen und flacher Narbenscheibe.

Vorkommen: Früher auf allen nährstoff- und basenreichen Böden in den Getreidefeldern anzutreffen; heute eher auf Bodenanschnitten und Bodenmieten, manchmal an Feldrändern auch als Zier ausgesät.

Wissenswertes: Über 4 Jahrtausende lang – seit der Steinzeit – hat der Klatsch-Mohn den ackerbauenden Menschen begleitet und das Bild seiner Felder maßgeblich mitgeprägt. Mohnfreie, gleichmäßig grüne Felder gibt es erst seit 2–3 Jahrzehnten. In den Pollensäcken seiner überaus zahlreichen Staubblätter (es sollen exakt 164 sein) produziert der Klatsch-Mohn soviel Pollen wie kaum eine andere Blüte. Die Insekten, die auf dem dicken Fruchtknoten mit den als strahlige Leisten ausgebildeten Narbenästen landen, können allerdings nur am frühen Morgen davon naschen. Früher wurden die Blüten der roten Farbe wegen Tees und Speisen beigemischt, aber auch ihrer Inhaltsstoffe wegen bei Bronchitis und Heiserkeit angewandt.

2 Saat-Mohn
Papaver dubium

30–60 cm Mai–Juni ☉   8

Kennzeichen: Blüten weinrot, 3–6 cm groß, oft ohne schwarzen Fleck, Kapsel länglich-keulenförmig, kahl, mit weniger als 10 Narbenstrahlen und flacher Narbenscheibe.

Vorkommen: Ebenfalls weit verbreitet, aber bei weitem nicht so häufig wie der Klatsch-Mohn; im Norden zum Teil allerdings gerade dort anzutreffen, wo der Klatsch-Mohn fehlt.

Wissenswertes: Der Saat-Mohn, der kalkärmere Böden kalkreicheren vorzieht, unterscheidet sich auch dadurch vom Klatsch-Mohn, daß die 4 Blütenblätter sich nicht oder kaum überlappen; beim Klatsch-Mohn überdecken sich die Ränder der benachbarten Blütenblätter recht deutlich. Die Blüten des Saat-Mohns sind noch kurzlebiger als die des Klatsch-Mohns; die Blütenblätter fallen meistens schon wenige Stunden nach Öffnung der Blüte ab, in der Regel schon vor der Mittagszeit.

3 Sand-Mohn
Papaver argemone

10–40 cm Mai–Juli ☉   8

Kennzeichen: Kleinste der 3 hier behandelten Mohnarten; Blüten scharlachrot, 3–6 cm groß, mit schwarzem Fleck; Blütenblätter sich zur Basis hin verjüngend, sich nicht berührend; Kapsel länglich-keulenförmig, borstig behaart, mit 4–6 Narbenstrahlen und gewölbter Narbenscheibe.

Vorkommen: Auf leichten, kalkfreien, aber durchaus nährstoffreichen Böden; meistens im Getreide auf Sandäckern; nur gebietsweise verbreitet.

Wissenswertes: Die Borstenhaare der Kapseln stehen zur Reifezeit ab. „Stachel-Mohn" nennt ihn auch die wissenschaftliche Bezeichnung „*argemone*". Der wissenschaftliche Gattungsname *Papaver* greift übrigens die schon im Lateinischen übliche Bezeichnung für den Mohn auf.

4 Gewöhnlicher Erdrauch
Fumaria officinalis

10–30 cm Apr.–Okt. ☉   9

Kennzeichen: Zarte Pflänzchen graugrün bereift; Blüten zierlich, weniger als 1 cm lang, 2lippig; als Blütenstand eine Traube aus bis zu 50 Blütchen.

Vorkommen: Außer in Teilen des Norddeutschen Tieflandes und der Alpen fast überall anzutreffen; in Gärten, Hackfruchtäckern und Weinbergen oft stark vertreten.

Wissenswertes: Die Art kam mit dem Getreide und dem Ackerbau nach Mitteleuropa. Die Herkunft ihres schon im Althochdeutschen belegten Namens liegt im Dunklen. Der wissenschaftliche Gattungsname geht auf lat. fumus = Rauch zurück; im Mittelalter sprach man vom fumus terrae. Als Heilpflanze wird der Erdrauch seit der Antike verwendet; auch heute ist er noch Bestandteil mancher Gallen- und Lebertees.

1   Große Fetthenne
Sedum telephium (S. maximum)

30–60 cm   Juli–Sept. ♃   [20]

Kennzeichen: Dickblattgewächs mit am Stengel verteilten, sitzenden Blättern, die bis zu 8 cm lang, eiförmig, fleischig und kahl sind; Blüten rötlich oder gelblich.

Vorkommen: Fast im gesamten Gebiet zerstreut an Wegrändern, in Gebüschsäumen, auf Steinschutt und Steinwällen; mehr auf kalkarmem Substrat.

Wissenswertes: Im Aberglauben des Volkes war das „Donnerkraut" eine Pflanze, die im Kräuterbund Blitz und Donner abwehren konnte.

2   Dach-Hauswurz
Sempervivum tectorum

10–50 cm   Juli–Sept. ♃   [20]

Kennzeichen: Dickblattgewächs mit ausgebreiteter, im Durchmesser bis über 10 cm breiter Blattrosette; Blätter grün, an der Spitze oft rötlich, kahl, nur am Rande bewimpert.

Vorkommen: Nur selten wild auf Felsen und in steinigen Rasen; häufiger auf Mauern und Dächern angepflanzt (Name!); vor allem auf kalkarmem Substrat.

Wissenswertes: Noch wirksamer als die vorige Art sollte die Zauberkraft der Dach-Hauswurz dem Blitz begegnen. Ihr Wasserspeichergewebe und ihr Verdunstungsschutz gestatten ihr das Überleben auch auf feinerdearmen, schnell abtrocknenden Böden. Daran erinnert auch der wissenschaftliche Gattungsname, der aus lat. semper = immer und lat. vivus = lebendig zusammengesetzt ist. Die Lebensdauer der einen Blütentrieb tragenden Rosette ist allerdings sehr begrenzt. Unmittelbar nach der Blüte stirbt sie ab. Dafür haben sich zuvor bereits mehrere Tochterrosetten gebildet, die an langen Stielen bis zu 10 cm weit wachsen, sich aber auch ablösen können. Die rundliche junge Rosette kann durch Wind, Tiere oder ganz einfach hangabwärts rollend gelegentlich auch an einen ganz anderen Standort gelangen. Noch wichtiger als diese recht auffällige Form der vegetativen Vermehrung ist die durch Samen, die der Wind verweht.

3   Großer Wiesenknopf
Sanguisorba officinalis

30–100 cm   Juni–Sept. ♃ ✺   [24]

Kennzeichen: Blüten dunkelrot, winzig klein, in bis zu 3 cm langen, eiförmigen Köpfchen an der Stengelspitze (**3a**); Blätter unpaarig gefiedert.

Vorkommen: Vor allem in der Mitte und im Süden sowohl auf Tal- als auch auf Bergwiesen, wenn der Untergrund zumindest zeitweilig feucht oder naß ist.

Wissenswertes: Die zwittrigen Blüten dieser Art werden von vielen Insekten besucht. Die blutroten Blütenköpfchen wurden von unseren Vorfahren im Sinne der Signaturenlehre als Hinweis auf eine blutungshemmende Wirkung des Krautes verstanden. Diese Vorstellung klingt auch im wissenschaftlichen Gattungsnamen an, der lat. sanguis = Blut und lat. sorbere = aufsaugen enthält.

4   Kleiner Wiesenknopf
Sanguisorba minor

20–40 cm   Mai–Sept. ♃   [24]

Kennzeichen: Blütenköpfchen rundlich, gut 1 cm groß, durch Narbenäste und Staubfäden leicht rot gefärbt, sonst grünlichgelb (**4b**).

Vorkommen: Außer im Norden insgesamt weit verbreitet auf Trockenrasen und Böschungen auf Kalk.

Wissenswertes: Die im Köpfchen oben stehenden weiblichen und unten stehenden männlichen Blüten dieser Art sind auf die Bestäubung durch den Wind angewiesen – ein Sonderfall unter den Rosengewächsen. Schon lange findet man die Art als Salat- und Gewürzpflanze in den Gärten.

5   Bach-Nelkenwurz
Geum rivale

20–60 cm   Apr.–Juni ♃   [24]

Kennzeichen: Blüten glockenförmig, nikkend; Kelchblätter rotbraun, die Blütenblätter teilweise überdeckend.

Vorkommen: Vor allem im Norden und im Süden, sonst mit größeren Verbreitungslükken; in feuchten Wiesen und Laubmischwäldern, an Ufern und in Hochstaudenfluren.

1 Sumpf-Blutauge
Potentilla palustris

20–50 cm Mai–Juli ⳾ ☐24☐
Kennzeichen: Blüten sternförmig, mit dunkelrot gefärbten Kron- und Kelchblättern; Blätter 5–7zählig, fast handförmig gefiedert.
Vorkommen: Nur noch zerstreut in basenarmen Moorgewässern, Sümpfen, ungedüngten Sumpfwiesen; im Norden weiter, im Süden nur regional verbreitet.
Wissenswertes: Die Kelchblätter überragen deutlich die Blütenblätter und vergrößern sich noch nach der Blütezeit. Da sie ebenfalls rot gefärbt sind, wirkt die ganze Blüte wie ein intensiver Blutfleck (Name!). Bemerkenswert ist auch die erdbeerähnliche, aber nicht fleischige Sammelfrucht.

2 Schmalblättrige Futter-Wicke
Vicia angustifolia

20–60 cm Mai–Juli ☉ ☐25☐
Kennzeichen: Schmetterlingsblüten rötlich bis rotviolett, einzeln oder zu zweit in den Achseln der Blätter im oberen Stengelbereich; Blätter mit 3–7 Fiederpaaren und mit verzweigter Ranke an der Spitze.
Vorkommen: Fast überall heimisch an Wegrändern, auf Böschungen, Ödland und auch auf Halbtrockenrasen; allerdings immer nur zerstreut.
Wissenswertes: Diese Art gilt als Wildform der Echten Futter-Wicke (*Vicia sativa*), mit bläulicher Fahne und rotvioletten Flügeln.

3 Frühlings-Platterbse
Lathyrus vernus

10–30 cm März–Juni ⳾ ☐25☐
Kennzeichen: Blüten anfangs rot bis rotviolett, später blauviolett bis blau; Blätter unpaarig gefiedert, mit nur 2–3 Fiederpaaren und ohne Ranken; Fiederblättchen eiförmig-lanzettlich, bis zu 3 cm breit, zugespitzt.
Vorkommen: In Laubmischwäldern auf Kalk ziemlich weit verbreitet, allerdings mit deutlicher Verbreitungsgrenze im westlichen und nördlichen Mitteleuropa.
Wissenswertes: Wegen des Farbwechsels ihrer Blüten gehört die Frühlings-Platterbse zu

den vielen Arten, die nach der Blütenfarbe nur schwer eindeutig zuzuordnen sind. Etliche Insekten vermögen zwischen den jüngeren, mehr rötlichen und den älteren, mehr bläulichen Blüten zu unterscheiden und fliegen gezielt nur Blüten mit jenem Farbton an, der ihnen die beste Nektarausbeute signalisiert – und das sind meistens nicht die blauen.

4 Berg-Platterbse
Lathyrus linifolius (*L. montanus*)

10–30 cm Apr.–Juni ⳾ ☐25☐
Kennzeichen: Blüten anfangs hell-, später trübrosa; Stengel aufsteigend, schmal geflügelt; Blätter unpaarig gefiedert, mit nur 2–3 Fiederpaaren und ohne Ranken; Fiederblättchen länglich-lanzettlich, nur 0,5–1,0 cm breit.
Vorkommen: Fehlt im Nordwesten und südlich der Donau; sonst zerstreut in kalk- und nährstoffarmen Laubwäldern, Magerrasen und Heiden.
Wissenswertes: Diese und die folgende Art haben knollig verdickte unterirdische Ausläufer. Die Frühlings- und die Berg-Platterbse sind typische Frühblüher unserer Wälder, wobei die erste Art kalkreiche, die zweite kalkarme Böden anzeigt.

5 Knollen-Platterbse
Lathyrus tuberosus

20–100 cm Juni–Aug. ⳾ ☐25☐
Kennzeichen: Blätter mit nur 2 Fiederblättchen und verzweigten Ranken, elliptisch; Blüten zu 2–5 in langgestielten Trauben, rosarot, angenehm duftend.
Vorkommen: In tiefgründigen Ackerböden, an Wegrändern und in Heckensäumen; in den Mittelgebirgen und südlich der Donau nur punktuell.
Wissenswertes: Die Knollen- oder Erdnuß-Platterbse ist ein Kulturrelikt in unseren Getreidefeldern; sie wurde früher der Knöllchen wegen angebaut, denen sie auch ihren Namen verdankt (lat. tuberosus = knollig). Daß man sie auch in herbizidbehandelten, intensiv genutzten Getreidefeldern noch antrifft, hängt mit ihrem späten Austrieb und ihren oft bis unter Pflugschartiefe vordringenden Wurzeln zusammen.

1 Wilde Platterbse
Lathyrus sylvestris

100–200 cm Juli–Aug. ⟂ 25
Kennzeichen: Stengel niederliegend oder kletternd, breit geflügelt; Blätter mit 1 Fiederpaar und verzweigter Ranke; Fiederblättchen bis über 10 cm lang; Blüten in einer langgestielten Traube, hellrot, außen grünlich.
Vorkommen: In Säumen von Wäldern, Hecken und Gebüschen; oft auf steinigen, immer auf kalkreichen Standorten; zerstreut im gesamten Gebiet.
Wissenswertes: Diese großblütige, aber zum Lagern neigende Platterbse hatte früher häufiger, aber auch heute noch vereinzelt ihren Platz unter den Zierpflanzen der Gärten.

2 Dornige Hauhechel
Ononis spinosa

20–50 cm Juni–Aug. ⟂ 25
Kennzeichen: Eigentlich ein dorniger Zwergstrauch mit am Grunde holzigem Stengel und tiefgreifender Pfahlwurzel; Blüten einzeln oder zu zweit, selten zu dritt an Kurztrieben; Blätter einfach, eiförmig, gut 1 cm lang.
Vorkommen: Auf kalkhaltigen Magerstandorten; auf Extensivweiden, an Wegrändern und in Trockenrasen; fast über ganz Mitteleuropa verbreitet.
Wissenswertes: Sie bietet keinen Nektar an, wird aber von pollensammelnden Bienen und Hummeln regelmäßig besucht. Die nächstverwandte Art, die Kriechende Hauhechel (*Ononis repens*), ist stark zottig behaart, hat weniger Dornen und einzeln stehende Blüten und stellt fast dieselben Ansprüche an den Lebensraum. Hauhechel-Wurzeln werden als harntreibendes Mittel bei Nieren- und Blasenleiden empfohlen.

3 Hasen-Klee
Trifolium arvense

5–30 cm Juni–Sept. ☉ ⚘ 25
Kennzeichen: Blütenköpfchen walzlich, sehr kompakt, silbrig wirkend; Blüten sehr klein, rosa, von den silbriggrauen Haaren des Kelchs beherrscht.

Vorkommen: An Wegrändern, auf sandigem und steinigem Brach- und Wildland; immer auf sauren Böden; im Norden häufiger, im Süden – vor allem im Alpenvorland – zum Teil fehlend.
Wissenswertes: Mit Tiernamen zusammengesetzte Pflanzennamen weisen meistens auf weniger nützliche Verwandte hin: Hasen mögen diesen Klee vielleicht fressen, aber als Viehfutter hat er nur geringen Wert. In der Volksheilkunde wird das Kraut bei Durchfallerkrankungen angewandt. Sogar bei großen Durchfall-Epidemien soll es bereits wertvolle Dienste geleistet haben.

4 Rot-Klee
Trifolium pratense

10–40 cm Mai–Okt. ⟂ ⚘ 25
Kennzeichen: Blütenstand kugelig; Blättchen oft mit heller Zeichnung.
Vorkommen: Überall auf Wiesen und Weiden; sehr bedeutsam im Feldfutterbau.
Wissenswertes: Aus den 1 cm langen Kronröhren des Rot-Klees können nur langrüsselige Insekten den Nektar saugen. Hummeln sind die Hauptnutznießer. Sie sind aber auch die Hauptbetroffenen: Überall wo der Maisanbau sich zu Lasten des Rot-Klees ausweitet, ist es um das Nahrungsangebot für Hummeln immer schlechter bestellt. Der geradezu erschreckende Rückgang verschiedener Hummelarten weithin in der Agrarlandschaft ist u.a. eine Folge dieser Veränderung im modernen Feldbau.

5 Mittlerer Klee
Trifolium medium

10–30 cm Mai–Juli ⟂ 25
Kennzeichen: Dem Rot-Klee recht ähnlich, jedoch Blütenköpfchen beim Mittleren Klee meistens einzeln, beim Rot-Klee zu zweit; Einzelblättchen schlanker, elliptisch; Stengel aufsteigend, verzweigt, mit wechselnder Wuchsrichtung („Zickzack-Klee“).
Vorkommen: In lichten Wäldern, Wald- und Gebüschsäumen und Magerrasen auf basischen Böden; insgesamt nur spärlichere Bestände, aber mit Ausnahme des Nordwestens über das gesamte Gebiet verstreut.

1   Bunte Kronwicke
Coronilla varia

30–80 cm   Juni–Aug.   ♃ |25|

Kennzeichen: Als Blütenstand eine Dolde aus 15–20 Schmetterlingsblüten von recht unterschiedlicher Färbung (wissenschaftlicher Artname von lat. varius = mannigfaltig); Blüten rosa, lila und gelblichweiße Farbtöne enthaltend; nur die Spitze des Schiffchens und der Gesamteindruck immer rötlich.

Vorkommen: Stets auf kalkreichen Böden; an Wegrändern, in Wald- und Heckensäumen zerstreut; vor allem in der Südhälfte und an Rhein und Elbe; sonst nur sehr punktuell.

Wissenswertes: Die später kugelige Dolde ist anfangs wie ein Krönchen ausgebreitet (lat. coronilla = kleine Krone). Die zahlreichen Fiederblättchen zeigen besonders markant die sogenannte Schlafhaltung, indem sie sich nach oben zusammenklappen. Ebenfalls recht bemerkenswert sind die 3–4 cm langen, geraden und aufrecht abstehenden Hülsen (**1b**), die – zwischen den Samen eingeschnürt – später auseinanderbrechen und deshalb „Bruchhülsen" genannt werden.

2   Esparsette
Onobrychis vicifolia

30–60 cm   Mai–Aug.   ♃ ✿ |25|

Kennzeichen: Bis zu 50 Schmetterlingsblüten zählende Trauben langgestielt, rosa, mit dunkelpurpurner Aderung; sehr kurze Flügel.

Vorkommen: Auf kalkreichen, trockenen Standorten; im Norden fehlend, in der Mitte nur regional, im Süden teilweise häufig; an trockenen Wegrändern und Böschungen sowie im Saum von Hecken und Gebüschen.

Wissenswertes: Dieser hübsche Schmetterlingsblütler ist erst im 16. Jahrhundert aus Südosteuropa als Futterpflanze zu uns gekommen und verwildert. An ihren Wert als Futter für das Vieh erinnert noch der wissenschaftliche Gattungsname *Onobrychis*, der aus griech. onos = Esel und griech. brychein = verzehren besteht. Heute schätzt man die Art mehr als Bienenweide, aber auch als Bodenbefestiger und -verbesserer, nicht zuletzt aber auch ihrer Schönheit wegen. Dank ihrer bis zu 4 m tief greifenden Wurzeln vermag sie

auch besonders trockene klüftige Kalkstandorte zu besiedeln.

3   Blutroter Storchschnabel
Geranium sanguineum

20–50 cm   Mai–Aug.   ♃ |37|

Kennzeichen: Blüten bis 3 cm groß, immer einzeln, lang gestielt; Blätter bis zur Blattbasis tief 7teilig, mit linealisch lanzettlichen Zipfeln.

Vorkommen: Zerstreut in einigen Teilen der Mittelgebirge; im Tiefland nur im Osten; nur auf kalkreichen, sommerwarmen Standorten an Böschungen, in lichten Gebüschen und Halbtrockenrasen.

Wissenswertes: Gleich dreimal stößt man bei dieser Art auf „blutrot" (lat. sanguineus): bei der Blütenfarbe, bei der herbstlichen Färbung der Blätter und bei der blutstillenden Wirkung der Gerbstoffe, die in der Volksmedizin früher eine Rolle spielten. Häufiger als in der freien Landschaft trifft man den Blutroten Storchschnabel als Zierpflanze in den Gärten.

4   Sumpf-Storchschnabel
Geranium palustre

30–70 cm   Juni–Sept.   ♃ |37|

Kennzeichen: Ebenfalls großblütig, aber Blüten immer zu zweit, hellpurpurrot; Stengel und Blätter mit rückwärts gerichteter, drüsenloser Behaarung; Blütenstiele nach der Blütezeit abwärts gebogen.

Vorkommen: Zerstreut in Sumpfwiesen und am Rand von Röhrichten; von Norden bis Süden verbreitet, aber mehr im Osten; mit deutlicher Grenze im Westen.

5   Pyrenäen-Storchschnabel
Geranium pyrenaicum

20–50 cm   Mai–Sept.   ♃ |37|

Kennzeichen: Blüten nur 2 cm groß; Blätter im Umriß rundlich, kaum bis über die Mitte geteilt; Stengel weichhaarig.

Vorkommen: In Unkrautfluren an Wegen und auf Schuttplätzen; im Nordwesten fehlend, sonst nur gebietsweise, sehr zerstreut.

Wissenswertes: Die aus dem westlichen Mittelmeerraum stammende Art gilt erst seit etwa 1800 in Mitteleuropa als eingebürgert.

1   Weicher Storchschnabel
Geranium molle

10–30 cm   Mai–Sept.   ☉   37

Kennzeichen: Diese und die beiden folgenden Arten gehören zu den kleinblütigen Storchschnäbeln; Stengel zottig weich behaart (Name!, auch lat. mollis = weich); Blätter im Umriß rundlich-nierenförmig, bis zur Mitte gespalten; Blüten zu zweit.

Vorkommen: In Unkrautgesellschaften, an Wegen und auf Brachland; auf nährstoffreichen, gern auf sandigen Böden; im Norden weit, in der Mitte und im Süden nur regional verbreitet.

Wissenswertes: Die Art bevorzugt sehr deutlich leichte Böden, so daß sie auch als „Sandzeigerpflanze" eingestuft wird.

2   Schlitzblättriger Storchschnabel
Geranium dissectum

10–40 cm   Mai–Okt.   ☉   37

Kennzeichen: Blätter bis zum Grunde eingeschnitten , mit linealischen Zipfeln (Name!, auch lat. dissectus = zerschnitten, zerschlitzt); Blüten zu zweit; gemeinsamer Stiel kurz, Tragblätter nicht überragend. **2b** Fruchtstand.

Vorkommen: In Gärten und auf Hackfruchtfeldern, an Wegen und auf Schuttplätzen; ziemlich häufig, vor allem auf basen- und stickstoffreichen Böden; fehlt nur im Norden in reinen Sandgebieten.

3   Stinkender Storchschnabel
Geranium robertianum

20–50 cm   Apr.–Nov.   ☉   37

Kennzeichen: Bekannteste und verbreitetste Storchschnabelart; Blüten tiefrosa mit drei Längsstreifen auf jedem Blütenblatt; Kraut mit starkem, unangenehmem Geruch; oft Stengel und zum Teil auch Blätter rötlich überlaufen.

Vorkommen: In Wäldern und an Wegrändern, auf Schotter in Bahn- und Industriegeländen, auf Felsen und Mauern; überall recht häufig.

Wissenswertes: Bemerkenswert ist die enorme ökologische Breite dieser Art, die sowohl im Waldesdunkel als auch auf voll sonnenbeschienenen Standorten wachsen kann

und humosen Waldboden ebenso besiedelt wie frische, steinige Straßenbankette. Bis zu 6 m weit können die 1samigen Fruchtklappen fliegen, wenn sie sich zur Reifezeit infolge der Austrocknung von der Mittelsäule (dem schnabelartigen Gebilde) lösen und sich herauskatapultieren (vgl. auch 2b). Die langgeschnäbelte Frucht ist so auffällig, daß sie außer beim deutschen auch beim wissenschaftlichen Gattungsnamen Pate stand. *Geranium* kommt von griech. geranos – Kranich, dessen Schnabellänge aber noch von der des Reihers übertroffen wird (vgl. 4).

4   Reiherschnabel
Erodium cicutarium

10–50 cm   Apr.–Okt.   ☉   37

Kennzeichen: Blätter in einer Rosette, unpaarig gefiedert, mit fiederspaltigen Fiederblättchen; Früchte 4 cm lang, zu 3–6, rechtwinklig vom Stengel wegweisend.

Vorkommen: Nahezu im gesamten Gebiet verbreitet, aber meistens nur zerstreut; vor allem auf sandigen Äckern und Rasen.

Wissenswertes: Auch der wissenschaftliche Gattungsname greift die schnabelartige Frucht auf, indem er auf griech. erodios = Reiher zurückgeht.

5   Diptam
Dictamnus albus

60–100 cm   Mai–Juni   ♃   31

Kennzeichen: Blüten 4–5 cm groß, klappsymmetrisch, hellrosa, dunkler geadert (**5b**), manchmal auch weiß; Blätter unpaarig gefiedert, denen der Esche ähnlich.

Vorkommen: Nur in einigen klimatisch besonders günstigen Landstrichen in der Südhälfte Mitteleuropas in lichten trockenen Wäldern und Gebüschen.

Wissenswertes: Den starken zimtartigen Duft hat der einzige mitteleuropäische Vertreter der Rautengewächse mit vielen seiner Verwandten, den *Citrus*-Arten, gemeinsam. Die vor allem bei windstillem, sonnig-warmem Wetter als Duftwolke die Staude umhüllenden ätherischen Öle sind mit einer Flamme entzündbar, ohne daß die Pflanze dadurch geschädigt wird.

1 Indisches Springkraut
Impatiens glandulifera

50–200 cm   Juni–Okt.   ☉   38

Kennzeichen: Blattstiele und untere Blatthälfte mit 1–3 mm lang gestielten Drüsen (auch „Drüsiges Springkraut" genannt; Artname lat. glandulifera = Drüsen tragend); obere Blätter meist zu dritt in Quirlen; Stengel rötlich, gläsern, durchsichtig.

Vorkommen: Nur lokal verbreitet, dann aber oft in großen Beständen; vor allem an Ufern und auf anderen feuchten Standorten.

Wissenswertes: Als Zierpflanze („Bauernorchidee") gelangte die ursprünglich im Himalaja beheimatete Art in die Gärten. Erst in den letzten 50 Jahren breitete sie sich vielerorts massenhaft aus und verdrängt inzwischen – vor allem in der Ufervegetation – massiv die heimischen Arten. Darunter leidet die Sympathie für diese sehr schöne, starkwüchsige Pflanze, deren Stengel innerhalb weniger Monate bis zu 5 cm dick werden können. Mit Hilfe des Schleudermechanismus, der ähnlich wie beim Großen Springkraut funktioniert, fliegen die Samen bis zu 6 m weit.

2 Rosen-Malve
Malva alcea

50–100 cm   Juni–Sept.   ⹋   58

Kennzeichen: Obere Stengelblätter bis zum Grunde geteilt; Blüten einzeln in den Blattachseln, nur die oberen gehäuft; Blätter des Außenkelchs eiförmig.

Vorkommen: Vor allem auf kalkreichen Böden im Osten und in den Mittelgebirgen an Wegen und auf Böschungen.

Wissenswertes: Die Rosen-Malve, die in manchen Gegenden als „Siegmarswurz" bezeichnet wird, ist vielfach auch als Zierpflanze in Gärten anzutreffen.

3 Moschus-Malve
Malva moschata

20–50 cm   Juni–Sept.   ⹋ ✿   58

Kennzeichen: Ähnlich der Rosen-Malve, aber kleiner; Blätter des Außenkelchs lineallanzettlich.

Vorkommen: Mit Ausnahme des Nordwestens auf lichten Standorten mit lockeren, nährstoffreichen Böden recht weit verbreitet.

Wissenswertes: Ihrem Moschusgeruch verdankt die Art sowohl ihren deutschen als auch den wissenschaftlichen Artnamen. Sie hat sich von Süden und Westen her in Mitteleuropa ausgebreitet und verdichtet ihre Bestände an Straßen- und Wegrändern auch gegenwärtig noch immer weiter. Einige Vorkommen der Moschus-Malve sind auch durch verwilderte Gartenpflanzen begründet worden.

4 Wilde Malve
Malva sylvestris

20–100 cm   Mai–Sept.   ☉–⹋   58

Kennzeichen: Stengelblätter tief gelappt; Blüten zu zweit und mehr in den Blattachseln.

Vorkommen: An Wegen und auf Schuttplätzen, vor allem auf warmen, stickstoffreichen Standorten; im gesamten Gebiet, allerdings mit größeren Verbreitungslücken.

Wissenswertes: Seit der jüngeren Steinzeit findet man die Wilde Malve in der Nähe menschlicher Siedlungen, zuerst nur als Wild-, später auch als Gartenpflanze. Blüten und Blätter wirken bei Katarrhen der oberen Luftwege schleimlösend und reizmildernd. Die roten Blüten sind schmückende Farbgeber für manche Teemischungen, und deshalb wird die Art auch wieder angebaut.

5 Weg-Malve
Malva neglecta

10–40 cm   Juni–Okt.   ☉   58

Kennzeichen: Blätter rundlich bis nierenförmig, gerundet gelappt; Blüten hellrosa.

Vorkommen: Auf nährstoffreichen Standorten bis hin zu Jauche- und Mistplätzen, vor allem in Dorf- und Hofnähe; weit verbreitet.

Wissenswertes: Diese Stickstoff-Zeigerpflanze ist ebenfalls eine alte Kulturbegleiterin. Sie weist die für alle Malvengewächse typische Columella auf (vgl. auch **3b**), eine den Griffel umgebende hohle Säule, die durch die Verwachsung der Staubblätter entsteht, und die scheibenförmigen Spaltfrüchte, die an Käserollen erinnern und früher gern roh gegessen wurden („Käsepappel", „Käsepapp").

1 Wald-Weidenröschen
Epilobium angustifolium

60–150 cm   Juni–Aug.   ☉ ✿❦ [28]

Kennzeichen: Blüten weinrot, in langen, sehr reichblütigen Trauben; Blätter wechselständig, an lanzettliche Weidenblätter erinnernd (Name!).

Vorkommen: Im gesamten Gebiet verbreitet, in größeren Beständen auf Kahlschlägen und Windwurfflächen, aber auch auf Schutt- und Trümmerflächen (deshalb im 2. Weltkrieg vielfach auch „Trümmerblume" genannt).

Wissenswertes: Die vermehrungsfreudige Art gelangt binnen kürzester Zeit überall hin. Dafür sorgen Hunderttausende von Samen, die jede Pflanze produziert und die mit ihrem Haarschopf vom Wind kilometerweit fortgetragen werden (**1c**). Weil die Samen obendrein jahrelang keimfähig bleiben, ist das Wald-Weidenröschen meistens sofort da, wenn sich ein Standort günstig verändert, d.h. beispielsweise wenn im Walde eine Lichtung entsteht. Daß die Art nicht noch stärker in den Wäldern vertreten ist, liegt an der Vorliebe der Rehe für diese Pflanze, die als Indikatorart für die Höhe des Rehwildbesatzes gilt. Findet man sie nur noch in wildfreien Kulturgattern, deutet das auf einen überhöhten Wildbestand hin. Die Schauwirkung der einzelnen Blüten bringen übrigens Kron- und Kelchblätter gemeinsam hervor. Was auf den ersten Blick als Blütenstiel erscheint, ist in Wirklichkeit zum Teil der schmale, verlängerte unterständige Fruchtknoten (**1b**).

2 Zottiges Weidenröschen
Epilobium hirsutum

50–120 cm   Juni–Sept.   ⚁ [28]

Kennzeichen: Blütenstände mit weniger Blüten; Blätter und Stengel stark behaart.

Vorkommen: Im gesamten Gebiet verbreitet, vor allem an Gewässern.

Wissenswertes: Außer durch Samen vermehrt sich die Art durch ihre dicken, weithin kriechenden Wurzelstöcke. So besiedelt sie bereits vor der Blüte gemähte Feuchtwiesen, wo sie allerdings ungern gesehen wird. Das Vieh verschmäht die Blätter und Stengel sowohl frisch als auch im Heu. Die Drüsenhaare und Nadelkristalle in den Blattzellen wirken als Fraßschutz.

3 Berg-Weidenröschen
Epilobium montanum

30–80 cm   Juni–Sept.   ⚁ [28]

Kennzeichen: Blüten kleiner, vereinzelt; Narben 4ästig; Blätter fast sitzend; Stengel aufrecht.

Vorkommen: Im gesamten Gebiet und keineswegs nur im Bergland auf sehr unterschiedlichen Standorten; sowohl in lichteren, krautreichen Wäldern als auch an Hecken, Gebüschen, in Gärten und Parks.

4 Kleinblütiges Weidenröschen
Epilobium parviflorum

20–80 cm   Juni–Sept.   ⚁ [28]

Kennzeichen: Blüten hell rotviolett; Narben 4ästig, Stengel rund, abstehend behaart; Blätter zum Stiel verschmälert, sitzend.

Vorkommen: Ziemlich häufig im gesamten Gebiet, allerdings nur auf feuchten, nährstoff- und kalkreichen Standorten; in Gewässernähe und auf zeitweilig überschwemmten Flächen, auch an Waldwegen mit feuchten, verdichteten Rändern.

Wissenswertes: Ein Tee aus dem Kraut dieser Weidenröschen-Art wird bei Prostata-Leiden empfohlen. Die Wirkung ist allerdings umstritten.

5 Sumpf-Weidenröschen
Epilobium palustre

10–50 cm   Juli–Sept.   ⚁ [28]

Kennzeichen: Narbe keulenartig, ungeteilt; Stengel rund; obere Blätter fast ganzrandig.

Vorkommen: Trotz einiger Verbreitungslücken ziemlich weit verbreitet; bevorzugt auf kalkarmen Naßwiesen, in Flachmooren, an Gräben und Lehmabgrabungen.

Wissenswertes: Die Art bildet nach der Blüte dünne Ausläufer. Der Name *Epilobium* beschreibt die bei allen Angehörigen dieser Gattung charakteristische Anordnung der Blüte auf dem stielartig verlängerten unterständigen Fruchtknoten: griech. epi = auf, griech. lobos = Schote).

1 Blut-Weiderich
Lythrum salicaria

50–120 cm   Juni–Sept.   ♃   ❀❀❀   26

Kennzeichen: Blüten mit 6 Kronblättern, ungestielt, quirlig angeordnet in langen, blütenreichen Ähren; Blätter lanzettlich, gegenständig oder zu dritt in Quirlen.

Vorkommen: Im gesamten Gebiet auf zumindest zeitweilig nassen Standorten in Wiesen, an Ufern und in Röhrichten.

Wissenswertes: Drei verschiedene Blütentypen mit unterschiedlich langen Griffeln und Staubblättern fördern die Fremdbestäubung. Der aufquellende Schleim, der die Samen umhüllt, läßt diese an den Schnäbeln von Wasservögeln haften. Früher wurden die Triebspitzen bei Durchfall und zu blutstillenden Mitteln verwendet. Die Namen beziehen sich wohl eher auf die Blütenfarbe (griech. lythron = Blut). Die lanzettlichen, weidenähnlichen Blätter sind der Anlaß für die Namen „Weiderich" und lat. salicarius = weidenähnlich.

2 Mehlige Schlüsselblume
Primula farinosa

10–15 cm   Mai–Juli   ♃   64

Kennzeichen: Blätter auf der Unterseite weiß bestäubt; Durchmesser der Blüten etwa 1 bis 1,5 cm.

Vorkommen: Nur in den Alpen, im Alpenvorland und in Vorpommern; zerstreut auf steinigem, kalkreichem Grund und in feuchten Matten sowie in Flachmooren.

Wissenswertes: Die Art dringt in den Alpen in Höhenlagen bis etwa 2400 m vor. Drüsen sondern den mehligen Staub auf den Blattunterseiten ab; auf ihn nimmt der Artname Bezug (lat. farinosus = mehlig).

3 Wasserfeder
Hottonia palustris

20–40 cm   Mai–Juni   ♃   64

Kennzeichen: Wasserpflanze mit untergetauchten fiederteiligen Blättern; Blütenstand aufrecht über dem Wasserspiegel, mit quirlig angeordneten Blüten.

Vorkommen: Im Norden und Nordosten weiter verbreitet, im Süden vor allem in den Tallandschaften an Rhein und Donau in flachen, meistens kalkärmeren Teichen und Altwässern, Gräben und Moorseen.

Wissenswertes: Die starke, federartige Zerteilung der Blätter (Name!) sorgt für eine erhebliche Oberflächenvergrößerung. Diese erleichtert die Aufnahme von Nährsalzen und Kohlendioxid sowie die Abgabe von Sauerstoff. Der wissenschaftliche Gattungsname erinnert an den holländischen Arzt und Botaniker Pieter Hotton (1648–1709).

4 Wildes Alpenveilchen
Cyclamen purpurascens

5–15 cm   Juni–Sept.   ♃   64

Kennzeichen: Blüten einzeln auf langen, blattlosen Stielen, nickend, mit den für Alpenveilchen typischen zurückgeschlagenen Blütenblättern; Blätter immergrün, unterseits rötlich, oberseits mit hellem Fleckenmuster.

Vorkommen: Vor allem in den Kalkalpen; meistens in lichten Bergwäldern.

Wissenswertes: Die stark duftenden Blüten werden von Hummeln bestäubt. Die Samenkapseln an den spiralig gedrehten, dem Boden aufliegenden Fruchtstielen öffnen sich erst im folgenden Jahr. Die mit „Wegzehrung" für die Transporteure ausgestatteten Samen werden von Ameisen verbreitet.

5 Acker-Gauchheil
Anagallis arvensis

2–10 cm   Mai–Okt.   ☉   64

Kennzeichen: Pflanze niederliegend; Blüten einzeln auf langen, fadenförmigen Stielen, die in den Blattachseln entspringen.

Vorkommen: In Gärten, Weinbergen, auf Äckern und Schuttplätzen im gesamten Gebiet, aber nur auf nährstoffreichen Böden.

Wissenswertes: Die Art, die schon früh mit dem Ackerbau aus den Mittelmeerländern nach Mitteleuropa gelangte, ist eines der schönsten Gartenunkräuter. Das Kraut enthält zum Teil giftige Saponine sowie Gerbstoffe. Früher glaubte man an seine Heilwirkung bei Geisteskrankheiten. Daran erinnert der Name. Mit „Gauch" bezeichnete man nämlich nicht nur den Kuckuck, sondern auch den Narren und den Geisteskranken.

1 **Gewöhnliche Grasnelke**
Armeria maritima

10–30 cm Apr.–Sept. ♃   70
Kennzeichen: Blätter linealisch, bis zu 3 mm breit; Blüten in rundlichen Köpfen.
Vorkommen: In Salzwiesen an der Küste und im Brackwasserbereich weit verbreitet; der Sammelart gehören auch nahe verwandte, im Binnenland regional heimische Kleinarten an.
Wissenswertes: Außer an den Meeresküsten ist die Gewöhnliche Grasnelke zerstreut auch küstenfern in Binnendünen und auf Schwermetallhalden anzutreffen.

2 **Echtes Tausendgüldenkraut**
Centaurium erythraea

10–30 cm Juli–Sept. ☉   72
Kennzeichen: Blüten am Ende des Stengels zu mehreren in doldenähnlichem Blütenstand; untere Blätter in einer Rosette, eiförmig; Stengelblätter gegenständig.
Vorkommen: Mit größeren Verbreitungslükken im gesamten Gebiet vertreten; vor allem auf Waldlichtungen, an Waldrändern und auf Trockenrasen.
Wissenswertes: Bei den Menschen erfreute sich die Art wegen verschiedener Bitterstoffe besonderer Wertschätzung, wie auch der deutsche Name zum Ausdruck bringt. Das blühende Kraut wurde getrocknet und bei Appetitlosigkeit und Verdauungsstörungen verabreicht. Gelegentlich ist Tausendgüldenkraut auch in Bitterschnäpsen vertreten.

3 **Nessel-Seide**
Cuscuta europaea

20–100 cm Juni–Okt. ☉   81
Kennzeichen: Blatt- und wurzelloser Vollschmarotzer auf Brennesseln und Hopfen; Stengel linkswindend, ca. 1 mm dick, gelblichgrün bis weinrot; Blüten zu 10 bis 40 in dichten, kugeligen Köpfchen.
Vorkommen: In brennesselreichen Hochstaudenfluren und mit Hopfen durchsetzten Gehölzen; auf feuchten Standorten; allgemein weit verbreitet, jedoch keineswegs überall in geeigneter Vegetation anzutreffen.

Wissenswertes: Auf nährstoffreichen, feuchten Standorten kann dieser Schmarotzer so üppig gedeihen, daß das Wachstum der Brennesseln deutlich eingeschränkt wird. Die Samenproduktion der Nessel-Seide muß außerordentlich hoch sein, weil es sehr vom Zufall abhängt, ob der fadenförmige, keimblattlose Keimling durch kreisende Bewegungen passende Wirtspflanzen erreicht. Nachdem er sich um deren Stengel gelegt hat und mit seinen Saugfortsätzen unter Auflösung der Zellwände in sie eingedrungen ist, bezieht er von ihr Wasser und Assimilate.

4 **Acker-Winde**
Convolvulus arvensis

20–80 cm Juni–Sept. ♃   81
Kennzeichen: Stengel am Boden kriechend oder an Halmen emporwindend; verwachsenblumblättrige Blüten mit einem Durchmesser von 2–3 cm.
Vorkommen: Im gesamten Gebiet Kulturbegleiter auf nährstoffreichen Acker- und Gartenböden; auch an Wegrändern.
Wissenswertes: Die Acker-Winde ist ein besonders hartnäckiges Unkraut, weil aus allen beim Graben oder Pflügen abgetrennten unterirdischen Teilen neue Pflanzen heranwachsen können. Wo sie sich auf Äckern stärker vermehrt, trägt sie oft Mitschuld am Lagern, d.h. am Niederliegen des Getreides nach Sturm oder starken Regengüssen.

5 **Echte Hundszunge**
Cynoglossum officinale

30–60 cm Mai–Juli ☉   82
Kennzeichen: Trichterförmige Blüten mit kurzer Röhre; Blätter elliptisch-lanzettlich, filzig behaart, mit leichtem Mäusegeruch.
Vorkommen: Nur regional auf trockenen, steinigen Standorten, zumeist in besonders warmen Lagen.
Wissenswertes: Die Pflanze enthält giftige Alkaloide vor allem in ihren Samen, von denen bereits einige wenige lähmend wirken können. Obwohl eigentlich etwas zu schmal, werden die Blätter mit der Zunge eines Hundes verglichen (Name!, außerdem griech. kyon = Hund und griech. glossa = Zunge).

1 Gewöhnlicher Hohlzahn
Galeopsis tetrahit

20–60 cm Juni–Sept. ⊙ 91

Kennzeichen: Lippenblütler mit 2 hohlen Höckern („Zähne", Name!) auf der Unterlippe; Stengel an den Knoten verdickt, borstig behaart, sparrig verzweigt; Blüten meistens rosa, manchmal auch gelblich oder weiß.

Vorkommen: Im gesamten Gebiet sowohl in Gärten, auf Äckern und Schuttplätzen als auch auf Kahlschlägen und Brandstellen im Walde; immer auf stickstoffreichen Standorten.

Wissenswertes: Zwischen den beiden Zähnen werden nektarsuchende Insekten auf den Blütenschlund zu geleitet. Die Kelchzähne sind – vor allem am Ende der Blütezeit – stechend starr. Vorbeistreifende Tiere berühren sie und lassen sie zurückschnellen. Dadurch werden die Samen herausgeschleudert. Das Auftreten des Gewöhnlichen Hohlzahns in prähistorischen Pflanzenfunden wird stets als Indiz für menschliche Landnutzung gewertet.

2 Gefleckte Taubnessel
Lamium maculatum

20–60 cm Apr.–Nov. ♃ ✿ 91

Kennzeichen: Stattliche Pflanze mit karminroten Lippenblüten; Unterlippe heller, rot gefleckt (Name!, auch lat. maculatus = gefleckt).

Vorkommen: Außer im Nordwesten im gesamten Gebiet in Wäldern, Säumen von Hekken und Gebüschen, auf Schuttplätzen.

Wissenswertes: An der Gefleckten Taubnessel kann man die für alle Lippenblütler typischen Merkmale besonders gut studieren: den 4kantigen Stengel, die kreuzweise gegenständigen Blätter, die Blüten mit Ober- und Unterlippe, mit 2 langen und 2 kürzeren Staubblättern und einem 4geteilten Fruchtknoten. Der Name weist auf die Ähnlichkeit der Blätter mit jenen der Brennessel und auf den entscheidenden Unterschied hin: Sie „brennen" nicht, sind gewissermaßen „taub". Mit griech. lamion = Rachen oder Schlund wird im wissenschaftlichen Gattungsnamen auf die Blütenform Bezug genommen. Der sehr zuckerreiche Nektar wird vor allem von Hummeln genutzt, die sich in den Schlund hineinzwängen. Zuvor berühren sie mit ihren Rückenhaaren zunächst die Narbe und erst danach die Pollensäcke, wodurch die Wahrscheinlichkeit der Fremdbestäubung erhöht wird. Ober- und unterirdische Ausläufer tragen zusätzlich zur Ausbreitung der durch Eutrophierung der Landschaft geförderten Art bei.

3 Rote Taubnessel
Lamium purpureum

10–30 cm ganzjährig ⊙ 91

Kennzeichen: Im Vergleich zur vorigen die deutlich kleinere Art; Blätter kurzgestielt, an der Spitze eng gedrängt; Unterlippe nur unauffällig gezeichnet.

Vorkommen: Auf Schuttplätzen, in Äckern und Gärten überall anzutreffen.

Wissenswertes: Außer in der Hauptblütezeit im Sommer trifft man auch im Winter blühende Pflänzchen dieser Art an, die als Einjahrespflanze nicht selten zwei Generationen in einem Jahr hervorbringt. Selbst leichter Frost hindert sie nicht an der Winterblüte. Da die Narbe sogar bestäubt werden kann, ohne daß sich die Blüte öffnet (Kleistogamie), kann die Rote Taubnessel ohnehin auf die im Winter meist seltenen Insekten verzichten.

4 Stengelumfassende Taubnessel
Lamium amplexicaule

10–30 cm März–Sept. ⊙ 91

Kennzeichen: Blätter rundlich bis nierenförmig, tief gekerbt, die oberen stengelumfassend, ungestielt (Name!).

Vorkommen: Wie die vorige Art, aber nicht so allgemein verbreitet und so häufig.

Wissenswertes: Wo der Boden nach Bearbeitung durch den Menschen nur mit lückiger Vegetation bewachsen ist, hat die Art offenbar die besten Entwicklungschancen. Das ist, außer in Gärten und auf Äckern, auch in Weinbergen der Fall. Bei ungünstiger Witterung bringt sie zeitweilig auffallend kleine Blüten hervor, die sich gar nicht öffnen, aber dennoch keimfähige Samen heranreifen lassen. Hier handelt es sich um einen weiteren Fall der schon bei der vorigen Art genannten und in der heimischen Flora gar nicht so seltenen Kleistogamie, d.h. der Selbstbestäubung und Befruchtung ohne Öffnung der Blüte.

1 Schwarznessel
Ballota nigra

50–100 cm Juni–Aug. ⅟ [91]

Kennzeichen: Unterlippe der Blüten mit breiten, stumpfen Seitenlappen; Blüten rötlich, in zwei Halbquirlen in den Achseln der gegenständigen Blätter.

Vorkommen: Früher häufiger auf nährstoffreichen Böden an Wegrändern und Schuttplätzen, vor allem auf Höfen und in den Dörfern; nur in Sandgebieten des Nordwestens mancherorts völlig fehlend.

Wissenswertes: In dem Maße, in dem die Höfe asphaltiert und bis zu den Zäunen gepflegt und „unkrautfrei" gemacht wurden, verschwand diese alte Siedlungsbegleiterin von immer mehr Hofstellen und aus ganzen Dörfern. Mit ihrem unangenehmen Geruch, ihren dunkelgrünen Blättern und düsterem Aussehen erschien sie gewiß vielen Landwirten kaum als eine Zier. Und doch ist ihr Verschwinden eines von vielen Symptomen des Artenrückgangs in unseren Dörfern, die zunehmend zu verstädtern drohen.

2 Heil-Ziest
Betonica officinalis

20–70 cm Juni–Aug. ⅟ [91]

Kennzeichen: Blüten an der Stengelspitze ährenartig, kopfig gedrängt (**2b**); Blätter vor allem am Grunde, stumpf gekerbt, rauhhaarig.

Vorkommen: Häufig in der Mitte und im Süden, nach Norden abnehmend und im Nordwesten weitgehend fehlend; vor allem auf mageren oder torfigen Standorten; auf Moor- und Bergwiesen, auch in lichten Wäldern und Heiden.

Wissenswertes: Die Art ist Zeigerpflanze für Magerkeit und Wechselfeuchte des Standorts. Zwischenzeitlich der Gattung *Stachys* zugeordnet, ist sie heute wieder davon getrennt worden. Unter der Bezeichnung „Betonie" spielte sie eine wichtige Rolle als Heilpflanze bei Durchfall, Bronchitis und Asthma, aber auch bei der äußeren Behandlung von Wunden. Als „Herba Betonicae" findet das Kraut heute nur noch selten, vor allem in der Homöopathie, Verwendung.

3 Wald-Ziest
Stachys sylvatica

30–100 cm Juni–Okt. ⅟ ✿ [91]

Kennzeichen: Blätter herz-eiförmig, nesselartig, lang gestielt; Pflanze rauh behaart und mit einem markanten, eher unangenehmen Geruch.

Vorkommen: In Mitteleuropa durchgehend verbreitet; häufig in feuchten Wäldern, an Waldquellen und Waldwegen, auch in der Ufervegetation; immer auf nährstoffreichen Standorten.

Wissenswertes: Der ährenartige Blütenstand hat für den wissenschaftlichen Gattungsnamen Pate gestanden: griech. stachys bedeutet übersetzt „Ähre". Der deutsche Name „Ziest" soll aus dem Slawischen entlehnt sein. Als Sommerblüher in heimischen Laubwäldern ist die Art in der Lage, zumindest im Schatten eichenreicher Wälder zu leben; den tiefen Schatten der Buchenwälder erträgt sie nicht. Weil sie reichlich Nektar spendet, wird sie von Bienenverwandten, Tagfaltern und Schwebfliegen gern aufgesucht.

4 Sumpf-Ziest
Stachys palustris

30–100 cm Juni–Okt. ⅟ [91]

Kennzeichen: Blätter schlanker und deutlich kürzer gestielt als bei der vorigen Art, mit der dennoch eine gewisse Ähnlichkeit besteht. Lehrer nutzten früher gern den Merkspruch: Sumpf-Ziest kurz, Wald-Ziest lang (gestielt).

Vorkommen: Im gesamten Gebiet verbreitet an Gräben und Ufern, auf Feuchtwiesen und auf durch Bodenverdichtung nassen Standorten.

Wissenswertes: Außer durch Samen vermehrt sich der Sumpf-Ziest auch vegetativ durch unterirdische Ausläufer. Diese verdicken sich an den Spitzen – den Kartoffelknollen vergleichbar – zu walzlichen Speicher- und Überwinterungsorganen. Sie sind kohlenhydratreich und sollen schmecken, wenn man sie wie Kartoffeln oder wie Spargel zubereitet. Als Schweinefutter sind die Knollen sehr gut geeignet, und Wildschweine sollen beim Durchwühlen des Bodens sehr gezielt nach ihnen suchen.

1

Wirbeldost
Clinopodium vulgare

20–60 cm Juli–Okt. ♃   91

Kennzeichen: Pflanze zottig behaart; Blüten in den Achseln der oberen 2–4 Blattpaare in dichten Scheinwirteln („Wirbel", Name!) wie in deutlich voneinander getrennten Etagen.

Vorkommen: An Waldrändern, in Hecken, Trockenrasen und lichten Wäldern; auf nicht zu basenarmen Böden; verbreitet.

Wissenswertes: Die nur schwach duftende und im Gegensatz zu mehreren Verwandten als Nutzpflanze bedeutungslose Art spendet Hummeln und Faltern Nektar.

2

Dost
Origanum vulgare

20–60 cm Juli–Okt. ♃ ✿   91

Kennzeichen: Pflanze weichhaarig; Blüten an den Sprossenspitzen in Scheinquirlen; Blätter eiförmig, aromatisch duftend.

Vorkommen: Vor allem auf Kalk weit verbreitet; in den Sandgebieten des Norddeutschen Tieflandes weithin fehlend; vorzugsweise auf sonnigen Wegböschungen, in Gebüschsäumen und Trockenrasen.

Wissenswertes: Als Gewürzpflanze ist der Dost – auch als Wilder Majoran und als Oregano bekannt – heute besonders beliebt. Dazu trägt gewiß seine Verwendung in der italienischen Pizzabäckerei bei. Als Heilpflanze wird der Dost schon seit langer Zeit genutzt; auch als Badezusatz erfreut er sich besonderer Beliebtheit. Ganz anders wird das Kraut von den Freunden floristischen Dekors verwendet: Sie trocknen den Dost und fertigen daraus Dauersträuße und -gestecke an.

3

Feld-Thymian
Thymus pulegioides

5–30 cm Mai–Okt. Halbstrauch 91

Kennzeichen: Kriechende Pflanze mit verholzten, scharf 4kantigen Stengeln; Blätter oval bis rundlich, mit aromatischem Duft; Blüten in kugeligen Blütenständen, unter denen sich – jeweils etwas abgesetzt – noch ein weiterer Quirl befinden kann.

Vorkommen: Verbreitet auf trockenen Bö-

schungen, in Magerrasen, auch auf Felsen; im Norden mit größeren Verbreitungslücken.

Wissenswertes: Dem Vorkommen auf trockenen Standorten ist der Feld-Thymian oder Quendel mit seinen immergrünen Lederblättchen und seinen Öldrüsen, die ein transpirationshemmendes ätherisches Öl absondern, hervorragend angepaßt. Er bildet oft niedrige Rasen und überzieht nicht selten kleine, flache Ameisenhaufen. Dazu tragen allerdings vor allem die Wiesen-Ameisen selbst bei, die die Samen verbreiten.

4

Roter Fingerhut
Digitalis purpurea

40–120 cm Juni–Aug. ☉   85

Kennzeichen: Blüten groß, nickend, röhrig (**4b**), in einer langen, blütenreichen, einseitswendigen Ähre; Blätter in einer grundständigen Rosette (im 1. Winter) oder sonst wechselständig am Stengel verteilt.

Vorkommen: Nur auf kalkarmen Böden – vor allem in den Mittelgebirgen – verbreitet; deshalb im Norden und im Süden in weiten Landstrichen fehlend; vor allem auf Kahlschlägen und Waldlichtungen.

Wissenswertes: Die Form der Blüte erinnert an einen Fingerhut (Name!, lat. digitus = Finger). Die gesamte Pflanze ist stark giftig. *Digitalis*-Glykoside werden auch in der modernen Pharmazie für Kreislauf-Medikamente genutzt.

5

Acker-Wachtelweizen
Melampyrum arvense

10–30 cm Mai–Juli ☉   85

Kennzeichen: Auffällige purpurrote Hochblätter an der Spitze des Stengels; die eigentlichen Blüten des ährigen Blütenstandes ebenfalls rot, mit weißlichen und gelben Flecken.

Vorkommen: Auf Äckern und in Halbtrockenrasen, vor allem in den Mittelgebirgen auf Kalkgestein; im Norden weithin fehlend.

Wissenswertes: Die Art parasitiert – ebenso wie andere Vertreter der Gattung – als Halbschmarotzer auf den Wurzeln anderer Pflanzen, in diesem Falle auf Getreide und anderen Gräsern.

1

Roter Zahntrost
Odontites rubra

10–30 cm Juli–Okt. ☉ 85

Kennzeichen: Blüten in einseitswendigen Trauben (**1b**), sehr kurz gestielt; Oberlippe weder ausgerandet noch umgeschlagen; Pflanze sparrig verzweigt, im oberen Teil dicht behaart.

Vorkommen: Außer in den Sandgebieten des Norddeutschen Tieflandes weit verbreitet, allerdings nur mit verstreuten Vorkommen; auf extensiv genutzten Weiden, Böschungen und Waldwegen.

Wissenswertes: Die Art bevorzugt offenbar Standorte mit hoher Luftfeuchtigkeit und Lehmböden. Sie gehört zu den unter den Rachenblütlern stärker vertretenen Halbschmarotzern, die zwar mit ihren 1 cm breiten, lanzettlichen Blättern Photosynthese betreiben, Wasser und die darin gelösten Nährsalze aber aus den Wurzeln benachbarter Pflanzen beziehen. Früher hat man das Kraut bei Zahnschmerzen empfohlen, worauf neben dem deutschen auch der wissenschaftliche Name hinweist: griech. odous, odontos = Zahn.

2

Sumpf-Läusekraut
Pedicularis palustris

20–60 cm Mai–Juli ☉ 85

Kennzeichen: Blüten 2lippig, mit helmförmiger Oberlippe, in kurzgestielten traubigen Blütenständen; Stengel im unteren Teil verzweigt; Blätter tief fiederteilig, mit brennendem Geschmack (giftig!).

Vorkommen: Vor allem in den Alpen, im Harz, Erzgebirge und im Norden, sonst sehr punktuell; in Flach- und Zwischenmooren und auf ähnlichen staunassen Standorten.

Wissenswertes: Die nach Melioration vieler Feuchtgebiete selten gewordene Art lebt wie alle ihre Gattungsverwandten als Halbschmarotzer; sie zapft vor allem die Wurzeln benachbart wachsender Sauergräser an. Das für Insekten, aber auch für manche Säugetiere giftige Aucubin, das in allen Teilen des Sumpf-Läusekrauts – vor allem aber in den Samen – nachzuweisen ist, macht die Art zu einem früher vielfach genutzten Insektenmittel zur Bekämpfung der Läuse bei Tieren und Men-

schen. Daran erinnern sowohl der deutsche als auch der wissenschaftliche Gattungsname: *Pedicularis* ist von lat. pediculus = Laus abgeleitet.

3

Arznei-Baldrian
Valeriana officinalis

60–150 cm Juni–Aug. ♃ 78

Kennzeichen: Blätter allesamt unpaarig gefiedert, die unteren mit 11–23 Fiederblättchen; Pflanze mit stattlichem Wuchs, größer als andere Baldrian-Arten.

Vorkommen: Überall in Mitteleuropa an Ufern von Flüssen und Bächen, aber auch an Gräben und stehenden Gewässern, an nassen Stellen in Wiesen und lichten Wäldern.

Wissenswertes: Die bekannte Baldriantinktur wird aus den kurzen, dicken Rhizomen gewonnen. Ihre krampflösende und beruhigende Wirkung wird heute wie einst geschätzt. Den typischen Baldriangeruch bekommt man beim Reiben und beim Trocknen der unterirdischen Pflanzenteile. Er ähnelt dem Lockgeruch läufiger Katzen und ist geeignet, nächtliche „Katzenmusik" auszulösen. Das deutsche „Baldrian" ist ein Lehnwort aus dem lat. valeriana, das auf valere = gesund sein zurückgeht. Der Arznei-Baldrian ist eine Sammelart, die von Experten in etliche unterschiedliche Sippen unterteilt wird.

4

Sumpf-Baldrian
Valeriana dioica

10–30 cm Mai–Juni ♃ 78

Kennzeichen: Schon durch geringere Größe und frühere Blütezeit vom Arznei-Baldrian unterschieden; Grundblätter eiförmig bis rundlich, Stengelblätter fiederteilig bis gefiedert.

Vorkommen: Fast so weit verbreitet wie die vorige Art; häufiger in Feuchtwiesen und feuchten Wäldern.

Wissenswertes: Wie der wissenschaftliche Artname *„dioica"* betont, ist diese Art zweihäusig. Die rötlichen männlichen Blüten sind rund 3 mm groß und auffälliger als die weißlichen, nur 1,5 mm großen weiblichen Blüten. Die Inhaltsstoffe des Sumpf-Baldrians entsprechen denen des Arznei-Baldrians, liegen aber nur in geringer Konzentration vor.

1

Schuppenwurz
Lathraea squamaria

5–20 cm März–April ♃ $\boxed{84}$

Kennzeichen: Ohne grüne Blätter, mit bleichen, rötlichen Schuppen; Blüten rötlich, in einer einseitswendigen Traube, nickend.

Vorkommen: Im gesamten mitteleuropäischen Raum sehr zerstreute Vorkommen in feuchten Wäldern mit kalk- und nährstoffreichen Böden; vor allem in Schlucht- und Auenwäldern.

Wissenswertes: Dieser Vollschmarotzer gehört zu den merkwürdigsten Pflanzenarten Europas. Er parasitiert auf den Wurzeln der Erlen und Weiden, häufig auch der Hasel, der Pappeln und Ulmen und zapft mit seinen Saugwurzeln (Haustorien) nur die Wasserleitungsbahnen, also das Xylem, an. Dort werden während seiner frühen Blüte- und Hauptentwicklungszeit im sog. „Blutungssaft" neben Wasser und Nährsalzen auch organische Stoffe – vor allem Zucker – transportiert. Der Name „Schuppenwurz" (auch lat. squamarius = beschuppt) bezieht sich auf die fleischigen Rhizom-Schuppen, bei denen es sich um zu Speicherorganen umgewandelte Niederblätter handelt. Die schwach rötlichen, schuppenartigen Stengelblätter dienen der aktiven Wasserabgabe. Ein Teil der Staude – oft sogar ein Teil der Blüten – bleibt im Boden den Blicken entzogen. Daran erinnert der wissenschaftliche Gattungsname, der auf griech. lathraios = heimlich, verborgen zurückgeht.

2

Rote Pestwurz
Petasites hybridus

20–100 cm März–Mai ♃ $\boxed{94}$

Kennzeichen: Blüten vor den Blättern, in zahlreichen rötlichen Blütenkörbchen, die gemeinsam eine dicke eiförmige Traube bilden; Blätter später bis zu 1 m lang und über 60 cm breit.

Vorkommen: Vor allem im Hügel- und Bergland an Bachufern, in Ufergebüschen und an anderen quellig-nassen Stellen; im Flachland dagegen mit großen Verbreitungslücken.

Wissenswertes: Die riesigen Blätter (**2b**) – im Volksmund „Wilder Rhabarber" genannt – gehören zu den größten, zumindest zu den breitesten heimischer Wildpflanzen. Kinder nutzen sie gern als Sonnenhüte. Daß diese Verwendung nicht neu ist, zeigt die Herkunft des wissenschaftlichen Gattungsnamens aus griech. petasos = hutförmig (gemeint ist ein Hut mit breiter Krempe). Der deutsche Name hat wohl weniger mit der Pest, als mit dem Namen *Petasites* zu tun. Eindrucksvoll ist das Wachstum der Blütenstände und ihrer Stiele. Anfangs während der Blüte gedrungen und nur um die 30 cm hoch, strecken sie sich später bis zu 1 m Höhe empor, so daß sie die großen Blätter überragen und frei dem Wind ausgesetzt sind, der die mit einem Haarkranz ausgestatteten kleinen Früchte davonträgt.

3

Große Klette
Arctium lappa

80–150 cm Juli–Sept. ☉ $\boxed{94}$

Kennzeichen: Stattliche, sparrig verzweigte Pflanze mit großen, rundlich-herzförmigen Grundblättern; Blüten in runden Köpfchen; Hüllblätter mit hakig gebogener, grüner Spitze; Blattstiele nicht deutlich hohl.

Vorkommen: An Wegrändern, auf Schuttplätzen und an Ufern weit verbreitet, weniger in Sandgebieten der Ebene.

Wissenswertes: Die hakigen Spitzen der Hüllblätter bleiben nach der Samenreife im Fell von Tieren und an der Kleidung von Menschen haften und werden so verbreitet. Die Methode ist hier so charakteristisch und effektiv, daß man auch in anderen ähnlichen Fällen von „Klettenfrüchten" spricht.

4

Filzige Klette
Arctium tomentosum

60–120 cm Juli–Aug. ☉ $\boxed{94}$

Kennzeichen: Ähnlich der Großen Klette, aber etwas kleiner und Blütenkörbchen spinnwebig-wollig (**4a**).

Vorkommen: Zerstreut an ähnlichen Standorten wie die vorige Art.

Wissenswertes: Die wollige Umhüllung der Blütenkörbchen dient als Strahlungsschutz und läßt sie zusätzlich im Fell und in der Kleidung sich klebend verankern. Der Name „Klette" geht übrigens auf denselben Wortstamm wie das Verb „kleben" zurück.

Distel und Kratzdistel
(Carduus und *Cirsium)*

Diese beiden Gattungen der Körbchenblütler (vgl. S. 21) sind nicht immer leicht zu unterscheiden, weil viele Arten die gefiederten oder fiederteiligen Blätter mit den dornigen Rändern gemeinsam haben. Die meistens eher halbkugeligen Blütenkörbchen der Distel-Arten (Gattung *Carduus*) und die mehr walzenförmigen der Kratzdistel-Arten (Gattung *Cirsium*) reichen als Unterscheidungshilfe oft nicht aus. Besser geeignet ist da schon die Betrachtung des zum Härchenkranz reduzierten Kelchs (Pappus), der der reifen Frucht zur Windverbreitung dient. Die Pappusstrahlen (die einzelnen Härchen) sind bei den Kratzdisteln federig gefiedert, bei den Disteln dagegen einfach und höchstens mit feinen Zähnchen besetzt.

1 Nickende Distel
Carduus nutans

30–100 cm   Juni–Sept.   ☉   94

Kennzeichen: Nur 1 Blütenkörbchen (selten 2) auf langem Stiel, nickend, kugelig bis halbkugelig, 3–6 cm im Durchmesser; Blätter tief eingeschnitten, am Rande kraus und dornig.

Vorkommen: Nur zerstreut; in den Sandgebieten im Nordwesten und in den Alpen und im Alpenvorland sogar weithin fehlend; auf Weiden, an Wegrändern und auf Böschungen bei kalkreichem Untergrund.

Wissenswertes: Diese besonders schöne und auffällige Distelart breitet sich nicht selten auf Magerweiden aus, wenn der Viehbesatz für die Fläche zu hoch ist. Dann werden die übrigen Pflanzen tief abgegrast und nicht selten der Boden verwundet: Ideale Voraussetzungen für die Zunahme von Disteln, die das Vieh verschmäht. Die hübschen, süßlich duftenden Blütenkörbchen bestehen oft aus über 100 Einzelblüten.

2 Krause Distel
Carduus crispus

50–140 cm   Juli–Sept.   ⌙   94

Kennzeichen: Stengel durchgehend kraus und stachelig geflügelt; Blütenkörbchen zu 3–5 auf kurzen Stielen an der Stengelspitze.

Vorkommen: Mit einigen größeren Verbreitungslücken im gesamten Gebiet vertreten; vor allem in staudenreicher Vegetation auf nährstoffreichen Böden an Wegrändern, auf Wildland und im Uferbereich der Flüsse.

Wissenswertes: Gerade bei dieser Distel-Art treten neben den üblicherweise purpurfarbenen auch cremeweiße Blüten auf. Mit dem Namen „carduus" haben bereits die Römer die Distel bezeichnet.

3 Stengellose Kratzdistel
Cirsium acaule

5–25 cm   Juli–Sept.   ⌙   94

Kennzeichen: Blütenkörbchen einzeln (nur selten zu 2 oder 3), stengellos oder sehr kurz gestielt, in der Mitte einer Rosette aus tief buchtig fiederteiligen Blättern.

Vorkommen: Zerstreut auf sonnigen Magerweiden bei kalkreichem Untergrund; in der Ebene, auf Silikatgestein und in den Alpen weitgehend fehlend.

Wissenswertes: Die Rosetten der Stengellosen Kratzdistel erinnern an jene der ebenfalls stengellosen Silberdistel *(Carlina acaulis)*. Dieses markante Merkmal greift auch der wissenschaftliche Artname auf: lat. caulis = Stengel, acaulis, acaule = stengellos.

4 Sumpf-Kratzdistel
Cirsium palustre

50–120 cm   Juni–Sept.   ☉   ❀❀❀   94

Kennzeichen: Im Gegensatz zur blauviolettblütigen Acker-Kratzdistel mit purpurnen Blütenkörbchen, die zu 2–8 dicht gedrängt an der Stengelspitze stehen; Stengel fast durchgehend mit dornenbewehrten herablaufenden Blatträndern besetzt (**4a**).

Vorkommen: Im gesamten Gebiet häufig; auf feuchtem Grünland, auf Äckern und Schuttplätzen.

Wissenswertes: Für körnerfressende Vogelarten sind die reifen Blütenkörbchen ganz besonders attraktiv. Vor allem die bunten Distelfinken, die auch Stieglitze genannt werden, lassen sich gern darauf nieder, um die Samen zu verzehren.

1 Wasserdost
Eupatorium cannabinum

60–150 cm Juli–Sept. ♃ $\boxed{94}$

Kennzeichen: Stengel rötlich; Blätter 3–5teilig; Blüten in nur wenige Röhrenblüten umfassenden Körbchen, die gemeinsam einen doldig-rispigen Gesamtblütenstand bilden.

Vorkommen: Im gesamten Gebiet verbreitet; vor allem an Ufern, an Gräben und nassen Stellen in lichten Wäldern.

Wissenswertes: Die ungewöhnlich blütenarmen Blütenkörbchen, die meistens nur aus 4–6 Röhrenblüten bestehen, werden als Merkmal einer ursprünglichen Pflanzengattung gedeutet. Ähnliche Arten entstanden wahrscheinlich schon zu Beginn der Evolution der Körbchenblütler, sind aber auch heute noch – zumindest in wärmeren Klimaten – sehr zahlreich und in den Tropen sogar als Bäume anzutreffen. Die Blüten werden gern von Tagfaltern besucht. Die Blätter ähneln entfernt Hanfblättern (lat. cannabinus = hanfartig, aus cannabis = Hanf). Wegen seiner abführenden und harntreibenden Wirkung wurde der Wasserdost früher als Heilpflanze verwendet. Auch heute werden Extrakte der Pflanze Medikamenten zugefügt, die die körpereigenen Abwehrkräfte – etwa bei Infektionskrankheiten wie Grippe – stärken sollen. Auf die Bedeutung des Wasserdosts als Heilpflanze weist auch der weit verbreitete volkstümliche Name „Kunigundenkraut" hin. Die Heilige Kunigunde, die 1033 gestorbene und im Bamberger Dom beigesetzte Gemahlin Heinrichs II., galt als Schutzpatronin der kranken Kinder.

2 Skabiosen-Flockenblume
Centaurea scabiosa

30–120 cm Juni–Sept. ♃ $\boxed{94}$

Kennzeichen: Körbchen ausschließlich mit Röhrenblüten, über 2 cm hoch und mit den vergrößerten Randblüten 3–5 cm breit; Hüllblätter der Körbchen mit einem braunen, häutigen, gleichmäßig dicht gefransten Rand.

Vorkommen: Ziemlich weit verbreitet; fehlt allerdings im Norddeutschen Tiefland westlich der Elbe; vor allem auf kalkreichen Böden an Wegen und auf Böschungen sowie in Wald- und Heckensäumen anzutreffen.

Wissenswertes: Den skabiosenähnlichen, tief eingeschnittenen Blättern mit länglich-lanzettlichen Fiedern verdankt diese Art ihren Namen und ein weiteres gutes Unterscheidungsmerkmal gegenüber der viel häufigeren Wiesen-Flockenblume. Nicht selten sind an den Stengeln gerade dieser Flockenblume Verdickungen festzustellen, die auf Einstiche von Gallwespen und die dort parasitierenden Larven zurückgehen.

3 Wiesen-Flockenblume
Centaurea jacea

20–70 cm Juni–Sept. ♃ ❀❀ $\boxed{94}$

Kennzeichen: Körbchen kleiner als bei der vorigen Art; Hüllblätter der Körbchen mit deutlich abgesetzter Spitze (wirkt wie ein Anhängsel); Blätter lanzettlich bis eiförmig.

Vorkommen: Im gesamten Gebiet auf mageren Wiesen, Weiden und Wegrändern; im Nordwesten nur zerstreut.

Wissenswertes: Die randlichen Röhrenblüten, die deutlich vergrößert sind, dienen als meist unfruchtbare Attrappen zum Anlocken der Insekten. Weil eine Flockenblume die Wunden eines Kentauren (griech. kentauros), eines Pferdemenschen der griechischen Mythologie, geheilt haben soll, entstand schon im Altertum ein Name, aus dem der Gattungsname hervorging.

4 Orangerotes Habichtskraut
Hieracium aurantiacum

20–40 cm Juni–Aug. ♃ $\boxed{94}$

Kennzeichen: Milchsaftführende Pflanze mit bis zu 10 Blütenkörbchen an der Stengelspitze, mit Ausläufern und mit auffälligen dunklen Drüsen im oberen Teil des Stengels.

Vorkommen: Ursprünglich wohl nur auf sauren Bergwiesen der Alpen; nördlich des Mains und vor allem im Tiefland in mageren Parkrasen anzutreffen; meistens sehr zerstreut, dann aber oft in großen Beständen.

Wissenswertes: Unter den vielen gelb blühenden Habichtskräutern nimmt diese Art mit ihren orangeroten bis orangegelben oder braunroten Blüten eine Sonderstellung ein. Im Norden des Gebietes ist sie aus Gärten und Parks verwildert.

1   Türkenbund-Lilie
Lilium martagon

30–100 cm Juni–Aug. ⟃ |100|

Kennzeichen: Lilienart mit fleischroten, nik-kenden Blüten, deren Hüllblätter zurückgerollt sind (**1b**).

Vorkommen: Nur zerstreut in artenreichen, wärmeliebenden Waldgesellschaften und in alpinen Hochstaudenfluren auf Kalkgestein; deshalb im Norden weitgehend fehlend.

Wissenswertes: Die turbanähnlichen Blüten (Name!) locken mit ihrem Duft Nachtfalter an, die in kolibriartigem Flug vor der Blüte schwirren. Insekten, die auf den Perigonblättern zu landen versuchen, können sich auf deren ölig-glatter Oberfläche meistens nicht halten. Zur Gefährdung dieser besonders schutzwürdigen und schönen Art tragen leider auch die Rehe bei, die offensichtlich Blüten und Blätter des Türkenbunds besonders gern äsen.

2   Herbstzeitlose
Colchicum autumnale

10–20 cm (Aug.) Sept.–Okt. ⟃ |100|

Kennzeichen: Blüten krokusähnlich, blaß rotviolett; Blüte im Herbst (Name!); Blätter groß, breit-lanzettlich, im Frühsommer voll entwickelt).

Vorkommen: Nur in der Mitte und im Süden des Gebiets auf nicht zu intensiv bewirtschafteten wechselfeuchten Wiesen; schon stark zurückgedrängt.

Wissenswertes: Mit ihrer Blüte im Herbst und der Bildung der Samenkapseln und Blätter (**2b**) erst im nächsten Jahr weicht die Herbstzeitlose stark vom üblichen Jahresgang unserer heimischen Pflanzen ab. In der oft über 20 cm tief im Boden liegenden Knolle werden die in den Blättern gebildeten Kohlenhydrate gespeichert. Von der Narbe bis zum Fruchtknoten, der sich nahe der Knolle und damit in frostfreier Tiefe befindet, muß der Pollenschlauch nach der Bestäubung oft über 30 cm zum Ort der Befruchtung wandern. Im folgenden Frühjahr beginnt der Stiel der Samenkapsel zu wachsen und diese oft über 20 cm hoch über Grund zu heben. Die Samen sind giftig; bereits 1–5 Samen wirken beim Menschen tödlich. Der bekannteste Inhalts-

stoff ist das Colchicin, das in der Züchtungsforschung wegen seiner mutationsauslösenden Wirkung eingesetzt wird. Es hemmt den Zellteilungsmechanismus und fördert zugleich die Entstehung von Zellen mit vermehrten Chromosomensätzen (Polyploidie).

3   Schwanenblume
Butomus umbellatus

60–150 cm Juni–Aug. ⟃ |96|

Kennzeichen: Röhrichtpflanze mit einer blütenreichen Dolde an der Spitze eines unbeblätterten Stengels; Blüten mit 2mal 3 roten Blütenhüllblättern.

Vorkommen: Zerstreut an stehenden und fließenden nährstoffreichen Gewässern; im Norddeutschen Tiefland weiter, sonst vor allem in den Tälern der großen Flüsse verbreitet; Höhengrenze bei 700 m und schon deshalb im Alpenvorland nicht vertreten.

Wissenswertes: Die Schwanenblume ist eine der wenigen insektenblütigen Arten in den Röhrichten. Sie hat es oft schwer, sich gegenüber ihren hochwüchsigen Konkurrenten zu behaupten und Fliegen, Bienen und Hummeln auf sich aufmerksam zu machen. Vielerorts leidet sie auch unter der Wasserverschmutzung und der Zerstörung des Röhrichts durch Wasserbaumaßnahmen und Erholungssuchende (Wassersportler, Angler).

4   Weinberg-Lauch
Allium vineale

30–70 cm Juni–Aug. ⟃ |100|

Kennzeichen: Stielrunde, hohle Lauchblätter, bläulichgrün; blattlose Stengel mit doldig vereinten Blüten und Brutzwiebeln an der Spitze.

Vorkommen: Ziemlich weit verbreitet auf lockeren sandigen bis lehmigen Böden; nicht in den Alpen und im Alpenvorland; in der Norddeutschen Tiefebene fast nur in den Stromtälern.

Wissenswertes: Die Art gilt als typische Weinbau-Begleiterin (Name!). Sie vermehrt sich sowohl durch Samen und unterirdische Zwiebeln als auch durch Brutzwiebeln, die sich im Blütenbereich durch Umwandlung von Blütenanlagen bilden.

Orchideen = Knabenkräuter gelten als die Perlen der heimischen Flora, werden aber an Schönheit und Größe von den vielen tropischen Arten noch deutlich übertroffen. Bereits in Mitteleuropa nimmt die Artenvielfalt von Norden nach Süden zu. Gefährdet aber sind die Orchideen fast überall – und nicht allein durch Sammler, sondern vor allem durch die Zerstörung ihrer Standorte, zumeist durch Intensivierung der landwirtschaftlichen Nutzung. Viele Arten brauchen über ein Jahrzehnt Ungestörtheit an ihrem Wuchsort, wenn sie sich vom staubfeinen, reservestoffarmen Samen zur neuen blühenden Pflanze entwickeln sollen. Obendrein sind sie noch auf die Gegenwart bestimmter Pilzarten als Wurzelsymbionten angewiesen. Auf 3 Tafeln werden hier 12 Orchideenarten mit roten oder rötlichen Blüten vorgestellt.

1   **Breitblättrige Stendelwurz**
Epipactis helleborine

30–80 cm Juli–Sept. ♃   103

Kennzeichen: Blüten sporn- und duftlos, purpurrot, oft auch blaß oder grün, in einseitswendigen Trauben (**1b**); Blätter breit eiförmig, stengelumfassend, rauh.

Vorkommen: Ziemlich weit verbreitet in kraut- und nährstoffreichen Wäldern.

Wissenswertes: Die kilometerweit vom Wind verfrachteten winzigen Samen können überall hin gelangen und an den Rändern von Waldwegen ebenso wie in gehölzreichen Gärten für Überraschungen sorgen. Im Gegensatz zu fast allen anderen Familienangehörigen findet die Art auch in der modernen Kulturlandschaft geeignete Lebensräume und ist vielfach sogar in Ausbreitung begriffen.

2   **Rotbraune Stendelwurz**
Epipactis atrorubens

20–50 cm Juni–Aug. ♃   103

Kennzeichen: Blüten oft sehr zahlreich, allseitswendig; Blätter eiförmig-lanzettlich, oft – ebenso wie der Stengel – rötlich überlaufen (**2a**).

Vorkommen: In den Mittelgebirgen mit Kalkgestein und in den Alpen verbreitet, aber durchweg selten; in Gebüschen und Trocken-

wäldern auf mageren, aber kalkreichen Böden; auch auf Kalkfelsen an der Ostsee.

Wissenswertes: Frühere Vorkommen an Dünen-Standorten scheinen erloschen zu sein. Auch in den Mittelgebirgen ist die Art vielerorts im Bestand bedroht. Die Blüten duften angenehm nach Vanille.

3   **Rotes Waldvögelein**
Cephalanthera rubra

20–50 cm Juni–Juli ♃   103

Kennzeichen: Blüten ungespornt, durch ihre ziemlich großen Blütenblätter recht auffällig (**3b**); Stengel aufrecht, hin- und hergebogen.

Vorkommen: Zerstreut in den Mittelgebirgen auf Kalkgestein; vor allem in Kalk-Buchenwäldern.

Wissenswertes: Wenn das Rote Waldvögelein im Gegensatz zu seinem weißen Verwandten den Insekten keinen Nektar anbietet und dennoch besucht wird, verdankt es den Erfolg wahrscheinlich der Verwechselung mit anderen spendierfreudigeren Arten. Mit ihren beiden abstehenden Kronblättern erinnert die Blüte an ein Vögelchen mit ausgebreiteten Schwingen (Name!).

4   **Mücken-Händelwurz**
Gymnadenia conopsea

30–60 cm Juni–Juli ♃   103

Kennzeichen: Blüten sehr zahlreich in bis zu 25 cm langen Ähren, mit 3lappiger Lippe und bis zu 2 cm langem dünnen Sporn (**4b**); Blätter lanzettlich und ungefleckt (**4a**).

Vorkommen: In Kalkmagerrasen, lichten Wäldern und Flachmooren; nur auf feuchten, wenigstens wechselfeuchten Standorten.

Wissenswertes: Mit ihrem langen, spitzen Sporn erinnert die Art an eine Stechmücke und erhielt deshalb von Linné den wissenschaftlichen Artnamen „conopsea" (mückenartig), auf den wiederum die deutsche Artbezeichnung zurückgeht. „Händelwurz" dagegen verweist auf die handförmigen Knollen, die sich deutlich von den 2teiligen Knollen der *Orchis*-Arten unterscheiden. Es ist einer der vielen Namen, die belegen, wie intensiv sich früher die Menschen für die unterirdischen Pflanzenteile interessiert haben.

Blütenpflanzen

1 Schwarzes Kohlröschen
Nigritella nigra

10–30 cm Juni–Aug. ♃ | 103 |

Kennzeichen: Blüten schwarzpurpurn, zu 20–50 in einer dichten kegel- bis kugelförmigen Ähre, stark nach Vanille duftend; Blätter grasartig schmal; Stengel unverzweigt.

Vorkommen: Nur in den Alpen; in Höhenlagen zwischen 1600 und 2300 m auf extensiv genutzten Almen; nur auf kalkreichen, aber stickstoffarmen Standorten.

Wissenswertes: „Schwarz" (lat. niger, nigra) wird diese kleine Orchidee in starker Übertreibung genannt, weil sie gegenüber dem Roten Kohlröschen (*Nigritella miniata*) sehr dunkelrote Blüten hat. Beide Arten sind strikt auf Magerweiden beschränkt und verschwinden, sobald gedüngt wird. Auch das Schwarze Kohlröschen hat gelegentlich hellrote, ja sogar gelbliche Blütentrauben und ist dann nur schwer vom Roten Kohlröschen zu unterscheiden.

2 Breitblättriges Knabenkraut
Dactylorhiza majalis

20–40 cm Mai–Juni ♃ | 103 |

Kennzeichen: Blütenstand eher walzlich; Blüten mit Sporn; Blütenlippe 3teilig, Seitenlappen zurückgeschlagen (**2b**), Stengel mit 4–6 Blättern, hohl; Blätter in der Mitte am breitesten, wie bei der nächsten Art deutlich gefleckt.

Vorkommen: Auf nassen Wiesen, in Quellmulden und an Gräben, auch in lichten Auenwäldern; immer auf feuchtem, nährstoffarmem, saurem Boden.

Wissenswertes: Die Gattung *Dactylorhiza* wurde erst spät von der Gattung *Orchis* abgespalten. Sie hat als Speicherorgan nicht 2teilige, sondern 3fingrig-handförmige Knollen, auf die auch der wissenschaftliche Gattungsname verweist (griech. dactylos = Finger, griech. rhiza = Wurzel). Der Sporn enthält keinen Nektar, aber dafür ein freßbares, zuckerreiches Gewebe, das für Insekten nicht minder attraktiv ist. Der Pollen wird nicht ausgestreut, sondern ist in 2 Pollinien verklebt, die Blütenbesuchern wie etwa Bienen am Kopf haften bleiben.

3 Geflecktes Knabenkraut
Dactylorhiza maculata

20–50 cm Juni–Juli ♃ | 103 |

Kennzeichen: Blätter wie bei der vorigen Art dunkel gefleckt; dieser insgesamt sehr ähnlich; allerdings Stengel mit 5–10 Blättern und markig; Blütenstand meistens etwas pyramidenförmig (**3b**).

Vorkommen: Die vorige und diese Art sind in Mitteleuropa die beiden häufigsten Orchideen mit breiten, dunkel gefleckten Blättern; trotz Verbreitungslücken im gesamten Gebiet vertreten; auf wechselfeuchten, nährstoffreichen, aber kalkarmen Standorten in Magerrasen, Heiden und lichten Wäldern.

Wissenswertes: Durch Drainung wurden viele Standorte dieser beiden sonst nicht besonders anspruchsvollen Knabenkräuter zerstört. Dennoch trifft man hin und wieder auf regelrechte „Orchideenwiesen", in denen das Gefleckte oder das Breitblättrige Knabenkraut große, allerdings stets lockere Bestände bilden. Das ändert nichts an der Tatsache, daß alle Orchideenarten streng geschützt sind und nicht gepflückt werden dürfen.

4 Kleines Knabenkraut
Orchis morio

10–30 cm Apr.–Juni ♃ | 103 |

Kennzeichen: Eine kleinwüchsige Orchidee mit ungefleckten, länglich-lanzettlichen Blättern; Lippe 3lappig, breiter als lang; Sporn waagerecht abstehend.

Vorkommen: Nur in der Mitte und im Süden des Gebiets auf kalkarmen Magerrasen; sehr zerstreut und weithin auch fehlend.

Wissenswertes: Bei dieser und den auf der nächsten Seite folgenden *Orchis*-Arten sind die Tragblätter meistens häutig, oft gefärbt. Die nicht handförmig geteilten Knollen der *Orchis*-Arten werden unter dem Namen „Tubera Salep" in Schleimdrogen verwendet, die vor allem zum Schutz der Schleimhäute Kindern bei Durchfällen verabreicht werden. Natürlich dürfen die geschützten Pflanzen bei uns nicht ausgegraben werden. Da auch die Einfuhr immer strengeren Schutzbestimmungen unterliegt, bleibt nur die Kultur als Möglichkeit zur Beschaffung der begehrten Inhaltsstoffe.

1

Großes Knabenkraut
Orchis mascula

20–40 cm Apr.–Juni ♃ |103|

Kennzeichen: Bei dieser und der folgenden Art Blüten in allseitswendigen Ähren, Lippe 3lappig und Sporn nicht faden-, sondern sackförmig; beim Großen Knabenkraut stehen die beiden seitlichen Perigonblätter ab, während die anderen sich zusammenneigen.

Vorkommen: Außer im Tiefland, im Osten und im Alpenvorland ziemlich weit verbreitet; sowohl auf Magerwiesen und Halbtrockenrasen als auch in Eichen-Hainbuchenwäldern.

Wissenswertes: Weniger die Schönheit und Formvielfalt der Blüten der verschiedenen Orchideen-Arten als vielmehr das Aussehen der Knollen hat die Aufmerksamkeit unserer Vorfahren gefesselt. Zwei dicht benachbarte Knollen sind offenbar so hodenähnlich, daß sie bei der Namengebung voll durchschlugen. Darauf zielt der deutsche Name „Knabenkraut" ebenso wie der wissenschaftliche Gattungs- und der darauf basierende Familienname (*Orchis, Orchidaceae*, Orchideen), die auf griech. orchis = Hoden zurückgehen. Und die hier vorgestellte Art setzt noch eins drauf: *Orchis mascula*, auch Manns-Knabenkraut genannt. Während eine der beiden Knollen sich mit der Bereitstellung der Nährstoffe für die blühende Pflanze verbraucht, befindet sich die andere gerade im Aufbau als Reservedepot für das nächste Jahr.

2

Helm-Knabenkraut
Orchis militaris

20–40 cm Mai–Juni ♃ |103|

Kennzeichen: Im Gegensatz zur vorigen Art alle Perigonblätter zusammenneigend, nur die Lippe frei nach unten gerichtet (**2a**).

Vorkommen: Von wenigen Ausnahmen abgesehen nur südlich der Main-Linie und auch dort nur regional; nur auf kalkreichem Untergrund; vor allem in Magerrasen, an Böschungen und in lichten Gebüschen.

Wissenswertes: Den helmartig zusammengefügten Blütenhüllblättern verdankt diese Orchidee ihre Artnamen. Wie andere *Orchis*-Arten hat auch das Helm-Knabenkraut außer unter der Biotopveränderung auch unter der Salepgewinnung gelitten (vgl. S. 266). Die mittelalterliche Signaturenlehre legte es nahe, die hodenähnlichen Knollen als Aphrodisiakum zu verwenden.

3

Fliegen-Ragwurz
Ophrys insectifera

10–40 cm Mai–Juni ♃ |103|

Kennzeichen: Blüte ohne Sporn, oberseits lebhaft gezeichnet; diese Art mit dunkler, länglich-schmaler Lippe und mit zwei kurzen, fadenähnlichen inneren Blütenhüllblättern (Insektenfühlern ähnlich; **3b**).

Vorkommen: Sehr zerstreut, nur in Kalkgebieten; vor allem in wärmeren Landstrichen; in Kalk-Magerrasen sowie in trockenen und lichten Gebüschen und Wäldern.

Wissenswertes: Die Gattung *Ophrys* nimmt nicht nur unter den Orchideen, sondern allgemein in der Pflanzenwelt insofern eine Sonderstellung ein, als die Blüten als Sexualattrappen gestaltet sind, die Insektenmännchen mit ihrer Form, ihrer Behaarung und wohl auch ihrem Duft anlocken. Beim Versuch der Begattung übertragen sie den zu Pollinien verklebten Pollen von Blüte zu Blüte. Bei der Fliegen-Ragwurz sind es verschiedene Hautflügler-Arten, die sich täuschen lassen. Allerdings spielt die Selbstbestäubung zumindest hierzulande offensichtlich die größere Rolle.

4

Bienen-Ragwurz
Ophrys apifera

10–35 cm Juni–Juli ♃ |103|

Kennzeichen: Große, helle äußere Blütenhüllblätter; Lippe länger als breit, braun mit gelblichem Muster (**4b**).

Vorkommen: An ähnlichen Standorten wie die vorige Art, aber noch seltener als diese; vor allem in der Schwäbischen Alb und in den mitteldeutschen Kalk-Mittelgebirgen.

Wissenswertes: Die im Vergleich zur Fliegen-Ragwurz deutlich größeren Blüten sollen zwar gelegentlich von Hornbienen angeflogen werden, haben aber außerhalb ihres Hauptverbreitungsgebietes offenbar nicht genügend Liebhaber, die auf die Sexualattrappe ansprechen. Deshalb ist in Mitteleuropa Selbstbestäubung die Regel.

1 Blauer Eisenhut
Aconitum napellus

50–150 cm   Juni–Sept.   ♃   6

Kennzeichen: 2seitig symmetrische Blüten mit einem helmartigen Kelchblatt; Helm breiter als hoch; Blätter handförmig 5–7teilig.

Vorkommen: Nur zerstreut in den höheren Lagen der Mittelgebirge (z.B. im Harz) und weiter verbreitet im Süden, vor allem im Alpenvorland und in den Alpen; in feuchten Wäldern und Hochstaudenfluren in Bachnähe.

Wissenswertes: Beim Blauen Eisenhut handelt es sich um eine der giftigsten Pflanzenarten Mitteleuropas. Das sowohl in den rübenartig verdickten Wurzeln als auch in den oberirdischen Pflanzenteilen enthaltene Aconitin kann sogar durch die unverletzte Haut in den Körper eindringen. Deshalb wird zarthäutigen Personen bereits von der Berührung der Stengel und Blätter abgeraten. Schon wenige Gramm dieser Pflanze können beim Menschen eine lähmende und temperatursenkende Wirkung haben und zum Tode führen. Aconitin ist noch in einigen nur noch auf ärztliche Verordnung verabreichbaren Fertigpräparaten enthalten. – Besonders interessant ist der Blütenaufbau: Die beiden zu Nektarien umgewandelten Kronblätter sind wie Pferdeköpfe verdickt. Die Pferde ziehen nach alter Überlieferung den „Venuswagen", den man erkennt, sobald man das helmartige Kelchblatt herausgezupft hat. Die übrigen Kelchblätter stehen für den Kastenwagen mit den Staubblättern als den Reisenden darin.

2 Acker-Rittersporn
Consolida regalis

20–40 cm   Juni–Sept.   ☉   6

Kennzeichen: Pflanze mit sparrig-ästigem Wuchs; Blüten mit einem gebogenen Sporn; Blätter fein zerteilt.

Vorkommen: In Kalkgebieten des Hügel- und Berglandes, nicht in den Alpen; regional in Äckern, auf Rainen und Brachland.

Wissenswertes: Auch diese Art zählt zu den Giftpflanzen mit ähnlichen Alkaloiden wie der Blaue Eisenhut, ist jedoch deutlich weniger gefährlich. Die Blüten sind alkaloidfrei und werden ihrer harntreibenden Wirkung wegen in Nieren- und Blasentees verwendet, vor allem aber zur Schönung des Tees genutzt. – Als Bestäuber kommen nur Insektenarten mit einem mindestens 1,5 cm langen Rüssel in Betracht, weil nur sie an den Nektar gelangen. Diese Voraussetzung erfüllen vor allem Hummeln, auf deren Kopfgröße auch der Eingang zum Nektartrichter eingestellt ist.

3 Leberblümchen
Hepatica nobilis

10–20 cm   März–Apr.   ♃   6

Kennzeichen: Blätter wintergrün, ganzrandig und von leberähnlicher Form (Name!).

Vorkommen: Vor allem im Osten und Süden weiter verbreitet; vorzugsweise in Kalk-Buchenwäldern.

Wissenswertes: Die tagsüber dem Licht zugewandten, weit geöffneten Blüten schließen sich abends und gehen in eine nickende Schlafstellung über. Sie belohnen ihre Besucher statt mit Nektar mit reichlich Pollen. – Die Namen (auch griech. hepatos = Leber) weisen auf die Blattform und darauf hin, daß man früher im Sinne der Signaturenlehre daran glaubte, die Art habe heilende Wirkung bei Leber- und Gallenleiden, was jedoch durch wissenschaftliche Überprüfung bislang nicht bestätigt werden konnte.

4 Gemeine Akelei
Aquilegia vulgaris

30–70 cm   Mai–Juli   ♃   6

Kennzeichen: Blüten groß, nickend, mit Honigblättern, die einen langen, hakig gebogenen Sporn bilden.

Vorkommen: In der Mitte und im Süden in den meisten Kalkgebieten verstreut vertreten; vor allem in Laubwäldern und Gebüschen.

Wissenswertes: Wie beim Acker-Rittersporn bieten die wie ein Füllhorn geformten Nektarien Nektar nur langrüsseligen Hummeln dar. Der Schönheit und ihrer Heilkraft wegen holte der Mensch die Akelei schon früh in seine Burg- und Klostergärten. Die Schönheit blieb und war Anlaß zur Zucht vieler unterschiedlicher Sorten; die Heilkraft bei Leberleiden und Hautgeschwüren wurde nicht bewiesen. Die Art gilt zumindest als giftverdächtig.

1 Wiesen-Storchschnabel
Geranium pratense

30–60 cm Mai–Sept. ♃   37

Kennzeichen: Blätter bis zum Grunde 7teilig; Blüten blauviolett und groß (2–3 cm im Durchmesser), nach dem Verblühen zunächst nach unten gerichtet.

Vorkommen: Auf Fettwiesen, kalk- und nährstoffreichen Weg- und Grabenrändern; im Nordwesten fehlend, im Nordosten zerstreut; südlich des Mains und im Südosten verbreitet, allerdings nur in den tieferen Lagen.

Wissenswertes: Die Spaltfrüchte zerfallen in 5 Fruchtfächer, von denen jeder einen durch den Griffel schnabelartig verlängerten Fortsatz hat. Die Fruchtfächer lösen sich ruckartig von der Mittelsäule und schleudern die Samen heraus. Dieser Schleudermechanismus verbreitet die Samen bis zu 2 m weit. Auf den für alle Arten der Gattung typischen Schnabelfortsatz verweist der Gattungsname „Storchschnabel". Der Wiesen-Storchschnabel gilt als Zeigerpflanze für gutes, nährstoffreiches Wiesenland. Er kann ganze Wiesen mit einem bläulichen Farbschimmer überziehen. Die Art ist auch für Wiesen in naturnahen Gärten geeignet, breitet sich allerdings – wenn erst einmal vorhanden – oft stark aus.

2 Gewöhnliche Kreuzblume
Polygala vulgaris

5–20 cm Mai–Aug. ♃   39

Kennzeichen: Blüte mit zwei blauen oder violetten „Flügeln", bei denen es sich um blütenblattartige Kelchblätter handelt; Blütenblätter mit der Staubblattröhre verwachsen, das untere vorn gefranst.

Vorkommen: Auf Magerwiesen und Heiden, an Wegrändern und Böschungen; immer auf armen, sauren Böden; allgemein verbreitet, nur im Nordwesten weitgehend fehlend.

Wissenswertes: Der stark abgewandelte Blütenaufbau verrät seinen Bauplan erst auf den zweiten Blick. Die bei uns nur durch wenige Arten vertretene Gattung zählt weltweit über 600 Arten. Im Gegensatz zu dieser Art schmecken die Blätter des zweithäufigsten Vertreters dieser Gattung, der Bitteren Kreuzblume (*P. amara*), beim Kauen nicht bitter.

3 Stranddistel
Eryngium maritimum

20–50 cm Juni–Sept. ♃   **41**

Kennzeichen: Blätter starr, distelartig, samt Stengel weißlich- bis seegrün; Blüten in halbkugeligen Köpfchen (**3b**), stark abweichend von den übrigen Doldengewächsen.

Vorkommen: An der Nord- und Ostseeküste, vor allem in den weißen Dünen.

Wissenswertes: Da die starren, dem Trokkenstandort angepaßten Blätter sich nach dem Pflücken kaum verändern, hat man die Pflanze früher gern als Urlaubssouvenir mit heimgebracht. Dadurch ist sie so selten geworden, daß sie inzwischen dringend vollständigen Schutz benötigt. Die Art ist extremen Lebensbedingungen angepaßt. Mit ihrem über 2 m tief greifenden Wurzelwerk erschließt sie sich die in den Weißdünen knappen Wasserreserven. Mit dem Wasser geht die Stranddistel dank xeromorpher Blätter sehr sparsam um. Dem durch den Wind bewegten Sand begegnet sie, indem sie ihn mit ihrem weit verzweigten Wurzelwerk festlegt und Übersandung in größerem Maße erträgt als andere Pflanzenarten. Gegen Verbiß schützt sie sich mit distelartigen Blättern, denen sie auch ihren Namen verdankt.

4 Gewöhnliches Alpenglöckchen
Soldanella alpina

5–15 cm Apr.–Juli ♃   64

Kennzeichen: Blüten am Stengel zu zweit oder dritt, glockenförmig, mit tief fransig eingeschnittenen Blütenblättern.

Vorkommen: In den Alpen in Höhenlagen zwischen 1000 und 3000 m auf Almen, in Quellmulden und Schneetälchen; immer auf Kalkböden und damit im Gegensatz zum Zwerg-Alpenglöckchen (*Soldanella pusilla*), das die Gattung auf kalkarmen Böden vertritt.

Wissenswertes: Die Art ist unter vielen verschiedenen volkstümlichen Namen bekannt. Weiter verbreitet ist offenbar der Name „Troddelblume". Die wissenschaftliche Bezeichnung vergleicht die rundlichen Blätter mit kleinen Münzen, die unter dem ital. Namen „soldo" bekannt waren. „*Soldanella*" ist die zugehörige Verkleinerungsform.

Die **Enziane** (Gattungen *Gentiana* und *Getianella*) erfreuen sich bei Wanderern und Naturfreunden besonderer Beliebtheit wegen der kräftig blauen Farbe ihrer Blüten. Die Tatsache, daß gepreßte Enziane im Gegensatz zu anderen Arten mit blauen Blüten wie etwa die Glockenblumen in der Regel ihre Farbe behalten, ist ihnen vielfach zum Verhängnis geworden. Intensive Aufklärung der Bergwanderer und weitere Schutzmaßnahmen sollen sicherstellen, daß Enziane nicht weiterhin Andenkenjägern zum Opfer fallen.

Etwa 500 Enzian-Arten gibt es in den Gemäßigten Zonen der Erde, davon nur 22 in Mitteleuropa, und diese leben größtenteils, aber nicht ausnahmslos in den Hochgebirgen. Eine wenige sind auch in den Mittelgebirgen und sogar im Tiefland anzutreffen. Sie alle bevorzugen sonnige, waldfreie Standorte und sind infolgedessen sowohl von der Intensivierung der landwirtschaftlichen Nutzung als auch von der Aufforstung und der natürlichen Sukzession auf ehemaligen Hudeflächen bedroht. Da auch Drainung und Düngung Enzian-Standorte zerstören, sind die Enziane fast durchweg zu wahren Kostbarkeiten geworden, die nur durch die Kombination von Arten- und Biotopschutz-Maßnahmen gerettet werden können.

Der Name „Enzian" ist ein Lehnwort aus lat. gentiana, das laut Plinius auf Gentilus zurückgehen soll, der um 100 v. Chr. König von Illyrien war und einen Enzian als Mittel gegen die Pest empfohlen haben soll.

Neuerdings wird eine nach der Verkleinerungsform „*Gentianella*" benannte Gattung abgegrenzt, zu der die Enziane mit innen bärtigen Blüten oder randlich bewimperten Blütenblättern gehören.

1 **Lungen-Enzian**
Gentiana pneumonanthe

20–50 cm   Juli–Okt.   ⧎   72

Kennzeichen: Wenige Blüten an der Stengelspitze, ungestielt, 3–5 cm lang, glockig, meistens mit 5 Kronzipfeln und innen mit 5 grünen Streifen; Blätter gegenständig, schmal-lanzettlich, ganzrandig.

Vorkommen: Nur zerstreut in Mooren und Heiden; auf kalkarmen, torfig-feuchten Böden;

sowohl im Norddeutschen Tiefland als auch in Süddeutschland.

Wissenswertes: Die früher in die Art gesetzten und in den Artnamen noch erkennbaren Erwartungen haben sich nicht erfüllt. Sie wird heute nicht mehr als Heilpflanze geführt.

2 **Kreuz-Enzian**
Gentiana cruciata

10–50 cm   Juli–Okt.   ⧎   72

Kennzeichen: Blüten mit nur 4 Kronzipfeln; Blätter streng kreuzweise gegenständig.

Vorkommen: Zerstreut in Kalkmagerrasen und lichten Gebüschen auf Kalk; gebietsweise südlich des Mains und nur sehr vereinzelt bis zum Nordrand der Mittelgebirge, allerdings auch in der Uckermark.

Wissenswertes: Der Kreuz-Enzian gehört zusammen mit dem Lungen-Enzian zu den wenigen auch außerhalb des Hochgebirges vertretenen Arten.

3 **Frühlings-Enzian**
Gentiana verna

5–15 cm   März–Aug.   ⧎   72

Kennzeichen: Blüten einzeln am Stengelende mit 5zipfeliger, engröhriger Blütenkrone; zwischen den Zipfeln jeweils ein 2zipfeliges Anhängsel (**3b**).

Vorkommen: Zerstreut auf Bergwiesen, Alpenmatten und Steinschutt; außer in den Alpen auch in den Kalk-Mittelgebirgen, allerdings nur südlich des Mains.

Wissenswertes: Die Art hat zwei Blühhöhepunkte, den ersten oft gleich bei der Schneeschmelze, einen zweiten dann im Juli/August.

4 **Stengelloser Enzian**
Gentiana clusii und *G. acaulis*

5–10 cm   Mai–Aug.   ⧎   72

Kennzeichen: Grundständige Rosette mit einer sehr kurz gestielten, großen Blüte, die bei *G. acaulis* innen Tüpfelsaftmale aufweist, bei *G. clusii* nicht.

Vorkommen: Die beiden populären Arten sind auf die Alpen beschränkt und kalkmeidend (*G. acaulis*) bzw. auch im Alpenvorland vertreten und kalkliebend (*G. clusii*).

1 Schnee-Enzian
Gentiana nivalis

5–20 cm   Juni–Aug.   ☉   72

Kennzeichen: Sehr zierliche Enzian-Art mit jeweils 1 Blüte an jedem Zweigende; Blüte mit 5 spitz zulaufenden Zipfeln und einem Durchmesser von weniger als 1 cm (**1b**).

Vorkommen: Zerstreut in Höhenlagen zwischen 1500 und 2500 m in mageren steinigen Rasen meist auf kalkhaltigem Untergrund.

Wissenswertes: Nicht nur unter den Enzian-Arten, sondern allgemein unter den Pflanzenarten der alpinen Stufe nimmt der Schnee-Enzian als einjährige Art eine Sonderstellung ein. Nur wenige Pflanzenarten schaffen es nämlich, innerhalb einer einzigen – meistens nur 4 Monate während en – Vegetationsperiode und unter den extremen Bedingungen des Hochgebirges die komplette Entwicklung von der Keimung bis zur Samenreife zu durchlaufen.

2 Fransen-Enzian
Gentianella ciliata

5–20 cm   Aug.–Okt.   ♃   72

Kennzeichen: Blüte mit 4 Kronzipfeln, die an den Rändern bewimpert („gefranst") sind.

Vorkommen: Auf kalkreichen Böden von den Alpen über die Mittelgebirge nordwärts bis in das Hügelland am Rande der Norddeutschen Tiefebene; vor allem auf Kalk-Magerrasen und steinigen Bergwiesen.

Wissenswertes: Diese Art zeigt sehr deutlich die Merkmale der erst in neuerer Zeit abgetrennten Gattung *Gentianella*, zu der auch der Deutsche Enzian (*G. germanica*) gehört. Fransen- und Deutscher Enzian sind die in Mitteleuropa am weitesten verbreiteten Enzian-Arten, die für viele Pflanzenfreunde der Anlaß sind, ihre Vorstellung von der Beschränkung der Enziane auf das Hochgebirge zu revidieren.

3 Kleines Immergrün
Vinca minor

10–20 cm   März–Mai   ♃   ✿✿   73

Kennzeichen: Kriechende Pflanze mit ledrigen, immergrünen Blättern; Blüten hellblau,

gestielt, einzeln in den Blattachseln; eigentlich ein Halbstrauch.

Vorkommen: Außer im Nordwesten zerstreut, aber weit verbreitet; vor allem in artenreichen Laubmischwäldern und Gebüschen; hier oft in größeren Reinbeständen weithin bodendeckend.

Wissenswertes: Der einzige heimische Vertreter der im übrigen vorwiegend in den Tropen verbreiteten Familie der Hundsgiftgewächse wuchs bereits in den mittelalterlichen Burg-, Kloster-, Bürger- und Arzneigärten. Aus ihnen ist das Kleine Immergrün bereits verwildert und deshalb bis heute noch vielfach eng begrenzt in seiner örtlichen Verbreitung und nicht selten in der Nachbarschaft alter Burgen und Schlösser anzutreffen. Dort ist es allerdings zu einem festen, von menschlicher Pflege unabhängigen Bestandteil der Vegetation geworden. Solche Pflanzen werden Stinzenpflanzen genannt. Das Kraut der früher höher geschätzten Heilpflanze ist giftig und hat eine blutdrucksenkende Wirkung. Als Bodendecker und zur Unterpflanzung von Gehölzen in Gärten und Parks ist das Immergrün sehr beliebt, zumal es im Spätsommer oft noch ein zweites Mal blüht.

4 Natternkopf
Echium vulgare

30–80 cm   Juni–Sept.   ☉   82

Kennzeichen: Stengel und Blätter steifborstig; Blütenstände anfangs eingerollt (Wickel); Blüten anfangs rötlich, später blau.

Vorkommen: Als ehemals aus dem Süden eingewanderte Art vor allem auf warmen Trockenstandorten, vorzugsweise in Sekundärbiotopen wie Straßenbankette, Bahn- und Industriegelände.

Wissenswertes: Die rauhe Behaarung dient als Fraßschutz. Die geöffnete Einzelblüte mit vorgestrecktem, gespaltenem Griffel wirkt wie der Kopf einer züngelnden Schlange (Name!). Der wissenschaftliche Gattungsname geht auf griech. echion = Otter, Natter zurück. Früher glaubte man an die Heilwirkung des Krauts bei Schlangenbissen. Bienen sollen die Erfahrung nutzen, daß die rötlichen jungen Blüten sicherer noch Nektar bereithalten, und vorzugsweise diese anfliegen.

1 Blauroter Steinsame
Lithospermum purpureocaerulea

10–40 cm Apr.–Juni ⁊ 82

Kennzeichen: Rauhblattgewächs mit 1–1,5 cm großen Blüten, die anfangs rot sind, später blau (**1b**), blühende Sprosse aufrecht, blütenlose ausläuferartig liegend; Blätter lanzettlich.

Vorkommen: Zwischen Donau und Harz nur regional und durchweg selten auf nährstoff- und basenreichen Böden; in sonnigen Säumen von Hecken und Gebüschen und in lichten Laubwäldern.

Wissenswertes: Der Blaurote Steinsame trägt seinen deutschen und den inhaltsgleichen wissenschaftlichen Namen voll zu Recht (griech. lithos = Stein, sperma = Same; lat. purpureus = purpurn, caeruleus = blau). Steinhart sind in der Tat die Früchte, und die Blüten vollziehen regelmäßig den Farbwechsel von Rot zu Blau, der – wie bei etlichen anderen Rauhblattgewächsen – auf einen Wechsel des Säuregrades im Zellsaft der Blütenblätter zurückzuführen und als Alterungserscheinung der Blüte zu interpretieren ist. Der weiter verbreitete Acker-Steinsame (*Lithospermum arvense*) hat unscheinbare weißliche Blüten und enthält in seinen Wurzeln den roten Farbstoff Lithospermin, mit dem sich früher mancherorts die Bauernmädchen schminkten.

2 Acker-Krummhals
Anchusa arvensis

15–40 cm Mai–Juli ☉ 82

Kennzeichen: Blüten zu mehreren an der Stengelspitze und in den Achseln der Blätter, mit einer knieförmig gekrümmten Kronröhre; Blätter borstig behaart, unregelmäßig gezähnt und an den Rändern wellig.

Vorkommen: Auf Ödland, in Weinbergen und auf Hackfruchtfeldern, soweit der Boden nährstoffreich, aber kalkarm ist; zerstreut, vor allem größere Verbreitungslücken im Süden und in der Mitte.

Wissenswertes: Der Name „Krummhals" zielt auf die gekrümmte Blütenkronröhre. Ebenfalls gebräuchlich sind die Bezeichnung „Wolfsauge" und der wissenschaftliche Gattungsname *Lycopsis* (von griech. lykos = Wolf und griech. opsis = Auge), zu denen die wäßrig hellblaue Blütenfarbe Pate gestanden hat.

3 Acker-Vergißmeinnicht
Myosotis arvensis

10–30 cm Apr.–Okt. ☉ 82

Kennzeichen: Pflanze durch starr abstehende Borstenhaare graugrün; Blütenstand dicht, blattlos.

Vorkommen: Im gesamten Gebiet häufig auf Äckern, Schuttplätzen, auf Brachland und an Wegrändern; auf nährstoff- und basenreichen, oft allerdings kalkarmen Böden.

Wissenswertes: Unter den 12 heimischen *Myosotis*-Arten sind diese und die folgende die mit Abstand häufigsten und am weitesten verbreiteten. Der weithin bekanntere Name „Acker-Mäuseohr" deckt sich mit dem wissenschaftlichen Gattungsnamen, der aus griech. mys = Maus und otis = Ohr zusammengesetzt ist. Er zielt auf Form und Behaarung der Blätter. Das Acker-Vergißmeinnicht ist in der Agrarlandschaft praktisch allgegenwärtig.

4 Sumpf-Vergißmeinnicht
Myosotis palustris

20–50 cm Mai–Okt. ⁊ 82

Kennzeichen: Sumpfpflanze mit anfangs rötlicher, später hellblauer Blütenkrone; Blätter eiförmig, 1–2 cm breit, anliegend behaart, oft auch kahl.

Vorkommen: Im gesamten Gebiet häufig in Gräben, Sümpfen, an Ufern, aber auch in lichten, wechselfeuchten Wäldern.

Wissenswertes: Der Blüteneingang ist durch Schlundschuppen, die am Eingang zur Kronröhre einen gelben Ring bilden, so verengt (**4a**), daß für die Bestäubung nicht in Betracht kommende kleinere Insekten ferngehalten werden und nur Bienen, Falter und einige Fliegen ihre langen Rüssel einführen können. Die Früchte sind schwimmfähig. Außerdem spielt die vegetative Vermehrung durch den kriechenden Wurzelstock eine wichtige Rolle. – Verwandte Arten werden schon seit Jahrhunderten in den Gärten als zweijährige Zierpflanzen kultiviert. Ihnen verdanken wir die blauen Blüten und der Gattungsname Symbolgehalt und guten Ruf.

1   Kriechender Günsel
Ajuga reptans

10–30 cm Apr.–Juli ⑴ ❀ |91|

Kennzeichen: Blüten sehr kurz gestielt, zu 2–6 in den Achseln der Blätter und Hochblätter, mit großer 3lippiger Unter- und nur schwach angedeuteter Oberlippe.

Vorkommen: Im gesamten Gebiet recht häufig und allgemein verbreitet; sowohl in Wäldern und Gebüschen als auch auf Wiesen und an Wegrändern.

Wissenswertes: An den blühenden Trieben entspringen aus der grundständigen Rosette die bis zu 20 cm langen, kriechenden Ausläufer (Name!). Wegen des Gerbstoffgehalts und seiner zusammenziehenden Wirkung hat man den Kriechenden Günsel früher arzneilich verwendet, u.a. zum Wundverschluß und bei Hals- und Rachenentzündungen.

2   Sumpf-Helmkraut
Scutellaria galericulata

10–50 cm Juni–Sept. ⑴ |91|

Kennzeichen: Blüten meist zu zweit in den Blattwinkeln, nach einer Seite gewandt, mit einem kleinen Höcker oder Schildchen auf dem Kelch; Unterlippe mit weißem Fleck und violetten Saftmalen.

Vorkommen: An Ufern stehender und fließender Gewässer, in Gräben, nassen Wiesen und Gebüschen im gesamten Gebiet vertreten.

Wissenswertes: Der Höcker auf dem Kelch ist ein markantes Merkmal. Er wird als Helm bezeichnet und stand Pate bei der Namengebung für die Art. Auch im wissenschaftlichen Namen kehrt er wieder. Lat. scutellum bedeutet Tellerchen oder Schildchen; *galericulata* geht auf lat. galea zurück und beschreibt mit der Verkleinerungsform den Kelch als „mit kleinem Helm ausgestattet".

3   Wiesen-Salbei
Salvia pratensis

30–60 cm Apr.–Aug. ⑴ ❀ |91|

Kennzeichen: Blätter grob gekerbt, runzelig, in einer grundständigen Rosette; Blüten in 6–10 blattlosen Quirlen (**3a**).

Vorkommen: Auf sonnig-warmen Standorten, zumeist auf kalkhaltigen Böden; in Kalkmagerrasen, auf manchen Fettwiesen, an Wegrändern und Böschungen; im Süden weit verbreitet, in der Mitte nur am Niederrhein und weiter kontinental in den Mittelgebirgen und Hügelländern auf Kalkgestein.

Wissenswertes: Der als Heil- und Gartenpflanze bekannte Echte Salbei (*S. officinalis*) ist der Namensgeber der Gattung. *Salvia* kommt von lat. salvare = heilen, und das deutsche „Salbei" ist nichts anderes als ein von „*Salvia*" abgeleitetes Lehnwort. Die Lehrer demonstrieren gern am Salbei ein kleines, aber recht eindrucksvolles Experiment: Man drückt mit einem spitzen Bleistift auf die Platte, die den Schlund versperrt. Diese wirkt als Hebel und drückt die an einem langen Stiel stehenden Staubbeutel aus der Umhüllung der Oberlippe. Dabei betupfen im Normalfall – bei Auslösung des Mechanismus durch eine Hummel – die Staubbeutel deren Rücken.

4   Teufelsabbiß
Succisa pratensis

20–40 cm Juli–Okt. ⑴ |79|

Kennzeichen: Blüten in 2–3 cm breiten Köpfchen; Blätter lanzettlich.

Vorkommen: Auf nährstoffarmen Wiesen in der Ebene wie im Bergland.

Wissenswertes: Der Teufelsabbiß ist eine der vielen Pflanzenarten, deren Wurzeln man früher Heilkräfte zuschrieb und nach denen man deshalb suchte. Dabei fiel deren stumpfer, wie abgebissen erscheinender unterer Teil auf, für den man den Teufel verantwortlich machte (Name!).

5   Schwarze Teufelskralle
Phyteuma nigrum

20–50 cm Mai–Juli ⑴ |92|

Kennzeichen: Blüten krallenförmig, zur Mitte des eiförmigen Blütenköpfchens gebogen (Name!); Blätter doppelt so lang wie breit.

Vorkommen: Vor allem in den Silikat-Mittelgebirgen im mittleren Bereich, weniger im Norden und im Süden; zerstreut auf kalkarmen Böden sowohl in Wäldern als auch auf Wiesen.

Die **Ehrenpreis-Arten** (Gattung *Veronica*) gehören zu den Rachenblütlern oder Braunwurzgewächsen. Weltweit gibt es etwa 300 Arten. Linné hat die Gattung wohl nach der in der zweiten Hälfte des 15. Jahrhunderts lebenden Heiligen Veronica benannt. Aus derselben Zeit stammt auch der deutsche Name „Ehrenpreis". Die volkstümliche Bezeichnung „Männertreu" geht wohl auf die blaue Blütenfarbe zurück und nicht – wie manchmal wohl scherzhaft gedeutet – auf die nach dem Abpflücken rasch abfallenden Blüten.

1 **Gamander-Ehrenpreis**
Veronica chamaedrys

10–30 cm Apr.–Juli ♃ 85

Kennzeichen: Zwei am Stengel herablaufende Haarreihen, die sichtbar werden, wenn man den Stengel gegen das Licht hält und ihn zwischen den Fingern dreht.

Vorkommen: Überall auf nährstoffreichen Wiesen, Wegrändern und in lichten Wäldern und Gebüschen anzutreffen; sehr häufig.

Wissenswertes: Die schlichten Blüten erhalten durch die zum Zentrum weisenden strichartigen, dunkelblauen Saftmale und einen weißen Ring am Eingang der Blütenröhre ihren besonderen Reiz (**1b**).

2 **Bachbungen-Ehrenpreis**
Veronica beccabunga

20–60 cm Mai–Sept. ♃ 85

Kennzeichen: Fleischig-kahle Sumpfpflanze mit 10–25 Blüten umfassenden lockeren Trauben.

Vorkommen: Fast im gesamten Gebiet; zerstreut in Gräben, an Ufern und Quellen sowie auf Sumpfwiesen.

Wissenswertes: Der wissenschaftliche Artname „*beccabunga*" entstammt dem Versuch der Latinisierung des althochdeutschen Namens „Bachbunge". Die Latinisierung deutscher Namen kommt nur selten vor; viel häufiger ist der entgegengesetzte Vorgang: die Eindeutschung lateinischer Namen. Daß die Art schon so früh einen deutschen Namen erhielt, hängt mit ihrer Verwendung als Salat- und Arzneipflanze zusammen, als die sie auch in die Gärten geholt wurde.

3 **Efeu-Ehrenpreis**
Veronica hederifolia

5–30 cm März–Mai ☉ 85

Kennzeichen: Stengel liegend, nur vereinzelt aufsteigend; Blüten einzeln in den Blattachseln; Blätter rundlich, 3–7lappig, efeuähnlich (Name!).

Vorkommen: Weit verbreitet und häufig auf fruchtbaren Acker- und Gartenböden, in Weinbergen, auch in Hecken und Gebüschen.

4 **Faden-Ehrenpreis**
Veronica filiformis

5–20 cm Apr.–Mai ♃ 85

Kennzeichen: Stengel fadenartig kriechend (Name!); Blüten einzeln in den Blattachseln, über 1 cm im Durchmesser und damit größer als die rundlichen Blätter.

Vorkommen: Vor allem in Parkrasen, auch an Wegrändern, oft in größeren flächendeckenden Reinbeständen; nur regional und im Südosten weiter verbreitet.

Wissenswertes: Die Art ist als Zierpflanze nach Mitteleuropa geholt und vor allem als Grabschmuck verwendet worden. Seit etwa 1930 ist sie verwildert und in stürmischer Ausbreitung begriffen, obwohl sie sich nur vegetativ vermehrt. Jedes kleine Stengelstück – am Rasenmäher haftend und so verschleppt – kann sich bewurzeln und zum Ausgangspunkt für einen neuen strahlend blauen Blütenflecken in grünen, kurzgeschorenen Rasen werden.

5 **Persischer Ehrenpreis**
Veronica persica

10–40 cm März–Okt. ☉ 85

Kennzeichen: Stengel liegend, nicht wurzelnd, kräftig; Blätter mit 8 und mehr Kerben; Blüten einzeln in den Blattachseln.

Vorkommen: Auf guten Acker- und Gartenböden häufig und weit verbreitet.

Wissenswertes: Obwohl diese Art ursprünglich in Vorderasien heimisch ist und erst seit Anfang des 19. Jahrhunderts in Europa eingebürgert wurde, gehört sie heute an vielen Orten zu den häufigsten Vertretern der Gattung *Veronica*.

Die **Glockenblumen** (Gattung *Campanula*) sind fast ausnahmslos recht ansehnliche Pflanzen mit zumeist kräftig blauen Blüten, deren 5 Kronblätter miteinander verwachsen, an den 5 Zipfeln aber noch gut zu erkennen sind. Mit ihren glocken- oder trichterförmigen Blüten haben die Arten dieser Gattung ein gutes gemeinsames Erkennungsmerkmal. Die Blätter sind ungeteilt und wechselständig. Die markante Blütenform ist Inhalt sowohl des deutschen als auch des wissenschaftlichen Gattungsnamens. Letzterer ist die Verkleinerungsform von lat. campana = Glocke.

1   Pfirsichblättrige Glockenblume
Campanula persicifolia

30–80 cm   Juni–Aug.   ♃   92

Kennzeichen: Blüten zu 3–8 an der Stengelspitze auf Stielchen, die in den Achseln linealer Tragblätter entspringen; sowohl Grund- als auch Stengelblätter länglich-lanzettlich.

Vorkommen: In lichten Eichenmisch- und Kiefernwäldern sowie in Hecken und Gebüschen; meistens auf kalkreichen Böden; im Nordwesten fehlend.

Wissenswertes: Diese schmalblättrige Glockenblume mit bis zu 4 cm großen Blüten ist auch als Zierpflanze in Gärten anzutreffen.

2   Knäuel-Glockenblume
Campanula glomerata

30–60 cm   Juni–Sept.   ♃   92

Kennzeichen: Auffällig durch an der Stengelspitze kopfartig gehäufte Blüten, die 2–3 cm groß sind.

Vorkommen: Nur auf kalkreichen, relativ nährstoffarmen Böden in wärmeren Lagen; in Kalk-Magerrasen und in den Säumen von Gebüschen; in den Kalk-Mittelgebirgen weiter verbreitet, sonst nur zerstreut und im Norden fast völlig fehlend.

Wissenswertes: Die Blütenbüschel an den Stengelspitzen, die bis über 30 Blüten umfassen können, machen die Knäuel-Glockenblume zu einer der schönsten Arten dieser Gattung, weshalb man sie auch immer wieder in die Gärten holt. Dieses markante Merkmal stand auch bei den Artnamen Pate; lat. glomeratur bedeutet ebenfalls „geknäuelt".

3   Nesselblättrige Glockenblume
Campanula trachelium

40–80 cm   Juni–Sept.   ♃   ♣♣♣   92

Kennzeichen: Stengel und Blätter rauh steifhaarig; Blätter etwas schmaleren Brennesselblättern ähnlich (Name!); Blüten 3–4 cm groß.

Vorkommen: Im gesamten Gebiet verbreitet, nur im Norddeutschen Tiefland deutlich seltener; in Laubwäldern und Hecken auf nährstoffreichen Böden.

Wissenswertes: Für Insekten ist die Blüte ein willkommener Schutz bei nassem Wetter. Bienen benutzen den Griffel gern als Kletterstange, um an den Nektar zu gelangen.

4   Rundblättrige Glockenblume
Campanula rotundifolia

10–30 cm   Juni–Okt.   ♃   ♣♣♣   92

Kennzeichen: Zierliches Pflänzchen mit aufwärts gerichteten Knospen; Blüten nach und nach gesenkt; eiförmige Fruchtkapseln schließlich nickend; Stengelblätter schmal-lanzettlich; Grundblätter rund (Name!), aber zur Blütezeit meistens schon vergilbt.

Vorkommen: In Magerrasen, an Böschungen, in Hecken- und Gebüschsäumen; auffallend gern auf Mauern und in Mauerfugen.

Wissenswertes: An den reifen Kapseln befinden sich die Löcher zum Ausstreuen der Samen merkwürdigerweise an der Basis. Dadurch, daß die Kapseln nicken, gelangen die Öffnungen doch wieder nach oben.

5   Wiesen-Glockenblume
Campanula patula

20–50 cm   Mai–Juli   ☉   ♣♣♣   92

Kennzeichen: Blüten blauviolett, in armblütiger Rispe, langgestielt, schräg aufrecht abstehend; Blütenzipfel durch Einschnitte bis über die Mitte sehr ausgeprägt.

Vorkommen: Auf kurzgrasigen Wiesen und an Wegrändern; meistens in tieferen Lagen auf nährstoffreichen Standorten; im Osten und Süden häufiger; im Norddeutschen Tiefland westlich der Elbe weitgehend fehlend.

Wissenswertes: Abends und bei Regen senken sich die Blüten, so daß Regen und Tautropfen den Pollen nicht erreichen.

1 Berg-Sandglöckchen
Jasione montana

10–40 cm Juni–Aug. ☉ [92]

Kennzeichen: Blüten zahlreich, in einem kugeligen Köpfchen von 1–2 cm Durchmesser, an der Spitze aufrechter Stengel; Blätter lanzettlich, rauhhaarig, klein.

Vorkommen: Auf kalkarmen und mageren Sand- und Grusböden im Norddeutschen Tiefland verbreitet, sonst nur regional auf Silikatgestein vom Hunsrück bis ins Erzgebirge und in den Bayerischen Wald.

Wissenswertes: Als typische Bewohnerin rasch austrocknender Sandstandorte in Dünen, Magerrasen und Heiden, auf Dämmen und an Wegrändern schickt die Art ihre Wurzeln zur Wassersuche bis in 1 m Tiefe aus. Auch die Kleinheit der Blätter und die rauhe Behaarung sind Anpassungen an zeitweilige Trockenheit.

2 Wasser-Lobelie
Lobelia dortmanna

30–60 cm Juli–Aug. ⁴ [93]

Kennzeichen: Wasserpflanze mit untergetauchter Blattrosette; aus dem Wasser emporragende Stengel mit bis zu 10 weiß-bläulichen Blüten in einer lockeren Traube.

Vorkommen: Nur im Westen des Norddeutschen Tieflands; sehr zerstreut und stark rückläufig, in sauren, nährstoffarmen stehenden Gewässern mit flachen Sandufern.

Wissenswertes: Die ungewollte Düngung auch der entlegensten Heide- und Moorgewässer durch Nährstoffeintrag aus der Luft hat zu einem rasanten Rückgang dieser Art geführt, die in nur ausgesprochen nährstoffarmen Flachgewässern bis zu einer Wassertiefe von 30 cm vorkommt. Bei genauer Betrachtung der Einzelblüten sind Ähnlichkeiten mit der als Einjahresblume unserer sommerlichen Gärten bekannten Blauen Lobelie (*Lobelia erinus*) unübersehbar.

3 Kugeldistel
Echinops sphaerocephalus

50–150 cm Juni–Aug. ⁴ [94]

Kennzeichen: Pflanze distelartig; Stengel kantig gefurcht; Gesamtblütenbestand kugelig rund, stahlblau.

Vorkommen: Auf Ödland, Schuttplätzen, an Bahndämmen und in Steinbrüchen; vor allem im mittleren Bereich auf nährstoffreichen Böden lokal verbreitet.

Wissenswertes: Die Heimat dieser stattlichen Bienenpflanze ist in Südosteuropa. Als Gartenpflanze gelangte sie zu uns und mit Gartenabfällen in die freie Landschaft. Die Namen beschreiben die auffällige Gestalt des Gesamtblütenstandes mit griech. echinos = Igel und lat. sphaera = Kugel in Kombination mit griech. kephale = Kopf.

4 Berg-Flockenblume
Centaurea montana

30–70 cm Mai–Aug. ⁴ [94]

Kennzeichen: Einer großen Kornblume ähnlich; Einzelblüten mit besonders langen und schmalen Kronzipfeln (**4a**).

Vorkommen: Vor allem in mittleren und höheren Lagen zerstreut auf Bergwiesen und in Bergwäldern; nur in der Mitte und im Süden.

Wissenswertes: Die stattliche Staude vermehrt sich auch in den Gärten sehr rasch und gelangt von dort aus gelegentlich in die freie Landschaft.

5 Kornblume
Centaurea cyanus

30–60 cm Juni–Okt. ☉ [94]

Kennzeichen: Obwohl gebietsweise selten geworden, kann die Kornblume noch als allgemein bekannt gelten.

Vorkommen: Früher in allen Wintergetreidefeldern vertreten; heute nur noch gebietsweise; allerdings häufiger durch Ansaat in Wildblumenbeeten.

Wissenswertes: Früher schmückten die „kornblumenblauen" Blumen manchen Feldblumenstrauß. Die verbesserte Saatgutreinigung hat zur Verdrängung dieser Zier der Feldflur beigetragen. Übrigens: Die auffälligen Randblüten dieses Korbblütlers sind reine Attrappen, die zwar die Insekten anlocken, aber im Grunde nur für die viel unscheinbareren inneren Röhrenblüten werben, die sowohl Staubblätter als auch Griffel aufweisen.

1 Wegwarte
Cichorium intybus

50–120 cm Juni–Sept. ⨿ `94`

Kennzeichen: Blütenkörbchen mit einem Durchmesser von 3–4 cm und einem auffälligen Hellblau (**1b**); Stengel blattarm, steif verzweigt; Blätter klein, lanzettlich.

Vorkommen: Auf Weiden und an Wegrändern, auf Brachland und in Steinbrüchen regional verbreitet; im Süden und Osten häufiger als im Norden und Westen.

Wissenswertes: Die Körbchen der Wegwarte bestehen ausschließlich aus Zungenblüten; sie sind meistens nur bis Mittag voll entfaltet. Eine alte Sage, die zugleich auf den Namen Bezug nimmt, beschreibt die Blütenkörbchen als die blauen Augen eines verwandelten Burgfräuleins, das am Wege stand und vergeblich auf die Rückkehr ihres Geliebten vom Kreuzzug aus dem Heiligen Land wartete. – Aus der alten Heil- und Nutzpflanze ging sowohl die Kaffee-Zichorie hervor, deren Wurzeln noch im 2. Weltkrieg zur Herstellung von Kaffee-Ersatz genutzt wurden, als auch die Salat-Zichorie, die unter dem Namen Chicorée bekannt ist. Die rund 20% Inulin enthaltenden Wurzeln werden Diabetikern als Gemüse empfohlen.

2 Alpen-Milchlattich
Cicerbita alpina

50–150 cm Juli–Sept. ⨿ `94`

Kennzeichen: Blauviolette Blüten in Körbchen, diese in einer Traube als Gesamtblütenstand an der Stengelspitze; alle Blüten zwittrig, zungenförmig; Pflanzen mit Milchsaft (Name!).

Vorkommen: In den Alpen und in den Hochlagen der Mittelgebirge vom Harz und Rothaargebirge bis zum Schwarzwald, zum Bayerischen Wald und zum Fichtelgebirge; in Bergwäldern und Hochstaudenfluren.

Wissenswertes: Außer in den Alpen ist die auffällige Hochstaude nur sehr punktuell in den höchsten und zugleich kühlsten Lagen der Mittelgebirge anzutreffen. Ihre heutigen Vorkommen werden als Relikte einer während der Eiszeit viel weiteren Verbreitung gedeutet (Glazialrelikt).

3 Zweiblättriger Blaustern
Scilla bifolia

10–20 cm März–Apr. ⨿ `100`

Kennzeichen: Zwiebelgewächs mit 2–7 hellblauen Blüten, rundem Stengel und meistens nur 2 Blättern.

Vorkommen: Ziemlich selten; fast nur in den Wäldern der Talauen vor allem von Rhein, Main, Neckar und Donau; immer auf nährstoffreichen, sickerfeuchten, humosen Böden; dort allerdings oft in großen Beständen.

Wissenswertes: Die Zwiebeln dieser besonders geschützten Art haben einen Durchmesser von 2–3 cm und sind damit vergleichsweise sehr groß. Aus jeder wachsen nur zwei Blätter und ein blütentragender Stengel heran.

4 Kleine Traubenhyazinthe
Muscari botryoides

10–25 cm März–Mai ⨿ `100`

Kennzeichen: Zwiebelgewächs mit rundlichen, geruchlosen Blüten in einer dichten, bis zu 6 cm langen Traube (**4b**); Blätter 2–3, steif aufrecht.

Vorkommen: Fast nur in der Südhälfte des Gebiets, vor allem auf der Schwäbischen Alb; auf nährstoffreichen Böden in Laubwäldern und Gebüschen, aber auch auf Bergwiesen.

5 Sibirische Schwertlilie
Iris sibirica

30–60 cm Juni ⨿ `102`

Kennzeichen: Typische *Iris*-Blüten mit blütenblattartigen Narben, 3 aufgerichteten inneren und 3 etwa 5 cm langen, nach unten weisenden äußeren Blütenblättern; letztere blauviolett geadert auf hellerem Grund.

Vorkommen: Nur sehr zerstreut im Süden und im Osten in Sumpf- und Moorwiesen sowie im Überschwemmungsbereich von Bächen und Flüssen; an den wenigen Standorten allerdings teilweise große, besonders schutzwürdige Bestände.

Wissenswertes: Voraussetzung für die Erhaltung dieser schönen Pflanzenart sind die herkömmliche extensive Nutzung der Wiesen durch eine einzige Mahd im Spätsommer mit Abtransport des Mähguts.

Blütenpflanzen

1 Gewöhnliche Küchenschelle
Pulsatilla vulgaris

10–40 cm   März–Mai   ♃   6

Kennzeichen: Blüten anfangs glockig, später aufrecht und ausgebreitet, 6–7 cm im Durchmesser; grundständige Blätter erst nach der Blüte voll entwickelt, behaart, 2–4fach sehr fein gefiedert.

Vorkommen: In den Mittelgebirgen mit Kalkgestein, zumindest in der Südhälfte; im Norden sehr selten; vor allem in Kalk-Magerrasen und in lichten Kiefernwäldern.

Wissenswertes: Als einer der ersten Frühblüher in den Magerrasen, aber auch durch ihren Fruchtstand (**1b**) mit den verlängerten, stark behaarten Griffeln – Teufelsbart und Hexenbesen genannt – ist die Gewöhnliche Küchenschelle bekannter, als man angesichts ihres sporadischen Vorkommens vermuten möchte. – Der deutsche Name der streng geschützten Gattung ist wohl aus „Küchenschelle" hervorgegangen, der wissenschaftliche Name aus lat. pulsare = schlagen, läuten.

2 Akeleiblättrige Wiesenraute
Thalictrum aquilegifolium

50–150 cm   Mai–Juli   ♃   6

Kennzeichen: Blüten auffällig durch runde Büschel hellvioletter Staubfäden, nicht durch Kronblätter, die schon früh abfallen; Blätter 2–3fach gefiedert, blaugrün, den Blättern der Akelei ähnlich (Name!).

Vorkommen: Auf kalk- und nährstoffreichen Böden; in Hochstaudenfluren, Auen- und bachbegleitenden Wäldern; zerstreut am Oberrhein und von der Schwäbischen Alb und vom Fichtelgebirge bis in die Kalkalpen.

Wissenswertes: Wenn die Blüten sich entfalten, beherrschen die Staubfäden das Bild; sie bieten den Insekten Pollen als Nahrung an und verbergen zunächst noch die Narben. Erst später geben sie den Zutritt zu ihnen frei.

3 Hohler Lerchensporn
Corydalis cava

20–30 cm   März–Mai   ♃   9

Kennzeichen: Blüten 2lippig, gespornt, zu 10–20 in einer endständigen Traube; Tragblätter der Blüten eiförmig, ganzrandig (**3b**).

Vorkommen: Regional häufig; nur auf kalkreichem Untergrund, daher große Verbreitungslücken; vor allem in Auenwäldern und artenreichen Buchen- und Laubmischwäldern.

Wissenswertes: Die Art besteht aus rotviolett- und weißblütigen Pflanzen, die nicht selten im selben Bestand vorkommen, wobei die rotviolette Blütenfarbe allerdings vorherrscht. Die langen Blütensporne werden häufig von Insekten, die auf „legalem Wege" den Nektar nicht oder nur schwer erreichen, angebissen und so ohne Bestäubung ausgebeutet. Die tief im Boden liegende Sproßknolle wird innen hohl (Name; auch lat. cavus = hohl); sie ist der giftigste Teil der insgesamt giftigen Pflanze.

4 Gefingerter Lerchensporn
Corydalis solida

10–20 cm   März–Apr.   ♃   9

Kennzeichen: Im Gegensatz zur vorigen Art Tragblätter der Blüten fingerartig eingeschnitten; Knollen kompakt (lat. solidus = fest).

Vorkommen: Zerstreut; vor allem in der Mitte des Gebietes in den Talauen auf leichten, kalkarmen Böden; in Laubmischwäldern und Gebüschen, manchmal in großen Beständen.

Wissenswertes: Die Samen werden durch Ameisen verbreitet. Wenn sie einmal im Garten Fuß gefaßt haben, wachsen die hübschen Pflänzchen bald aus allen Pflasterfugen.

5 Nachtviole
Hesperis matronalis

40–80 cm   Mai–Juli   ☉–♃   54

Kennzeichen: Kreuzblütler mit violetten oder seltener auch weißen Blüten in endständigen Trauben; angenehm duftend.

Vorkommen: Außer im Norden regional im gesamten Gebiet; in Auenwäldern ursprünglich, sonst aus Gärten verwildert an Wegrändern und auf Schuttplätzen.

Wissenswertes: Vor allem nachts entströmt den Blüten ein starker Duft, der Nachtfalter von weit her anlockt. Darauf zielen sowohl „Nachtviole" als auch *„Hesperis"* (griech. hespera = Nacht).

1

Wildes Silberblatt
Lunaria rediviva

40–120 cm　Mai–Juli　♃　　　　　54

Kennzeichen: Blüten violett, 1–2 cm groß; Blätter herzförmig, gezähnt; Schötchen länglich-elliptisch, beiderseits spitz auslaufend (im Gegensatz zum Garten-Silberblatt, dessen Schötchen stärker gerundet sind).

Vorkommen: An schattigen, kühlen Orten mit hoher Luftfeuchtigkeit; vor allem in Schlucht- und Bergwäldern des höheren Berglandes (Harz, Rheinisches Schiefergebirge, Fichtelgebirge, Schwäbische Alb, Alpen).

Wissenswertes: Die für Kreuzblütler typische falsche Scheidewand, die beim Öffnen der Schötchen oft stehen bleibt, glänzt silbrigweiß (**1b**). Zumal beim Garten-Silberblatt (*Lunaria annua*) wirkt die dünne Scheidewand wie der „Silbermond". Grund genug für allerlei volkstümliche Namen wie Silberpfennig und Silbertaler, aber auch für den wissenschaftlichen Namen, der auf lat. luna = Mond zurückgeht.

2

Zwiebeltragende Zahnwurz
Dentaria bulbifera

30–50 cm　Apr.–Mai　♃　　　　　54

Kennzeichen: Blüten etwa 2 cm groß, violett bis weißlich; obere Stengelblätter ungeteilt, mit schwärzlichen Brutknospen in den Blattachseln.

Vorkommen: Nur regional in artenreichen Buchen- und Laubmischwäldern des Berglandes von der Eifel bis zum Harz, auch in einigen Teilen Süddeutschlands sowie punktuell auf dem Nördlichen Landrücken zwischen Schleswig und Oder.

Wissenswertes: Die Samenbildung ist offensichtlich gehemmt. Um so erfolgreicher ist die vegetative Vermehrung durch die auch Brutzwiebeln genannten Bulbillen oder Brutknospen, die statt Seitensprosse in den Blattachseln gebildet werden und dort oft schon auszutreiben beginnen. Sie fallen zu Boden, wo sie zum Teil von Ameisen weiterbewegt werden. „Zahnwurz" und „*Dentaria*" verweisen auf zahnartige Blattschuppen am Wurzelstock.

3

Wiesen-Schaumkraut
Cardamine pratensis

20–40 cm　Apr.–Juni　♃　⚘⚘⚘　　54

Kennzeichen: Hell-lilafarbene Kreuzblüten in einer doldigen Traube an der Stengelspitze; Grundblätter in einer Rosette; Stengelblätter gefiedert, mit linealischen Abschnitten.

Vorkommen: Im gesamten Gebiet häufig; einerseits auf Wiesen und feuchten Rasen, an Wegrändern und Ufern, andererseits in lichten Wäldern.

Wissenswertes: Der namengebende Schaum sind die speichelartigen Flöckchen, die man an dieser Pflanze häufiger findet als an anderen. In ihnen leben die Larven der Schaumzikade vor Feinden gut geschützt.

4

Sand-Schaumkresse
Cardaminopsis arenosa

20–50 cm　Apr.–Mai　☉　　　　　54

Kennzeichen: Blüten lila oder weiß, knapp 1 cm im Durchmesser; Grundblätter fiederspaltig mit bis zu 10 Fiederpaaren und einem größeren Endabschnitt.

Vorkommen: Weit über das gesamte Gebiet verteilte regionale Vorkommen auf Sand, Steinschutt oder in Felsspalten; vorzugsweise auf Kalk.

5

Meersenf
Cakile maritima

10–30 cm　Juli–Sept.　☉　　　　　54

Kennzeichen: Einziger hellviolett blühender Kreuzblütler am Hang und am Fuß der Dünen bis hin zum Strand; Pflanze ästig-ausgebreitet, liegend-aufsteigend, fleischig.

Vorkommen: An der Nord- und Ostseeküste teilweise häufig; vor allem auf kochsalzhaltigen Sandböden.

Wissenswertes: Der Meersenf gehört zu den Sandpflanzen, die Salzgehalt des Bodens, rasche Austrocknung ihres sandigen Standorts und Bewegung des Substrats ertragen und die Entstehung und Förderung von Dünen in unmittelbarer Küstennähe fördern. Für eine 1jährige Art wie den Meersenf ist das eine ganz besonders große Herausforderung, zumal er bis zum Spülsaum vordringt.

Die Wicken (Gattung *Vicia*) haben durchweg gefiederte Blätter mit 6 und mehr Fiederblättchen und einer meist verzweigten Ranke an der Blattspitze. Diese sog. Wickelranke führt kreisende Bewegungen aus und reagiert, sobald sie einen Halm oder Stengel berührt. Die Wicken sind durchweg Kräuter und unterscheiden sich von den Platterbsen u.a. dadurch, daß ihre Stengel nicht geflügelt sind. Ihre Blüten stehen in gestielten Trauben oder Köpfchen, die in den Blattachseln entspringen. Mit „vicia" bezeichneten schon die Römer die Wicken.

1 Vogel-Wicke
Vicia cracca

30–100 cm Juni–Aug. ♃ [25]

Kennzeichen: Bis zu 50 intensiv violette Blüten in einer langen, zu einer Seite gewandten und langgestielten Traube, Blätter mit 6–10 Fiederpaaren.

Vorkommen: In Wiesen, Getreidefeldern, Wäldern, Hecken und Gebüschen anzutreffen; im gesamten Gebiet häufig.

Wissenswertes: Ob die Art „Vogel-Wicke" genannt wird, weil Vögel besonders gern die Samen picken, bleibe dahingestellt. Kinder jedenfalls erkennen mit etwas Fantasie im Umriß jeder Einzelblüte ein Vögelchen. Als Viehfutter ist die Pflanze gut geeignet. Obendrein trägt sie wie viele andere Schmetterlingsblütler über ihre Symbiose mit Knöllchenbakterien zur Stickstoffanreicherung im Boden bei.

2 Wald-Wicke
Vicia sylvatica

50–150 cm Juni–Aug. ♃ [25]

Kennzeichen: Meistens weniger einseitswendige, weißlich-violette Blüten als bei der Vogel-Wicke in einer langgestielten Traube; Blätter mit 6–9 Fiederpaaren.

Vorkommen: Vor allem im Osten und im Süden verbreitet, in Bergwäldern auf nährstoffreichen Böden.

Wissenswertes: Im Gegensatz zu den meisten anderen Wicken-Arten bevorzugt die Wald-Wicke den Halbschatten lichter Wälder, vor allem an den steilen Hängen von Schluchten, aber auch an Waldwegen und Böschun-

gen. Sie eignet sich auch für entsprechende Standorte in Gärten und Parks.

3 Behaarte Wicke
Vicia hirsuta

20–50 cm Mai–Aug. ☉ [25]

Kennzeichen: Blütentrauben mit 3–5 Blüten, gestielt; Blüten weißlich bis hellviolett, mit 3–4 mm Länge extrem klein; Hülse behaart und mit nur 2 Samen.

Vorkommen: Außer in den Alpen im gesamten Gebiet in Getreidefeldern, an Wegrändern und auf Brache; häufig, nährstoffreicher Boden vorausgesetzt.

Wissenswertes: Die Art wird auch „Zitterlinse" genannt. Bei trockenem Wetter vernimmt man im reifenden Getreide das Knistern der sich öffnenden Hülsen.

4 Viersamige Wicke
Vicia tetrasperma

20–60 cm Juni–Juli ☉ [25]

Kennzeichen: Blütentraube klein, 1–3blütig, blaßviolett; Hülsen kahl und mit 4 Samen.

Vorkommen: Außer im Nordwesten und in den Alpen im gesamten Gebiet häufig in Getreidefeldern und auf Brachen.

Wissenswertes: Wie die Behaarte ist auch die Viersamige Wicke seit der Jungsteinzeit Kulturbegleiter in Mitteleuropa. Das namengebende Merkmal ist gut sichtbar, wenn man die Hülsen gegen das Licht hält.

5 Zaun-Wicke
Vicia sepium

20–60 cm Mai–August ♃ [25]

Kennzeichen: Blüten schmutzig blauviolett, zu 2–5 in sehr kurz gestielten Büscheln.

Vorkommen: Vor allem auf Wiesen, aber auch auf Waldlichtungen, an Waldwegen und Waldsäumen; im gesamten Gebiet häufig.

Wissenswertes: Wie bei einigen anderen Wicken findet man auch bei der Zaun-Wicke auf der Unterseite der Nebenblätter als dunkle Flecken kleine Nektarien, die von Ameisen gern besucht werden. Als Futterpflanze für das Vieh ist die Art wegen ihres Eiweißreichtums gern gesehen.

1 Luzerne
Medicago sativa

30–80 cm Juni–Okt. � ✿✿✿ **25**

Kennzeichen: Blüten in kurzen Trauben; Hülsen spiralig 2–3mal gewunden (**1b**); Blätter 3zählig.

Vorkommen: Auf Äckern angebaut, aber häufig auch an Wegrändern, Böschungen und im Grünland wildwachsend; im Norden zerstreut, sonst häufig.

Wissenswertes: Diese wertvolle Futterpflanze kann bis zu 4mal im Jahr geschnitten werden. Sie kommt aus Asien und wird heute in vielen Teilen der Welt angebaut. Ihr wissenschaftlicher Name besagt, daß sie aus Medien stamme. Schon in der Antike wurde sie als Futterpflanze angebaut.

2 Wald-Storchschnabel
Geranium sylvaticum

30–60 cm Mai–Aug. ⊹ ✿✿✿ **37**

Kennzeichen: Blüten im Vergleich zu denen des Wiesen-Storchschnabels weniger blau als vielmehr blau-violett und kleiner; Blätter weniger tief eingeschnitten.

Vorkommen: In einigen Mittelgebirgen und in den Alpen in Säumen und Hochstaudenfluren, aber auch auf Fettwiesen; fehlt im Norddeutschen Tiefland.

Wissenswertes: Der Schleudermechanismus der Früchte scheint bei dieser Art noch effektiver zu sein als beim Wiesen-Storchschnabel. Die Samen werden fast 3 m weit fortgeschleudert.

3 Strandflieder
Limonium vulgare

20–40 cm Juli–Sept. ⊹ **70**

Kennzeichen: Stengel von der Mitte an sparrig verzweigt, blattarm; Blüten klein, dicht stehend, in einseitswendigen Ähren; Blätter schmal-elliptisch in den Stiel verjüngt.

Vorkommen: In Salzwiesen der Nordseeküste verbreitet; an der Ostseeküste nur vereinzelt.

Wissenswertes: Diese typische Salzpflanze mit ausgeschiedenen Salzkristallen an den grundständigen Blättern verdient strengen Schutz. Durch Eindeichung und intensive Nutzung des Deichvorlandes hat die Art große Teile ihres Lebensraums verloren; zu oft diente sie früher auch als Souvenir in Trockensträußen. Der deutsche Name beschreibt die fliederfarbenen Blüten, der wissenschaftliche das Vorkommen der Art auf Salzwiesen (griech. leimon = Wiese).

4 Deutscher Enzian
Gentianella germanica

10–40 cm Juni–Okt. ☉ **72**

Kennzeichen: Blütenfarbe rotviolett; Blüten innen bärtig, 5teilig, 2,5–3 cm groß; Grundblätter zur Blütezeit bereits vergilbt, Stengelblätter breit-lanzettlich.

Vorkommen: Auch außerhalb der Alpen; im Bergland mit Kalkgestein im Untergrund; zumindest regional verbreitet, nicht jedoch im Norddeutschen Tiefland; vornehmlich auf Kalk-Halbtrockenrasen und im Saum von Gebüschen.

Wissenswertes: Die Kronröhre ist durch einen Kranz des für die Gattung *Gentianella* typischen Bartes für die meisten kleineren Insekten nicht erreichbar. Nur langrüsselige Insekten können an den Nektar am Blütenboden gelangen.

5 Ackerröte
Sherardia arvense

5–20 cm Mai–Sept. ☉ **75**

Kennzeichen: Stengel niederliegend und aufsteigend; Blüten nur 0,5 cm groß, zu 5–15 an den Spitzen der Stengel und der Zweige; Blätter zu 4–6 in Quirlen, bis 1,5 cm lang, behaart.

Vorkommen: Auf Getreideäckern, allerdings nur auf kalkhaltigen Böden; allgemein recht zerstreut; in den Sandgebieten und den Silikat-Mittelgebirgen weitgehend fehlend.

Wissenswertes: In weiten Teilen Mitteleuropas haben die auf den Äckern ausgebrachten Herbizide diesem nur bei Massenauftreten auffälligen Pflänzchen bereits den Garaus gemacht. Der wissenschaftliche Name erinnert an den englischen Diplomaten William Sherard, der von 1658–1728 lebte und sich auf seinen Reisen auch mit den Pflanzen befaßte.

Die Veilchen (Gattung *Viola*) schließen auch die Stiefmütterchen mit ein. Es sind durchweg krautige Pflanzen, deren Blüten 2seitig symmetrisch sind und aus 5 Kronblättern bestehen, deren unterstes gespornt ist. Während bei den Veilchen im engeren Sinne 2 Kronblätter nach oben und 3 nach unten gerichtet sind, haben die Stiefmütterchen 4 nach oben gerichtete Kronblätter und ein nach unten gerichtetes. Die gezähnten Blätter sind meistens eiförmig oder lanzettlich und von großen Nebenblättern flankiert. Der deutsche Name „Veilchen" geht auf das klassisch-lateinische „viola" zurück.

1 **Sumpf-Veilchen**
Viola palustris

5–15 cm   Mai–Juni   ⟂   52

Kennzeichen: Blüten blaßlila; Blätter mehr nierenförmig.

Vorkommen: In Flach- und Hochmooren, an kalkarmen Quellen und an verlandenden Gewässern; auf nassen, sauren, oft auf torfigen Böden; im Norden weit, im Süden nur regional verbreitet.

2 **März–Veilchen**
Viola odorata

5–10 cm   März–Mai/Aug.–Sept.   ⟂   52

Kennzeichen: Rosettenpflanze mit oberirdischen Ausläufern; Blüten einzeln, lang gestielt, grundständig, 2 cm lang, dunkelviolett, stark duftend.

Vorkommen: An Waldrändern, in Hecken und Gebüschen; mit vielen kleineren Verbreitungslücken über das gesamte Gebiet verstreut; auffallend oft in Dorfnähe.

Wissenswertes: Das März–Veilchen, das in Anlehnung an den wissenschaftlichen Artnamen auch Duftendes Veilchen genannt wird (lat. odor = Geruch, odoratus = wohlduftend), ist wohl ursprünglich nur in Südeuropa beheimatet. Schon sehr früh gelangte es als Zierpflanze in die Gärten und von dort in die freie Landschaft. Aus seinem Wurzelstock bereitete man ein schleimlösendes Mittel. – Obwohl die Art Insekten mit ihrem Duft anlockt und mit Nektar belohnt, führt der Insektenbesuch nur selten zur Samenbildung. Samen entwickeln sich meistens erst durch Selbstbestäubung in den Sommerblüten, die den Besuchern verschlossen bleiben.

3 **Wald-Veilchen**
Viola reichenbachiana (*V. sylvestris*)

5–20 cm   Apr.–Mai   ⟂   52

Kennzeichen: Sporn und übrige Kronblätter farbgleich violett; Sporn abwärts gebogen, über 4 mm lang.

Vorkommen: In krautreichen Laub- und Mischwäldern; auf nährstoff- und meist kalkreichen Böden fast überall anzutreffen.

Wissenswertes: Bei dieser Art entfällt das schwer erklärbare unterschiedliche Verhalten von Frühjahrs- und Sommerblüten: Auch die von Insekten besuchten, geöffneten Frühjahrsblüten bringen Samen hervor.

4 **Hain-Veilchen**
Viola riviniana

5–20 cm   Apr.–Mai   ⟂   52

Kennzeichen: Der vorigen Art ähnlich, jedoch Sporn dicker und weißlich.

Vorkommen: Mehr in bodensauren Eichen-Mischwäldern; ebenfalls weit verbreitet, aber mit Verbreitungslücken.

Wissenswertes: Diese und die vorige Art haben ihre wissenschaftlichen Namen nach deutschen Botanikern erhalten: nach August Quirinus Rivinus (1652–1722) bzw. nach Heinrich Gottlieb Reichenbach (1793–1879).

5 **Hunds-Veilchen**
Viola canina

5–30 cm   Mai–Juni   ⟂   52

Kennzeichen: Pflanze ohne grundständige Blattrosette; Blüten mit über 5 mm langem Sporn und am Grunde weißlichem unterem Kronblatt, das von dunkelvioletten Adern durchzogen ist (**5b**).

Vorkommen: In Magerrasen, Heiden, Säumen von Hecken und Gebüschen auf sandigsaurem Boden; verbreitet mit größeren Lücken.

Wissenswertes: Der Tiername kennzeichnet die duftlose Art als zweitrangig und weniger wertvoll.

1   Echtes Lungenkraut
Pulmonaria officinalis

10–30 cm   März–Mai   ♃   82

Kennzeichen: Blüten anfangs rot, später blauviolett; Blätter schmal eiförmig, rauh behaart, hellgefleckt (ungefleckt deutet auf *Pulmonaria obscura*).

Vorkommen: Im Nordwesten nur punktuell, sonst weiter verbreitet; in artenreichen Buchen- und in Eichenmischwäldern; auf kalk- und nährstoffreichen Böden.

Wissenswertes: Beim Altern der Blüten verändert sich die Basensättigung im Zellsaft und führt zu einem besonders auffälligen Farbwechsel, der zu benachbarten roten und blauvioletten Blüten führt und der Grund dafür ist, daß der Volksmund von „Brüderchen und Schwesterchen" spricht. Der lungenähnlichen Blattform verdankt die Art ihre Namen (lat. pulmo = Lunge). Ein Blattaufgruß verschafft Linderung bei Husten und Bronchitis.

2   Echter Beinwell
Symphytum officinale

30–100 cm   Mai–Juli   ♃   82

Kennzeichen: Blüten entweder schmutzigrotviolett oder gelblich-weiß, glockig, nickend; Blätter rauh behaart, breit-lanzettlich, am Stengel herablaufend.

Vorkommen: Auf Schuttplätzen und an Wegrändern, auf Feuchtwiesen, an Ufern und in Gräben; im gesamten Gebiet vertreten.

Wissenswertes: Diese alte Arzneipflanze wurde früher zur Wundbehandlung und zur Heilung von Knochenbrüchen genutzt. Daran erinnert der deutsche Name, der das Verb „wallen", „überwallen", „zusammenheilen" enthalten soll, ebenso wie die wissenschaftliche Bezeichnung, die auf griech. symphein (= zusammenwachsen) zurückgeht.

3   Eisenkraut
Verbena officinalis

30–80 cm   Juli–Okt.   ☉   90

Kennzeichen: Pflanze in den oberen Teilen blattlos und stark verzweigt; Blüten blaßlila, klein, dicht gedrängt in endständigen Ähren (**3b**); Blätter fiederartig eingeschnitten.

Vorkommen: Außer im Nordwesten an Wegrändern und auf Schuttplätzen weit verbreitet; auf nährstoffreichen Böden.

Wissenswertes: In der Volksheilkunde hatte die Art früher ein breites Verwendungsspektrum. Überliefert aber ist die alte Vorstellung verschiedener Völker, nach der das Eisenkraut gegen das Eisen der Waffen schützen und die damit geschlagenen Wunden heilen soll (Name!).

4   Gundermann
Glechoma hederacea

10–30 cm   März–Juni   ♃   91

Kennzeichen: Blüten in den Blattachseln der gegenständigen Blätter und dadurch scheinbar in Quirlen; Blätter nierenförmig, gekerbt, die oberen oft etwas rotbraun überlaufen.

Vorkommen: Im gesamten Gebiet häufig auf Grünland, in krautreichen Wäldern und Säumen, an Wegränderung und Ufern; Weiser für nährstoffreiche Böden.

Wissenswertes: Der Gundermann ist auch unter der Bezeichnung „Gundelrebe" bekannt. Seine Verwendung bei Magen-Darm-Beschwerden ist heute auf die Volksmedizin und die Homöopathie beschränkt. Die jungen Blättchen und Sprosse eignen sich vorzüglich für Wildgemüse und -suppen.

5   Kleine Brunelle
Prunella vulgaris

5–20 cm   Juni–Okt.   ♃   91

Kennzeichen: Lippenblüten 1 cm lang, in sehr dichten, eiförmigen Ähren an der Stengelspitze; Stengel liegend und aufsteigend.

Vorkommen: Überall anzutreffen, vor allem auf kurzem Parkrasen, Weiden, an Wegrändern, aber auch an lichten Stellen im Wald.

Wissenswertes: Auf Parkrasen kann sich die Kleine Brunelle deshalb ausbreiten, weil sie durch ihren kriechenden Wuchs dem Rasenmäher entgeht und sich obendrein vegetativ vermehren kann. Ihren Namen hat sie nach den oft rostbraun gefärbten Kelchblättern. Die wissenschaftliche Bezeichnung ist wahrscheinlich ein künstliches Wortgebilde, das durch Latinisierung des deutschen Namens entstand.

1

Feld-Steinquendel
Acinos arvensis

10–30 cm   Mai–Sept.   ☉   91

Kennzeichen: Pflanze niederliegend-aufsteigend; Blüten violett, mit weißem Muster auf der Unterlippe, meist zu 3 in den Achseln der oberen Blätter.

Vorkommen: In Kalk-Trockenrasen, mageren Wiesen mit kalkreichem Untergrund und lückigem Bewuchs, auf Mauern und Felsen; außer im Nordwesten im gesamten Gebiet regional verbreitet, zumindest in den Kalk-Mittelgebirgen.

2

Acker-Minze
Mentha arvensis

10–30 cm   Juli–Sept.   ♃   91

Kennzeichen: Blüten im oberen Drittel des Stengels und der Zweige zahlreich und dicht in den Blattwinkeln, Quirle vortäuschend.

Vorkommen: Auf nassen Böden; in Gräben, Grünland, Ödland, gelegentlich auch auf Äckern; im gesamten Gebiet verbreitet.

Wissenswertes: Diese Art wurde zumindest früher in gleicher Weise verwendet wie Wasser- und Pfefferminze.

3

Roß-Minze
Mentha longifolia

20–100 cm   Juli–Sept.   ♃   91

Kennzeichen: Blüten in langen, spitz zulaufenden Scheinähren an den Triebspitzen; Blätter oberseits kahl, unterseits kurz, aber dicht behaart.

Vorkommen: An nassen Stellen an Wegrändern und Gräben, an Ufern und in Feuchtwiesen, im Süden häufig, im Norden nur sehr verstreut.

Wissenswertes: Die Minzen neigen stark zur Bastardierung, so daß etliche schwer definierbare Formen auftreten.

4

Wasser-Minze
Mentha aquatica

20–80 cm   Juli–Okt.   ♃   91

Kennzeichen: Blüten in dichten, rundlichen Blütenständen an den Spitzen der Triebe, nicht so zahlreich in den Achseln der oberen Blätter; Stengel oft rötlich.

Vorkommen: Auf nassen Standorten; an Ufern, in Gräben und auf Feuchtwiesen im gesamten Gebiet recht häufig.

Wissenswertes: Die Wasser-Minze verströmt den typischen Minzgeruch besonders intensiv, und zwar auch ohne daß die Blätter gerieben werden. Ihre Wirkung bei Magenbeschwerden und zur Förderung der Gallensekretion steht der der Pfefferminze kaum nach. Aus ihr und der Grünen Minze (*M. spicata*) entstand 1696 in einem Arzneigarten in England durch Bastardierung die Pfefferminze, die steril ist. Sie wird rein vegetativ vermehrt und ist eine der vielseitigsten und beliebtesten Heilpflanzen. Ihre krampflösenden, appetitanregenden und verdauungsfördernden Eigenschaften veranlassen neben dem angenehmen Geschmack viele Menschen zum Genuß des bekannten Pfefferminztees, vor dessen Genuß über längere Zeit und in zu starker Konzentration jedoch gewarnt wird. Menthol ist wegen seiner erfrischenden und desinfizierenden Wirkung auch zur Mundhygiene bestens geeignet. Die Verwendung des frischen oder getrockneten Krauts als Gewürz wird gerade zur Zeit vielfach neu entdeckt.

5

Zymbelkraut
Cymbalaria muralis

3–5 cm   Juni–Aug.   ♃   85

Kennzeichen: Rachenblüten hellviolett, mit weißem Gaumen und zwei gelblichen Flecken (**5b**); sehr charakteristischer Standort.

Vorkommen: An Mauern und Felsen, auch auf flachgründigem Kalkgrus; regional verbreitet; im Süden häufiger als im Norden.

Wissenswertes: Die ursprünglich in Südeuropa heimische Art ist zunächst als Gartenpflanze nach Mitteleuropa gelangt und erst seit dem 17. Jahrhundert von dort auf geeignete Standorte außerhalb menschlicher Pflege. Bei der Fruchtreife krümmen sich die Blütenstiele vom Licht weg und drücken dabei die Samenkapseln in Mauerritzen und Felsfugen. Dort ist das Zymbelkraut heute einer der häufigsten Spezialisten für die Besiedlung derartiger Extremstandorte.

1

Wald-Ehrenpreis
Veronica officinalis

10–20 cm Mai–Juli ♃　　　　　85

Kennzeichen: Pflanze behaart, niederliegend wurzelnd, an den Spitzen aufsteigend; Blüten hell-lila, dunkler geädert, in reichblütigen Trauben an den Triebspitzen.

Vorkommen: In Wäldern, Heiden und Magerweiden auf nährstoffarmen, sauren Böden; im gesamten Gebiet verbreitet.

Wissenswertes: Der Wald-Ehrenpreis gehört zu den Magerkeitszeigern, die es in unseren überdüngten Kulturlandschaften schwer haben und allenthalben auf dem Rückzug sind. Früher war die Verwendung der getrockneten oberirdischen Teile zu Heilzwecken vielfältiger als heute. In der Homöopathie und in einigen Fertigpräparaten der herkömmlichen Pharmazie – vor allem gegen Husten – finden noch Bestandteile dieser als „offizinell" bezeichneten Ehrenpreis-Art Verwendung (officinalis = arzneilich, als Arznei gebräuchlich).

2

Alpenhelm
Bartsia alpina

5–15 cm Juli–Aug. ♃　　　　　85

Kennzeichen: An der Spitze des unverzweigten Stengels trübviolette Hochblätter und in deren Achseln braunviolette Blüten mit violetten Kelchen; Blätter auffällig runzelig.

Vorkommen: Quellmoore und Steinrasen im subalpinen und alpinen Bereich.

Wissenswertes: Obwohl meistens nur um die 10 cm hoch, fällt der Alpenhelm durch seine violetten Triebspitzen mit den bis zu 2 cm großen Rachenblüten auf. Nicht sogleich erkennbar ist, daß er sich als Halbschmarotzer mit seinen Wurzeln an die Wurzeln benachbart wachsender Gräser und Kräuter heranmacht. Seinen wissenschaftlichen Namen erhielt er nach dem in holländischen Diensten arbeitenden deutschen Arzt und Botaniker Johann Bartsch (1710–1738).

3

Gewöhnliches Fettkraut
Pinguicula vulgaris

5–20 cm Mai–Juni ♃　　　　　87

Kennzeichen: Blätter in einer ausgebreiteten Rosette, elliptisch, ganzrandig, sich an den Rändern nach oben einrollend; Blüten blauviolett, 2lippig mit Sporn, einzeln am blattlosen Stengel.

Vorkommen: Im Norden nur sehr zerstreut, im Süden verbreiteter an feuchten, überrieselten oder sickernassen Standorten in Quellmulden, Heiden und Mooren.

Wissenswertes: Das Fettkraut mit seinen fett glänzenden Blättern gehört zu den wenigen insektenfressenden Arten der heimischen Flora. Der Fettglanz (Name!, auch lat. pinguiculus = recht fett) der Blattoberseiten geht auf Drüsensekrete zurück und lockt kleine Insekten an. Jene, die auf den Blättern landen, kleben an den köpfchenartigen, gestielten Drüsen fest, während ungestielte Drüsen eiweißspaltende Labenzyme abspalten. Indem sich die Blätter vom Rand her einrollen, bringen sie die Drüsen besonders intensiv mit der Beute in Berührung. Zusammen mit den Wasserschlauch- und Sonnentau-Arten gehört das Gewöhnliche Fettkraut somit zu den fleischfressenden (carnivoren) Arten, die durch den Insektenfang vor allem ihre Stickstoffversorgung aufbessern.

4

Wilde Karde
Dipsacus fullonum (D. silvester)

80–150 cm Juli–Aug. ☉–♃　　79

Kennzeichen: Blüten in großen, kegelförmigen Köpfen mit starren, stechenden und alles überragenden Hüllblättern (**4a**); Stengel und Blätter stachelig.

Vorkommen: Auf Schuttplätzen und an Wegrändern; stets auf sonnigen, meistens etwas feuchteren Standorten; im Norden zerstreut, sonst weiter verbreitet.

Wissenswertes: Stengel und Blütenstände der Wilden Karde bleiben über Winter bis in das Frühjahr hinein abgestorben und trocken erhalten. Der Naturfreund bewundert die Regenwasser-Zisternen, die durch Verwachsung der paarweise einander gegenüberstehenden Blätter entstehen und fast immer mit Wasser gefüllt sind. Der deutsche Name „Karde" ist ein Lehnwort, das aus dem lat. carduus = Distel entstand, obwohl die Wilde Karde mit der Gattung *Carduus*, d.h. mit Kratzdisteln, verwandtschaftlich nichts zu tun hat.

1 Wiesen-Witwenblume
Knautia arvensis

30–70 cm　Juli–Aug.　♃　　　79

Kennzeichen: Der folgenden Art ähnlich, jedoch Blumenkrone 4zipfelig und Stengel unter den Blütenköpfchen behaart.

Vorkommen: Bis auf einige Bereiche im Westen und Nordwesten im gesamten Gebiet vertreten; auf nicht zu nährstoffreichen Wiesen und Wegrändern, auch auf Kalk-Magerrasen.

Wissenswertes: In Ableitung vom wissenschaftlichen Gattungsnamen ist auch die deutsche Bezeichnung „Knautie" gebräuchlich. Die Namen erinnern an den deutschen Arzt und Botaniker Ch. Knaut (1654–1716). Die 3–4 cm breiten Blütenstände haben Ähnlichkeit mit Körbchenblüten, zumal die Köpfchen aus ca. 50 Einzelblüten bestehen, von denen die randständigen deutlich vergrößert sind. Im Gegensatz zu den Korbblütlern aber ragen hier die Staubblätter weit aus der Blüte heraus und sind nicht zu einer Röhre verwachsen, die den Griffel umschließt.

2 Tauben-Skabiose
Scabiosa columbaria

30–60 cm　Juni–Okt.　♃　　　79

Kennzeichen: Der vorigen Art ähnlich, jedoch Blütenkrone 5zipfelig und Stengel unter den Blütenköpfchen anliegend behaart; Stengel stärker verzweigt.

Vorkommen: Weniger weit verbreitet als die vorige Art, im Norden fast nur in den Flußtälern; sonst auf kalkreichen Magerstandorten, auf Halbtrockenrasen und Extensivweiden.

Wissenswertes: Die Art ist mit ihren bis zu 1,50 m tiefen Wurzeln den Bedingungen magerer Trockenstandorte optimal angepaßt, nicht jedoch der Konkurrenz der starkwüchsigen Stickstoff-Profiteure in unseren überdüngten Agrarlandschaften. Deshalb geht sie in den letzten Jahrzehnten überall deutlich zurück.

3 Echter Frauenspiegel
Legousia speculum-veneris

10–30 cm　Juni–Aug.　☉　　　92

Kennzeichen: Glockenblumengewächs mit radförmig ausgebreiteten, blauvioletten Blüten (**3b**), die einen Durchmesser von knapp 2 cm haben.

Vorkommen: Nur noch zerstreut in Getreidefeldern; ausschließlich in Kalkgebieten, vor allem in mittleren Gebirgslagen.

Wissenswertes: Dieser früher weiter verbreitete Getreidebegleiter ist aus ganzen Landstrichen völlig verschwunden. Mancherorts – wie z.B. in der Eifel – aber kam er wieder zur Blüte, nachdem Ackerrandstreifen von 3–5 m Breite nicht mehr mit Herbiziden behandelt wurden. Im Boden ruhende und durch das Pflügen zutage geförderte Samen waren offenbar noch keimfähig.

4 Alpen-Aster
Aster alpinus

5–20 cm　Juni–Aug.　♃　　　94

Kennzeichen: Blüten einzeln an der Stengelspitze, mit 3–4 cm im Durchmesser; Blätter ganzrandig, behaart.

Vorkommen: Fast nur in den Alpen; vor allem auf kalkreichen, flachgründigen Lehmböden; auf trockenen Weiden und Matten.

Wissenswertes: Diese besonders großblumige, schöne Aster tritt in Höhenlagen zwischen 1500 und 3000 m stellenweise noch in größeren Beständen auf.

5 Strand-Aster
Aster tripolium

20–60 cm　Juni–Okt.　☉　　　94

Kennzeichen: Stengel ästig-verzweigt, kahl; Blätter fleischig.

Vorkommen: In Salzwiesen und Röhrichten; an den Küsten und im Brackwasserbereich der Flüsse häufig; an anderen Salzstellen des Binnenlandes nur zerstreut.

Wissenswertes: Die Strand-Aster kann nur auf salzhaltigen Böden wachsen und ist schon deshalb in ihrer Verbreitung eng begrenzt. Als Gartenpflanze kommt sie nicht in Betracht. Salzhaltige Sümpfungswässer – etwa des Steinkohlenbergbaus im Ruhrgebiet – haben zur Versalzung von Böden und Vorflutern beigetragen, die sich jetzt plötzlich im Hochsommer mit blühenden Strand-Aster-Beständen schmücken.

1 Scharfes Berufkraut
Erigeron acris

10–50 cm Juni–Sept. ♃   94

Kennzeichen: Körbchenblütler mit mehrreihigem Hüllkelch und diesen nur um wenige Millimeter überragenden Zungenblüten.

Vorkommen: Auf Sand, Schotter und grusigem Kalkmergel; vor allem auf kalkreichen Trockenstandorten; mit größeren Verbreitungslücken im gesamten Gebiet vertreten.

Wissenswertes: Weil die Zungenblüten die Röhrenblüten nur wenig überragen, unterscheiden sich die Berufkräuter trotz gewisser Ähnlichkeit doch deutlich von den Astern.

2 Einjähriges Berufkraut
Erigeron annuus

40–120 cm Juni–Okt. ☉–♃   94

Kennzeichen: Stengel stark verzweigt; Hüllblätter fast alle gleich lang und dadurch einen einzigen gleichmäßigen Hüllkelch bildend; Blätter breit-lanzettlich, grob gezähnt.

Vorkommen: Im Norden zerstreut, im Süden weiter verbreitet; in Wildland, auf Schuttplätzen und an Ufern.

Wissenswertes: Unter dem Namen „Einjähriger Feinstrahl" (*Stenactis annua*) war die Art früher bekannt, als sie noch häufiger als heute in den Gärten als Zierpflanze gehegt wurde. Aber schon im 18. Jahrhundert gelang es ihr vielerorts gleichzeitig, in die Freiheit zu gelangen und sich in Wildstauden-Gesellschaften zu behaupten. Der Name „Feinstrahl" für mehrere heute zu den Berufkräutern gehörende Arten verweist auf deren sehr dünne, strahlig wirkende Zungenblüten.

3 Gewöhnliche Kratzdistel
Cirsium vulgare

60–150 cm Juni–Sept. ☉–♃   94

Kennzeichen: Blütenkörbchen 3–4 cm breit mit stark vergrößertem, eiförmigem Hüllkelch und in dunkle Dornen mit hellen Spitzen auslaufenden Hüllblättern.

Vorkommen: Auf Schuttplätzen und Brachen sowie an Wegrändern im gesamten Gebiet verbreitet und recht häufig.

Wissenswertes: Noch deutlicher als die anderen Katzdisteln weist diese Art auf stickstoffreiche oder -überdüngte Böden hin.

4 Acker-Kratzdistel
Cirsium arvense

60–120 cm Juni–Sept. ♃   94

Kennzeichen: Stengel verzweigt mit dronigen Blättern, aber nur selten mit kleinen, am Stengel herablaufenden Blättchen (wie die Sumpf-Kratzdistel sie hat).

Vorkommen: Auf Äckern, Brachen und Schuttplätzen im gesamten Gebiet verbreitet und durchweg häufig.

Wissenswertes: Auf Äckern und Weiden ist die Acker-Kratzdistel ein echtes Problemunkraut, weil sie durch Düngung gefördert wird und nur schwer zu beseitigen ist. Mit bis zu 6000 Früchten je Pflanze – alle mit einem Haarkranz zu kilometerweitem Flug befähigt – ist die Art geradezu allgegenwärtig. An Ort und Stelle behauptet sie den einmal von ihr besiedelten Platz mit Hilfe der bis zu 2 $\frac{1}{2}$ m tiefen Wurzeln und der Fähigkeit, auch aus kleinen Wurzelstücken wieder zu kompletten Pflanzen heranzuwachsen. Im Gegensatz zu Landwirten und Gärtnern mögen Falter und Hummeln die Blüten- und viele gefiederte Körnerfresser – vor allem der Distelfink – die reifen Fruchtstände recht gern.

5 Hasenlattich
Prenanthes purpurea

50–150 cm Juli–Aug. ♃   94

Kennzeichen: Blütenkörbchen violettrot, mit nur 5 Blüten und 6–8 Hüllblättern, hängend (**5a**); alle Pflanzenteile mit weißem Milchsaft.

Vorkommen: Von Vorposten – z.B. im Taunus, der Rhön, im Thüringer Wald und im Erzgebirge – abgesehen erst südlich des Mains mit größeren geschlossenen Verbreitungsgebieten; vor allem in schattigen Mischwäldern auf kalkarmen Böden.

Wissenswertes: Der wissenschaftliche Gattungsname ist aus griech. prenes = vorwärts geneigt und griech. anthos = Blüte zusammengesetzt und nimmt ebenso wie die weitere volkstümliche Bezeichnung „Nickwurz" auf die hängenden oder nickenden Blütenkörbchen Bezug.

1 Hopfen
Humulus lupulus

bis 6 m   Juli–Aug.   ♃ $\boxed{15}$

Kennzeichen: Kletterpflanze mit weinähnlichen Blättern und durch Widerhaken rauhen Sprossen.

Vorkommen: Im gesamten Gebiet vertreten; vor allem auf feuchten, nährstoffreichen Böden in Auenwäldern, Hecken und Gebüschen.

Wissenswertes: Wie bei den Stauden üblich, werden die oberirdischen Teile des Hopfens alljährlich neu gebildet. Die Triebe winden im Uhrzeigersinne. Die reifen weiblichen Blütenstände (**1b**) enthalten mit ätherischen Ölen, Harz und Hopfenbittersäuren die Stoffe, die dem Bier Geschmacksqualität und Beständigkeit sichern. Sie werden als gelbes „Hopfenmehl" von Drüsen an der Basis der die Fruchtzapfen bildenden Zapfenschuppen produziert. In einigen sommerwarmen Landstrichen wird der Hopfen in größerem Stil angebaut, so u.a. in der Hallertau zwischen Donau und Isar. Die männlichen Hopfenpflanzen (**1a**) sind in den Anbaugebieten unerwünscht.

2 Große Brennessel
Urtica dioica

30–150 cm   Juni–Okt.   ♃ $\boxed{16}$

Kennzeichen: Spätestens bei der Berührung der länglich-eiförmigen Blätter wird die Art von jedermann erkannt.

Vorkommen: Überall sehr häufig; an Weg- und Grabenrändern, auf Wildland und Rainen; durch Eutrophierung der Agrarlandschaft stark gefördert.

Wissenswertes: Die Brennhaare, die beim Menschen Jucken, Hautrötung und Bläschenbildung hervorrufen, schützen die Brennessel zwar gegen den Fraß vieler, aber keineswegs aller Tiere. Die Raupen einiger unserer schönsten Tagfalter leben mit Vorliebe – wenn nicht gar ausschließlich – an Brennesseln. Spinatartig zubereitet oder als Suppe kann man die jungen Triebe sogar in Feinschmeckerlokalen genießen. Die Begriffe „Nesselgarn" und „Nesseltuch" erinnern an die frühere Verwendung der Bastfasern der Brennessel für Textilien. Männliche (**2b**) und weibliche Pflanzen (**2a**) sind leicht zu unterscheiden.

3 Kleine Brennessel
Urtica urens

10–50 cm   Juni–Sept.   ☉ $\boxed{16}$

Kennzeichen: Kleiner als die vorige Art; Blätter stumpfer eiförmig.

Vorkommen: Ebenfalls weit verbreitet, aber durchweg weniger häufig und in Höhenlagen über 800–1000 m ganz fehlend; vor allem in Unkrautfluren und auf Mistplätzen.

Wissenswertes: Die Kleine Brennessel brennt noch intensiver, was der wissenschaftliche Name gleich zweimal unterstreicht (lat. urere = brennen). Im Gegensatz zu der „dioica" (zweihäusig) genannten Großen ist die Kleine Brennessel einhäusig.

4 Haselwurz
Asarum europaeum

5–10 cm   März–Mai   ♃ $\boxed{10}$

Kennzeichen: Blätter rundlich-nierenförmig, glänzend dunkelgrün, zumeist überwinternd.

Vorkommen: Nur im Süden und Südosten weit verbreitet als Bestandteil der Bodenflora krautreicher Laub- und Mischwälder auf gut kalk- und nährstoffversorgten Böden.

Wissenswertes: Die unscheinbar braunroten Blüten (**4b**) liegen – oft unter dem Laub verborgen – dem Boden auf. Möglicherweise wirken Ameisen und Schnecken bei der Bestäubung mit; Selbstbestäubung herrscht vor. Ihre wintergrünen Blätter nutzen auch noch den Lichteinfall durch die kahlen Wipfel.

5 Acker-Windenknöterich
Fallopia convolvulus

10–80 cm   Juli–Okt.   ♃ $\boxed{69}$

Kennzeichen: Kletterpflanze mit dünnem kantigem Stengel und pfeilförmigen Blättern; Blüten in lockeren, wenigblütigen Trauben.

Vorkommen: Im gesamten Gebiet in Getreidefeldern, Gärten und auf Schuttplätzen.

Wissenswertes: Dieser uralte Begleiter des Ackerbaus ist den älteren Pflanzenfreunden noch unter dem Namen Winden-Knöterich (*Polygonum convolvulus*) bekannt.

1 Pfeffer-Knöterich
Polygonum hydropiper

20–60 cm Juli–Sept. ☉ 69

Kennzeichen: Blüten meistens unscheinbar grünlich; am leichtesten zu erkennen beim Zerkauen am pfefferartigen Geschmack der Blätter.

Vorkommen: Fast überall auf feuchten Waldwegen, an Gräben und Ufern anzutreffen.

Wissenswertes: Die auch unter der Bezeichnung „Wasserpfeffer" bekannte Art zeigt feuchte, nährstoffreiche, aber meistens etwas saure Böden an. Bei der Kostprobe des Pfeffergeschmacks der Blätter ist Vorsicht geboten, weil die Inhaltsstoffe zumindest schwach giftig sind.

2 Stumpfblättriger Ampfer
Rumex obtusifolius

50–120 cm Juni–Sept. ⁴ 69

Kennzeichen: Blütenquirle ohne Blättchen; große grundständige Blätter mit abgestumpfter Spitze (Name!, lat. obtusifolius = -stumpfblättrig) und herzförmigem Grund.

Vorkommen: Überall recht häufig in Unkrautgesellschaften, auf Äckern, Wiesen, Kahlschlägen, an Wegen und Gräben.

Wissenswertes: Das starke Vorkommen dieser Art weist auf stickstoffreiche, vielfach ausgesprochen überdüngte Standorte hin. Sie durchwurzelt den Boden besonders stark und bis zu 2 m tief. Deshalb ist ihr durch Ausstechen auch kaum beizukommen. Die Wurzeln dieser und der folgenden Art wurden früher als Abführmittel verwendet, die Früchte hingegen wegen ihres Gerbstoffreichtums als Mittel gegen Durchfall.

3 Krauser Ampfer
Rumex crispus

50–100 cm Juni–Sept. ⁴ ❀ 69

Kennzeichen: Der vorigen Art ähnlich, doch Blätter schmaler und am Rande gewellt.

Vorkommen: Im gesamten Gebiet häufig; vor allem auf Äckern, Grünland, Schuttplätzen und an Wegrändern.

Wissenswertes: Der Name „Krauser Ampfer" verweist ebenso wie lat. crispus = kraus auf das besonders markante Merkmal, den gewellten Blattrand. „Ampfer" geht auf eine althochdeutsche Bezeichnung zurück, die dem lat. amarus (= bitter) entspricht. Auf Wiesen ist die Art in aller Regel ein eindeutiger Störungsanzeiger. Infolge ihrer großen Variationsbreite – noch gefördert durch die Neigung zur Bastardierung – ist sie nicht immer leicht zu erkennen bzw. abzugrenzen.

4 Knäuelblütiger Ampfer
Rumex conglomeratus

30–80 cm Juli–Sept. ⁴ 69

Kennzeichen: Blütenstände mit Tragblättern durchsetzt; Grundblätter länglich eiförmig, am Grunde stumpf bis schwach herzförmig, Gesamteindruck der Pflanze durch abstehende Nebentriebe bestimmt.

Vorkommen: Längst nicht so weit verbreitet und so häufig wie die beiden vorangehenden Ampfer-Arten; nicht in höheren Berg- und anderen klimatisch ungünstigen Lagen; ansonsten ebenfalls auf stickstoffreichen Standorten in der Agrarlandschaft.

Wissenswertes: Diese Art kann freigelegte oder aufgeschüttete Böden oft innerhalb kurzer Zeit mit großen Beständen überziehen. Allerdings kann sie im Gegensatz zum Stumpfblättrigen und zum Krausen Ampfer in ganzen Landstrichen fehlen.

5 Hain-Ampfer
Rumex sanguineus

30–60 cm Juli–Aug. ⁴ 69

Kennzeichen: Der vorigen Art ähnlich, doch Blütenstände höchstens im unteren Teil mit Tragblättern; Stengel oft, aber keineswegs immer rötlich und deshalb Färbung als Merkmal wenig geeignet (vgl. wissenschaftlicher Artname: *sanguineus* = blutrot).

Vorkommen: Im gesamten Gebiet, aber keineswegs überall vertreten; vor allem auf feuchteren bis nassen Standorten und leicht sauren Böden; stärker halbschattenliebend.

Wissenswertes: Im Gegensatz zu den drei vorangehenden Arten ist dieser Ampfer häufiger an feuchten Stellen, vor allem in nährstoffreichen Bruch- und Auenwäldern sowie in Ufergebüschen anzutreffen.

1   Guter Heinrich
Chenopodium bonus-henricus

10–50 cm   Juni–Aug.   ♃   67

Kennzeichen: Blätter 3eckig bis spießförmig, bis über 10 cm lang, nur in der Jugend etwas mehlig bestäubt; Blüten unscheinbar grünlich, in Knäueln, die in ihrer Gesamtheit dichte Ähren an Sproßenden oder in Blattwinkeln bilden (**1b**).

Vorkommen: An stickstoffüberdüngten Orten in Dörfern, auf Höfen, auf Schutt- und Mistplätzen; vor allem im Süden und Osten.

Wissenswertes: Die Unauffälligkeit der Blüten dieser windblütigen Art ist wohl der Grund dafür, daß ihr Verschwinden von vielen Höfen und aus manchen Dörfern – vor allem der Ebene – kaum bemerkt wurde. Dabei ist sie ein uralter Kulturbegleiter, dem erst die moderne Hygiene im ländlichen Bereich – vor allem die Asphaltierung der Höfe und die Aufstallung des Viehs – zum Verhängnis wurden. Früher war dieses Gänsefußgewächs sehr geschätzt, worauf schon der deutsche und der latinisierte Artname verweisen. „Guter Heinrich" erinnert an die Vorstellungen von Natur- und Hausgeistern in Form von Elfen und Kobolden mit Gänsefüßen, die mit den spießförmigen Blättern in Beziehung gebracht wurden. „Gut" war dieser Heinrich schon, weil er ein über Jahrhunderte genutztes Blattgemüse lieferte.

2   Weißer Gänsefuß
Chenopodium album

20–100 cm   Juni–Okt.   ☉   67

Kennzeichen: Stengel aufrecht, oft rötlich, mit mehligen Seitenzweigen (**2a**); Blätter mit langen Stielen, rautenförmig, zum Teil gezähnt; Blüten unscheinbar klein, in dichten ährigen Blütenständen, wie auch andere Teile der Pflanze mehlig weiß „bepudert" (Name!).

Vorkommen: Im gesamten Gebiet sehr häufig als Unkraut auf Äckern, in Gärten und an besonders nährstoffreichen Wegrändern.

Wissenswertes: Die Blätter des Weißen Gänsefußes sind nicht so deutlich gänsefußartig geformt wie die des Guten Heinrichs, der zur selben Gattung gehört. Der wissenschaftliche Gattungsname ist ebenfalls aus Gans (= griech. chenos) und Fuß (= griech. pous, podos) zusammengesetzt. Der Weiße Gänsefuß gilt als der beste Spinatersatz unter den Wildkräutern und wird im Volksmund auch als „Wilde Melde" bezeichnet. Seine Samen wurden früher – wie heute noch örtlich in Indien – zu Mehl vermahlen und sind im übrigen bei körnerfressenden Vögeln sehr beliebt. Der mehlige Belag kommt durch leicht abbrechende Härchen zustande.

3   Roter Gänsefuß
Chenopodium rubrum

20–100 cm   Juli–Okt.   ☉   67

Kennzeichen: Pflanze niederliegend oder bogig aufsteigend; Stengel und Blätter oft rötlich überlaufen; unscheinbare Blüten in Knäueln; diese wiederum zu end- oder blattachselständigen Ähren vereint, die von Tragblättern durchsetzt sind (**3a**).

Vorkommen: Seltener in Dungstätten und auf Schuttplätzen; auf besonders ammoniakhaltigen Böden; häufiger im Küstenbereich.

Wissenswertes: Da der Rote Gänsefuß Kochsalz sehr gut zu ertragen vermag, ist er in Küstennähe häufiger und oft in großen Beständen anzutreffen.

4   Bastard-Gänsefuß
Chenopodium hybridum

30–70 cm   Mai–Aug.   ☉   67

Kennzeichen: Pflanze aufrecht; Blätter dunkelgrün, deutlich zugespitzt, mit jederseits 3–4 großen, nach vorn gebogenen Zähnen; widerlicher Geruch.

Vorkommen: Ebenfalls auf Schutt- und Dungplätzen, aber auch auf Hackfruchtfeldern und in Gärten; deutlich wärmeliebend und deshalb im Norden und im höheren Bergland seltener als in Tallagen im mittleren Bereich.

Wissenswertes: Der Name legt zunächst den Verdacht nahe, es könne sich um einen Bastard zwischen verschiedenen Gänsefuß-Arten handeln. In Wirklichkeit ist der Name wissenschaftsgeschichtlich hochinteressant, weil er auf Carl v. Linné zurückgeht, der die Art für einen Bastard aus Stechapfel und Weißem Gänsefuß hielt, vor allem wegen ihres stechapfelähnlichen Geruchs.

1   Spreizende Melde
Atriplex patula

30–80 cm   Juli–Sept.   ☉   67

Kennzeichen: Pflanze mit abstehenden Seitentrieben (Name „spreizend"); Blätter bis 10 cm lang und 4 cm breit, lanzettlich bis oval, die unteren mit 2 Zähnen, die oberen ganzrandig; Blüten in kleinen Knäueln.

Vorkommen: Auf Hackfruchtfeldern, Schuttplätzen und ähnlichen zeitweilig offenen, nährstoffreichen Standorten im gesamten Gebiet verbreitet und meistens recht häufig.

Wissenswertes: Die Bestäubung der unscheinbaren Blüten erfolgt durch pollenfressende Insekten und durch den Wind.

2   Spießblättrige Melde
Atriplex hastata

30–80 cm   Juli–Sept.   ☉   67

Kennzeichen: Blätter in der unteren Hälfte der Pflanze 3eckig bis spießförmig (Name, lat. hastatus = spießförmig), im oberen Teil lanzettlich (**2b**), hellgrün, anfangs oft etwas mehlig bepudert, später kahl.

Vorkommen: Vor allem in tieferen Lagen und in der Ebene in Unkrautgesellschaften auf Feldern, Müllplätzen und Schlammflächen.

Wissenswertes: Die deutsche Bezeichnung „Melde" geht auf das mittelhochdeutsche molte (= Staub, Mehl) und damit auf die in der Jugend weißliche Färbung der Blätter zurück (**2a**). Mit „atriplex" war schon im Altertum die Melde gemeint, allerdings nicht diese Art, sondern die Garten-Melde (*Atriplex hortensis*), die an der Basis 3eckig-herzförmige Blätter hat und bis über 1 m Höhe heranwächst. Ihre rhombischen Stengelblätter sind mehlig bereift. Weit über 2000 Jahre lang wurde die Garten-Melde als „Spanischer Salat" genutzt und dazu auch gezielt ausgesät. Seit einigen Jahrzehnten ist sie fast völlig vom Spinat verdrängt. Hier und dort ist sie in Unkrautgesellschaften als Kulturrelikt anzutreffen.

3   Strand-Melde
Atriplex littoralis

30–80 cm   Juli–Aug.   ☉   67

Kennzeichen: Blätter linealisch-lanzettlich, bis 8 cm lang und 1,5 cm breit, am Grunde in den kurzen Stiel verschmälert.

Vorkommen: Im stickstoff- und kochsalzreichen Spülsaum an der Nord- und Ostseeküste; dort auch auf sandig-schlickigen Watträndern und am Übergang in sandige Strandwiesen.

Wissenswertes: Wie viele andere Strandpflanzen ist auch die Strand-Melde etwas fleischig und hellgrün bis graublau angehaucht. Die Blüten stehen in dichten Knäueln, die zu ährenartigen Blütenständen zusammengefaßt sind (**3b**). Nur die männlichen Blüten haben 5 kleine krautige Perigonblätter, die weiblichen sind nackt, aber mit 2 an der Basis miteinander verwachsenen Vorblättern umhüllt. Diese vergrößern sich nach der Blüte und dienen schließlich den Nüßchen, die sie umgeben, als Flugorgan, ohne im botanischen Sinne „Früchte" zu sein („Scheinfrüchte"). Die in Größe und Form von Art zu Art sehr unterschiedlichen Vorblätter kennzeichnen die Gattung Melde (*Atriplex*) und gestatten gleichzeitig die Unterscheidung von den zum Teil ihnen sehr ähnlichen Vertretern der Gattung Gänsefuß (*Chenopodium*).

4   Strand-Salzmelde
Halimione portulacoides

20–80 cm   Juli–Okt.   ♃ (Halbstrauch)   67

Kennzeichen: Stengel am Grunde verholzt (deshalb Halbstrauch), stark verzweigt, aufsteigend; Pflanze insgesamt hellgrün bis weißlich wirkend; Blätter länglich bis verkehrt eiförmig, ledrig und meistens ganzrandig.

Vorkommen: Auf schlickigen Salzböden im zeitweilig überfluteten Deichvorland der Nordseeküste weit verbreitet; auch an der Atlantik- und Mittelmeerküste, nicht jedoch an der Ostsee.

Wissenswertes: An den Prielen in den Außengroden sind die Ränder häufig von der Strand-Salzmelde gesäumt. Ihre Standorte werden von Salzwasser nur noch bei besonders hohen Fluten erreicht. Ihre schwimmfähigen Samen breiten sich mit dem ein- und ausströmenden Wasser aus. Obendrein findet regelmäßig vegetative Vermehrung statt, indem sich niederliegende Seitenzweige bewurzeln.

1 Queller
Salicornia europaea

5–30 cm Aug.–Sept. ☉ `67`

Kennzeichen: Stengel fleischig, knotig gegliedert, blattlos und stark verzweigt; unscheinbare Blüten versteckt hinter kleinen Blattschuppen.

Vorkommen: An der Nordseeküste sehr häufig, an der Ostsee seltener; Erstbesiedler auf Schlick- und Sandböden; bestandsbildende Salzpflanze am Rande des Watts (**1b**).

Wissenswertes: Für die auffällige Gliederung des Quellers sind die gegenständigen, jedoch zurückgebildeten Blätter verantwortlich, deren wulstartige Schuppen die oberhalb anschließenden Stengelabschnitte etwas überwallen. Im Erscheinungsbild zeigt der Queller die xerophytischen Merkmale der Salzpflanzen ganz besonders ausgeprägt: Dickfleischigkeit durch wasserspeichernde Gewebe mit hohem Kochsalzgehalt im Protoplasma (75% in der Asche) und starke Blattreduktion. Während seine Wurzeln den Boden festhalten, sorgt der grüne Rasen für eine Beruhigung der Wasserbewegung und damit für verstärkte Sedimentation. Seine verlandungsfördernde Wirkung wird durch die Anlage von „Quellerbeeten" gelegentlich gezielt genutzt. Der Name „Queller" beschreibt die saftreichen Sprosse; der wissenschaftliche Gattungsname ist aus lat. sal = Salz und lat. cornus = Horn, hornartige Spitze zusammengesetzt.

2 Sode
Suaeda maritima

10–40 cm Juli–Sept. ☉ `67`

Kennzeichen: Fleischige Pflanze, blaugrün, oft rötlich überlaufen; niederliegend, an den Spitzen aufsteigend; Blätter linealisch, bis 4 cm lang, unten gewölbt, oben flach; Blüten unscheinbar klein, zu dritt in Blattachseln.

Vorkommen: Auf nährstoffreichen, salzhaltigen Schlick- und Sandböden; vor allem an der Nordsee-, seltener an der Ostseeküste; vereinzelt an Salzquellen im Binnenland.

Wissenswertes: Wie der Queller gehört auch die Sode zu den Pionierpflanzen an den Meeresküsten. Sie zeigt ebenfalls die typischen Merkmale der Salzpflanzen. Als besonders nährstoffliebende Art bevorzugt sie Stellen mit angespülten und verrottenden Pflanzenteilen oder Tierresten.

3 Claytonie
Claytonia perfoliata

10–20 cm Mai–Juli ☉ `66`

Kennzeichen: Ungewöhnliches Erscheinungsbild durch zwei große Hochblätter, die unterhalb des Blütenstandes stehen und zu einem tellerartigen Gebilde miteinander verwachsen sind; Blätter der grundständigen Rosette eiförmig, lang gestielt.

Vorkommen: In Gärten, Parks und auf Friedhöfen; örtlich auf sandigen Böden; vor allem im atlantisch geprägten Nordwesten.

Wissenswertes: Die von der Pazifikküste Nordamerikas stammende Art wurde und wird neuerlich wieder als Gemüse- und Salatpflanze angebaut und unter verschiedenen Namen angeboten („Winterportulak", „Kubaspinat"). In wintermilden Landstrichen verwildert die Claytonie gelegentlich und hält sich unter Umständen auch als dauerhaft eingebürgerter Neophyt. Ihr Name erinnert an den amerikanischen Arzt und Naturforscher John Clayton (1694–1773).

4 Zurückgekrümmter Fuchsschwanz
Amaranthus retroflexus

20–150 cm Juli–Sept. ☉ `68`

Kennzeichen: Fuchsschwanzähnlicher Gesamtblütenstand (Name!) aus ährenartigen Teilblütenständen mit sehr vielen unscheinbaren Einzelblüten aufgebaut.

Vorkommen: Nur gebietsweise in wärmeren Landstrichen, vor allem im Süden und in den Flußtälern; in Hackfruchtfeldern, auf Müllplätzen und an Wegrändern.

Wissenswertes: Die unscheinbaren Verwandten der bekannten Garten-Fuchsschwänze mit schlanken roten, überhängenden Blütenständen sind ebenfalls fremdländischer Herkunft. Sie stammen aus Nordamerika und sind möglicherweise als Samen mit anderen Gütern nach Mitteleuropa verschleppt worden; etliche Vorkommen auf Güterbahnhöfen deuten darauf hin.

1 Einjähriger Knäuel
Scleranthus annuus

2–10 cm Mai–Okt. ☉ 65
Kennzeichen: Blüten grünlich, nur mit Kelchblättern, mit kurzen, gabelig verzweigten Stielchen; knäuelige Blütenstände (Name!) an den Zweigenden bildend; Kelchblätter abgerundet, so lang wie die Staubblätter.
Vorkommen: Im gesamten Gebiet als Ackerunkraut, aber auch auf Schuttplätzen und an Wegrändern; vor allem auf etwas sauren Sand- und sandigen Lehmböden.
Wissenswertes: Der Einjährige Knäuel ist am häufigsten in Getreidefeldern des Berglandes zu finden, allerdings nicht in den Kalksteingebirgen.

2 Kahles Bruchkraut
Herniaria glabra

5–15 cm Juli–Sept. ☉–⌂
Kennzeichen: Stengel hellgrün, kahl, dem Boden anliegend, verzweigt (**2b**); Blätter nur bis 1 cm lang, gegenständig; grünliche Blütchen meist zu 10 als Knäuel in den Blattachseln, nur rund 0,5 mm lang.
Vorkommen: Im gesamten Gebiet – allerdings mit größeren Verbreitungslücken – auf sandigen Brach- und Hackfruchtäckern; auch in Dünen und an Wegrändern, wenn der Boden verletzt und die Vegetation lückig ist.
Wissenswertes: Zumal der wissenschaftliche Gattungsname auf lat. hernia = Leistenbruch zurückgeht, ist der Verdacht begründet, daß auch der deutsche Name mit Bruchleiden in Verbindung zu bringen ist. Doch die Wirkung der Saponine und ätherischen Öle aus dem getrockneten blühenden Kraut wird vor allem bei Blasenkatarrhen und Nierenkoliken registriert.

3 Niederliegendes Mastkraut
Sagina procumbens

1–5 cm Mai–Okt. ⌂ 65
Kennzeichen: Dichter Rasen aus vielen dünnen, liegenden und aufsteigenden Stielchen und Seitenzweigen; Blätter gegenständig, lanzettlich, 1 cm lang und nur 1 mm breit; Blüten sehr unscheinbar, 4zählig.

Vorkommen: Verbreitet und gemein; auf Wegen, Felsen, sandigen Plätzen, auf Rasen und anderen betretenen, vielfach gestörten Flächen; auch mitten in unseren Städten.
Wissenswertes: Gar mancher wird das Niederliegende Mastkraut schon zusammen mit Silbermoos aus Pflasterfugen entfernt haben, ohne es namentlich zu kennen. Dadurch, daß sich die niederliegenden Stengel bewurzeln, kann sich der Rasen, den das Niederliegende Mastkraut bildet, stark verdichten und einem Moospolster ähnlich werden. Daß viele Triebe keine Blüten tragen, fällt bei deren Unscheinbarkeit kaum auf. Die winzigen Samen haften an den Sohlen von Mensch und Tieren und werden im übrigen auch durch weiterhüpfende Regentropfen verbreitet.

4 Rauhes Hornblatt
Ceratophyllum demersum

– Juli–Sept. ⌂ 5
Kennzeichen: Submerse, d.h. unter Wasser lebende Wasserpflanze; Stengel oft über 1–2 m lang, verzweigt, im Wasser schwimmend, außerhalb des Wassers leicht zerbrechlich; Blätter gabelig geteilt, hornartig, steif und rauh (Namen!), bis zu 2 cm lang, in Wirteln angeordnet.
Vorkommen: Fast im gesamten Gebiet in geeigneten, d.h. in sommerwarmen, nährstoffreichen Gewässern mit Schlammböden.
Wissenswertes: Das Rauhe Hornblatt gehört zu den wenigen Wasserpflanzen, die unter Wasser blühen und ihren Pollen durch Wasserbewegung zu den Narben der weiblichen Blüten tragen lassen. Die mit Klettorganen ausgerüsteten Früchte werden ebenfalls vom Wasser, aber auch durch Wasservögel und durch schwimmende Säugetiere wie den Bisam verbreitet. Auf denselben Wegen findet eine Verbreitung von sich vegetativ vermehrenden Teilen der brüchigen und durch Rauheit haftenden Stengel statt. Weitere typische Wasserpflanzen-Merkmale sind das Fehlen von Wurzeln, die Reduktion der Tracheen und des Stützgewebes bei Erhaltung eines zugfesten zentralen Leitbündelstrangs. Die Zugfestigkeit ist für die oft einer starken Wasserbewegung ausgesetzten submersen Arten ganz besonders wichtig.

1   Stinkende Nieswurz
Helleborus foetidus

30–60 cm   Jan.–Apr.   ♃   6

Kennzeichen: Wintergrüne Pflanze; Blätter mit 3–9 lanzettlichen Abschnitten (**1a**).

Vorkommen: Nur im Südwesten von der Südeifel über den Odenwald bis zur Schwäbischen Alb; zerstreut in Laubwäldern auf Kalk.

Wissenswertes: Mit der zur selben Gattung gehörenden Christrose (= Schwarze Nieswurz) hat die Stinkende Nieswurz die frühe Blütezeit gemein. Im Frühjahr sind die dunkler grünen, ledrigen Vorjahrsblätter deutlich von den neu ausgetriebenen Blättern zu unterscheiden. Die Art ist ein bekanntes Lehrbuchbeispiel für fließende Übergänge in der Gestalt von Laub- über Hoch- zu Kronblättern (Perigon). Der klebrige Pollen kann aus den glockenartig hängenden Blüten (**1b**) nicht herausfallen, bleibt aber dafür mit großer Wahrscheinlichkeit an den Bestäubern haften. Der Blütenstand riecht unangenehm (Name!).

2   Grüne Nieswurz
Helleborus viridis

20–40 cm   März–Apr.   ♃   6

Kennzeichen: Blüten nur zu 2–3, ausgebreitet und grün im Gegensatz zu den glockig hängenden zahlreichen Blüten der vorigen Art (vgl. 1b/2b).

Vorkommen: Nur örtlich in kalk- und nährstoffreichen Wäldern und Gebüschen; fehlt weitgehend im Main- und im Donauraum sowie in Nord- und Ostdeutschland.

Wissenswertes: Die zum Teil weit voneinander entfernten Vorkommen gehen wahrscheinlich auf die Verwilderung jeweils einzelner Exemplare aus alten Bauerngärten zurück. Dort wurde die Art früher als Heilpflanze angebaut. Als „Nieswurz-Wurzelstock" (Rhizoma Hellebori) verwendet die Pharmazie den unterirdischen Sproß der Grünen Nieswurz in gleicher Weise wie den der Christrose als Herzmittel, allerdings stark eingeschränkt wegen der Reizwirkung des Saponinglykosids Helleborin auf die Schleimhäute. Eben darauf zielt allerdings der Name „Nieswurz". Im übrigen soll die Grüne Nieswurz eine wichtige Rolle in der volkstümlichen Tiermedizin, spe-

ziell als Heilmittel bei Erkrankungen der Hausschweine, gespielt haben.

3   Mäuseschwanz
Myosurus minimus

5–15 cm   Apr.–Juni   ☉   6

Kennzeichen: Blätter kahl, schmal-linealisch, in einer grundständigen Rosette; kleine gelbgrüne Blüten an der Stengelspitze; mit deutlich verlängerter, d. h. bis 6 cm langer Blütenachse etwas an Wegerich erinnernd.

Vorkommen: In verschiedenen Teilen Mitteleuropas heimisch, in größeren jedoch fehlend; auf feuchten Wegen, verschlämmten Äckern und Ufern; nur auf kalkfreien Böden.

Wissenswertes: Vor allem gegen Ende der Blühperiode entwickeln sich die Blüten dieses kleinen, unscheinbaren Pflänzchens so merkwürdig wie bei kaum einer anderen Art. Die Blütenachse mit ihren bis zu 50 hahnenfußtypischen Balgfrüchten streckt sich so sehr, daß sie zum namengebenden Merkmal wird, und zwar sowohl im deutschen wie im wissenschaftlichen Namen. *Myosurus* ist nämlich aus griech. mys = Maus und griech. oura = Schwanz zusammengesetzt: auf Deutsch „Mauseschwänzchen".

4   Schutt-Kresse
Lepidium ruderale

10–30 cm   Mai–Aug.   ☉   54

Kennzeichen: Fiederteilige Grund- und lineale Stengelblätter; Blüten grünlich, meist ohne Kronblätter, in einer reichblütigen Traube; Pflanze beim Zerreiben unangenehm riechend.

Vorkommen: Im gesamten Gebiet unregelmäßig verbreitet; vor allem in lückiger Vegetation auf Bahn- und Industriegeländen, auf Ödflächen und gelegentlich auch auf Äckern; auf nährstoffreichen, trockenen, oft infolge Verdichtung vegetationsarmen Böden.

Wissenswertes: Die Schutt-Kresse breitet sich in den alten Industriegebieten und auf den sich ausweitenden, von Menschen gestörten Standorten aus. Mit ihrem scharfen Kressegeruch und ihren unansehnlichen Blüten gehört sie nicht gerade zu den Edelsteinen der Ruderalvegetation.

1 Gewöhnlicher Frauenmantel
Alchemilla vulgaris

10–40 cm Mai–Sept. ⚄ ❀❀❀ |24|

Kennzeichen: Blätter grundständig, handförmig, mit 7–13 Lappen; Blüten ohne Kronblätter, zu mehreren in lockeren Knäueln.

Vorkommen: Fast im gesamten Gebiet – besonders häufig im Bergland – auf Wiesen, an Wegrändern und in den Säumen von Hecken und Gebüschen; vor allem auf feuchten, nährstoffreichen Standorten.

Wissenswertes: Die Formenvielfalt ist beim Frauenmantel außerordentlich groß. Alleine diese Sammelart umfaßt über 60 Unterarten, was mit der apomiktischen (eingeschlechtlichen) Fortpflanzung (Jungfernzeugung) zusammenhängt. Den Fotografen bieten die Blätter beliebte Motive, weil sich bei höherer Luftfeuchtigkeit in den Winkeln der Blattzähne glitzernde Wassertröpfchen halten (**1b**), die dort aus Wasserspalten (Hydathoden) aktiv ausgeschieden werden; der Vorgang wird als Guttation bezeichnet. Diese Tropfen hielten die Alchimisten für wundertätig, weshalb man sie sammelte und zu Mitteln mit vermeintlich übernatürlichen Kräften verwendete. Die scheinbar gefalteten Blätter sollten dem ausgebreiteten Mantel Mariens ähneln (Name!) und im Sinne der Signaturenlehre Frauenleiden lindern.

2 Alpen-Frauenmantel
Alchemilla alpina

5–20 cm Juni–Aug. ⚄ |24|

Kennzeichen: Im Gegensatz zur vorigen Art, deren Blätter nur leicht eingeschnitten sind, sind die Blätter des Alpen-Frauenmantels meistens bis zum Grunde 5–7teilig; obendrein stärker behaart.

Vorkommen: Auf kalkarmen Böden der Alpen in Borstgrasrasen und Zwergstrauchheiden.

Wissenswertes: Auch diese Art zeichnet sich durch apomiktische Fortpflanzung und in deren Folge durch einen großen Formenreichtum aus; Spezialisten unterscheiden mindestens 10 Unterarten. Wegen der dicht anliegenden silbrigen Behaarung der Blattunterseiten spricht man in den Alpen vom „Silbermäntelikraut" und vom „Silbermanteltee".

3 Einjähriges Bingelkraut
Mercurialis annua

20–40 cm Mai–Okt. ☉ |49|

Kennzeichen: Pflanzen zweihäusig; Blüten der männlichen Pflanzen knäuelig gedrängt in langgestielten Scheinähren, die der weiblichen Pflanzen zu 1–3 fast sitzend in den Blattachseln.

Vorkommen: In manchen Teilen Mitteleuropas, vor allem im Rhein-Main-Gebiet, auf Äkkern, in Gärten und Weinbergen, an Wegrändern und auf Schuttplätzen recht häufig; in vielen anderen Gebieten fehlend.

Wissenswertes: Erst zu Beginn der Neuzeit ist dieses Ackerunkraut aus dem Mittelmeerraum zu uns gelangt. Besonders bemerkenswert an dieser zweihäusigen Pflanze ist, daß die männlichen Exemplare auch an vegetativen Merkmalen von den weiblichen zu unterscheiden sind: Sie haben deutlich breitere Blätter. Für den deutschen Namen gibt es zwei unterschiedliche Erklärungen im Zusammenhang mit dem niederdeutschen „pingelig" (klein; bezogen auf die Blüten) und mit „bingeln" (pinkeln; als Hinweis auf die harntreibende Wirkung).

4 Wald-Bingelkraut
Mercurialis perennis

10–40 cm März–Mai ⚄ |49|

Kennzeichen: Von der vorigen Art zu unterscheiden durch den verzweigten, 4kantigen Stengel, durch Lebensraum und frühe Blütezeit.

Vorkommen: Fast im ganzen Gebiet in krautreichen Laub- und Mischwäldern.

Wissenswertes: Im Mullboden des Waldes vermehren sich die zum Teil grün überwinternden Pflanzen auch vegetativ. So kommt es angesichts der Zweihäusigkeit (**4a** männl., **4b** weibl.) oft zu getrennten rein männlichen und rein weiblichen Herden. Der wissenschaftliche Gattungsname wird mit Merkur in Verbindung gebracht, der die Heilkraft der Art (abführende und harntreibende Wirkung) den Menschen mitgeteilt haben soll.

1 Sonnenwend-Wolfsmilch
Euphorbia helioscopia

5–30 cm   April-Okt.   ☉   49

Kennzeichen: Unverzweigte Pflanze mit verkehrt eiförmigen, im vorderen Teil fein gesägten Blättern; Blüten in einem in der Regel 5strahligen Blütenstand, der aus einem Quirl eiförmiger Hüllblätter aufsteigt.

Vorkommen: Im gesamten Gebiet häufig auf Äckern, in Gärten und Weinbergen.

Wissenswertes: Der namengebende Milchsaft steht bei den verschiedenen Wolfsmilch-Arten in den ungegliederten Milchsaftschläuchen so sehr unter Druck, daß er bei Verletzung der Pflanze sofort austritt und ihr als Wundverschluß und als Schutz gegen Tierfraß dient. Von der früher weit verbreiteten Praxis, mit dem Milchsaft Warzen zu behandeln, muß wegen der Giftigkeit der neben Fetten, Eiweiß und Stärke sowie Harz und Kautschuk vertretenen Inhaltsstoffe – vor allem Diterpenester – dringend gewarnt werden. Auf keinen Fall darf der Milchsaft an die Augen gelangen. Die Artnamen gehen auf eine schon im Altertum bekannte Beobachtung zurück: Der Blütenstand wendet sich jeweils der Sonne zu (griech. helios = Sonne, scopein = sehen, hinsehen).

2 Kleine Wolfsmilch
Euphorbia exigua

5–20 cm   Mai–Okt.   ☉   49

Kennzeichen: Stark verzweigte Art mit linealen, früh welkenden Blättern; kahl, leicht blau-grün.

Vorkommen: Außer im Norden und in den Alpen im gesamten Gebiet in Getreide- und Hackfruchtfeldern, auf Wildland und auf Brachen; vor allem in sommerwarmen Lagen.

Wissenswertes: Unter den rund 20 Wolfsmilch-Arten, die in Mitteleuropa wild wachsen, ist diese Art die kleinste, von den niederliegenden Arten einmal abgesehen. Der Name *Euphorbia* wird vielfach mit Euphorbus, dem Leibarzt des um Christi Geburt lebenden Königs Juba II von Mauretanien in Zusammenhang gebracht. Die Artbezeichnung geht auf lat. exiguus = unansehnlich, klein, unbedeutend, gering zurück.

3 Zypressen-Wolfsmilch
Euphorbia cyparissias

10–30 cm   April-Juli   ♃   49

Kennzeichen: Blätter schmal-lineal, nur bis zu 3 mm breit, kahl; Gesamtblütenstand endständig, meist 15strahlig, darunter nichtblühende Seitentriebe.

Vorkommen: Außer im Nordwesten im gesamten Gebiet häufig an Wegrändern und auf Böschungen.

Wissenswertes: Die frühere Verabreichung der frischen Pflanze als Brech- und Abführmittel hat zu inneren Vergiftungen geführt. Heute sollte sie weder dafür noch zur Warzenbehandlung benutzt werden.

4 Garten-Wolfsmilch
Euphorbia peplus

5–30 cm   Juni–Okt.   ☉   49

Kennzeichen: Blätter verkehrt-eiförmig, oft fast rundlich, sehr kurz gestielt, vorn stumpf; Hochblätter kahnförmig gewölbt.

Vorkommen: Fast im gesamten Gebiet häufig als Unkraut in Gärten und auf Äckern.

Wissenswertes: Das unscheinbare Erscheinungsbild verrät, daß es sich um keine Garten-Zierpflanze handelt, wie der Name leicht vermuten läßt. Oft auch im Winter grün, fällt die Garten-Wolfsmilch zu dieser Zeit am ehesten auf. Wie die meisten Garten- und Ackerunkräuter gelangte sie schon in vor- und frühgeschichtlicher Zeit nach Mitteleuropa.

5 Scharfe Wolfsmilch
Euphorbia esula

30–80 cm   Mai–Aug.   ♃   49

Kennzeichen: Blätter lanzettlich, bis 6 mm breit, an der Spitze mit feinen Zähnchen; Gesamtblütenstand aus einer 8–16strahligen endständigen Scheindolde und bis zu 20 weiteren achselständigen Strahlen.

Vorkommen: Vor allem in der Nachbarschaft der großen Stromtäler im Ufergebüsch und an Wegrändern, auf Böschungen und Wildland.

Wissenswertes: Die Scharfe oder Esels-Wolfsmilch gehört zu den größeren und ausdauernden Vertretern dieser Gattung; sie gilt als besonders giftig.

1 Feld-Mannstreu
Eryngium campestre

20–50 cm Juli–Aug. ⹁ [41]

Kennzeichen: Als Blütenstände kugelige Köpfchen mit 1,5 cm Durchmesser, von 5–8 langen, dornig gezähnten und in einen Dorn auslaufenden Hüllblättern umgeben; Blüten klein, weißlich grün.

Vorkommen: Auf Trockenrasen, Dämmen und Rainen; vor allem im Bereich von Mittel- und Niederrhein, Donau und Elbe sowie in Thüringen; sonst sehr zerstreut.

Wissenswertes: Die ursprünglich mediterrane Herkunft dieser Art wird noch in der Bevorzugung trocken-warmer, offener Standorte, im trockenheits-angepaßten Bau und in der Art der Samenverbreitung sichtbar. Zur Zeit der Samenreife wird nämlich die gesamte Pflanze vom Wind ausgerissen und verweht. Während sie über den Boden rollt, fallen die Früchte heraus.

2 Rote Zaunrübe
Bryonia dioica

200–400 cm Mai–Aug. ⹁ [57]

Kennzeichen: Kletternde Staude mit unverzweigten Wickelranken; Blätter 5lappig; als Früchte rote Beeren (**2b**).

Vorkommen: Verbreitet in Hecken- und Gebüschsäumen; vor allem im Westen und Südwesten, sonst nur zerstreut.

Wissenswertes: Ihren deutschen Namen erhielt sie nach ihren rübenförmig verdickten, bis 20 cm großen, stärkespeichernden Wurzeln, die man früher als stark wirksame Abführmittel benutzte und im übrigen auch mit der Alraunwurzel in Verbindung brachte. Die von Vögeln verzehrten Beeren wirken auf den Menschen giftig; schon der Genuß eines Dutzend Beeren sind todbringend sein. Der wissenschaftliche Name ist von griech. bryein = spossen abgeleitet und verweist im übrigen auf die Zweihäusigkeit der Art (diözisch).

3 Ähriges Tausendblatt
Myriophyllum spicatum

– Juni–Sept. ⹁ [30]

Kennzeichen: Submerse Wasserpflanze mit über 1 m langen Trieben, jeweils 4 kammförmig gefiederten Blättern in jedem Wirtel und endständigen, aus dem Wasser senkrecht auftauchenden Blütenähren.

Vorkommen: Nur in nährstoffreichen Gewässern der Flußtäler und der tieferen Lagen des gesamten Gebiets.

Wissenswertes: Der großen Zahl der Blättchen, in Wirklichkeit der borstenartigen Fiedern, verdankt die Gattung ihren deutschen und ihren wissenschaftlichen Namen: griech. myrios = unzählig, tausendfältig und griech. phyllon = Blatt. Die Art flutet frei oder wurzelt im Schlammboden der oft mehrere Meter tiefen Gewässer.

4 Tannenwedel
Hippuris vulgaris

20–50 cm Juni–Aug. ⹁ [89]

Kennzeichen: Aufrechte Sumpf (**4a**)- oder submerse (**4b**) flutende Wasserpflanze; Blätter bis zu 16 in einem Wirtel, lineal-nadelförmig (Name!); Blüten ohne Kronblätter, winzig klein und unscheinbar, in oberen Blattachseln.

Vorkommen: In flachen stehenden oder langsam fließenden, kühlen, kalk- und nährstoffreichen Gewässern; nur verstreut im Norden, an Altwassern der großen Flüsse und im Alpenvorland.

Wissenswertes: Der Tannenwedel blüht an den aus dem Wasser herausragenden Sproßteilen und vermehrt sich obendrein durch Ausläufer und Winterknospen.

5 Wassernabel
Hydrocotyle vulgaris

5–15 cm Juni–Aug. ⹁ [41]

Kennzeichen: Kriechende Pflanze mit runden, schildförmigen Blättern.

Vorkommen: Vor allem im Norden und Nordosten in Sümpfen und Moorwiesen; auf nassen kalkarmen Böden.

Wissenswertes: Die ungewöhnliche Blattform mit dem Stiel in der Blattmitte legte den Vergleich zum Nabel nahe, der auch im wissenschaftlichen Gattungsnamen wiederkehrt. Er ist aus griech. hydor = Wasser und griech. kotyle = Nabel zusammengesetzt.

1

Fichtenspargel
Monotropa hypopitys

10–20 cm Juni–Juli ⚄ [61]

Kennzeichen: Pflanze ohne grüne Blätter; Stengel mit gelblich-bräunlichen Schuppen; Blüten zu 10–20, nickend in einer dichten endständigen Traube.

Vorkommen: Im gesamten Gebiet, jedoch mit großen Verbreitungslücken; oft in dunklen, vegetationsarmen Nadel-, selten in artenarmen Laubwäldern.

Wissenswertes: Die häufig mit dem Fichtenanbau verschleppte Art lebt als Schmarotzer auf einem Pilz, der seinerseits seine Nahrung aus den Wurzeln von Waldbäumen und faulendem Holzsubstrat bezieht. Die enge Beziehung zu Nadelbäumen spiegelt sich im deutschen und im wissenschaftlichen Artnamen: griech. hypo = unter, pitys = Fichte, Pinie. Der chlorophyllfreie Sproß erinnert an Spargel.

2

Salbei-Gamander
Teucrium scorodonia

30–60 cm Juni–Sept. ⚄ ✿✿✿ [91]

Kennzeichen: Grünlich gelbe Lippenblüten in lockeren Ähren; Blätter gegenständig, eiförmig, gekerbt, auffallend netzartig runzelig.

Vorkommen: Im Küstenbereich und Tiefland zerstreut, im Südosten selten; sonst weit verbreitet in artenarmen Eichen- und Kiefernwäldern auf kalk- und nährstoffarmen Böden.

Wissenswertes: In lichten Eichenmischwäldern und im Halbschatten von Gebüschen ist der Salbei- oder Wald-Gamander eine von den Imkern wegen seiner langen Blütezeit besonders geschätzte Trachtpflanze.

3

Tollkirsche
Atropa belladonna

50–150 cm Juni–Aug. ⚄ [83]

Kennzeichen: Hohe lockere Staude mit glockigen, schmutzig grün-violetten Blüten, glänzend schwarzen Beeren (**3b**) und ungeteilt-ganzrandigen Blättern.

Vorkommen: Im Norden und im Osten fehlend, sonst weit verbreitet auf Kahlschlägen, Waldlichtungen, an Waldrändern und -wegen.

Wissenswertes: Weil die Früchte der Tollkirsche nicht nur verlockend aussehen, sondern auch nicht unbedingt schlecht schmecken, gehört die Tollkirsche zu den besonders gefährlichen Giftpflanzen. Kinder sollten die Art schon früh kennenlernen. Beim Verzehr auch nur einzelner Beeren ist unverzüglich ärztliche Hilfe erforderlich, weil auf anfangs rauschartige Zustände Erbrechen und Kreislaufkollaps zu erwarten sind. Im Mittelalter nahmen Frauen gelegentlich eine geringe Dosis als Schönheitsmittel: glänzende Augen und geweitete Pupillen (lat. bella donna = schöne Frau). Die Wahnzustände bei höherer Dosis (Name!) brachten oft die erwünschte Bestätigung des Hexenverdachts.

4

Knotige Braunwurz
Scrophularia nodosa

50–100 cm Juni–Sept. ⚄ [85]

Kennzeichen: Schmutzig-braune, 2lippige Blüten und länglich eiförmige, doppeltgesägte Blätter; Stengel nicht geflügelt.

Vorkommen: Im gesamten Gebiet auf nährstoffreichen, feuchten Böden in Laub- und Mischwäldern, aber auch auf Schuttplätzen recht häufig.

Wissenswertes: Der knollig verdickte knotige Wurzelstock und dessen Ähnlichkeit mit Geschwülsten bei Skrofulose, einer Haut- und Lymphdrüsenerkrankung, waren Anlaß zu dessen früherer Verwendung und zur Namengebung: lat. scrophula = Halsgeschwulst. Heute gilt die knotige Braunwurz als giftig. Ihre unscheinbaren Blüten werden übrigens gern von Wespen angeflogen.

5

Geflügelte Braunwurz
Scrophularia umbrosa

50–100 cm Juni–Aug. ⚄ [85]

Kennzeichen: Der vorigen Art ähnlich, aber Stengel deutlich geflügelt.

Vorkommen: Im Nord- und Südwesten nur zerstreut, sonst weit verbreitet, vor allem an Gräben und Ufern nährstoffreicher Fließgewässer und in nassen Wiesen.

Wissenswertes: Die am Stengel herablaufenden Blätter sorgen für dessen flügelartige Verbreiterung, die ein Drittel des Stengeldurchmessers ausmachen kann.

1 Sommerwurz-Arten
Gattung Orobanche

10–60 cm   Mai–Sept.   ☉–⚷   ‖86‖

Kennzeichen: Pflanze ohne grüne Blätter, mit bleichen, eiförmig lanzettlichen, zugespitzten Schuppen; Blüten 2lippig, in aufrechten, allseitswendigen Trauben, entsprechend den oberen Teilen der Pflanze schwach getönt.

Vorkommen: Über 20 fast ausnahmslos selten und nur sehr zerstreut auftretende Arten; in Anlehnung an die jeweils sehr spezifischen Wirtspflanzen in Sand- und Halbtrockenrasen, auf Wiesen, Hackfrucht- oder Kleefeldern, in Trockengebüschen, Waldsäumen oder Parks, in Gesteinsschutt oder Schluchtwäldern.

Wissenswertes: Alle Arten sind Vollschmarotzer auf den Wurzeln jeweils ganz bestimmter Wirte, die am ehesten Auskunft über die genaue Artzugehörigkeit der jeweiligen Sommerwurz geben. Der weite Bogen der Sommerwurz-Wirte reicht von der Berberitze und der Brombeere, von Efeu und Ginster über Schafgarbe, Pestwurz, Labkraut, verschiedene Korbblütler und Doldengewächse bis zum Hanf und zur Kartoffel.

2 Breit-Wegerich
Plantago major

10–40 cm   Juni–Okt.   ⚷   ‖88‖

Kennzeichen: Blätter breit elliptisch mit parallelen, aber miteinander vernetzten Adern (Leitbündeln); Blüten sehr klein und unscheinbar in schlanken Ähren.

Vorkommen: Im gesamten Gebiet und darüber hinaus fast weltweit in Trittgesellschaften auf Wegen, an Wegrändern und auf Weiden; meistens sehr häufig.

Wissenswertes: Weil die Außenschicht der Samen bei Feuchtigkeit zu einer klebrigen Masse aufquillt, bleibt sie leicht an den Fuß- und Schuhsohlen von Tieren und Menschen haften. Den Indianern signalisierte das Auftreten der ursprünglich in Nordamerika nicht heimischen Art, daß bereits Europäer dort waren. Sie nannten sie sehr bildhaft „Fußtritt des weißen Mannes". – Allergiker kennen den Wegerich als Produzenten von Pollen, den der Wind verbreitet und der recht unangenehm in Erscheinung treten kann. Schüler lernen an ihm, daß Pflanzen nicht immer vorzugsweise dort wachsen, wo es ihnen vom Boden und Klima her am besten gefällt, sondern dort, wo es ihre stärkeren Konkurrenten zulassen. Der Breit-Wegerich liebt den Vertritt und den Reifendruck und die daraus sich ergebende Bodenverdichtung ebensowenig wie viele andere Pflanzenarten; aber im Gegensatz zu jenen kann er sie ertragen und ihnen im Hinblick auf die Samenverbreitung sogar positive Seiten abgewinnen.

3 Mittlerer Wegerich
Plantago media

10–40 cm   Mai–Juli   ⚷   ‖88‖

Kennzeichen: Im Gegensatz zum Breitwegerich mit ungestielten, etwas weniger breiten Blättern und viel kürzerer Blütenähre.

Vorkommen: Außer im Norden im gesamten Gebiet verbreitet; vor allem auf kalk- und nährstoffreichen Böden; in Magerwiesen und -weiden sowie in Kalkhalbtrockenrasen.

Wissenswertes: Unter den Wegerich-Arten nimmt der Mittlere Wegerich in der Blattbreite eine Mittel- (Name!), in der Blütenbiologie eine Sonderstellung ein. Die Blüten sind zwar sehr unscheinbar, aber sie duften und haben lila Staubfäden. Die die Blütenstände besuchenden Insekten sammeln dort Pollen.

4 Spitz-Wegerich
Plantago lanceolata

10–40 cm   Mai–Sept.   ⚷   ❀   ‖88‖

Kennzeichen: Blätter lanzettlich, 5–7nervig und meistens aufrecht; Blütenähren eiförmig.

Vorkommen: Im gesamten Gebiet in nährstoffreichen Wirtschaftswiesen und –weiden, in Parkrasen und an Wegrändern.

Wissenswertes: Das getrocknete Kraut des Spitz-Wegerichs wird wegen seiner schleimlösenden und reizmildernden Wirkung früher wie heute gern bei Katarrhen der Atemwege verwendet. Seine frischen Blätter und ein Preßsaft daraus werden wegen ihrer antiseptischen Wirkung auch bei Schleimhautentzündungen im Mund- und Rachen-, Magen- und Darmbereich empfohlen. Die Wirkstoffe des Spitz-Wegerichs begegnen uns auch in vielen modernen pharmazeutischen Präparaten.

1   Moschuskraut
Adoxa moschatellina

5–20 cm   März–Mai   ♃   ⊡77

Kennzeichen: In der Regel bilden 5 gelblichgrüne Blüten einen kleinen, würfelförmigen Blütenstand (**1b**); zwei Grundblätter langgestielt, doppelt 3zählig, gelappt.

Vorkommen: Mit einigen Verbreitungslücken im gesamten Gebiet in feuchten Laubwäldern, vor allem in Auenwäldern, auf kalk- und nährstoffreichen Böden.

Wissenswertes: Auch unter dem Namen Bisamkraut bekannt. Die deutschen Namen trägt sie wegen des Duftes, den die welkenden Blätter verbreiten. Der wissenschaftliche Artname mit der lat. Minderungsform betont den schwachen Moschusduft. Der wissenschaftliche Gattungsname geht auf griech. adoxos = unscheinbar, unberühmt zurück und bezieht sich auf die Blüten. Interessant ist, daß sich die obere der 5 Blüten von den anderen unterscheidet. Sie hat eine 4spaltige Krone und einen 2spaltigen Kelch, alle übrigen eine 5spaltige Krone und einen 3spaltigen Kelch. Zur Reifezeit entwickeln sich $\frac{1}{2}$ cm große gelbgrüne Steinfrüchte, die von den verlängerten Kelchblättern umgeben sind und mit dem eingerollten Stiel auf dem Boden liegen.

2   Wald-Ruhrkraut
Gnaphalium sylvaticum

10–50 cm   Juli–Sept.   ♃   ⊡94

Kennzeichen: Unverzweigte graufilzige Staude mit jeweils 1–5 Blütenkörbchen in den Achseln der oberen Stengelblätter (**2b**); Blätter 1nervig, lineal-lanzettlich, unterseits meist dichter filzig behaart als oberseits.

Vorkommen: Auf Waldwegen und -lichtungen, in Magerrasen und Heiden; im gesamten Gebiet auf kalkarmen, sandig-steinigen Böden ziemlich weit verbreitet.

Wissenswertes: Verschiedene Arten aus dieser Gattung haben einen höheren Gerbstoffgehalt, auf dem die Wirksamkeit ihres Krautes bei Durchfallerkrankungen wie der Ruhr (Name!) beruht. Die filzige Behaarung der Angehörigen dieser Gattung spiegelt sich im wissenschaftlichen Namen, der auf griech. gnaphalon = Filz, Wolle zurückgeht.

3   Sumpf-Ruhrkraut
Gnaphalium uliginosum

5–25 cm   Juli–Sept.   ☉   ⊡94

Kennzeichen: Ebenfalls graufilzig und mit unscheinbaren Blütenkörbchen; jedoch verzweigt und Blütenkörbchen in endständigen Knäueln, die von den Hochblättern weit überragt werden.

Vorkommen: Im gesamten Gebiet – außer in den Alpen – auf offenen, zeitweilig nassen oder überschwemmten Standorten; an Weg-, Graben- und Teichrändern, auf verschlämmten Äckern; weit verbreitet.

Wissenswertes: Diese einjährige Art tritt an den einzelnen Orten meistens nur vorübergehend auf, oft nur in niederschlagsreichen Jahren. Meistens deutet sie auf Vernässung und Oberflächenverdichtung des Bodens hin. Die ausgebreiteten, weiß- bis graufilzig behaarten Hochblätter rund um die Knäuel der Blütenkörbchen erinnern entfernt an das ähnliche Erscheinungsbild des Edelweiß – allerdings in starker Verkleinerung. Auf Äckern gehört das Sumpf-Ruhrkraut zu den Arten, die durch Meliorations- und Bewirtschaftungsmethoden leicht verdrängt werden.

4   Strahlenlose Kamille
Matricaria discoidea

5–25 cm   Mai–Aug.   ☉   ⊡94

Kennzeichen: Eine Kamille mit entsprechendem Geruch und kegelförmigen Blütenköpfchen, aber ohne Zungen- oder Strahlenblüten (Name!).

Vorkommen: Überall in Siedlungsnähe; in Trittrasen und an Wegrändern, sogar in Pflasterritzen; obwohl erst seit 150 Jahren eingebürgert, allgemein recht häufig.

Wissenswertes: Die heute weltweit verbreitete Art stammt ursprünglich aus Ostasien und dem Westen Nordamerikas. Die Verbreitung mit Hilfe klebriger Samen erinnert an die des Breit-Wegerichs, mit dem die Strahlenlose Kamille in den Trittrasen meistens vergesellschaftet auftritt. Nur verlief ihre Ausbreitung in der entgegengesetzten Richtung. In ihrer Heilwirkung kommt sie an die der Echten Kamille nicht heran; ihr fehlen vor allem die entzündungshemmenden Stoffe.

1 Gewöhnlicher Beifuß
Artemisia vulgaris

50–150 cm   Juli–Sept.   ♃ ✿   94

Kennzeichen: Stengel kantig, oft rot überlaufen; Blätter tief geteilt, oberseits dunkelgrün und kahl, unterseits weißfilzig; Blüten in kleinen eiförmigen Köpfchen.

Vorkommen: Auf Schuttplätzen und Industriebrachen sowie an Wegrändern; im gesamten Gebiet recht häufig.

Wissenswertes: Das Kraut fördert die Absorption von Verdauungssäften und wird als Geschmackskomponente gern als Gewürz bei schwer verdaulichen Fleischgerichten verwendet. Die Wirkung und der Gehalt an ätherischen Ölen aber stehen deutlich hinter denen der folgenden Art zurück. Die Rainfarn-Beifuß-Gesellschaften sind vor allem im städtisch-industriellen Raum weit verbreitet.

2 Wermut
Artemisia absinthium

30–100 cm   Juli–Sept.   ♃-Halbstrauch   94

Kennzeichen: Der vorigen Art ähnlich, aber insgesamt silbrig behaart und Körbchen hellgelb, nickend; Stengel oft im unteren Teil verholzt (Halbstrauch).

Vorkommen: An Wegrändern und Rainen, auf Wildland, besonders in Siedlungsnähe; im gesamten Gebiet verstreut, vorzugsweise in sommerwarmen Lagen.

Wissenswertes: Der Wermut ist schon vor langer Zeit als Heil- und Gewürzpflanze aus dem östlichen Mittelmeer über die Gärten vielerorts in die freie Landschaft gelangt: Sein Name ist schon im Althochdeutschen belegt. Heute wird vor dem Genuß alkoholischer Auszüge wegen des giftigen Thujons gewarnt. Absinthschnäpse sind deshalb in fast allen Ländern verboten, während die von ätherischen Ölen weitgehend freien Wermutweine als unbedenklich gelten.

3 Strand-Beifuß
Artemisia maritima

30–60 cm   Aug.–Okt.   ♃-Halbstrauch   94

Kennzeichen: Ebenfalls mit beiderseits weißfilzigen, später jedoch oft verkahlenden Blättern; Stengel im unteren Drittel verholzt (Halbstrauch), abstehend verzweigt und aufsteigend; Blütenkörbchen sehr klein (2–3 mm).

Vorkommen: Außer in Salzwiesen an der Nord- und Ostsee, vereinzelt auch an Salzquellen im Binnenland.

Wissenswertes: Die Art zeigt ihre Vorliebe für kochsalzreiche Standorte.

4 Kanadische Wasserpest
Elodea canadensis

–   Mai–Aug.   ♃   97

Kennzeichen: Stengel unter Wasser flutend, teilweise über 1 m lang, oft grün überwinternd; Blätter lanzettlich bis schmal oval, zu dritt in Quirlen; Blüten über den Wasserspiegel hinausragend, in Europa selten.

Vorkommen: In stehenden und langsam fließenden eutrophen Gewässern zwischen Seerosen und Laichkräutern.

Wissenswertes: Als sich die Art vom Botanischen Garten Berlin aus in der 2. Hälfte des vorigen Jahrhunderts zunächst massenhaft verbreitete, wurde sie für die Binnenschiffahrt und die Fischerei zunächst zu einer wahren „Pest". Heute hat sie sich in die Lebensgemeinschaften eingefügt und ist örtlich bereits als recht selten zu bezeichnen. Sie vermehrt sich hier ausschließlich vegetativ.

5 Seegras
Zostera marina

–   Juni–Sept.   ♃   99

Kennzeichen: Submerse Meerespflanze mit langen grasartigen Blättern (Name!); Wurzelstock im Schlick kriechend; Unterwasserblüher.

Vorkommen: Im Küstenbereich der Nordsee, seltener in der westlichen Ostsee, früher in bis zu 3 und sogar 5 m Tiefe große submarine Wiesen bildend; bei Sturm häufig ausgerissen und an den Strand gespült.

Wissenswertes: Früher war die Art zur Füllung von „Seegrasmatratzen", als Verpackungsmaterial, Dünger und als Hauptnahrung der Ringelgänse sehr bedeutsam. Inzwischen ist sie – möglicherweise bedingt durch die Meeresverschmutzung – deutlich seltener geworden.

1 Strand-Dreizack
Triglochin maritimum

10–60 cm Mai–Sept. ⚇   98

Kennzeichen: Binsenartige Pflanze mit fleischigen, bis ½ cm breiten, halbstielrunden, linealen Blättern und winzigen (bis 4 mm großen) grünlichen Blüten in einer dichten, an Wegerich erinnernden Traube; Chlorgeruch.

Vorkommen: Auf Salzwiesen an der Nord- und Ostseeküste; bei nassen, salzhaltigen Böden auch in küstennahen Marschen auf Wiesen und Weiden; punktuell an Salzstellen im Binnenland.

Wissenswertes: Die Bestände dieser Art auf Salz- und manchen Marschwiesen werden vom Vieh gern abgeweidet, in Notzeiten aber auch vom Menschen als Gemüse gesammelt, das jedoch erst nach längerem Kochen seinen unangenehmen Beigeschmack verliert.

2 Sumpf-Dreizack
Triglochin palustre

10–40 cm Juni–Sept. ⚇   98

Kennzeichen: Der vorigen Art ähnlich, jedoch Blätter noch schmaler und Blütentrauben kürzer und lockerer.

Vorkommen: In Schleswig-Holstein und an der Unterelbe am weitesten verbreitet, sonst im Süden und Osten häufiger als im Westen; in den Mittelgebirgen zum Teil fehlend; vor allem auf den nassesten Stellen in Flach- und Quellmooren.

Wissenswertes: Hier wirken die 3 Narben tatsächlich, wie man es von einem „Dreizack" erwartet. Oft ragen nur die blütentragenden Stengel aus dem flachen Wasser hervor, während die grundständigen Blätter schwimmen.

3 Schwimmendes Laichkraut
Potamogeton natans

– Mai–Sept. ⚇   99

Kennzeichen: Schwimmblätter derb, elliptisch, bis 12 cm lang und noch länger gestielt, am Grunde rundlich bis herzförmig.

Vorkommen: In Seen, Weihern und Teichen die in Mitteleuropa am weitesten verbreitete Laichkraut-Art; von der Marsch bis oberhalb der alpinen Waldgrenze.

Wissenswertes: Wie bei vielen anderen Schwimmblättern liegen die Spaltöffnungen auf der Blattoberseite, die durch Öltröpfchen wasserabstoßend wirkt und so deren Unbenetzbarkeit garantiert. Die untergetauchten, bis 50 cm langen, schmal-linealen Blätter sterben früh ab, meistens schon vor der Blütezeit. Die kleinen, grünlichen Blüten stehen dicht gedrängt in einer Ähre, die auf langem Stiel aus dem Wasser hinausragt (**3a**).

4 Krauses Laichkraut
Potamogeton crispus

– Mai–Sept. ⚇   99

Kennzeichen: Blätter ausnahmslos untergetauchte Wasserblätter mit wellig-krausen Blatträndern (Name!), lineal-lanzettlich; Blüten in kürzeren Ähren.

Vorkommen: In ähnlichen Gewässern wie die vorige Art und fast so häufig und weit verbreitet wie diese.

Wissenswertes: Die dichten Bestände aller Laichkräuter sind wichtige Fisch-Laichplätze (Name!). Schwimmer kennen und fürchten sie als manchmal ausgesprochen gefährliche „Schlingpflanzen". Der wissenschaftliche Gattungsname ist aus griech. potamos = Fluß und griech. geiton = Nachbar zusammengesetzt.

5 Kleine Wasserlinse
Lemna minor

– Apr.–Juni ⚇   110

Kennzeichen: Linsenförmige Gebilde (Name!), 3–4 mm groß, auf der Wasserfläche frei schwimmend; jedes blattartige Gebilde mit nur 1 Wurzel.

Vorkommen: Die am weitesten verbreitete Wasserlinse; in Mitteleuropa im gesamten Gebiet in stehenden, nährstoffreichen Gewässern aller Art und jeder Größe.

Wissenswertes: Der Volksmund bezeichnet die Wasserlinsen als „Entenflott" oder „Entengrütze". Die Pflanzen sind nicht in Sproß und Blatt gegliedert. Sie entwickeln nur selten ihre stark reduzierten, winzigen Überwasserblüten und vermehren sich fast ausschließlich vegetativ, indem sie lange Ketten grüner Glieder bilden. Wasserlinsen dienen Enten und Fischen als Nahrung.

1 Einbeere
Paris quadrifolia

20–40 cm Mai–Juni ♃ |100|

Kennzeichen: Blätter elliptisch, zu 4 in einem Quirl (wiss. Name lat. quadrifolius = vierblättrig); eine einzige Blüte – später eine einzige blauschwarze Beere (Name, **1b**).

Vorkommen: Außer im Nordwesten in krautreichen Laub- und Mischwäldern auf kalkreichen Böden allgemein verbreitet.

Wissenswertes: Abweichend vom üblichen Aufbau einkeimblättriger Pflanzen (Parallelnervatur der Blätter, Dreizahl der Blütenteile) hat die Einbeere Blätter mit Netznervatur und 4zählige Blüten. Für die blütenbesuchenden Insekten auffälliger als die unscheinbar grünen Blütenblätter sind schon die Staubblätter und der dicke Fruchtknoten (**1a**). Die später wildkirschengroße Beere soll auf Menschen und Säugetiere schwach giftig wirken, nicht jedoch auf Vögel, die die Beeren fressen und die zahlreichen Samen verbreiten.

2 Kalmus
Acorus calamus

60–140 cm Juni–Juli ♃ |109|

Kennzeichen: Lineale Blätter denen der Iris ähnlich, aber mit deutlicher Querfältelung (**2b**); Blüten grünlich, in seitlich schräg abstehenden Kolben.

Vorkommen: Mit größeren Verbreitungslücken im gesamten Gebiet, zumindest in tieferen Lagen; in Röhrichten nährstoffreicher stehender Gewässer.

Wissenswertes: Die schon von Alexander dem Großen von Indien nach Kleinasien und erst im 16. Jahrhundert nach Mitteleuropa gebrachte Heil- und Likörpflanze ist bei uns steril und vermehrt sich nur vegetativ, und zwar durch Teilung des knolligen Rhizoms, das angenehm aromatisch riecht und ätherische Öle und Bitterstoffe enthält. Daraus gewonnene Extrakte sind in appetitfördernden und bei Magen-Darm-Störungen wirksamen Medikamenten, aber auch in Magenbittern und Kräuterlikören, Mund- und Gurgelwässern enthalten. Alle heutigen Kalmus-Vorkommen in Europa gehen auf verwilderte Vorfahren aus wasserreichen Gärten zurück.

3 Gefleckter Aronstab
Arum maculatum

20–40 cm Apr.–Mai ♃ |109|

Kennzeichen: Tütenförmiges, hellgrünes Hochblatt mit braun-violettem Kolben; Blätter spießförmig, abweichend von anderen Einkeimblättrigen netznervig, meistens dunkel gefleckt (lat. maculatus = gefleckt).

Vorkommen: Außer in den weitesten Teilen des Norddeutschen Tieflandes und Landschaften im Südosten in krautreichen Laub- und Mischwäldern allgemein verbreitet.

Wissenswertes: Der wohl ungewöhnlichste Vertreter der mitteleuropäischen Flora setzt in seinem Kessel die durch aasartigen Geruch angelockten Fliegen zeitweilig gefangen, nachdem sie vom glatten Hochblatt durch die Reusenhaare in sein „Gefängnis" gerutscht sind. Dort genießen sie die atmungsbedingte Wärme, den Pollen und die von der Kesselwand abgesonderte zuckerhaltige Flüssigkeit. Dabei sorgen sie für die Bestäubung der an der Basis des Kolbens stehenden weiblichen Blüten. Wenn schließlich die Reusenhaare welken, brechen die ringsum mit Pollen eingepuderten Fliegen auf zum nächsten Aronstab. Die auffallend roten Früchte (**3b**) sind giftig.

4 Schlangenwurz
Calla palustris

10–40 cm Mai–Juli ♃ |109|

Kennzeichen: Sumpfpflanze mit Blüten in einem etwa 2 cm großen Kolben und unterseits weißem, den Kolben weit überragendem Hochblatt (**4a**); klebrige rote Beeren (**4b**).

Vorkommen: Vor allem im Norddeutschen Tiefland weiter verbreitet, sonst nur punktuell auf torfig-schlammigen Böden; an sumpfigen Stellen in Erlen- und Auenwäldern, in Röhrichten und Zwischenmooren.

Wissenswertes: Die oberirdisch unter Wasser im Sumpf kriechenden Rhizome erinnern an Schlangen und wurden deshalb im Sinne der Signaturenlehre früher gegen Schlangenbisse eingesetzt (Name!). Das Hochblatt ist im Gegensatz zu dem des verwandten Aronstabs offen, bildet also keinen Kessel, so daß der Kolben aus zwittrigen Einzelblüten offen für Aasfliegen und Käfer zugänglich ist.

1 Aufrechter Igelkolben
Sparganium erectum

30–120 cm   Juni–Sept.   ♃   107

Kennzeichen: Sumpf- und Wasserpflanze mit im Spitzenbereich verzweigtem Stengel, runden Blütenständen (männliche über den weiblichen, **1a**) und aufrechten, schmal-lanzettlichen, im Querschnitt 3eckigen Blättern.

Vorkommen: Im gesamten Gebiet am weitesten verbreitete Igelkolben-Art; im Röhricht stehender, aber auch langsam fließender, nährstoffreicher Gewässer.

Wissenswertes: Diese Art, die Gewässer mit Schlammböden und Wassertiefen bis 50 cm bevorzugt, wird in dichten, hohen Röhricht meistens zu stark beschattet und „erdrückt". Sie ist vor allem dort anzutreffen, wo das Röhricht lückig ist oder zurückweicht. Weil sie besser als manche Konkurrenten mit der Wasserverschmutzung fertig wird, konnte sie sich vielfach stärker ausbreiten. Die schwimmfähigen Samen bleiben über 1 Jahr lang an der Wasseroberfläche und werden durch Wasser, Vögel und Säugetiere verbreitet.

2 Breitblättriger Rohrkolben
Typha latifolia

100–200 cm   Juni–Aug.   ♃   106

Kennzeichen: Blätter linealisch, 1–2 cm breit und blaugrün; als Blütenstand ein bräunlicher Kolben mit weiblichen Blüten und darüber unmittelbar angrenzend mit dem später abfallenden männlichen Teil (**2b**).

Vorkommen: An langsam fließenden Flüssen, an Seen, Weihern und Teichen, in Klärschlammbecken und nährstoffreichen Sümpfen des Gesamtgebietes recht häufig.

Wissenswertes: Sowohl als Erstbesiedler von Schlammböden als auch als torfbildender Verlandungsförderer ist der Rohrkolben eine oft landschaftsbeherrschende Pflanze, die in der Regel Eutrophierung anzeigt. Die den Kindern als „Schilfzigarren" bekannten weiblichen Kolbenteile werden gern als Winterschmuck genutzt, was allerdings wegen der in trockenen Räumen oft explosionsartigen Freisetzung tausender Flugfrüchte nicht immer ratsam ist. Mit den zermahlenen stärkereichen Wurzelstöcken wurde in Notzeiten manchmal

der knappe Mehlvorrat gestreckt. Bei dem nur im Norden weiter verbreiteten Schmalblättrigen Rohrkolben (*Typha angustifolia*) sind der männliche und der weibliche Teil des Blütenstandes 1–2 cm voreinander getrennt.

3 Vogelnestwurz
Neottia nidus-avis

20–40 cm   Mai–Juni   ♃   103

Kennzeichen: Chlorophyllfreie Pflanze mit braunem Stengel; daran 20–40 hellbraune Blüten in einer allseitswendigen Ähre (**3b**) mit 4–6 farblosen Schuppenblättern.

Vorkommen: Im Norddeutschen Tiefland und im Rheinischen Schiefergebirge nur sehr vereinzelt, sonst weiter verbreitet; oft in sehr schattigen Laub- und Mischwäldern auf Kalk.

Wissenswertes: Die Vogelnestwurz parasitiert auf einem Pilz, der sich in ihren Wurzelzellen ausbreitet und zugleich als Fäulnisbewohner (Saprophyt) totes organisches Material im Waldboden nutzt. Der Saprophyt ist also nicht – wie früher gemeint – die Vogelnestwurz, sondern der Wurzelpilz *Rhizoctonia neottiae*. Ihr deutscher Name und seine Übersetzung ins Griechische (neottia = Nest) und Lateinische (nidus avis = Vogelnest) beziehen sich auf die nestartig verflochtenen Wurzeln am Wurzelstock der Vogelnestwurz.

4 Großes Zweiblatt
Listera ovata

20–40 cm   Mai–Juli   ♃   103

Kennzeichen: Die einzigen Laubblätter breit eiförmig und nahezu gegenständig; Blüten grünlichgelb, in einer langen Traube (**4b**).

Vorkommen: Weitaus häufigste heimische Orchidee; im gesamten Gebiet in krautreichen Wäldern auf kalkhaltigen Böden.

Wissenswertes: Die Blüten dieser Orchidee sind spornlos und haben eine bis zur Mitte gespaltene Unterlippe (**4b**), auf der Nektar für die blütenbesuchenden Inseken abgesondert wird. Der wissenschaftliche Gattungsname erinnert an den englischen Arzt Martin Lister (1638–1712), der zugleich ein bedeutender Naturforscher und Botaniker war; der wissenschaftliche Artname verweist auf die Blattform (lat. ovatus = oval, eirund).

Süßgräser, Sauergräser und **Binsengewächse** werden in diesem Teil des Kosmos-
Pflanzenführers zusammengefaßt, weil sie allesamt keine auffälligen, bunten, sondern
stark reduzierte Blüten haben, die meistens in
Blütenständen beisammenstehen. Die Arten
treten fast immer in Herden oder sogar in
Reinbeständen auf und können ganzen Landschaften ihr Gepräge geben.
Alle Arten, die zur Familie der **Süßgräser**
(*Gramineae* oder *Poaceae*) gehören, zeichnen sich durch runde, hohle Stengel
(„Halme") und durch 2zeilig angeordnete Blätter mit langer, stengelumfassender Scheide
aus. Ihre unscheinbaren, meist zwittrigen Blüten haben keine Blütenhülle, aber dafür trok-
kenhäutige Hochblätter. Sie stehen immer in
Ährchen beisammen, die ihrerseits wieder äh-
ren-, trauben- oder rispenförmige Gesamtblütenstände bilden können.

1   Riesen-Schwingel
Festuca gigantea

60–150 cm Juli–Aug. ⌗   **108**
Kennzeichen: Kräftiges Waldgras mit bis zu
40 cm langer, abstehender Rispe, deren Äste
weit voneinander entfernt und in der unteren
Hälfte unverzweigt sind; die beiden untersten
Äste ungleich lang.
Vorkommen: Im gesamten Gebiet in feuchten Wäldern, auf Waldlichtungen und Kahlschlägen; allgemein recht häufig.
Wissenswertes: Der Name „Schwingel" beschreibt die im Winde leicht schwingenden
oder schwankenden Halme. Die Art zeigt einen günstigen Bodenzustand an, kann allerdings Naturverjüngung und Kulturen unter
dem Schirm alter Bäume bedrängen.

2   Wiesen-Schwingel
Festuca pratensis

30–100 cm Juni–Juli ⌗   **108**
Kennzeichen: Weniger derbes Wiesengras
mit weichen, schlaffen Blättern; auf der untersten Stufe des Blütenstandes kürzerer Ast mit
1, längerer mit 3–4 Ährchen.
Vorkommen: Überall häufiges, oft auch aus-
gesätes Wiesen- und Weidegras schwerer Böden; durch Düngung und Kalkung gefördert.

Wissenswertes: Hier handelt es sich um
eines der besten Futtergräser, das auch in
höheren, frostgefährdeten Lagen recht ergie-
big ist.

3   Rot-Schwingel
Festuca rubra

30–80 cm Juni–Juli ⌗   **108**
Kennzeichen: Ausläufer und Horste bildendes Gras; Halm und Rispe meist aufrecht;
längster Ast der untersten Blütenstandsstufe
halb so lang wie der ganze Blütenstand; nach
der Blüte Gras sich rot verfärbend (Name!).
Vorkommen: Allgemein verbreitet, in verschiedenen Rassen auf Wiesen und Weiden,
aber auch in lichten Wäldern.
Wissenswertes: Für   unterschiedliche
Standorte gibt es jeweils besondere Kultursorten, was die Wertschätzung der Art als Kul-
turgras unterstreicht.

4   Schaf-Schwingel
Festuca ovina

30–50 cm Mai–Juli ⌗   **108**
Kennzeichen: Dichte Horste ohne Ausläufer;
Blätter graugrün, borstig-gerollt, rauh; unter-
ster Ast erreicht nur ein Drittel der Gesamt-
länge des Blütenstandes.
Vorkommen: Überall häufig; auf Wiesen,
Weiden, in Magerrasen und Heiden, aber
auch in lichten Wäldern; meist auf mageren,
trockenen Standorten.
Wissenswertes: Auch diese Art ist sehr formenreich. Einige Unterarten sind nur noch als
Futterpflanzen für anspruchslose Schafe geeignet (Name!).

5   Ausdauerndes Weidelgras
Lolium perenne

30–60 cm Mai–Okt. ⌗   **108**
Kennzeichen: Ährchen 2zeilig, die Schmal-
seite der Achse des Blütenstandes zuge-
wandt; Ährchen unbegrannt, ca. 1 cm lang.
Vorkommen: Überall häufig, wichtigstes
Weidegras, selbst in Trittgesellschaften.
Wissenswertes: Die Art ist auch als Lolch
(Lehnwort aus lat. lolium) und als Englisches
Raygras (engl. Rye = Roggen) bekannt.

1 Einjähriges Rispengras
Poa annua

5–25 cm ganzjährig ☉   108
Kennzeichen: Niedriges büscheliges Gras; Halme etwas zusammengedrückt; Rispe lokker, meistens einseitswendig.
Vorkommen: Eines unserer häufigsten Gräser; als Garten- und Ackerunkraut, auf Weiden und Wegen fast allgegenwärtig.
Wissenswertes: Die Art gehört zu den typischen Bestandteilen der Trittgesellschaften, die selbst auf stark belaufenen Böden zu wachsen vermögen. Durch Menschen, Tiere und Fahrzeuge wurde sie weltweit verbreitet.

2 Wiesen-Rispengras
Poa pratensis

10–60 cm Mai–Juni ♃ ✿   108
Kennzeichen: Lockerrasiges Gras mit langen Ausläufern; Halme aufrecht; Rispe locker, bläulichgrün.
Vorkommen: Im gesamten Gebiet sehr häufiges Wiesen- und Weidegras, auch in lichten Wäldern und auf Wildland.
Wissenswertes: Aus der Vielzahl von verschiedenen ökologischen Rassen und Zuchtformen findet der Fachmann für jeden Zweck und Standort die jeweils geeignetsten, darunter auch vorzügliche Weidegräser.

3 Alpen-Rispengras
Poa alpina

5–30 cm Juli–August ♃   108
Kennzeichen: Stengelbasis durch Blattscheiden verdickt; Rispenäste waagerecht abstehend; an Ährchen Jungpflanzen bildend (**3b**).
Vorkommen: In den Alpen auf Viehweiden der subalpinen Stufe weit verbreitet.
Wissenswertes: Bei der Unterart *Poa alpina* var. *vivipara* bilden sich die im Blütenbereich erscheinenden Jungpflänzchen nicht etwa aus den Samen, sondern aus den Knospenanlagen. Insofern ist der lat. Name „*vivipara*" (= lebendgebärend) unzutreffend. Die Fähigkeit zu dieser Form vegetativer Vermehrung durch Bulbillen trägt der kurzen Vegetationsperiode im Hochgebirge Rechnung.

4 Hain-Rispengras
Poa nemoralis

30–80 cm Juni–Juli ♃   108
Kennzeichen: Spreite der Stengelblätter in auffälliger Weise schräg hoch abstehend; Rispe ausgebreitet; Ährchen grünlich.
Vorkommen: Im gesamten Gebiet anzutreffen, vor allem in lichten Laubmischwäldern.
Wissenswertes: Diese Art durchwurzelt den Boden und seine Rohhumusauflagen besonders tief. Sie markiert im Wald die stärker belichteten und die dem Wind ausgesetzten Stellen.

5 Gewöhnlicher Salzschwaden
Puccinellia distans

20–50 cm Juli–Okt. ♃   108
Kennzeichen: In der untersten Stufe des Blütenstandes 4–5 Rispenäste; Pflanze ohne Ausläufer.
Vorkommen: An den Küsten verbreitet; im Binnenland regional sich ausbreitend.
Wissenswertes: Früher kannte man die Art im Binnenland fast nur aus der Umgebung von Salinen. Zur Zeit jedoch breitet sich die salzliebende Art auch auf mit dem Spritzwasser der Auftausalze besprühten Rändern von Autobahnen und anderen Hauptverkehrsstraßen aus, allerdings auch auf durch die Ausbringung von Gülle stark verdichteten Flächen. Auf diesem Wege hat der Gewöhnliche Salzschwaden bereits die Alpen erreicht.

6 Andelgras
Puccinellia maritima

20–60 cm Juli–Sept. ♃   108
Kennzeichen: In der untersten Stufe des Blütenstandes 2 Rispenäste; Pflanze mit Ausläufern.
Vorkommen: Verbreitet auf den Salzwiesen der Nord- und Ostseeküsten.
Wissenswertes: Das Andelgras beherrscht die Andelwiesen, jene natürlichen Rasen, die landeinwärts auf die Quellerflächen folgen, wo sich der angelandete Schlick über das mittlere Hochwasserniveau hinaus abgelagert hat. Die Andelwiesen sind geschätzte Weideflächen für Vieh, für Wildgänse und -enten.

1 Knäuelgras
Dactylis glomerata

30–120 cm Mai–Juni ♃　　　　108

Kennzeichen: Horstbildendes Gras; Rispe mit knäuelig verdichteten Ähren (Name!), an den Spitzen gehäuft („geknäuelt" = lat. glomeratus).

Vokommen: Im gesamten Gebiet häufig auf Wiesen und Weiden und an Wegrändern.

Wissenswertes: Bei starker Düngung des Grünlandes kann sich dieses wertvolle Futtergras stark ausbreiten und als Obergras andere Arten – vor allem die Wiesenkräuter – so stark verdrängen, daß schließlich eine artenarme, einheitlich grüne Wiese oder Weide entsteht.

2 Wiesen-Kammgras
Cynosurus cristatus

30–60 cm Juni–Juli ♃　　　　108

Kennzeichen: Blütenstand mit 2reihig angeordneten Ährchen, dicht und schmal, mit einem Kamm (Name!) oder einem Hundeschwanz (griech. cynosurus) vergleichbar.

Vorkommen: Verbreitet auf Wiesen und Weiden, vor allem bei extensiver Beweidung.

Wissenswertes: Als Untergras ist das Wiesen-Kammgras nicht sehr ertragreich, zumal das Vieh wohl die Blätter, nicht aber die zähen Halme frißt.

3 Zittergras
Briza media

20–50 cm Mai–Juli ♃ ❀　　　108

Kennzeichen: Ährchen ei- bis herzförmig, an dünnen Stielen hängend und bei jeder Luftbewegung zitternd (Name!).

Vorkommen: Außer im Nordwesten weit verbreitet, aber längst nicht mehr so häufig wie früher; auf Magerwiesen, Trockenrasen und ungedüngten Wegrändern.

Wissenswertes: Dieses sehr dekorative und für Frisch- und Trockensträuße gesammelte Gras ist ein typischer Magerkeitszeiger, der durch Düngung, aber auch durch Stickstoffeintrag aus der Luft, seine Position im Konkurrenzgefüge der Pflanzen verliert und verdrängt wird.

4 Acker-Windhalm
Apera spica-venti

30–120 cm Juni–Juli ☉ ❀　　　108

Kennzeichen: Rispe bis zu 30 cm lang, lokker, mit bis zu 10 cm langen Seitenästen; Grannen über $\frac{1}{2}$ cm lang.

Vorkommen: Weit verbreitet in Getreidefeldern, vor allem auf leichteren Böden.

Wissenswertes: Für die Umwelt unproblematischer als durch Herbizide kann man den säureliebenden Acker-Windhalm durch Kalkung zurückdrängen. Mit landwirtschaftlichem Gerät wird er leicht auf zuvor unbefallene Getreidefelder übertragen. „Windhalm" und „Windähre" (lat. spica venti) wird das Gras wegen seiner im Winde wogenden luftigleichten Blütenrispe genannt.

5 Einblütiges Perlgras
Melica uniflora

30–50 cm Mai–Juni ♃　　　　108

Kennzeichen: Blütenährchen jeweils nur mit 1 einzigen fertilen Blüte (Name!), perlenartig wirkend.

Vorkommen: Überall in Wäldern auf kalk- und nährstoffreichen Böden; im Elbe-Urstromtal sehr vereinzelt.

Wissenswertes: In artenreichen Buchenwäldern beherrscht das Einblütige Perlgras, das oft bestandsbildend auftritt, die Bodenvegetation.

6 Nickendes Perlgras
Melica nutans

30–50 cm Mai–Juni ♃　　　　108

Kennzeichen: Blütenstand einseitswendig; Ährchen nickend (Name!), jedes mit 2 zwittrigen Blüten.

Vorkommen: Noch etwas anspruchsvoller als die vorige Art; im Nordwesten fehlend.

Wissenswertes: Nach dieser Art werden artenreiche Buchenwälder auch als Perlgras-Buchenwälder bezeichnet. Infolge optimaler Streuzersetzung gehören sie zu den Wäldern mit dem besten Bodenzustand. Die als Ganzes abfallenden reifen Ährchen werden wegen ihrer süßen Beigaben (Ölkörperchen, Elaiosomen) von Ameisen verbreitet.

1 Wasser-Schwaden
Glyceria maxima

80–250 cm Juli–Aug. ♃　　　　　108

Kennzeichen: Stengel aufrecht, rohrartig, mit ährchenreichen Rispen (bis 50 cm lang) und 5–8 Blüten je Ährchen; Blatthäutchen bis 3 mm groß.

Vorkommen: Im Norden allgemein, im Süden regional verbreitet; häufig bestandsbildend im Röhricht stehender und langsam fließender Gewässer.

Wissenswertes: Massenvorkommen des Wasser-Schwadens weisen auf Verschmutzung und Überdüngung des Wassers hin. Seine Früchte wurden im Osten früher als Grütze gegessen; sie schmecken süß (griech. glykeros = süß). Die Stengel dienen zur Dachabdeckung („Reet").

2 Weiche Trespe
Bromus hordeaceus

20–80 cm Mai–Aug. ☉　　　　　108

Kennzeichen: Rispe steif aufrecht, wenig verzweigt; Blattscheiden und Ährchen weich behaart (Name!).

Vorkommen: Häufig; im gesamten Gebiet auf Wiesen, an Wegrändern, Rainen und auf Schutt; gern auf offenen, nährstoffreichen Böden, deshalb auch als Garten- und Ackerunkraut verbreitet.

Wissenswertes: Von der Weichen Trespe sind mehrere unterschiedliche Formen als Kleinarten beschrieben. Sie ist obendrein je nach Standort sehr variabel. Weil sie schon früh vergilbt, hat sie als Futtergras keine große Bedeutung.

3 Aufrechte Trespe
Bromus erectus

30–80 cm Mai–Aug. ♃　　　　　108

Kennzeichen: Dichte Horste bildendes Gras; Halm starr aufrecht; Rispe wenig verzweigt.

Vorkommen: Von Süden nach Norden abnehmend; vor allem auf Trockenrasen und Magerwiesen auf Kalk.

Wissenswertes: Auf extensiv bewirtschafteten, d.h. auf ungedüngten, einschürigen Wiesen ist die ertragsschwache Art durchaus noch als Futterpflanze geschätzt. Sie ist charakteristisch für die nach ihr benannten Trespen-Trockenrasen.

4 Taube Trespe
Bromus sterilis

30–80 cm Mai–Juni ☉ ✿　　　108

Kennzeichen: Äste der großen Rispe allseits ausgebreitet; Grannen 15–40 mm lang.

Vorkommen: Weit verbreitet, allerdings unter Meidung kühl-feuchter Landstriche; an Wegen und Mauern, auf Ödland und Schutt.

Wissenswertes: Im Vergleich zum Hafer (griech. bromos) wirken die Ährchen der Tauben Trespe flach, taub oder steril (Namen!), was sie in Wirklichkeit natürlich nicht sind.

5 Wald-Zwenke
Brachypodium sylvaticum

60–100 cm Juli–Aug. ♃　　　　108

Kennzeichen: Blätter schlaff, behaart; Blütenstand eine einfache, lockere Traube, überhängend; Ährchen mehr als 2 cm lang, fast parallel zur Achse des Blütenstandes; lange Grannen.

Vorkommen: Außer im Nordwesten recht verbreitet in Laubmisch- und Auenwäldern; auf kalk- und nährstoffreichen Böden.

Wissenswertes: Im Gegensatz zur nachfolgenden Art weist die Wald-Zwenke auf gute Waldböden mit ausgezeichneter Humuszersetzung hin und bildet keine Ausläufer.

6 Fieder-Zwenke
Brachypodium pinnatum

40–80 cm Juni–Juli ♃　　　　108

Kennzeichen: Blätter steif, sich nach oben und unten verjüngend; als Blütenstand eine aufrechte Ähre oder Traube; kürzere Grannen.

Vorkommen: Außer im Norden vielerorts an sonnigen Hängen, auf Magerrasen und in lichten Wäldern; stets auf Kalk.

Wissenswertes: Die Fieder-Zwenke ist eine der charakteristischen Arten der durch extensive Beweidung offengehaltenen Kalkmagerrasen. Im Halbschatten lichter Wälder bildet sie oft sterile Rasen.

1

Strandroggen
Elymus arenarius

60–100 cm   Juni–Aug.   ⴜ   108

Kennzeichen: Dünengras mit langen Ausläufern; Halm dick, aufrecht; Spreite blaubereift, 1–2 cm breit, kahl, mit stechender Spitze.

Vorkommen: An der Nord- und Ostseeküste häufig; auf Sandböden, vor allem Dünen; hier und auf Flugsandfeldern zum Teil großflächig angepflanzt.

Wissenswertes: Die Art wird durch Ausläuferteilung oder Saat vermehrt und zur Dünenbefestigung – vor allem im Windschatten – angepflanzt (vgl. Strandhafer S. 356). Sie wächst mit der Sandablagerung, durchzieht den Sand mit ihren Wurzeln und legt ihn fest. Im Norden ist sie auch als „Blauer Helm" bekannt.

2

Gemeine Quecke
Agropyron repens

30–120 cm   Juni–Juli   ⴜ   108

Kennzeichen: Dichtrasiges Gras mit langen Ausläufern; Ähren aus 2zeilig angeordneten Ährchen, die der Spindel mit der Breitseite zugewandt stehen.

Vorkommen: Im gesamten Gebiet allgemein verbreitet an Wegen, auf Acker- und Gartenland, auf Schuttplätzen und an Ufern.

Wissenswertes: Weil sie üppige Wurzelstöcke entwickelt, die bis zu 80 cm tief liegen können, ist die Quecke als Unkraut schwer zurückzudrängen, am ehesten durch Überschattung. Die zuckerreichen Ausläufer wurden in Notzeiten zu Mehl vermahlen und zur Herstellung von Alkohol und Sirup benutzt.

3

Glatthafer
Arrhenatherum elatius

60–120 cm   Juni–Juli   ⴜ   ❀   108

Kennzeichen: Ein üppiges Wiesengras mit 1 cm langen Ährchen; Blattscheiden kahl (= glatt, Name!).

Vorkommen: Sehr häufiges Gras auf Wiesen und an Wegrändern im gesamten Gebiet.

Wissenswertes: Auf nährstoffreichen, d.h. intensiv gedüngten Fettwiesen ist es ein ertragreiches Mähgras.

4

Wiesen-Goldhafer
Trisetum flavescens

30–80 cm   Mai–Sept.   ⴜ   ❀   108

Kennzeichen: Rispen locker ausgebreitet, bis 20 cm lang (**4b**); Ährchen eiförmig, blaß- bis goldgelb.

Vorkommen: Im Norden zum Teil fehlend; dafür auf Bergwiesen häufig und bestandsbildend.

Wissenswertes: Hier handelt es sich um das wichtigste Mähgras des Berglandes, das durch mäßige Düngung gefördert wird. Es wird häufig angebaut. Auf Kalkböden tritt es vielfach auch natürlich auf.

5

Mäusegerste
Hordeum murinum

20–50 cm   Juni–Sept.   ☉   108

Kennzeichen: Ähre 6–10 cm lang und 1 cm dick, dicht, aufrecht; Grannen mehrfach länger als die Deckspelzen.

Vorkommen: In wärmeren Lagen – vor allem im Westen – recht häufig an Wegrändern, auf Schuttplätzen, Ödland und Mauern.

Wissenswertes: Wenn nach der Reife die Ährchen zerbrechen, sorgen die mit Widerhaken ausgestatteten Grannen dafür, daß sie im Fell von Tieren oder an der Kleidung von Passanten haften bleiben und verbreitet werden. Als Einwanderin aus dem Mittelmeerraum zieht die Mäusegerste trockenwarme Standorte in der Stadt dem Umland vor.

6

Flug-Hafer
Avena fatua

60–120 cm   Juni–Aug.   ☉   ❀   108

Kennzeichen: Haferähnliches Gras; Rispe mit zahlreichen, später hängenden Ästen; Ährchen 3blütig, mit bis 4 cm langen Grannen.

Vorkommen: Mancherorts – vor allem im Süden – recht verbreitet, vor allem im Wintergetreide auf basenreichen Böden.

Wissenswertes: Der Flug-Hafer soll eine Stammform des Saat-Hafers sein und mit ihm bastardieren. Früher als Unkraut gefürchtet, wird er heute durch Saatgutreinigung und Fruchtwechsel in Schach gehalten.

1 　Draht-Schmiele
Avenella flexuosa

30–50 cm Juni–Aug. ♃ ⚘ |108|

Kennzeichen: Blätter fadenförmig, meist schlaff herabhängend, drahtähnlich (Name!); Rispenäste geschlängelt (auch „ Geschlängelte Schmiele" genannt; lat. flexuosus = hin- und hergebogen).

Vorkommen: Häufig in bodensauren, vor allem in lichten Wäldern, auf Magerrasen und in Heiden.

Wissenswertes: Die dünnen, nicht ausbreitbaren Blätter geben der Art den Namen „Schmiele" (die Schmale). Sie ist ein Magerkeitsanzeiger und auch als „Hungergras" bekannt. An besonders schattigen Orten – etwa in Fichtenbeständen – bildet sie oft dichte Rasen, kommt aber nicht zur Blüte.

2 　Rasen-Schmiele
Deschampsia cespitosa

40–120 cm Juni–Aug. ♃ ⚘ |108|

Kennzeichen: Rispen reich verzweigt, bis 30 cm lang, deren Äste rauh, abstehend, quirlig angeordnet; Blattspreiten rückwärts rauh, mit 6 in der Durchsicht weißen Rillen.

Vorkommen: Mit bultartigen Horsten in Wäldern und auf nassen Wiesen des gesamten Gebietes vertreten.

Wissenswertes: Auf Kahlschlägen kann die Art die Wiederaufforstung behindern. Der scharfen Blattränder wegen wird sie vom Vieh weitgehend gemieden.

3 　Gemeines Ruchgras
Anthoxanthum odoratum

20–50 cm Apr.–Juni ♃ |108|

Kennzeichen: Frühe Blütezeit; eiförmige „Ähren", die sich erst bei näherer Betrachtung als Rispen erweisen.

Vorkommen: Auf Wiesen, Weiden und in lichten Laubwäldern; auf sauren Böden weit verbreitet.

Wissenswertes: Dieses frühblühende Gras ist zur Zeit der Heuernte schon verblüht. Beim Eintrocknen verbreitet es einen waldmeisterartigen Duft, dem es seinen Namen verdankt (auch lat. odoratum = duftend).

4 　Wolliges Honiggras
Holcus lanatus

30–100 cm Juni–Juli ♃ |108|

Kennzeichen: Pflanze dichte Horste bildend, samtähnlich weichhaarig (lat. lanatus = wollig); Rispe weich, rötlich überlaufen.

Vorkommen: Sehr häufig auf Wiesen, an Wegrändern und in lichten Laubwäldern.

Wissenswertes: Im Gegensatz zum ähnlichen, allerdings nur an den Knoten stark behaarten Weichen Honiggras (*Holcus mollis*) bildet das Wollige Honiggras keine Ausläufer. Sein Name nimmt Bezug auf seinen süßlichen Geschmack.

5 　Rotes Straußgras
Agrostis tenuis

20–50 cm Juni–Juli ♃ ⚘ |108|

Kennzeichen: Rasenbildendes Gras mit zarten, rotviolett überhauchten Blütenrispen; Rispenäste oft geschlängelt, im stumpfen Winkel ausgebreitet (auch noch nach der Blüte).

Vorkommen: Überall häufig, auf Wiesen ebenso wie in lichten Wäldern, an Wegrändern und auf Lichtungen; meistens auf basenärmeren Böden, auch auf Rohhumus.

Wissenswertes: Als Pionier dringt das Rote Straußgras auch auf Rohböden vor. Bei Tau und Regen bieten die zarten Blütenrispen der Straußgrasrasen mit den perlenartigen Tropfen einen besonders schönen Anblick.

6 　Silbergras
Corynephorus canescens

20–30 cm Juni–Juli ♃ |108|

Kennzeichen: Horstgras mit anfangs einzelnen igelartigen Büscheln, später zum Rasen verdichtet; Blattspreite graugrün, steif; Rispe silbrig grau (Name!, auch lat. canescens = ergrauend, **6b**).

Vorkommen: Vor allem im Norden und Nordosten und im Rhein-Main-Gebiet auf Dünen und in lichten, trockenen Kiefernwäldern.

Wissenswertes: Das Silbergras trägt mit seinem dichten Wurzelwerk zur Festlegung offener, erosionsgefährdeter Sandflächen bei (**6a**). Es ist Charakterart der nach ihm benannten Silbergras-Fluren-Gesellschaft.

1

Strandhafer
Ammophila arenaria

60–100 cm Juni–Juli 4 |108|

Kennzeichen: Dünengras mit ährenartig gedrungener Rispe; Blatt mit ca. 5 mm breiter Spreite und mit ungewöhnlich langem Blatthäutchen (1–3 cm), das an der Spitze gespalten ist.

Vorkommen: Nur im Norden; häufig an der Nord- und Ostseeküste und an der Unterelbe, sonst noch punktuell im Binnenland; auf Dünen und an Sandstränden; im Binnenland nur angepflanzt.

Wissenswertes: Der Strandhafer ist die wichtigste Pflanze für den Dünenschutz. Er wird zur Befestigung seezugewandter und windexponierter Dünen verwendet. Er kann dichte Bestände bilden und mit seinen bis zu 5 m langen Wurzeln und Ausläufern den Sand wirkungsvoll festhalten. Übersandung und Freilegung werden gleichermaßen ertragen. Seine Rollblätter, die die Verdunstung vermindern, schützen ihn vor dem Vertrocknen.

2

Land-Reitgras
Calamagrostis epigeios

100–150 cm Juli–Aug. 4 ✿✿ |108|

Kennzeichen: Große Rasen bildendes Gras mit bis zu 2 m tief vordringenden Wurzeln und mit Ausläufern; Rispe vielästig und aufrecht; Blätter hart, kieselig.

Vorkommen: Im gesamten Gebiet häufig, sowohl in Wäldern als auch auf Lichtungen; überwiegend auf ärmeren und trockenen Standorten.

Wissenswertes: Die Art braucht Licht; im dichten Waldesschatten kann sie sich zwar vegetativ vermehren, kommt aber nicht zur Blüte. Mit ihrem dichten Wuchs ist sie gegenüber jungen Forstpflanzen so konkurrenzüberlegen, daß sie Kulturen und Naturverjüngung völlig unterdrücken kann.

3

Rohrglanzgras
Phalaris arundinacea

50–200 cm Juni–Aug. 4 ✿✿ |108|

Kennzeichen: Hohes, schilfartiges Gras; Blütenrispe aus knäuelig zusammengezogenen, einblütigen Ährchen; Blätter schilfartig, aber nur bis 15 mm breit, mit 5 mm langem Blatthäutchen.

Vorkommen: Häufig im gesamten mitteleuropäischen Raum; bestandsbildend als Röhrichtsaum sowohl fließender als auch stehender Gewässer; auch in Uferwäldern.

Wissenswertes: Ebenso wie Schilf und Wasser-Schwaden wird auch Rohrglanzgras zur Dachbedeckung benutzt. Vor der Blüte geschnitten, ist es ein gutes Futtergras. Weil es mit seinem tief- und weitreichenden Wurzelwerk ein ausgezeichneter Uferbefestiger ist, spielt es bei der biologischen Uferverbauung eine wichtige Rolle.

4

Schilf
Phragmites australis

100–400 cm Juli–Sept. 4 ✿✿ |108|

Kennzeichen: Ufergras mit bis zu 2 cm dikken und über 16 mm breiten Blättern, mit Haarkranz statt Blatthäutchen; Rispen bis 50 cm hoch, mit 3–7 Blüten je Ährchen, die durch weiße Haare wollig wirken.

Vorkommen: An den Ufern stehender oder langsam fließender eutropher Gewässer; manchmal Reinbestände bildend (**4b**).

Wissenswertes: Mit seinen bis zu 10 m langen Ausläufern trägt das Schilf zur Uferbefestigung bei. Seine Halme finden vielseitige Verwendung beim Decken von Häusern, für Rohrmatten, Gipsdecken, zur Zellulosegewinnung und viele andere Zwecke.

5

Pfeifengras
Molinia coerulea

30–150 cm Juli–Aug. 4 ✿✿ |108|

Kennzeichen: Horstgras mit steif aufrechten, scheinbar knotenlosen Halmen; Ährchen grannenlos, blau oder violett (**5b**).

Vorkommen: Auf nassen Wiesen und in Mooren weit verbreitet, aber auch in lichten Wäldern; auf nährstoffarmen, sauren Böden.

Wissenswertes: Die Halme eignen sich zum Reinigen der Pfeife (Name!) und wegen ihrer Flexibilität auch als Bindematerial, worauf der Name „Benthalm" zurückzuführen ist. In Hochmooren ist die großflächige Ausbreitung dieser Art ein Hinweis auf Austrocknung.

1

Wiesen-Lieschgras
Phleum pratense

30–100 cm   Juni–Sept.   ♃ ✿ [108]

Kennzeichen: Wiesengras mit dichten, walzenförmigen, weißlich-blaugrünen, bis 30 cm langen Scheinähren; Ährchen fast waagerecht abstehend, mit nur winzigen Grannen.

Vorkommen: Weit verbreitet und durchweg häufig auf gedüngten Wiesen, Weiden, Rasen und Wegrändern.

Wissenswertes: Die Heimat dieses wertvollen Futtergrases ist Amerika. Von dort wurde es durch Timothy Hansen im 18. Jahrhundert nach England gebracht, weshalb es noch heute vielfach als „Timothe" bezeichnet wird. Warum es in Deutschland, wo es inzwischen überall anzutreffen ist, auch „Kaminkehrer" oder „Katzenschweif" genannt wird, ist leicht nachzuvollziehen. Die Herkunft der schon im Althochdeutschen gebräuchlichen Bezeichnung „Liesch" ist hingegen nicht bekannt.

2

Wiesen-Fuchsschwanz
Alopecurus pratensis

30–100 cm   Mai–Juli   ♃ ✿ [108]

Kennzeichen: Ein Wiesengras mit ebenfalls dichten, walzenförmigen, allerdings nur 6–10 cm langen Scheinähren; Ährchen schräg nach oben weisend, weich begrannt.

Vorkommen: Allgemein häufiges, oft angebautes Obergras der Wiesen; aber auch an Wegen und an Ufern.

Wissenswertes: Diese Art ist für einen frühen Grasschnitt besonders gut geeignet; sie hat eine deutlich frühere Hauptblütezeit als das Wiesen-Lieschgras. Auf die Form des Blütenstandes geht sowohl der deutsche als auch der wissenschaftliche Gattungsname zurück: griech. alopex = Fuchs, oura = Schwanz.

3

Wald-Flattergras
Milium effusum

50–120 cm   Mai–Juli   ♃ [108]

Kennzeichen: Rispen groß, locker, mit Ährchen an sehr dünnen, bogig überhängenden Ästen; Blätter bis 1,5 cm breit, sich so drehend, daß die Blattunterseite nach oben gelangt.

Vorkommen: Im gesamten Gebiet verbreitet; charakteristisch für Buchenwälder mit mittlerer Basen- und Nährstoffversorgung; vor allem auf Löß.

Wissenswertes: In schattigen Buchenwäldern weist das Wald-Flattergras, das gern in Mull wurzelt, auf einen guten Bodenzustand hin. Wo sich allerdings die Blätter im Frühsommer gelbgrün verfärben, ist das ein sicherer Hinweis auf Stickstoffmangel durch gehemmten Humusumsatz.

4

Gewöhnliches Federgras
Stipa pennata

30–70 cm   Mai–Juni   ♃ [108]

Kennzeichen: Halm rauh, von den Blattscheiden bedeckt; Blätter starr, eingerollt; Rispe wenig verzweigt; Ährchen einblütig, bis 2,5 cm lang; Grannen der Hüllspelzen 3–5 cm, der Deckspelzen bis über 30 cm lang, federig behaart (Name!).

Vorkommen: Nur im Rhein-Main-Gebiet, an Saale und Donau; zerstreut an sonnig-warmen Felshängen, auf Trocken- und auf Magerrasen.

Wissenswertes: Dieser bei uns seltene und besonders geschützte Abgesandte aus den Steppen Südosteuropas wird mit Hilfe seiner langen Federschweife verbreitet (**4b**). Mit ihnen können die Früchte fliegen oder am Boden durch hygroskopische Bewegungen kriechen bzw. sich in den Boden einbohren und dadurch an den Standort binden.

5

Borstgras
Nardus stricta

10–30 cm   Mai–Juni   ♃ [108]

Kennzeichen: Graugrünes Horstgras; Halme von gelben Blattresten des Vorjahres umhüllt.

Vorkommen: Auf mageren, sauren Standorten fast im gesamten Gebiet vertreten; auf anmoorigen Wiesen, auf Weiden und in lichten Wäldern.

Wissenswertes: Das Vorkommen dieses „Hungergrases" weist auf Rohhumus hin, zu dessen Zersetzung es beiträgt. Vielerorts ist das Borstgras infolge von Stickstoffeintrag aus der Landwirtschaft und aus Verbrennungsprozessen auf dem Rückzug.

Zur Familie der **Sauergräser** (*Cyperaceae*) gehören überwiegend Arten, die feuchte Standorte bevorzugen. Sie haben kleine, unscheinbare Blüten, die in Ährchen in den Achseln trockenhäutiger Tragblätter stehen. Mehrere solcher Ährchen bilden oft gemeinsam wiederum Ähren, Köpfchen oder Spirren. Stengel und Blätter der Sauergräser werden vom Vieh und vom Wild meistens nur in Notzeiten gefressen oder völlig verschmäht.

1 Wald-Simse
Scirpus sylvaticus

30–100 cm Mai–Aug. ⚄   105

Kennzeichen: Stengel seggenähnlich 3kantig; Blütenstand eine locker ausgebreitete Spirre aus zahlreichen Köpfchen, die ihrerseits wieder aus 3–5 Ähren bestehen.

Vorkommen: Auf nassen, nährstoffreichen Standorten allgemein vertreten in Wiesen, Flachmooren, Bruch- und Auenwäldern.

Wissenswertes: Im allgemeinen Sprachgebrauch wird nicht zwischen Simsen und Binsen unterschieden. Mit Blick auf ihren Blütenstand wird die Wald-Simse auch „Waldspirre" genannt. Die Stengel eignen sich als Flechtmaterial für Matten und Körbchen.

2 Strandsimse
Bolboschoenus maritimus

30–100 cm Juni–Aug. ⚄   105

Kennzeichen: Stengel scharf 3kantig; Ährchen länglich-eiförmig, 1–2 cm lang, zu 5–10 in einem kopfigen Büschel (**2b**).

Vorkommen: In Küstennähe allgemein häufig, sonst zerstreut, vor allem auf salzbelasteten Standorten; verbreitet auch an Rhein, Elbe, Werra-Weser und im Ruhrgebiet.

Wissenswertes: Salzhaltige Sümpfungswässer des Steinkohle- und Kalibergbaus sowie Abwässer und Dünger haben der Art die Ausbreitung im Binnenland ermöglicht.

3 Gewöhnliche Teichsimse
Schoenoplectus lacustris

100–300 cm Juni–Juli ⚄   105

Kennzeichen: Sehr große Sumpf- oder Wasserpflanze mit rundem, blattlosem Stengel.

Vorkommen: Im äußersten Verlandungsgürtel stehender oder am Ufer langsam fließender Gewässer; ziemlich weit verbreitet.

Wissenswertes: Die Teichsimse kann bis zu 4 m tiefe Gewässer besiedeln. Sie wird zur Uferbefestigung, vor allem aber zur biologischen Gewässer- und Abwasserreinigung eingesetzt. Die Art liefert ein gutes Flechtmaterial u.a. für Stuhlsitze und kann künftig möglicherweise auch verstärkt zur Zellulosegewinnung genutzt werden.

4 Schmalblättriges Wollgras
Eriophorum angustifolium

20–50 cm April–Mai ⚄   105

Kennzeichen: Blütenstände als köpfchenförmige Ähren, zu 3–6, unterschiedlich lang gestielt, anfangs aufrecht, später überhängend; ab Juni die auffälligen „Wollgrasflöckchen", die später der Wind verweht (**4b**).

Vorkommen: In Flach- und Zwischenmooren sowie an Ufern auf nährstoffarmen Böden; lückenhaft, aber weiter verbreitet als die folgende Art.

Wissenswertes: Die „Wollgrasflöckchen" bestehen aus bei der Samenreife auswachsenden weißen Härchen, die die Blüten umgeben. Aus den Scheiden der linealen Blätter entsteht der „Fasertorf", der bereits zur Papier- und Gespinstherstellung genutzt wurde. Der wissenschaftliche Gattungsname heißt übersetzt „Wollträger" (aus griech. erion = Wolle und phorein = tragen).

5 Scheiden-Wollgras
Eriophorum vaginatum

20–50 cm Apr.–Mai ⚄   105

Kennzeichen: Nur ein einziges köpfchenförmiges Ährchen an der Spitze des Stengels; „Wollgrasflöckchen" im Frühsommer.

Vorkommen: Nur im Norden und im Süden; in Hochmooren und Waldsümpfen.

Wissenswertes: Dieses Wollgras trägt seinen Namen wegen der aufgeblasenen Blattscheiden. Es wächst auf Hochmoorbulten auch dann noch, wenn diese für die Torfmoose bereits zu trocken sind. Nach den Torfmoosen sind die Wollgräser am stärksten an der Torfbildung beteiligt.

1 Gewöhnliche Sumpfbinse
Eleocharis palustris

10–60 cm Juni–Aug. ♃ 105

Kennzeichen: Aufrechte, rasenbildende Pflanze; mit einzelnen endständigen, bis zu 2 cm langen, spitzen Blütenähren, ohne größere Hochblätter; mit rundem Stengel und unterirdischen Ausläufern.

Vorkommen: Auf Schlammböden an stehenden Gewässern und auf nassen Wiesen im gesamten Gebiet verbreitet und zum Teil recht häufig; vor allem auf nährstoffreichen Böden.

Wissenswertes: Mit ihren im Schlamm kriechenden Wurzeln ist die Gewöhnliche Sumpfbinse eine Pionierpflanze auf zeitweilig trockenfallenden Standorten. Oft ist sie an der Verlandung stehender Gewässer beteiligt.

2 Weiße Schnabelbinse
Rhynchospora alba

20–40 cm Juli–Aug. ♃ 105

Kennzeichen: Lockere Rasen bildende Art; mehrere Ähren in endständigen weißen Köpfchen (**2b**); Stengel beblättert.

Vorkommen: Nur im Norddeutschen Tiefland, in der Lausitz und im Alpen- und Voralpenraum verbreiteter; in Hochmooren und an kalkarmen Gewässern.

Wissenswertes: Die Art kommt oft mit einer Verwandten, der Braunen Schnabelbinse (*Rh. fusca*), am selben Standort vor. Beide Arten gehen durch Verlust ihrer Lebensräume vielerorts stark zurück.

Die auf dieser und der folgenden Bildseite vorgestellten 9 Arten aus der Gattung der **Seggen** (*Carex*) gestatten nur einen eng begrenzten Einblick in die weltweit mit über 1500 und in Deutschland mit über 100 Arten besonders artenreiche Gattung, deren genauere Kenntnis Spezialisten vorbehalten ist. Grob unterscheidet man zwischen

a) Einährigen Seggen, mit jeweils nur einem einzigen endständigen Ährchen,

b) Gleichährigen Seggen, mit mehreren gleichen Ähren, die männliche und weibliche Blüten – allerdings in der Regel deutlich voneinander getrennt – und

c) Verschiedenährigen Seggen, die jeweils

nur männliche oder nur weibliche Blüten enthalten, wobei die männlichen Ähren stets endständig sind.

Ein dreikantiger Stengel ist allen Seggenarten gemeinsam und ein ganzjährig nutzbares Unterscheidungsmerkmal gegenüber den Süßgräsern, Binsen und Simsen. Die Blüten der Seggen sind immer eingeschlechtlich, nie zwittrig.

Der Name „Segge" geht auf die indogermanische Wurzel „seq" (= schneiden) zurück, die auch im lat. „secare" auftritt. Auch *Carex* hat etwas mit „schneiden", allerdings auch mit „abweiden" zu tun, wenn ihm das griech. „keiro" zugrundeliegt. Da die *Carex*-Arten wohl kaum als besonders gern abgeweidete Sauergräser charakterisiert wurden, dürfte sich das „Schneiden" wohl eher auf die scharfen Blattränder beziehen.

3 Hasen-Segge
Carex leporina

20–50 cm Mai–Juli ♃ 105

Diese zu den gleichährigen Seggen gehörende Art ist auf saueren Magerrasen, auf Weiden, aber auch in ärmeren Eichen-Hainbuchenwäldern recht häufig anzutreffen. Ihre aus 5–6 Ährchen, die gleichgestaltet sind und dicht beisammenstehen, zusammengesetzten Ähren sollen an Hasenpfoten erinnern (Name!). Auch der wissenschaftliche Artname greift dieses Merkmal auf (lat. lepus = Hase).

4 Blaugrüne Segge
Carex flacca

10–40 cm Mai–Juni ♃ 105

Die Art gehört zu den häufigsten Seggen des gesamten Gebietes, nur die Norddeutsche Tiefebene teilweise ausgenommen. Sie ist in feuchten Wiesen und lichten Wäldern verbreitet, sofern der Boden kalk- und nährstoffreich ist. Sie ist eine Vertreterin der Untergattung der Verschiedenährigen Seggen. Ihre 2–3 cm langen weiblichen Ähren stehen an dünnen, sich neigenden Stielen, auf die auch der Artname verweist (lat. flaccus = schlaff). Die Blätter sind blaugrün und fein zugespitzt.

Texte zu **5** und **6** auf Seite 364

5 **Rispen-Segge** (Bild auf S. 362)
Carex paniculata

40–120 cm Mai–Juni ♃ 105
Mit ihren dicken, groben Horsten und kräftigen Stengeln ist diese große Segge nicht zu übersehen. Ihr lockerer Blütenstand (**5b**) ist bis zu 10 cm groß und verzweigt; sie gehört zu den Gleichährigen Seggen. Die Rispen-Segge vermag durchaus Schatten zu ertragen, weshalb sie sowohl auf sumpfigen Wiesen als auch in Erlenbruchwäldern vorkommt.

6 **Behaarte Segge** (Bild auf S. 362)
Carex hirta

20–60 cm Mai–Juni ♃ 105
Diese Vertreterin der Verschiedenährigen Seggen bildet lockere Rasen. Die Blätter sind bogig vom Stengel weg geneigt, Blattscheiden und -spreiten dicht behaart (Name!). Die weit verbreitete Art wächst sowohl auf feuchten wie auf trockenen Standorten und ist nicht selten an Wegrändern und auf Böschungen anzutreffen.

1 **Sand-Segge**
Carex arenaria

20–30 cm Mai–Juni ♃ 105
Durch ihre markante Wuchsform ist die Sand-Segge wahrscheinlich die bekannteste Seggen-Art: Ihre Sprosse stehen in Reihen, weil sie aus bis zu 10 m langen unterirdischen Rhizomen austreiben, die sich im lockeren Sand ausgebreitet haben (**1b**). Tief greifende Haftwurzeln verankern die Pflänzchen in ihrem lockeren, leicht vom Wind verwehten Substrat, während oberflächennahe Feinwurzeln die Wasserversorgung gewährleisten. Nur so können die Sand-Seggen an ihren Extremstandorten überleben, die oft stark austrocknen und infolge der Meeresnähe versalzt und meistens recht nährstoffarm sind. In Norddeutschland und östlich der Elbe ist die Art auf offenem Sand von Dünen und Flugsandfeldern am weitesten verbreitet; sie wird gelegentlich zur Dünenbefestigung eingesetzt. Früher nutzte man ihre langen Wurzelstöcke als Matratzenfüllung und deren Kieselsäure- und Saponingehalt in Blutreinigungsmitteln.

2 **Winkel-Segge**
Carex remota

30–60 cm Mai–Juli ♃ 105
Als ausgesprochene Schattenpflanzen findet man einzelne lockere Horste dieser Art in vielen Laubwäldern, vor allem auf feuchten Waldwegen und an Waldbächen. Die Stengel tragen Blätter bis zu den entfernt stehenden Ähren, die sich in den Blattwinkeln befinden (Name!). Die schlaffen Halme neigen sich nach der Blüte meistens zum Boden, so daß die Pflanzen dann schon dadurch auffallen, daß sie nahezu niederliegen. Mit ihrer Vorliebe für schwere, nasse, nicht selten verdichtete Böden gilt die Art als recht zuverlässiger Weiser für Gleiböden.

3 **Zweizeilige Segge**
Carex disticha

30–80 cm Mai–Juni ♃ 105
Wegen der 2zeiligen Anordnung der dicht beisammenstehenden Ährchen (Name!) wird die Art auch Kamm-Segge genannt. Sie wächst auf nährstoffreichen, nassen Böden an Gräben und auf Sumpfwiesen und hat weithin kriechende Rhizome.

4 **Wald-Segge**
Carex sylvatica

30–60 cm Mai–Juni ♃ 105
Hier handelt es sich um eine lockere Horste bildende Laubwaldbewohnerin, die auf besten Waldböden wächst und eine gute Streuzersetzung anzeigt. Sie kommt vor allem im Süden, in der Mitte und im Nordosten des Gebietes vor. Die Blattspreite wirkt schlaff und ist bis zu 1 cm breit.

5 **Stachel-Segge**
Carex muricata

30–80 cm Mai–Juli ♃ 105
Die Stachel-Segge oder Sparrige Segge, so genannt wegen ihrer stark abgespreizten und lang geschnäbelten Fruchtschläuche, gehört zu den wenigen *Carex*-Arten mit Blatthäutchen. Sie ist sowohl in Wäldern als auch auf Wiesen verbreitet.

Die **Binsen** (Gattung *Juncus*) haben durchweg runde, blatt- und knotenlose, markhaltige Stengel und kahle, stielrunde oder rinnenförmige Blätter. Die lockeren, rispenähnlichen Blütenstände scheinen seitlich dem Halm zu entspringen, stehen in Wirklichkeit aber an der Halmspitze; bei dem sie überragenden „Halmteil" handelt es sich in Wirklichkeit um ein Tragblatt. – Zu Flechtwerk unterschiedlichster Art sind sowohl die Halme als auch die Blätter der Binsen geeignet. Biegsam wie sie sind, kann man mit ihnen Zweige zusammen und Wein aufbinden. Das lat. juncus soll sich von jungere (= binden) ableiten. Mit Binsenmark wird häufig gebastelt. In manchen ostdeutschen Landschaften und in Polen werden damit Ostereier verziert. Auch als Lampendocht soll es benutzt worden sein.

1　　Blaugrüne Binse
Juncus inflexus

30–60 cm　Juni–Aug.　♃　　　　104

Die auf nassen, vor allem staunassen Standorten sehr weit verbreitete Art ist an den blaugrünen Stengeln (Name!), die matt, stark gestreift und besonders hart sind, leicht zu erkennen. Das Mark ist treppenartig unterbrochen. Nasse, kalkhaltige Ton- und Lehmböden werden nährstoffarmen Standorten vorgezogen. Mit der folgenden Art hat sie hinsichtlich Verbreitung und Häufigkeit viele Gemeinsamkeiten.

2　　Flatter-Binse
Juncus effusus

30–80 cm　Juli–Aug.　♃　　　　104

Der Name dieser Binse nimmt auf die lockeren Blütenstände Bezug, in denen die unterschiedlich langen Äste einzeln gut sichtbar sind (**2b**). Die grün bis dunkelgrünen Halme sind glänzend. Das Mark ist in der Regel ununterbrochen. Die Standorte ähneln denen der vorigen Art; allerdings besonders kalkbedürftig scheint die Flatter-Binse nicht zu sein. Außer in Gräben und auf nassen Wiesen findet man die Art auch häufig massenhaft auf Kahlschlägen. Dort trägt sie zur Drainung des Oberbodens bei. Sobald dieser für andere Arten besiedelbar ist, verdrängen diese die Binsen wieder, die also kein Hindernis für Aufforstung und Naturverjüngung darstellen. Punktuell ist die Flatter-Binse eine zuverlässige Weiserpflanze für Staunässe, vor allem durch anthropogene Bodenverdichtung.

3　　Zarte Binse
Juncus tenuis

15–30 cm　Juni–Aug.　♃　　　　104

Die Zarte Binse tritt regelmäßig auf nicht befestigten und nicht gar zu stark genutzten Wegen, vor allem auf Sandwegen, auf. Sie stammt aus Nordamerika und wurde nach 1838, als sie erstmalig in Belgien registriert wurde, in ganz Mitteleuropa heimisch. Ihre in eine schleimige Hülle eingelegten Samen bleiben an Schuhen und Tierfüßen haften und werden so entlang der Wege verbreitet. Der endständige Blütenstand wird von 2–3 Hüllblättern überragt. Außer in Tritt-Gesellschaften ist die Art auch in anderen Zwergbinsen-Gesellschaften anzutreffen.

4　　Kröten-Binse
Juncus bufonius

5–25 cm　Juni–Okt.　☉　　　　104

An ähnlichen Orten wie die Zarte Binse tritt auch die Kröten-Binse auf, die an offenen feuchten Stellen oft dichte Rasen bildet. Ihre Halme sind zart, die Blätter fadenförmig. Blütenstand und Tragblätter sind etwa gleichlang. Im Gegensatz zur Zarten Binse ist die Kröten-Binse in Mitteleuropa von Natur aus heimisch und durch den Menschen in andere Erdteile verschleppt worden, vor allem auf der Südhalbkugel.

5　　Glieder-Binse
Juncus articulatus

20–60 cm　Juli–Sept.　♃　　　　104

Der Blütenstand dieser Binse ist deutlich endständig; jedes Blütenbüschel umfaßt 3–10 Blüten. Die Blätter erscheinen gegliedert. Auf nassen Wiesen, in Sümpfen und an Grabenrändern ist die Glieder-Binse eine weit verbreitete und häufige Art. Auch auf Schlamm-, Torf- und sogar auf Salzböden kann sie größere Bestände bilden.

Die zweite wichtige Gattung der Binsengewächse bilden die **Hainsimsen** (Gattung *Luzula*), die sich von den Binsen (Gattung *Juncus*) durch grasartig-flache Blätter unterscheiden, die an den Rändern meist lange Wimperhaare tragen. Wie die echten Gräser, die Sauergräser und die übrigen Binsengewächse sind die Hainsimsen Windblütler mit unscheinbaren Blüten, die aus 6 stark reduzierten, spelzenähnlichen Blütenblättern aufgebaut sind. Die Hainsimsen sind größtenteils Schatten- oder Halbschattenpflanzen, also Waldbewohner. Anhängsel an den Samen der meisten Arten belegen, daß Ameisen und nicht etwa der im Wald ohnehin stark gebremste Wind für die Samenverbreitung sorgen.

1 Feld-Hainsimse
Luzula campestris

5–20 cm März–Apr. ⵒ 104

Sie gehört als eine der wenigen Hainsimsen zu den Halbschatten und sogar Licht liebenden Arten. Entsprechend findet man sie auf Magerrasen oder Heiden, jedenfalls auf kalkarmen, sauren Böden. Die weltweit verbreitete Feld-Hainsimse hat als Blütenstand eine Dolde mit 2–6 kugelig-eiförmigen Ährchen, die bis auf das mittlere (sitzende) alle mehr oder weniger gleich lang gestielt sind. Die Ährchen geben auch den Anlaß für den volkstümlichen Namen „Hasenbrot"; sie sollen nämlich süß schmecken.

2 Wald-Hainsimse
Luzula sylvatica

30–80 cm Mai–Juli ⵒ 104

Diese Hainsimse fällt schon von weitem durch ihren dichten Wuchs, ihre Größe, die breiten Blätter und vor allem auch durch ihr saftiges Grün auf. Die Blätter sind nämlich bis zu 1 cm breit und bis zu 30 cm lang. Im Gegensatz zur folgenden Art wird der Blütenstand nicht von Hüllblättern überragt. Von den Mittelgebirgswäldern bis in die Krummholzzone der Alpen ist die Wald-Hainsimse in vielen Wäldern und Gebüschen recht häufig anzutreffen. Vor allem an feuchten West- und Nordhängen, in besonders großen Beständen an Bergbächen

und Steilhängen. So gut wie immer handelt es sich dann um bodensaure Standorte. Trotz ihrer frischen Erscheinung werden die Wald-Hainsimsen vom Wild und vom Vieh meist gemieden. Im Naturgarten sind sie dekorative Bodendecker für schattige Standorte unter Bäumen und auf der Nordseite der Gebäude.

3 Weißliche Hainsimse
Luzula luzuloides

30–60 cm Mai–Juli ⵒ 104

Im Gegensatz zur vorigen Art sind bei der Weißlichen Hainsimse die Blätter nur bis zu 5 mm breit und die Hüllblätter länger als der Blütenstand, der aufrecht und in Vollblüte locker ausgebreitet ist (**3b**). Die Blütenblätter sind meistens weiß (Name!) und nur selten braun. In ihrer Häufigkeit nimmt die Weißliche Hainsimse in Mitteleuropa von Süden nach Norden ab. In trockenen Bergwaldregionen ist sie auf sauren Böden die Charakterpflanze der Artenarmen Buchenwälder, die deshalb als Hainsimsen-Buchenwälder bezeichnet werden. Ihr Auftreten ist Hinweis darauf, daß die Streuschicht in Zersetzung übergeht. Diese wird dadurch gefördert, daß die Weißliche Hainsimse mit ihren unteren trockenen Blättern das Welklaub auch an windexponierten Stellen festhält. Dadurch übernimmt die Art in den Buchenwäldern eine wichtige ökologische Funktion.

4 Behaarte Hainsimse
Luzula pilosa

15–30 cm März–Mai ⵒ 104

Die Blätter dieser Art sind bis 10 cm lang und bis 1 cm breit; auffällig sind ihre weißlichen Haare (Name!). Ihr Blütenstand ist eine Rispe mit 1–2 Blüten je Ästchen, die auffällig lang sind und sich am Ende der Blütezeit teilweise nach unten neigen (**4a**). Die Art ist in Mitteleuropa in Wäldern und Gebüschen allgemein verbreitet und tritt auch auf Waldwiesen auf, ist also eine Schatten- und Halbschattenpflanze. Sie gilt allgemein als lehmhold. Weil sie bereits vor dem Laubausbruch blüht, ist sie den Frühblühern zuzurechnen. Auffällig ist sie wie einige andere Hainsimsen dadurch, daß sie grün überwintert.

Farnpflanzen (*Pteridophyta*) haben keine Blüten, sind aber wie die Blütenpflanzen in Wurzel, Sproß und Blätter gegliedert. Zu ihnen zählen außer den Farnen auch die Bärlappe (einschließlich der Moosfarne) und die Schachtelhalme.

Farne entsenden von ihrem unterirdischen Sproß, dem mehrjährig überdauernden Erdstamm oder Rhizom, die oft nur sommergrünen Wedel an die Erdoberfläche. Jeder Wedel, auch der über einen Meter lange Wedel des Adlerfarns, ist somit ein einziges Blatt, das aus Blattstiel und Blattspreite besteht. Die Blattspreite gliedert sich oft in zahlreiche Teilblättchen, bei denen man Fiederblätter 1., 2., 3. und 4. Ordnung unterscheidet. Farne gibt es auf der Erde bereits seit der Karbonzeit. Die Monatsangaben bei den Gefäßsporenpflanzen markieren die Zeit der Sporenreife.

1 Natternzunge
Ophioglossum vulgatum

bis 30 cm   Juni–Aug.

Kennzeichen: Sommergrün, aufrecht, mit einem von der Basis aus getrennten unfruchtbaren und fruchtbaren Blatt-Teil; der unfruchtbare Teil eiförmig bis lanzettlich, der fruchtbare, längere Teil stielähnlich mit Sporangien in einem endständigen, ährenartigen Gebilde.

Vorkommen: Sehr zerstreut auf feuchten, kurzgrasigen Wiesen und Extensivweiden.

Wissenswertes: Der Name nimmt auf die Form des fertilen Blatt-Teils Bezug. Früher diente die Art als Wundheilmittel. Heute ist sie infolge von Entwässerung und Düngung sehr zurückgegangen.

2 Schriftfarn
Ceterach officinarum

bis 8 cm   Mai–Aug.

Kennzeichen: Wedel bis 20 cm lang, wintergrün, ledrig, in einem rosettenartigen Büschel; unterseits mit silbrig weißen Schuppen, die am Blattrand etwas vorstehen und um die Fiederblättchen einen weißen Saum bilden.

Vorkommen: Heimat im Mittelmeerraum, nur an wintermilden Standorten weiter nach Norden vorstoßend, vor allem im Rheintal; dort zerstreut auf Felsen und Mauern.

Wissenswertes: Bei Trockenheit rollen sich die Wedel zusammen, so daß die schuppige Unterseite nach außen gelangt. Sie bildet einen so wirksamen Verdunstungsschutz, daß die Art auch an trocken-warmen Standorten existieren kann.

3 Echte Mondraute
Botrychium lunaria

bis 20 cm   Mai–Juli

Kennzeichen: Wedel mit einfach gefiedertem grünem Teil mit halbmondförmigen Fiedern (Name!) und einem fertilen Teil, der höher und langgestielt ist und auf Fiederästen die Sporangien trägt.

Vorkommen: Zerstreut und unbeständig, auf Magerrasen und Bergwiesen.

Wissenswertes: Die seltsam aussehende Pflanze erregte die Phantasie des mittelalterlichen Menschen. Als „Walpurgiskraut" der Heiligen Walburga als Beschützerin gegen Zauberei geweiht, sollte die Mondraute Böses abwehren. Alchimisten wollten mit ihrer Hilfe unedles Metall in Gold verwandeln. Die Echte Mondraute ist wie manch anderer Farn weltweit verbreitet, also ein echter Kosmopolit; das verdankt sie ihren staubfeinen Sporen, die mit globalen Luftströmungen überall hin gelangen können.

4 Hirschzunge
Phyllitis scolopendrium

bis 40 cm   Juli–Sept.

Kennzeichen: Wedel bis 60 cm lang, zungenförmig (Name!), kurz gestielt, mit herzförmigem Grund und gewelltem Rand; Sporangien auf der Unterseite in strichartigen Sporenhäufchen (**4b**).

Vorkommen: Sehr zerstreut in Schluchtwäldern, an Felsen und Gemäuer, in Brunnen und an ähnlich luftfeuchten Standorten; immer auf kalkreichem Untergrund.

Wissenswertes: Wegen ihrer Seltenheit steht die Hirschzunge unter Naturschutz. Wer die bei Gartenfreunden beliebte Art dennoch an seiner Schichtmauer nicht missen möchte, erhält gärtnerisch kultivierte Exemplare im Staudenhandel. Sie entwickeln sich bei entsprechender Pflege meistens recht gut.

1   Königsfarn
Osmunda regalis

bis 180 cm   Juni–Juli

Kennzeichen: Große Wedel, doppelt gefiedert, z.T. im oberen Drittel mit sporangientragendem Abschnitt; Fiedern 1. Ordnung gestielt, Fiedern 2. Ordnung fast sitzend, lanzettlich.

Vorkommen: Vor allem im Norddeutschen Tiefland in feuchten Wäldern, Birkenbrüchen und Feuchtheiden; stets auf nassen, sauren Böden; meistens nur sehr vereinzelt.

Wissenswertes: Der Königsfarn gehört zu den Arten, die früher vielfach ausgegraben und in die Gärten geholt wurden; andere Vorkommen sind durch Melioration des Standortes und seines Umlandes zerstört worden. Die Folge ist, daß die Art heute streng geschützt werden muß. Der Wurzelstock galt früher als Heilmittel.

2   Adlerfarn
Pteridium aquilinum

bis > 200 cm   Juli–Okt.

Kennzeichen: Größter heimischer Farn; Wedel oft erst durch Spreizklimmen aufgerichtet, einzeln stehend, 3–4fach gefiedert; Sporangien vom eingerollten Rand der Fiederblättchen verdeckt.

Vorkommen: Im gesamten Gebiet einer der häufigsten Farne, vor allem auf basenarmen Sandböden der Eichen-Birken- und Kiefernwälder, auf Kahlschlägen und Magerwiesen; oft Massen- und Reinbestände bildend, so daß andere Arten verdrängt und Forstkulturen beeinträchtigt werden.

Wissenswertes: Bei einem schräg geführten Schnitt durch den Wedelstiel etwa in Bodenhöhe bieten die Leitbündel zumeist andeutungsweise das Bild eines Doppeladlers. Aber kaum dieser Tatsache als vielmehr den an Adlerschwingen erinnernden ausladenden Wedeln (**2b**) dürfte die Art ihren Namen verdanken. Zur Bekämpfung des Adlerfarns in Forstkulturen werden die Wedel „geknüppelt", d.h. zerschlagen. Allerdings machen die tiefliegenden Rhizome mit ihrem Reservespeicher und ihrer Fähigkeit zur vegetativen Vermehrung durch lange Kriechsprosse eine mehrfache Wiederholung erforderlich. – Der Adlerfarn ist weltweit verbreitet, entsprechend weit die Verwendung seiner stärkereichen Wurzelstöcke durch die Maori in Neuseeland, die Menschen in Südjapan und auf den Kanaren und – zumindest in Notzeiten – vereinzelt auch in Europa. Auch wird über die Verwendung der Rhizome zum Schnapsbrennen und der frischen Triebe als Gemüse berichtet. Die Wedel werden als Einstreu in Ställen benutzt, auch als dekorative Unterlage für Nahrungsmittel, beispielsweise für frische Fische in französischen Markthallen.

3   Bergfarn
Thelypteris limbosperma

bis 90 cm   Juli–Aug.

Kennzeichen: Sporangienhäufchen auf der Unterseite normaler grüner Wedel, dem Rand der Fiederchen angenähert (**3a**); Wedel in Rosetten, doppelt gefiedert, zugespitzt und zum Grund hin verjüngt; dem Wurmfarn ähnlich, aber Stiel mit weißlichen Schuppen.

Vorkommen: Lückenhaft verbreitet, im Gebirge deutlich häufiger (Name!); überwiegend auf basenarmen, feuchteren Standorten.

Wissenswertes: Die ständigen Veränderungen bei den wissenschaftlichen Gattungs- und Artnamen vieler Farne erschweren den Umgang mit Bestimmungsbüchern so sehr, daß man hier gern auf die deutschen Namen zurückgreift. Allerdings sind auch diese nicht immer eindeutig. So ist unsere Art auch unter den Namen Berg-Lappenfarn und Berg-Wurmfarn bekannt.

4   Sumpffarn
Thelypteris palustris

bis 80 cm   Juli–Sept.

Kennzeichen: Wedel langgestielt, 1- bis 2fach gefiedert; Fiedern 1. Ordnung wechselständig mit deutlichem Abstand voneinander; unterstes Fiederpaar 2. Ordnung deutlich größer als die anderen.

Vorkommen: Vor allem im Norden, Nordosten und Süden sowie am Rhein in Bruchwäldern, an versumpften Stellen in Wäldern und Flachmooren; sehr zerstreut, jedoch Vorkommen meistens in größeren Beständen.

1 Buchenfarn
Thelypteris phegopteris

bis 40 cm   Juni–Aug.

Kennzeichen: Wedel einzeln, nicht in Rosetten, jedoch zu mehreren beisammen, 2fach gefiedert; Blattstiel mindestens so lang wie die Blattspreite; das untere Fiederpaar 1. Ordnung von den übrigen deutlich abgesetzt und V-förmig nach vorn und abwärts gebogen, ebenso wie alle anderen ungestielt; die oberen Fiedern 1. Ordnung sind sogar paarweise miteinander verwachsen.

Vorkommen: Mit nur wenigen größeren Verbreitungslücken über ganz Mitteleuropa verbreitet, vorzugsweise auf kalkarmen, niederschlagsreichen Standorten des Berglandes, d.h. in Buchen- und Mischwäldern der Schiefer- und Buntsandsteingebirge und in der montanen und subalpinen Stufe der Alpen.

Wissenswertes: Die fruchtbaren und unfruchtbaren Wedel sehen gleich aus. Die rundlichen Sporenhäufchen sind unterschiedlich groß und bilden andeutungsweise zwei Linien neben dem Mittelnerv der Fiedern.

2 Eichenfarn
Gymnocarpium dryopteris

bis 30 cm   Juli–Aug.

Kennzeichen: Wedel im Umriß gleichseitig 3eckig (**2b**); unteres Fiederpaar 1. Ordnung gestielt und doppelt gefiedert, größer als die gesamte übrige Blattspreite, deren Fiedern sitzend und einfach gefiedert sind; Wedel insgesamt wie aus 3 Fiedern zusammengesetzt; Blattstiel mindestens doppelt so lang wie die Spreite.

Vorkommen: Vor allem im Bergland, aber auch in der Ebene weit verbreitet an schattigen, frischen Stellen in Laub- und Mischwäldern; auf kalkarmen, aber nährstoffreichen Böden; gesellig, nicht in Rosetten.

Wissenswertes: Fruchtbare Wedel gleichen den unfruchtbaren. Die Spreiten der Wedel stehen rechtwinkelig von den Stielen ab und breiten sich dadurch waagerecht aus, so daß sie den spärlichen Lichteinfall optimal nutzen. Der Eichenfarn wirkt insgesamt frischer grün als die anderen Farnarten.

3 Dornfarn
Dryopteris carthusiana

bis 100 cm   Juli–Sept.

Kennzeichen: Blattstiel mindestens so lang wie die Spreite, mit derben braunen Schuppen besetzt; Spreite etwas ledrig, doppelt gefiedert; Fieder meistens nicht gegenständig; Fiedern 2. Ordnung mit fiederspaltigen Abschnitten mit mehr oder weniger deutlich dornartigen Spitzen (Name! **3b**), die am besten zu sehen sind, wenn man den Wedel gegen das Licht hält.

Vorkommen: Sehr weit verbreitet und meistens häufig, zumindest auf sauren, nährstoffarmen Wald- und Heideböden.

Wissenswertes: Beim Dornfarn handelt es sich um eine Artengruppe mit mindestens 2 deutlich unterscheidbaren Unterarten, die allerdings durch fließende Übergänge miteinander verbunden sind. Dadurch kommt die dem Naturfreund oft auffallende Vielgestaltigkeit der Dornfarne zustande, die einzeln, aber auch in großen Beständen auftreten können. Von allen Farnarten dringt er am häufigsten und am tiefsten auch in die Fichtenreinbestände vor. Die Rohhumussäure der Nadeln erträgt er, wenn nur etwas lichtere Flecken vorhanden sind. Durch die immissionsbedingte Auflichtung der Fichtenkronen profitiert der Dornfarn, der häufig auch im Winter grün bleibt.

4 Kammfarn
Dryopteris cristata

bis 60 cm   Juli–Sept.

Kennzeichen: Wedel in Rosetten, aber spärlich, locker stehend; Blattstiel nur halb so lang wie die Spreite, die länglich gestreckt, doppelt gefiedert, kahl und ziemlich derb ist.

Vorkommen: Nur im Norddeutschen Tiefland etwas verbreiteter, sonst sehr zerstreut; in Bruchwäldern und Sümpfen, auch in Hochmooren, gern an den Stümpfen gefällter oder abgestorbener Bäume.

Wissenswertes: Während sich die sterilen Wedel in der Rosette nach außen neigen, stehen die Wedel, die Sporenhäufchen tragen, senkrecht aufrecht. Ihre Fiedern richten sich zumeist waagerecht aus (**4b**).

1   Wurmfarn
Dryopteris filix-mas

bis > 100 cm   Juli–Sept.

Kennzeichen: Wedel oft einen Trichter bildend; der kurze Blattstiel dicht mit braunen Schuppen bedeckt; Sporenhäufchen groß und rund beiderseits des Hauptnervs der Fiederchen 2. Ordnung (**1c**).

Vorkommen: In den Wäldern Mitteleuropas häufig und allgemein verbreitet, und zwar von der Ebene bis in die hochmontane Stufe; mittlere Basen- und Nährstoffversorgung und Feuchtigkeit bevorzugend.

Wissenswertes: Die nur doppelt gefiederten Wedel unterscheiden sich deutlich von den 3 fach gefiederten und dadurch viel grazileren Wedeln des sonst ähnlichen, ebenfalls häufigen und benachbart wachsenden Frauenfarns. Beide brachte man früher als „Farnmännlein" und „Farnweiblein" miteinander in Verbindung, was heute noch in den wissenschaftlichen Artnamen zum Ausdruck kommt: „*filix mas*" = masculus (männlich) und „*filix femina*" (Frau). – Wo er auf Weiden oder in Nadelwäldern vorkommt, weist der Wurmfarn meistens auf ehemaligen Laub- oder Mischwald hin. Wenn er im Frühjahr seine Wedel aufrollt, bildet gerade er besonders schöne „Bischofsstäbe" (**1b**), weshalb er auch gern als Zierde in den Garten geholt wird. Dort pflegt er sich leicht und dauerhaft zu vermehren. Der Wurzelstock gilt seit alter Zeit als wirksames Mittel gegen Bandwürmer (Name!), ist jedoch wegen seiner Inhaltsstoffe nicht ungefährlich. Ebenso wie etliche andere Farnarten vertreiben auch die Wedel des Wurmfarns Fliegen und andere Insekten aus Zimmern und Ställen. Als Einstreu in Hundehütten entfalten sie eben jene ungezieferabweisende Wirkung, wegen der man sie früher sogar dem Bettstroh beimischte. Die Wedel bleiben in milden Wintern oft bis zum Frühjahr grün.

2   Wald-Frauenfarn
Athyrium filix-femina

bis > 100 cm   Juli–Sept.

Kennzeichen: Wedel nur sommergrün, in Rosetten angeordnet, kurzgestielt, sich sowohl zur Spitze als auch zur Basis verjüngend; Spreite doppelt bis 3 fach gefiedert und dadurch zierlicher wirkend als der Wurmfarn (vgl. diesen!); sterile und fertile Wedel gleich aussehend; strich- oder kommaförmige Sporenhäufchen auf der Unterseite als gute Unterscheidungshilfe (**2b**).

Vorkommen: Ähnlich häufig und allgemein verbreitet wie der Wurmfarn, allerdings an etwas feuchteren Standorten regelmäßiger anzutreffen; deshalb besonders zahlreich in Auenwäldern, an Waldbächen und -quellen.

Wissenswertes: Auf die früher vermutete enge Verbindung zum Wurmfarn wurde dort bereits hingewiesen. Die Wedel des Frauenfarns sind viel zarter als die des Wurmfarns und gehen schon beim ersten Frost zugrunde. In ihrer Gesamtgestalt, vor allem in der Ausgestaltung der Fiederchen, ist die Art überaus variabel.

3   Straußfarn
Matteucia struthiopteris

bis >120 cm   Juli–Sept.

Kennzeichen: Zahlreiche Wedel einen schön geformten Trichter bildend (von Gärtnern deshalb auch „Trichterfarn" genannt); sterile und fertile Wedel deutlich verschieden und nacheinander erscheinend; sterile Wedel besonders groß, doppelt gefiedert, zur Spitze und zur Basis hin verjüngt; fertile Wedel kürzer, einfach gefiedert; die Fiedern zusammengerollt, anfangs grünlich, bei der Reife dunkelbraun (**3b**).

Vorkommen: Nur wenige, zum Teil allerdings individuenreiche Fundstellen, vor allem im Rheinischen Schiefergebirge, im Harz, im Elbsandsteingebirge und im Bayerischen Wald; auf feuchten, sauren Waldböden an Bächen und in Schluchten; sehr selten und streng geschützt.

Wissenswertes: Während die sterilen Wedel meistens schon dem ersten Frost zum Opfer fallen, bleiben die im Innern der Rosette stehenden sporangientragenden Wedel – oft bis zu 6 je Trichter – bis zum Frühling aufrecht erhalten (**3b**). Gartenfreunde können diesen dekorativen, geschützten Farn getrost im Handel erwerben, weil er relativ leicht zu kultivieren ist und wohl kaum der Natur entnommen wird.

1
Mauerraute
Asplenium ruta-muraria

bis 20 cm   ganzjährig

Kennzeichen: Ein kleiner Fels- und Mauerfarn; Wedel bis zu 20 cm lang, graugrün, im Umriß 3eckig bis rautenförmig (Name!), unregelmäßig doppelt bis 3fach gefiedert; Blattstiel länger als die Spreite, ebenfalls graugrün; Sporenhäufchen längs der Blattnerven in kleinen Streifen.

Vorkommen: Außer im äußersten Norden in ganz Mitteleuropa an trockenen Felsen und Mauern; mit Vorliebe auf Kalk und auf der sonnenexponierten Seite.

Wissenswertes: Als charakteristisches Mitglied sommerwarmer Mauer- und Felsspaltengesellschaften ist die Art sowohl im besiedelten Raum – vor allem an älteren Mauern und historischen Gebäuden – als auch an Felsen in der freien Landschaft anzutreffen. Wer sich die farnreiche Pflanzengesellschaft ansiedeln lassen möchte, sollte sich für eine Schichtmauer, zumindest für die Ausfugung der Mauer mit einem kalkigen Bindemittel entscheiden. Die wintergrüne Rosettenpflanze kann in Trockenperioden stark austrocknen, sich danach aber wieder völlig erholen.

2
Brauner Streifenfarn
Asplenium trichomanes

bis 20 cm   Juli–Aug.

Kennzeichen: Ein kleiner Fels- und Mauerfarn mit nur einfach gefiederten Wedeln mit ovalen Fiederblättchen; diese stark kontrastierend zum Dunkelbraun von Stiel und Spindel.

Vorkommen: Außer im Flachland sehr weit verbreitet und in etwas feuchteren Mauer- und Felsspalten zum Teil recht häufig; ausgeprägte Vorliebe für schattige Standorte, daher in Schlucht- und Blockwäldern besonders häufig; sowohl auf Kalk als auch auf kalkarmem Substrat.

Wissenswertes: Gemeinsam mit anderen kleinen Farnen ist der Braune Streifenfarn als „Widerton" bekannt, d.h. als eine Pflanze, die gegen das „Antun", den Hexenzauber, schützt. Allen Streifenfarnen (Gattung *Asplenium*) ist die streifenartige Anordnung der Sporangien gemeinsam (**2b**).

3
Grüner Streifenfarn
Asplenium viride

bis 20 cm   Juli–Sept.

Kennzeichen: Dem Braunen Streifenfarn ähnlich, doch heller grün, aber nicht grün überwinternd; Blattstiel und Spindel ebenfalls grün, leicht zerbrechlich.

Vorkommen: Schwerpunkte in der alpinen Stufe der Kalkalpen und des Jura; sonst punktuell an besonders kühlen und feuchten Standorten in den höheren Mittelgebirgen, vor allem in Schluchtwäldern auf Kalkgestein.

Wissenswertes: Im Hinblick auf seine arktisch-alpine Hauptverbreitung sind die dazwischen liegenden punktuellen Vorkommen in den Mittelgebirgen als Relikte des eiszeitlichen Auftretens auch in tieferen Lagen zu betrachten.

4
Zerbrechlicher Blasenfarn
Cystopteris fragilis

bis 35 cm   Juli–Sept.

Kennzeichen: Wedel dicht gedrängt, aber nicht rosettig stehend, hellgrün, doppelt bis 3fach gefiedert; Fiedern 1. Ordnung soweit voneinander entfernt, daß die kleinen Fiedern 2. Ordnung den Wedel nur schwach begrünt erscheinen lassen (**4b**, Unterseite).

Vorkommen: Vor allem in den Alpen, aber auch in den Mittelgebirgen verbreitet, im Norden nur punktuell; auf Kalkgestein und auf Mauern, meistens an schattig-feuchten Standorten.

5
Gelappter Schildfarn
Polystichum aculeatum

80 cm   Juli–Okt.

Kennzeichen: Wedel in Rosetten, bis 80 cm lang, derb, wintergrün, doppelt gefiedert; Fiederchen scharf gesägt mit Stachelspitze.

Vorkommen: Im Norden fehlend, in der Mitte und im Süden mit großen Verbreitungslücken; in schattigen Wäldern auf kalk- und nährstoffreichen Böden.

Wissenswertes: Die Namensvielfalt ist bei dieser Art besonders verwirrend: Lappen-Schildfarn, Dorniger Schildfarn, Stacheliger Schildfarn meinen allesamt dieselbe Art.

1 Rippenfarn
Blechnum spicant

bis 50 cm   Juli–Sept.

Kennzeichen: Sterile Blätter im Umriß länglich-lanzettlich, einfach fiederteilig, meistens rosettig am Boden ausgebreitet; fertile Blätter nur im Frühjahr grün, später dunkelbraun, in der Mitte der Rosette aufrecht stehend, mit schmalen, rippenartigen Fiedern (Name!).

Vorkommen: Außer in reinen Kalkgebieten fast über alle Landschaften Mitteleuropas verbreitet; vorzugsweise in feuchten Nadelwäldern und an Waldbächen des Berglandes.

Wissenswertes: Mit seinen deutlich unterscheidbaren, klar gegliederten Assimilations- und Sporenblättern (Tropho- und Sporophylle) ist der Rippenfarn so dekorativ, daß er auch bei den Gartenfreunden viel Sympathie findet. Die sterilen Blätter bleiben auch den Winter über glänzend grün.

2 Engelsüß
Polypodium vulgare

bis 35 cm   Juli–Sept.

Kennzeichen: Blattstiel so lang wie die Spreite, die einfach, fast bis zur Spindel fiederspaltig und im Umriß schmal 3eckig ist; große, runde Sporenhäufchen auf der Blattunterseite (**2b**), oft auf der Oberseite durchscheinend.

Vorkommen: Im ganzen Gebiet verbreitet, aber nur ausnahmsweise häufig; in Laubwäldern, aber auch auf Felsen und Mauern; auf schattig-feuchten, kalkarmen Standorten.

Wissenswertes: Die Fähigkeit, auch extreme Austrocknung zu überleben, gestattet der Art unter anderem auch die Besiedlung trockener Mauer-, Fels- und Dünenstandorte. In feuchten Laubwäldern kommt sie gelegentlich als Epiphyt in den Astgabeln stärker bemooster Laubbäume vor. Ihren Namen hat sie wegen des süßlichen Geschmacks ihres Wurzelstocks erhalten, aus dem früher ein Hustentee bereitet wurde.

3 Pillenfarn
Pilularia globulifera

bis 10 cm   Juli–Sept.

Kennzeichen: Auf den ersten Blick gar nicht als Farn zu erkennen; bis zu 50 cm am Boden kriechende Achse, von der Wurzeln und binsenartige Blätter ausgehen; erbsengroße, pillenförmige (Name!) „Sporangienfrüchte" (Sporokarpe) an der Blattbasis.

Vorkommen: Sehr selten und nur punktuell anzutreffen; an schlammigen Ufern und in zeitweilig austrocknenden Heidetümpeln; auf nährstoffarmen Böden.

Wissenswertes: Der Pillenfarn und die beiden folgenden Arten gehören zwei Farnfamilien an, die sich sehr grundlegend von allen bisher behandelten Farnen unterscheiden. Sie bilden Sporokarpe aus, in denen sich mehrere Sporenbehälter mit zwei unterschiedlichen Sporentypen (Mikro- und Makrosporangien) befinden. Aus ihnen gehen Vorkeime hervor, an denen sich auch die Befruchtung vollzieht.

4 Schwimmfarn
Salvinia natans

5 cm   Juli–Aug.

Kennzeichen: Schwimmblätter ca. 1 cm groß, eiförmig; untergetauchte Wasserblätter stark verzweigt, wurzelähnlich; Sporokarpe zu mehreren dicht beisammen unter den Schwimmblättern.

Vorkommen: Nur in wenigen Gewässern an Oberrhein, Mittelelbe und Havel.

Wissenswertes: Die Art hat keine Wurzeln. Die Schwimmblätter werden durch Luftkammern an der Wasseroberfläche gehalten.

5 Großer Algenfarn
Azolla filiculoides

1 cm   –

Kennzeichen: Blättchen zweizeilig, schuppenartig, nur $\frac{1}{2}$ cm groß, wechselständig an einer 1–1 $\frac{1}{2}$ cm langen Achse.

Vorkommen: An warmen Gewässern vorübergehend eingebürgert, aber beständig wohl nur am nördlichen Oberrhein.

Wissenswertes: Die Art wird als Aquarienpflanze geschätzt und gelangt als solche in heimische Gewässer. Sie stammt aus wärmeren Gebieten Nordamerikas und kann strenge Winter bei uns normalerweise nicht überleben. Sie pflanzt sich hier ausschließlich vegetativ durch Teilung fort.

Bärlapp-Arten haben es in unserer Kulturlandschaft mit ihren vielfältigen menschlichen Eingriffen besonders schwer. Sie brauchen nämlich zu ihrer Entwicklung eine ungewöhnlich lange, störungsfreie Zeit, nicht selten 1–2 Jahrzehnte. Frühestens 6 Jahre nach ihrer Reife entwickeln sich die stets gleichartigen Sporen weiter zu Vorkeimen, die schon bald der Symbiose mit bestimmten Pilzarten bedürfen, um sich vom Humus des Waldbodens ernähren zu können. Währenddessen haben Menschen mit ihren Wirtschaftsinteressen oder Konkurrenten aus dem Pflanzenreich oft schon längst vollendete Tatsachen geschaffen und den für die Bärlapp-Art erforderlichen Standort für sich genutzt oder zumindest verändert. Wegen dieser Konkurrenznachteile bedürfen alle Bärlapp-Arten eines intensiven Schutzes, wenn sie uns als sehr urtümliche Bestandteile der Waldökosysteme erhalten bleiben sollen. Mit ihren gabelig verzweigten Sprossen und ihren zahlreichen Kleinblättern (Mikrophylle) sind sie fast verschwindend kleine Nachfahren baumgroßer Ahnen, die vor mehr als 300 Millionen Jahren in der Karbonzeit lebten.

1 Sumpf-Bärlapp
Lycopodiella inundata

Die Art ist sehr zerstreut über ganz Mitteleuropa – allerdings mit Schwerpunkten in Norddeutschland und im Alpengebiet – verbreitet. Sie wächst sowohl auf nassem Torf auch auf sandigen Torfböden und ist – wenn überhaupt noch – am ehesten in Zwischenmooren und am Rande von Torfmooren und feuchten Nadelwäldern anzutreffen. Der Sumpf-Bärlapp ist an seinem kriechenden, 5–8 cm langen, kaum verzweigten Stengel zu erkennen, dessen Blätter dem Licht zugewandt sind. Die wenigen aufrechten, bis 7 cm langen Sporophyllstände sind dagegen ringsum beblättert.

2 Sprossender Bärlapp
Lycopodium annotinum

Fichtenwälder und Waldmoore der Mittelgebirge und der Alpen sowie Birkenbruchwälder im Flachland sind der Lebensraum dieser Bärlappart, die 1–3 m weit am Boden kriecht und mit ihren Ästen bis zu 20 cm aufsteigen kann. Die Sporophyllstände sind endständig, ungestielt, einzeln und ca. 4 cm lang.

3 Keulen-Bärlapp
Lycopodium clavatum

Dieses ist die in Mitteleuropa von der Ebene bis zur Baumgrenze am weitesten verbreitete, aber nur ausnahmsweise häufige Bärlappart. Man erkennt sie an ihren kriechenden, über 1 m langen Stengeln und ihren verzweigten aufsteigenden Ästen. Im Juli erscheinen auf 10–20 cm langem Stiel die keulenförmigen Sporophyllstände, die meistens zu zweit oder zu dritt stehen. Die schwefelgelben Sporen dieser und der vorigen Art, die übrigens beide auch als „Schlangenmoos" bezeichnet werden, spielten im Aberglauben unserer Vorfahren eine wichtige Rolle. Als „Hexenmehl" sollten sie nässende Wunden heilen. Die Pflanzen selbst – am Körper getragen – galten als Schutz vor Hexen und vor Alpträumen. Das leicht entzündbare Sporenpulver ergab bei Feuerwerken besondere Blitzeffekte.

4 Gemeiner Flachbärlapp
Diphasium complanatum

Hier handelt es sich um eine ganze Gruppe von Kleinarten, die zum Teil als selbständige Arten betrachtet werden. Gemeinsam haben sie den unterirdisch kriechenden Stengel, der gabelig verzweigte, flach zusammengedrückte Äste an die Oberfläche schickt. Vertreter dieser Artengruppe leben sehr zerstreut auf sauren, torfig-sandigen Böden.

5 Gezähnter Moosfarn
Selaginella selaginoides

Diese den Bärlappen ähnliche, aber nur entfernt verwandte Art gibt wichtige Hinweise auf die Evolution der Pflanzen. Zu erkennen ist die an grasigen und felsigen Abhängen der Alpen beheimatete Art an ihrem moosähnlichen Wuchs, ihren nur bis zu 5 cm langen Stengeln und den zungenartigen Häutchen am Grunde ihrer 2–3 mm langen, 4zeilig angeordneten Blätter.

Schachtelhalmgewächse haben einen so markanten Aufbau, daß jedes Kind sie leicht wiedererkennt. Es handelt sich um ausdauernde Pflanzen mit unterirdischen, oft recht tief liegenden Rhizomen, die ihre Sprosse nach oben ans Tageslicht schicken. Sie nun sind es, die – in lange Stengelstücke und Knoten gegliedert – leicht zerlegt und wieder ineinander „geschachtelt" werden können (Name!). Bei den zähnchenartigen Gebilden, die an den Knoten sitzen und – an der Basis zu einer Scheide verbunden – das untere Ende des darüberstehenden Stengelstücks umschließen, handelt es sich um die schuppenartig reduzierten Blätter. Die Sprosse selbst sind hohl und meistens außen gefurcht. Die Seitenzweige brechen durch die von den Blättern gebildete Scheide nach außen. Wie die Bärlappe so waren auch die Schachtelhalme bereits an der Bildung der Steinkohlen des Karbons beteiligt. Im Aufbau ihrer Sporophyllstände aber weisen sie einige bei den Bärlappgewächsen noch fehlende Differenzierungen auf.

1 Winter-Schachelhalm
Equisetum hyemale

Weil sie weitgehend unverzweigt ist, wird diese auffällige – weil auch im Winter grüne – Art oft erst auf den zweiten Blick als Schachtelhalm erkannt. Die aufrechten Sprosse sind rauh und bis über 1 m hoch. Der Sporophyllstand an der Spitze des aus der Ferne binsenähnlich wirkenden Sprosses verhindert zumindest im Sommer jede Verwechslung (**1b**). Die in Mitteleuropa als Eiszeitrelikt betrachtete Art wächst zerstreut, aber stellenweise in größeren Beständen in feuchten Wäldern, vor allem in Nord- und in Süddeutschland.

2 Sumpf-Schachtelhalm
Equisetum palustre

Sumpf- und Teich-Schachtelhalm (*E. palustre* und *E. fluviatile*) kommen beide weit verbreitet und oft in großen Beständen vor. Die Sprosse des Sumpf-Schachtelhalms sind nur 1–3 mm dick und die Blattscheiden 6–10zähnig, die des Teich-Schachtelhalms 4–8 mm dick und die Blattscheiden 15–20zähnig. Beide besiedeln Ufer, Gräben und Teiche, der Sumpf-Schachtelhalm auch Viehweiden. Obwohl nur schwach giftig, kann er beim Weidevieh Darmerkrankungen verursachen.

3 Wald-Schachtelhalm
Equisetum sylvaticum

Die grazilste unter den heimischen Schachtelhalm-Arten gefällt durch stark verzweigte, bogig durchhängende Äste. Der Wald-Schachtelhalm, der 15–30 cm hoch werden kann, kommt in den weitesten Teilen Mitteleuropas vor. Er bevorzugt feuchte, schattige Wälder, wächst aber auch auf manchen nassen Bergwiesen, meidet allerdings kalkreiche Böden. Die ersten 3 hier abgebildeten Schachtelhalm-Arten tragen Sporophyllstände an den Spitzen ihrer grünen Sprosse.

4 Acker-Schachtelhalm
Equisetum arvense

Die bekannteste und zugleich die einzige Art dieser Gattung, die überall auf Kulturland – vor allem auch Acker- und Gartenböden – vorkommt, unterscheidet sich von den zuvor beschriebenen Arten vor allem dadurch, daß die grünen sterilen Sprosse erst im Sommer erscheinen, wenn die hellbraunen fertilen Frühlingssprosse bereits wieder verschwunden sind. Die bis über 1 m tief im Boden liegenden Rhizome vermag der Pflug nicht zu erreichen. Zinnkraut nannte man die Pflanze, weil man das kieselsäurereiche Kraut zum Reinigen des Zinngeschirrs benutzte. Sein hoher Saponingehalt verursacht die harntreibende Wirkung des Schachtelhalm-Tees.

5 Riesen-Schachtelhalm
Equisetum telmateia

Im Zeitpunkt des Erscheinens und im Aussehen unterschiedlich sind fertile und sterile Sprosse außer beim Acker- auch beim Riesen-Schachtelhalm, der bis 1,50 m hoch werden kann. Die Art kommt regional – vor allem im westlichen Mitteleuropa – vor, vor allem an Waldbächen und in feuchten Gebüschen; sie zeigt frische, kalkhaltige und humusreiche Böden an.

Wie die Blütenpflanzen zeichnen sich auch die **Moose** (*Bryophyta*) durch eine große Artenvielfalt aus. Weltweit rechnet man mit über 25000, in Mitteleuropa allein mit über 1200 Arten. Auf 5 Bild- und 5 Textseiten kann hier mit 30 sehr häufigen bzw. besonders markanten Arten nur ein kleiner Ausschnitt vorgestellt werden. Im übrigen wird auf den Kosmos-Naturführer „Unsere Moos- und Farnpflanzen" verwiesen.

Besonders bemerkenswert sind die Moose, weil sie gewissermaßen eine Übergangsstellung zwischen den Höheren Pflanzen (Sproß- oder Gefäßpflanzen = Kormophyten), zu denen der Blütenpflanzen und die Farngewächse gehören, und den Lagerpflanzen (Thallophyten) mit Algen, Flechten und Pilzen einnehmen.

Die **Laubmoose** haben zwar Stämmchen und Blättchen, sind aber nicht mit echten Wurzeln, sondern mit weit weniger differenziert gebauten Rhizoiden im Boden befestigt.

1 Spitzblättriges Torfmoos
Sphagnum nemoreum

Kennzeichen: Bei allen Torfmoos-Arten endet der mit büscheligen Seitenästen besetzte Stengel in einem Köpfchen, das entfernt an ein Edelweiß erinnert. Diese Art hat dichte, oft etwas rötliche Polster, spitze Seitenäste und eine schopfförmige, halbkugelige Stengelspitze.
Vorkommen: Im gesamten Gebiet auf nassen, sauren Waldböden, im schattigen Moorrandbereich und in feuchten Heiden.
Wissenswertes: Das Spießblättrige Torfmoos ist wie viele Torfmoos-Arten nur mikroskopisch völlig sicher zu bestimmen.

2 Mittleres Torfmoos
Sphagnum magellanicum

Kennzeichen: Mit großen, dicht geschlossenen Polstern oft mehrere Quadratmeter überdeckend; meistens rötlich bis schmutzig purpurrot gefärbt.
Vorkommen: Im gesamten Gebiet, vor allem im Westen und Norden, wichtigste Moosart der Hochmoore.
Wissenswertes: Mit ihrer Fähigkeit, in ihren

Wasserspeicherzellen und zwischen den Stengeln und den kleinen Blättchen enorme Mengen Regenwasser festzuhalten, sichern die Torfmoose den Hochmooren ihren eigenen Wasserhaushalt. Indem die Torfmoose an der Spitze weiterwachsen, während sie an der Basis absterben, tragen sie maßgeblich zur Verlandung von Moortümpeln und zur Torfbildung bei.

3 Blasenmoos
Diphyscium foliosum

Kennzeichen: Sehr niedrige Rasen, nur bis 1 cm hoch; im Sommer auffallend durch die zahlreichen kegelig-eiförmigen oder blasigen Sporenkapseln (Name!).
Vorkommen: Ein Erdmoos auf sauren Böden in Wäldern und auf halbschattigen Standorten in Heiden und auf Alpenmatten.

4 Welliges Katharinenmoos
Atrichium undulatum

Kennzeichen: Rasen kräftig, dunkelgrün; obere Stengelblätter schmal zungenförmig, mit krausem bzw. welligem, scharf gesägtem Blattrand (Name!); Kapseln mit 2–5 cm langen roten Stielen, lang, walzenförmig (**4a**).
Vorkommen: Allgemein verbreitet in Wäldern; auch in Wiesen.

5 Schönes Widertonmoos
Polytrichum formosum

Kennzeichen: Oft ausgedehnte, lockere Rasen bildend; Blätter schmal lanzettlich, abstehend, jedoch bei Trockenheit dem Stengel anliegend; Kapsel auf 4–8 cm hohem Stiel.
Vorkommen: Im gesamten Gebiet in Wäldern mit schwach sauren Böden sehr häufig.

6 Glashaar-Widertonmoos
Polytrichum piliferum

Kennzeichen: 2–5 cm hoch in lockeren Rasen; Blätter lanzettlich mit an der Spitze umgeschlagenem Rand und weißer Haarspitze.
Vorkommen: Auf zum Teil recht extremen, sonnig-trockenen Standorten; in lichten Nadelwäldern, auf exponierten Felsen, in Heiden.

1 **Eiben-Spaltzahnmoos**
Fissidens taxifolius

Kennzeichen: Stengel niederliegend bis aufsteigend, niedrige Rasen bildend; Blätter am Stengel zweizeilig gescheitelt, halbstengelumfassend, eiförmig, flach und ungewellt.
Vorkommen: Vor allem auf feuchten, schattigen Waldböden, seltener auf Gestein.
Wissenswertes: Die Arten der Gattung *Fissidens* nehmen mit ihrer flachen ("Flachmoos"), zweizeiligen Beblätterung unter den Laubmoosen eine Sonderstellung ein.

2 **Besen-Gabelzahnmoos**
Dicranum scoparium

Kennzeichen: Rasen locker; Stengel braunfilzig, einfach oder gegabelt; Blätter sichelförmig, mit verlängerter Spitze, einseitswendig (**2a**); Sporenkapseln auf 2–4 cm langem, rotem Stiel, länglich, geneigt.
Vorkommen: Waldbodenmoos auf saurem Humus, auch auf Baumstümpfen und -stämmen sowie Steinen; in Fichtenwäldern des Berglandes weit verbreitet.
Wissenswertes: Die Formenvielfalt ermöglicht der Art weite Verbreitung. Wegen des durch die Einseitswendigkeit der schmalen Blätter geprägten Erscheinungsbildes ist auch der Name "Besenmoos" gebräuchlich.

3 **Weißmoos**
Leucobryum glaucum

Kennzeichen: Dichte, halbkugelig gewölbte, weiß- und bläulichgrüne Polster.
Vorkommen: Vor allem in stark sauren und nährstoffarmen Fichtenwäldern, aber auch in artenarmen Buchen- und Eichen-Birken-Wäldern, in Heiden und in alpinen Rasen.
Wissenswertes: Wie bei den Torfmoosen enthalten die Blätter neben kleinen lebenden (chlorophyllführenden) auch größere, durchlöcherte tote Zellen. Letztere dienen als Wasserspeicher. Bei feuchtem Wetter wirken die Moospolster grünlich. Ausgetrocknet sind die Speicherzellen luftgefüllt und führen zum namengebenden Erscheinungsbild. Das Weißmoos wird gern für Weihnachtskrippen und Osterhasennester verwendet; Floristen schätzen es für Kränze und als Steckunterlage für Blumenarrangements.

4 **Welliges Sternmoos**
Mnium undulatum

Kennzeichen: Aus kriechenden Ausläufern 5–15 cm lange Stengel emporwachsend, fertile aufrecht, sterile etwas geneigt; Blätter lang, zungenförmig, gewellt (Name!) und an der Spitze abgerundet.
Vorkommen: Sehr häufige Moosart; schatten- und feuchtigkeitsliebend, ohne spezielle Bodenansprüche; daher in verschiedenen Waldgesellschaften, sofern die Böden feucht genug sind.

5 **Silber-Birnmoos**
Bryum argenteum

Kennzeichen: Dichte Polster bei Trockenheit silberweiß, bei Feuchtigkeit bläulichgrün; Stengel meist gabelig verzweigt, bis 2 cm hoch; Blätter dachziegelartig dem Stengel anliegend.
Vorkommen: Als Kosmopolit auf Felsen und Mauern, an Weg- und Straßenrändern, in Pflasterritzen und auf Dächern, Schutt und trockenen, sandigen Böden überall anzutreffen.
Wissenswertes: Hier handelt es sich um das häufigste Stadtmoos. Es kann noch auf allen möglichen vom Menschen stark belasteten Flächen existieren, beispielsweise auf herbizidbehandelten, sonst vegetationsfreien Böden von Maisäckern und in Baumschulen.

6 **Polster-Kissenmoos**
Grimmia pulvinata

Kennzeichen: Kleine Polster blaugrün bis schwärzlich; Blätter länglich lanzettlich mit langem Glashaar und mit bis über die Blattmitte umgerolltem Blattrand; Sporenkapseln eiförmig, braun, nur kurz gestielt, waagerecht abstehend oder leicht überhängend.
Vorkommen: Auf sonnig-trockenen, basenreichen Mauern und Felsen, auch auf Dächern und Gesteinsschutt.
Wissenswertes: An den Glashaaren kondensiert der Tau, der für die im übrigen trockenheitsertragende Art oft lebenswichtig ist.

1 Gewöhnliches Brunnenmoos
Fontinalis antipyretica

Kennzeichen: Glänzend dunkelgrünes, im Wasser flutendes Moos, dessen reich verzweigte Stengel 10–40 cm lang werden; Blätter in 3 Reihen, gekielt; Stengel 3kantig.

Vorkommen: Vor allem in fließenden, aber auch in stehenden Gewässern mit möglichst klarem, unverschmutztem Wasser.

Wissenswertes: Der wissenschaftliche Artname erinnert daran, daß dieses Moos im Aberglauben früherer Zeiten – in Haus und Hof aufgehängt – als Schutz vor Feuersbrünsten galt.

2 Tamarisken-Thujamoos
Thuidium tamariscinum

Kennzeichen: Niederliegendes Erdmoos mit 5–15 cm langen, an der Spitze oft erneut wurzelnden Stengeln; 3fach gefiedert; im Erscheinungsbild nadelbaumähnlich und ganz besonders ansprechend.

Vorkommen: In Laub- und Nadelwäldern auf feuchten und zumeist etwas besseren Böden weit verbreitet; regional jedoch rückläufig, vor allem in der Ebene.

Wissenswertes: Die Namen weisen auf den nadelbaumähnlichen Aufbau hin, der so dekorativ ist, daß man dieses Moos gern zum Basteln und zum Gestalten von Landschaftsminiaturen benutzt.

3 Rotstengelmoos
Pleurozium schreberi

Kennzeichen: Fast senkrecht aufsteigendes, ziemlich gleichmäßig gefiedertes Erdmoos mit spitz zulaufenden Ästen; oft größere federnde Matten bildend; Rinde des Stengels rötlich (Name!).

Vorkommen: Auf oberflächlich versauerten Waldböden in Fichten- und Kiefern-, aber auch in artenarmen Laubwäldern sowie in Heiden; außerhalb der Kalkgebiete weit verbreitet und häufig.

Wissenswertes: Das Rotstengelmoos fruchtet im Winter. Als wasserspeicherndes Waldmoos ist die Art geschätzt, nicht jedoch als Rohhumusbildner.

4 Zypressen-Schlafmoos
Hypnum cupressiforme

Kennzeichen: Ein niederliegendes, glänzendes Moos, 3–10 cm lang, unregelmäßig gefiedert; Blätter dicht stehend, dachziegelartig angeordnet.

Vorkommen: Allerweltpflanze und häufigstes Astmoos; vor allem in Wäldern aller Art vom Waldboden bis in die Zweige, aber auch auf liegendem Holz, auf Baumstümpfen, Mauern und Gestein.

Wissenswertes: Wie mehrere andere Moose wurde das Zypressen-Schlafmoos früher zur Matratzenfüllung verwendet.

5 Großes Kranzmoos
Rhytidiadelphus triquetrus

Kennzeichen: Bleich- bis gelbgrünes Moos, bis 30 cm groß; lockere Rasen bildend; aufrecht, fiederförmig verzweigt; Blätter sparrig abstehend.

Vorkommen: In lichten Wäldern, an Waldrändern und auf Bergwiesen; auf nährstoffreicheren Böden, vor allem in Kalkgebieten.

Wissenswertes: Das Große Kranzmoos leidet offensichtlich unter der Bodenversauerung, die vielerorts infolge des Sauren Regens zu beobachten ist. Außer auf besonders kalkreichem Untergrund ist in weiten Landstrichen Norddeutschlands ein deutlicher Bestandsrückgang festzustellen.

6 Etagenmoos
Hylocomium splendens

Kennzeichen: Ausgedehnte Rasen gelbgrün, bei Trockenheit seidig glänzend; Stengel 2- bis 3fach gefiedert, durch auf dem Rücken des Vorjahrstriebes entspringenden neuen Jahrestrieb stockwerkartig gegliedert (Name!).

Vorkommen: Weit verbreitet in Wäldern auf neutralen und schwach versauerten Böden, in Heiden und alpinen Rasen; vorzugsweise in Nadel- und Buchenwäldern.

Wissenswertes: Mit der jährlichen Etagenbildung kann dieses Moos die rhythmisch erfolgende Laub- oder Nadelauflage durchwachsen und seinen Standort behaupten.

Bei den **Lebermoosen** sind die thallösen, tangartig dem Substrat aufliegenden, **blattlosen** Arten, die besonders ursprünglich wirken (S. 394), von den beblätterten zu unterscheiden. Die **beblätterten Lebermoose** haben ursprünglich drei Blattreihen, die allerdings oft auf zwei reduziert sind. Die Blätter der Blattreihe, die sich an der Unterseite der Zweige befindet, sind kleiner und werden als Bauchblätter (Amphigastrien) bezeichnet. Im Unterschied zu den Laubmoosen sind die Blätter 1schichtig und ohne Mittelrippe.

1 **Verschiedenblättriges Kammkelchmoos**
Lophocolea heterophylla

Kennzeichen: Lebermoos mit kriechendem, der Unterlage fest anliegendem, 2–10 cm langem, oft gabelig oder fiedrig verzweigtem Stengel; Blätter in 2 Reihen beiderseits der Längsachse; Blattunterrand des höheren vom Blattoberrand des tieferen Blattes überdeckend; Blätter tief 2spaltig (**1b**); Sporenkapsel rundlich, dunkelbraun, auf einem bis über 1 cm langen Stiel.
Vorkommen: Vor allem auf moderndem Holz, seltener auf sauren Waldböden oder Gestein; überall heimisch und meistens zahlreich vertreten.

2 **Muschelmoos**
Plagiochila asplenoides

Kennzeichen: Polsterbildendes Lebermoos mit 5–10 cm langen Stengeln; Blätter 2zeilig angeordnet, wie bei der vorigen Art einander überlappend, löffel- oder muschelförmig.
Vorkommen: Als bodenbewohnende Moosart in sehr unterschiedlichen Waldgesellschaften häufig und weit verbreitet.
Wissenswertes: Als eine der größten heimischen Lebermoosarten ist das Muschelmoos ein beliebtes Schulbuchbeispiel für beblätterte Lebermoose.

3 **Tiefland-Bartkelchmoos**
Calypogeia muelleriana

Kennzeichen: Stengel flach dem Substrat anliegend; Blätter 2reihig, parallel zur Längsachse des Stengels stehend; Blattunterrand des höheren vom Blattoberrand des tiefer stehenden Blattes überdeckt; Blätter oval und nur schwach ausgebuchtet.
Vorkommen: In Wäldern auf kalkarmen Böden, an Bach- und Wegböschungen und auf feuchtem Holz; allgemein weit verbreitet und recht häufig.

4 **Filzmoos**
Trichocolea tomentella

Kennzeichen: Weißgrünes, wolliges Lebermoos mit 2–3fach gefiederten Stengeln; Blätter tief eingeschnitten.
Vorkommen: In Quellmooren, Schlucht- und Auenwäldern regional noch weit verbreitet.

5 **Hain-Spatenmoos**
Scapania nemorea

Kennzeichen: Rasen dunkelgrün bis braunrot; Blätter 2zeilig, nur ca. 2 mm lang; an den Sproßenden Blätter mit zahlreichen rotbraunen Brutkörpern.
Vorkommen: In Wäldern auf sauerem Humus, sonst auch auf beschattetem Gestein; in Mittelgebirgslagen und in den Alpen bis in den subalpinen Bereich weit verbreitet.

6 **Breites Sackmoos**
Frullania dilatata

Kennzeichen: Kriechendes, perlschnurartig wirkendes, dunkelgrünes bis schwärzliches Lebermoos; Blätter 2zeilig angeordnet, dichtstehend über dem Stengel.
Vorkommen: In den unterschiedlichsten Waldgesellschaften, vor allem auf der glatten Rinde von Rotbuche und Ahorn kalk- und nährstoffreicher Standorte, aber auch auf Kalksteinfelsen und -mauern; häufiger im Bergland als in der Tiefebene.
Wissenswertes: Ebenso wie die meisten Flechten reagiert auch das Breite Sackmoos offenbar sehr stark auf den Sauren Regen, der das Substrat dieses basenliebenden Mooses versauert, d.h. dessen Mineralien – vor allem den Kalk – auswäscht. Das früher weit verbreitete Moos ist heute regional sehr selten geworden oder bereits völlig verschwunden.

1 Hellsporiges Hornmoos
Phaeoceros (Anthoceros) laevis

Kennzeichen: Thallusrosetten mit 5–15 mm Durchmesser, tief eingeschnitten, grün, ohne schwarze Flecken; Sporenkapseln in auf der Thallus-Oberfläche aufrecht stehenden, röhrenartigen Hüllen, 1–3 cm lang.

Vorkommen: Auf abgeernteten oder brach liegenden, nackten Ackerböden, die kalkfrei, aber dennoch nicht sandig sind; Thallusrosetten oft in großer Zahl dicht beisammen und dadurch auffällig; weit verbreitet.

Wissenswertes: Die Art gehört möglicherweise zur Gruppe der ältesten Landpflanzen, die bis heute überlebt haben und sowohl an der Basis der Laub- und Lebermoose als auch der Nacktfarne (*Psilophyta*) stehen.

2 Blaugrünes Sternlebermoos
Riccia glauca

Kennzeichen: Thallus mit 1–2 cm Durchmesser, blaugrün, rundlich-rosettenförmig; Blätter als zur Spitze verbreiterte, 1–3mal gegabelte Lappen, die dem Boden eng aufliegen; Sporenkapseln im Thallus im Querschnitt sichtbar.

Vorkommen: Ebenfalls auf Äckern mit entkalkten Ton- und Lehmböden, solange sie noch weitgehend nackt sind, sowie auf den Böden abgelassener Teiche und frischer Böschungen.

Wissenswertes: Das Sternlebermoos gehört zusammen mit den anderen auf dieser Seite dargestellten Lebermoosen zu den nicht in Stengel und Blätter gegliederten Arten.

3 Brunnenlebermoos
Marchantia polymorpha

Kennzeichen: Thallus 1–2 cm breit und 10–20 cm lang, mehrfach geteilt, gabelig verzweigt, am Rande gewellt, oberseits mit 6eckiger Netzstruktur; meistens mit runden Brutbechern (**3b**); weibliche Archegonienträger mit 9–11strahligem Stern (**3c**), männliche Antheridienträger mit gelappter Scheibe an der Spitze des Ständers (**3a**).

Vorkommen: Ohne spezielle Standortansprüche sowohl auf Erde als auch auf Stein und deshalb weit verbreitet; besonders häufig an boden- oder luftfeuchten Orten, auffällig oft auf stickstoffreichen Böden in Pflasterritzen, auf Brand- und Dungstellen und auf Maisäckern.

Wissenswertes: Die Art ist zweihäusig, d.h. Archegonien- und Antheridienträger stehen auf getrennten Pflanzen. Die Brutkörperchen (Gemmen) in den Brutbechern dienen der vegetativen Vermehrung.

4 Kegelkopfmoos
Conocephalum conicum

Kennzeichen: Ein in der Größe der vorigen Art ähnliches Lebermoos; Thallus an den Rändern nur schwach gewellt, ohne Brutbecher; Archegonien- und Antheridienträger nur selten ausgebildet, letztere sitzend ohne Stiel.

Vorkommen: Mehr an Ufer, feuchte Felsen und Naßstellen gebunden als die vorige Art; in Kalkgebieten deutlich häufiger als diese.

5 Gemeines Beckenmoos
Pellia epiphylla

Kennzeichen: Rasen und Überzüge bildende Art; Thallus grün, oft etwas bräunlich, bandförmig, etwa 1 cm breit, ohne auffällige Netzstruktur auf der Oberfläche; einhäusige Art mit in die Oberfläche eingesenkten Antheridien, aber 10 cm lang gestielten Kapseln.

Vorkommen: Nur an dauerfeuchten, kalkarmen Standorten in Wäldern, an Bach- und Grabenrändern und auf zeitweilig überfluteten Steinen.

6 Gegabeltes Igelhaubenmoos
Metzgeria furcata

Kennzeichen: Kleine, schmal-bandförmige Pflänzchen, nur 2,5 cm lang und 1 mm breit, gabelig verzweigt; Thallus der Unterlage anliegend oder überhängend.

Vorkommen: Auf Baumrinde und Felsen an feuchten, schattigen Stellen, auch an Mauern in entsprechendem Umfeld.

Wissenswertes: Wie Flechten und andere rindenbewohnende Moose ist diese Art empfindlich gegen durch Luftverschmutzung versauertes Wasser im Stammablauf.

1 Gelbe Lohblüte
Fuligo septica

Die Niederen Pilze mit ihren 2000 Arten können in diesem Naturführer nur mit 2 Arten beispielhaft erwähnt werden. Die erste gehört zu den Schleimpilzen, deren Lager aus einer schleimigen, vielkernigen Plasmamasse besteht, die zeitweilig sogar zu fließender Bewegung fähig ist. Als Fäulnisbewohner besiedeln die Schleimpilze organisches Material, vor allem morsches Holz und sich zersetzendes Laub. Zu den wenigen Arten, die durch die Größe und Färbung ihrer Fruchtkörper auffallen, gehört die Gelbe Lohblüte, deren Lager einen Durchmesser von 15 cm und eine Höhe von 2 cm erreichen kann (**1b**). Sie verfärbt sich mit zunehmendem Alter von Zitronen- über Goldgelb zu bräunlichen Tönen. Nach warmfeuchten Sommertagen tritt die Art in unseren an Holzabfall und Totholz heute wieder reicheren Wäldern deutlich häufiger auf als früher.

2 Kraut- und Knollenfäule
Phytophthora infestans

Der zweite Vertreter der Niederen Pilze gehört zu den Falschen Mehltaupilzen in der Klasse der Eipilze und ist mikroskopisch groß. Nicht die parasitischen Pilze selbst, sondern die artenspezifischen Auswirkungen auf ihre Wirte fallen dem Naturfreund ins Auge. In unserem Falle sind die vom Blattrand der Kartoffelstaude ausgehenden braunen Flecken erste Symptome des Befalls. An den Kartoffelknollen entstehen auf der Schale graue, etwas eingetiefte Flecken, unter denen sich das Speichergewebe braun verfärbt. Bei braunfaulen Knollen breitet sich schon nach 2 Tagen auf der Schnittfläche ein dichtes, weißes Pilzmyzel aus. Der Erreger der Kraut- und Knollenfäule der Kartoffel hat in der Vergangenheit mehrfach zum Ausfall ganzer Kartoffelernten mit weltgeschichtlichen Folgen geführt: beispielsweise zur Hungersnot in Irland und zur Massenauswanderung nach Amerika in den Jahren 1845 bis 1847 und zum „Steckrübenwinter" in Deutschland im Ersten Weltkrieg 1917. Auch heute noch ist diese Kartoffelkrankheit eine allgegenwärtige Gefahr.

3 Orangebecherling
Aleuria aurantia

Diese und die folgenden 2 sowie die 5 Arten der nächsten Seite gehören zur artenreichsten Abteilung und Klasse unter den Pilzen: zu den 45 000 Arten der Schlauchpilze (*Ascomycetes*), jener Pilzgruppe, die den Ständerpilzen gegenübersteht, also der großen Zahl stattlicher und auffälliger und vielfach nutzbarer Großpilze. Die Schlauchpilze, die ihre Sporen in schlauchförmigen Behältern entwickeln, sind zumeist kleiner und unscheinbarer. Die Arten, die hier vorgestellt werden, gehören bereits zu den größten und für den Naturbeobachter interessantesten heimischen Schlauchpilzen, so etwa der Orangebecherling mit bis zu 10 cm großen becherförmigen Fruchtkörpern, die man manchmal auf unbewachsenem Boden in Wäldern, Gärten und Parks sieht. Er ist kein Speisepilz, wohl aber ein beliebtes Fotomotiv.

4 Frühjahrslorchel
Gyromitra esculenta

Dieser Frühlingspilz mancher Kiefernwälder ist als tödlich giftiger Doppelgänger der Morcheln bekannt und berücksichtigt. Der bis 8 cm breite braune Hut mit seinen hirnartigen Windungen, der am Rande mit dem kurzen hellgrauen Stiel verwachsen ist, unterscheidet die Art von den Morcheln mit mehr wabenartiger Hutstruktur. Wie der wissenschaftliche Artname zeigt, hielt man die Art zeitweilig nach zweifachem Abkochen für eßbar. Ungekocht genossene Frühjahrslorcheln können tödlich wirken; aber auch sonst sind sie nicht ungefährlich.

5 Herbstlorchel
Helvella crispa

Das herbstliche Gegenstück, von dessen Genuß ebenfalls unbedingt abzuraten ist, wird bis 15 cm groß und ist an seiner weißlichen Färbung und sehr variablen, ungleichmäßig krauslappigen Gestalt zu erkennen. Der Stiel ist hohl und grubig. Ab August sind Herbstlorcheln sowohl in manchen Wäldern und Parks als auch auf Wiesen anzutreffen.

1 Spitzmorchel
Morchella conica

Zeitgleich mit der giftigen Frühlingslorchel erscheint dieser beliebte Speisepilz, dessen Hut durch Längs- und Querrippen ein fast geometrisch-gleichmäßiges Muster mit oft nahezu rechteckig geformten Gruben aufweist. Der kegelig-eiförmige Hut, der wegen seiner Auffälligkeit zu Recht in den Namen dieser Morchel auftritt, ist doppelt so lang wie der Stiel. Spitzmorchel und Frühlingslorchel muß man sicher unterscheiden können, wenn Spitzmorcheln für die Küche gesammelt werden sollen. Suchen wird man sie zweckmäßigerweise in Wäldern auf kalk- und nährstoffarmen Böden.

2 Rundmorchel
Morchella esculenta

Das Wabenmuster und ein etwas mehr rundlicher bis leicht kegelförmiger Hut zeichnet die Rundmorchel aus (**2b**), die auch als Speisemorchel bezeichnet wird. Hut und Stiel sind hohl; sie sind miteinander verwachsen. Gerade häufig sind die Rundmorcheln nicht anzutreffen, am ehesten in lichten Wäldern, Gebüschen, Gärten und Parks. Sie zeigen eine gewisse Vorliebe für Eschen und Pappeln. Wie ihre Verwandten gehören sie zu den Frühjahrspilzen. Die Morcheln sind in der Küche vielseitig verwendbar. Roh essen sollte man sie nie; am besten wird man sie vor der Zubereitung heiß abbrühen. Trocknen kann man sie, ohne sie zu zerschneiden. Durch Einweichen in Wasser oder Milch werden getrocknete Morcheln wieder frisch.

3 Braunfäule
Monilinia (Sclerotinia) fructigena

Dieser parasitische Pilz befällt Äpfel und Birnen. Seine vom Wind verbreiteten Sporen gelangen auf Blüten und Blätter der Wirtsbäume, bilden ein Myzel aus und dringen in die Wirte ein. Dürre Blüten, Blätter oder ganze Zweige sind erste Symptome des Befalls. Später bilden sich an Faulstellen von Äpfeln und Birnen weiße Pusteln, die oft in konzentrischen Kreisen – hexenringartig – angeordnet sind. Bei den Pusteln handelt es sich um Konidien, Organe einer besonderen Form der ungeschlechtlichen Vermehrung dieser Schlauchpilze. Der Wechsel von pustelbesetzten und pustelfreien Zonen ist darauf zurückzuführen, daß die Pusteln im Tag-Nacht-Rhythmus gebildet werden. Kranke Früchte fallen ab oder mumifizieren, während sie am Baum hängen bleiben. Zur Zeit noch bekannter und gefürchteter ist unter dem Namen „Monilia" eine verwandte Art, die Steinobst – vor allem Sauerkirschen – befällt und Zweigspitzen – bei starkem Befall ganze Bäume – absterben läßt.

4 Geweihförmige Holzkeule
Xylaria hypoxylon

Das ganze Jahr über entdeckt man hier und dort auf toten Zweigen und Stümpfen von Laubbäumen die nur 3–5 cm hohen und knapp $\frac{1}{2}$ cm breiten, oft geweihförmigen, in jedem Falle aber gegabelten Stiele der Geweihförmigen Holzkeule (**4b**), die bei dichtem Wuchs entfernt an Flechten erinnern (**4a**).

5 Mutterkorn
Claviceps purpurea

Die harten, schwärzlichen Gebilde, die aus der Roggenähre herausragen, hat der Volksmund wegen ihrer Größe als „Mutter" der kleineren Getreidekörner betrachtet. Lange Zeit wurden sie nicht als Ursache früher epidemisch auftretender Krankheiten erkannt. Dabei hat die Kribbelkrankheit in früheren Jahrhunderten bei Tausenden von Menschen – vor allem in Hungerjahren, als mit Mutterkorn verunreinigtes Mehl zu Brot verarbeitet wurde – zu Schwindel und Erbrechen sowie zu krampfartigen Anfällen und Dauerschäden, ja sogar zum Tode geführt. Als „Heiliges Feuer" oder „Feuer des heiligen Antonius" verursachte das Mutterkorn den „trockenen Brand", das Schwarzwerden und Abfallen der Glieder. Bis in unser Jahrhundert hinein sind Menschen infolge Mutterkornvergiftung gestorben. Erst in jüngster Zeit hat man erkannt, daß sogar über das Einatmen von Mahlstaub chronische Leiden ausgelöst werden können. Das alles ändert natürlich nichts an der Tatsache, daß die Mutterkorn-Alkaloide nach wie vor pharmazeutisch von großer Bedeutung sind.

1 Judasohr
Auricularia auricula

Das Judasohr fällt durch seine ohrförmige Gestalt auf. Der bräunlich gefärbte, wellige Fruchtkörper wird gut 5 cm groß und ist auf der Oberfläche samtartig. Die sporentragende Innenseite wirkt glänzend glatt mit einigen Leisten und Runzeln. Der eßbare Pilz, dessen Fleisch zäh, elastisch, geruch- und geschmacksfrei ist, schrumpft bei Trockenheit zusammen und wird hornartig hart. In Wasser kehrt er jedoch rasch wieder zu seiner alten Form und Beschaffenheit zurück. Die meisten Pilze dieser Art findet man hierzulande am toten Holz alter Holunderstämme. Dort wachsen sie vom Hochsommer bis zum Frühling meistens gesellig und dicht beisammen. In Ostasien wird das Judasohr gezüchtet; in der chinesischen Küche findet es vielseitige Verwendung, zumal man es durch Trocknen konservieren und danach jederzeit wieder auffrischen kann.

2 Fleischroter Gallerttrichterling
Tremiscus helvelloides

Die spatel- oder trompetenförmigen, einseitig aufgespalteten Fruchtkörper dieses Pilzes werden schon wegen ihrer ungewöhnlichen Gestalt bemerkt. Sie werden 10–15 cm groß und wachsen in Kalkgebieten auf dem Waldboden, gern auf gestörten Standorten wie Graben- und Wegrändern sowie Böschungen. Der Pilz ist von Juli bis Oktober vor allem in Bergwäldern, viel seltener in der Ebene anzutreffen und wird sogar roh gegessen.

3 Herkuleskeule
Clavariadelphus pistillaris

Mit einer Höhe von bis zu 25 cm ist die Herkuleskeule die größte unter den einfachkeuligen Arten. Dabei erreicht sie einen Durchmesser von bis zu 5 cm. Ihr Lebensraum sind Perlgras- und andere Buchenwälder auf Kalkböden, wo man sie von August an bis in die letzten Spätherbsttage hinein meistens einzeln antrifft. Wegen ihres bitteren Geschmacks ist die Herkuleskeule als Speisepilz nicht geeignet.

4 Krause Glucke
Sparassis crispa

Wie die vorige Art gehört auch die Krause Glucke zu den Korallenpilzen, deren größte Vertreterin sie ist. Immerhin wurden Exemplare mit einem Fruchtkörper von 40 cm Größe und 6 kg Gewicht gefunden. Dieser ist stark verzweigt mit dicht gedrängten Ästen, die an den Enden blattartig flach sind. Hindernisse sowohl erdiger als auch krautiger Natur umwächst der Pilz, der schließlich wie ein Badeschwamm wirkt. Die Krause Glucke wächst als Parasit an lebenden Kiefern und Fichten oder als Fäulnisbewohner an totem Holz und an Baumstümpfen, und zwar meistens einzeln im Sommer und Herbst. Sie ist ein geschätzter Speisepilz und wird sogar gelegentlich auf Märkten angeboten.

5 Schöne Koralle
Ramaria formosa

Einen besonders typischen Korallen-Habitus weisen die Arten der Gattung *Ramaria* auf. Die Schöne Koralle wird auch als die Dreifarbige bezeichnet, weil sie an der Basis weiß, im Bereich der Äste rötlich und an den Spitzen gelb ist. Sie wirkt abführend und gilt als schwach giftig. Wie ihre Verwandten erscheint sie hier und dort auf dem Waldboden. Wegen der Verwechslungsmöglichkeiten, vor allem aber wegen der Seltenheit und Schönheit sollte man auch die eßbaren Korallen lieber an ihrem Standort unangetastet lassen.

6 Echter Pfifferling
Cantharellus cibarius

Kaum eine andere Pilzart ist in den letzten Jahrzehnten nicht zuletzt durch das Sammeln im Bestand so stark rückläufig wie der Echte Pfifferling. Einst Massenpilz, ist er heute vielfach schon eine seltene und teuer bezahlte Kostbarkeit. An seinen adrig verzweigten Leisten auf der Hutunterseite ist er leicht zu erkennen. Mit seinem angenehm fruchtartigen Geruch gehört er zu den vorzüglichsten Speise- und Gewürzpilzen, die in unseren sommerlichen und herbstlichen Wäldern zu finden sind.

1 Totentrompete
Craterellus cornucopioides

Man findet diesen Pilz oft herdenweise im Laub bodensaurer Wälder, vor allem in Hainsimsen-Buchenwäldern. Seine schwärzliche Farbe hat ihm wohl den Namen eingetragen, denn weder von ihm noch von seinen Verwandten geht Gefahr aus. Im Gegenteil: Der bis 10 cm hohe, trichter- bis trompetenförmige Pilz, der bis zum Grunde seines Stiels hohl ist, ist eßbar und nach dem Trocknen ein wertvoller Aromaspender.

2 Stoppelpilz
Hydnum repandrum

Zäpfchen oder leicht abbrechende kleine Stachel stehen auf der Hutunterseite dort, wo man sonst Röhren oder Lamellen erwartet. Der meistens 10 cm, manchmal aber auch bis zu 25 cm breite Hut ist buckelig, etwas unregelmäßig geformt und häufig mit denen der Nachbarn verwachsen. Der Stoppel- oder Semmelpilz eignet sich nach Ansicht von Pilzsammlern vor allem zum Braten. Im Sommer und im Herbst ist er in manchen Jahren in den Wäldern in großen Mengen zu finden.

3 Habichtspilz
Sarcodon imbricatus

Auch bei dieser Art gestattet die Hutunterseite eine unkomplizierte Bestimmung. Sie ist fast samtartig dicht mit 1 cm langen Stacheln besetzt, die anfangs weiß, später aschgrau und braun sind. Die bräunliche Hutoberseite trägt dunklere Schuppen. In Fichenwäldern des Berglandes bildet der Habichtspilz nicht selten Hexenringe, in der Regel von August an bis in den November.

4 Schmetterlingstramete
Trametes versicolor

Der erste der 4 hier vorgestellten Porlinge ist zugleich auch der häufigste. Die dicht über- oder nebeneinander sitzenden Einzelhüte sind das ganze Jahr über anzutreffen und können tote Äste und Baumstubben völlig einhüllen. Die Hutoberseiten schmückt ein mehr-farbiges Muster mit exzentrischer Zonierung. Die Schmetterlingstramete gehört zu den wichtigsten holzabbauenden Pilzarten.

5 Zunderporling
Fomes fomentarius

Die hutförmigen, scharfkantigen Fruchtkörper des bis zu 50 cm großen Zunderschwamms trifft man vor allem auf kranken und altersschwachen Rotbuchen an. Aus dem weichen, wergartigen Material aus dem Inneren dieses großen Porlings wurde Zunder hergestellt, der vor Entwicklung der Streichhölzer zum Feuermachen fast unersetzlich war.

6 Schwefelporling
Laetiporus sulphureus

Im Gegensatz zu den beiden vorangehenden Arten sind die Fruchtkörper hier nur einjährig. Als echter Parasit schädigt er die verschiedenen Laubbaumarten, auf denen er wächst. Oft stehen mehrere Konsolen übereinander. Die ersten Schwefelporlinge treten schon im Frühling auf; jung sind sie eßbar.

7 Mai–Porling
Polyporus ciliatus

Der Maiporling ist ebenfalls einjährig, meistens kreisrund und 5–8 cm groß. Die Hüte sind graubraun und fallen durch ihr frühes Erscheinen (oft schon im April) auf. Als Fäulnisbewohner besiedelt die Art liegendes Totholz, vor allem von Esche und Birke.

8 Austernseitling
Pleurotus ostreatus

Ein Pilz, der in den letzten Jahren Karriere gemacht hat, ist der Austernseitling, der in den Wintermonaten auf totem Holz muschelförmige Fruchtkörper zu mehreren übereinander bildet. Sie sind seitlich gestielt und oberseits farblich variabel zwischen grau und braun. Wegen seines schmackhaften Fleisches wurde der Austernseitling in Kultur genommen. Außer auf Pappelholz wird er auch auf Strohballen kultiviert, meistens an schattigen und sogar an unterirdischen Orten.

1 Maronenröhrling
Xerocomus badius

Braun wie die Maronen (Eßkastanien) ist der Hut des Maronenpilzes, der vor allem Nadelwälder auf saurem Substrat, hin und wieder aber auch Laubwälder besiedelt. In manchen Jahren ist er ein echter Massenpilz, der trotz seines weichen Fleisches wegen seines Geschmacks viele Liebhaber hat. Auffallend ist, daß sich die schwammige Porenschicht auf Druck rasch, das Fleisch nur langsam blau färbt. Die meisten Maronenröhrlinge erscheinen im Frühherbst, einzelne aber oft schon zur Mittsommerzeit.

2 Ziegenlippe
Xerocomus subtomentosus

Ein guter Speisepilz, den man von Juli bis Oktober sowohl in Nadel- als auch in Laubwäldern antrifft, ist die Ziegenlippe mit einem bis zu 12 cm großen olivgelben Hut, der nur anfangs halbkugelig, im ausgewachsenen Zustand dann schwach gewölbt ist. Charakteristisch ist der Stiel, der an der Basis verdickt, insgesamt etwas verbogen ist und zur Spitze von Gelbocker in leichte rotbräunliche Streifung übergeht. Weder die goldgelben Röhren noch das weißgelbe Fleisch zeigen beim Schnitt nennenswerte Verfärbungen.

3 Rotfußröhrling
Xerocomus chrysenteron

Zu den häufigsten Röhrlingen unserer Laub- und Nadelwälder gehört der Rotfußröhrling, der mit seiner rötlichen Stielfärbung seinen Namen voll zu Recht trägt. Ebenfalls typisch sind die braune, oft aufgerissene Huthaut und der rasche Befall mit Schimmelpilzen bei älteren und umgefallenen Exemplaren. Weil sein Fleisch sehr weich ist, werden meist nur die jungen Pilze zum Sammeln empfohlen.

4 Steinpilz
Boletus edulis

Der König unter den Waldpilzen ist für viele Pilzfreunde der Steinpilz, geradezu der Pilz schlechthin. Wegen seines festen, schmackhaften Fleisches und seiner sehr vielfältigen Verwendungsmöglichkeiten ist er bereits seit der Antike der vielleicht beliebteste Speisepilz. Mit seinem stämmigen Stiel, den oft bis über 20 cm breiten Hüten und dem manchmal massenhaften Vorkommen lockt er nicht selten auch gewerbliche Sammler an, was zumindest in der Nachbarschaft der Städte und Ballungsräume unterbunden werden sollte. Die verschiedenen Unterarten des Steinpilzes sind durch Mykorrhiza an verschiedene Baumarten gebunden.

5 Satanspilz
Boletus satanas

Ganz so schlimm, wie sein Name vermuten läßt, ist dieser Pilz nun wieder auch nicht. Er ist zwar eindeutig giftig und verursacht Magen-Darm-Beschwerden und Durchfall, aber eine Verwechslungsmöglichkeit mit den vielen eßbaren und wertvollen Röhrlingen besteht nicht, wenn man jene mit roten Poren und rotem Stiel grundsätzlich meidet. Der Satanspilz ist relativ selten und dann meistens nur einzeln oder in kleinen Gruppen anzutreffen, am häufigsten noch unter Rotbuchen und Eichen in artenreichen Buchen- und Eichen-Mischwäldern. Schwer erklärlich und nicht zur Überprüfung angeraten ist die Tatsache, daß die Art in einigen Teilen ihres großen Verbreitungsgebietes nach entsprechender Behandlung offensichtlich schadlos genossen wird – ein Phänomen, das bei verschiedenen Giftpflanzen zu beobachten ist.

6 Netzstieliger Hexenröhrling
Boletus luridus

Die Art ist durch einen gelb und rötlich gefärbten Stiel mit erhabenem Adernetz (Name!) sowie tiefrote Sporen gekennzeichnet. Sie kommt an ähnlichen Standorten vor wie der Satanspilz, von dem sie sich durch viel schneller einsetzende Blaufärbung nach Verletzungen unterscheidet. Weil heute niemand mehr auf Pilznahrung angewiesen ist und jedes Risiko vermieden werden sollte, wird auch vom Genuß dieses Röhrlings abgeraten – und zwar im gekochten und erst recht im ungekochten Zustand.

1 Goldröhrling
Suillus grevillei

Bei diesem Röhrling mit gelbem bis orangefarbenem Hut fällt die enge Symbiose mit Lärchen auf, deren Saugwurzeln vom Pilzmycel des Goldröhrlings umsponnen werden. Bei dieser engen Verbindung zum wechselseitigen Vorteil erhält der Pilz Kohlenhydrate, der Baum Wasser und die darin gelösten Mineralsalze. Die bei Trockenheit klebrige, bei Feuchtigkeit stark schmierige Huthaut wird der Pilzkenner vor Zubereitung der Pilze abziehen. Der Goldröhrling wächst meistens gesellig und ist von Juli bis Oktober zu erwarten.

2 Butterpilz
Suillus luteus

Der vorigen Art ähnlich und als Speisepilz noch begehrter, aber meistens deutlich seltener anzutreffen ist der bekannte Butterpilz, der einen 4–10 cm breiten, dunkelbraunen Hut und ebenfalls eine leicht zu entfernende Huthaut hat. Er ist ein ausgesprochener Kiefernbegleiter, wobei es ihm nicht auf bestimmte Kiefernarten ankommt: In den Heidesandgebieten lebt er mit der Wald-, in Kalkgebieten mit der Schwarz- und im Hochgebirge mit der Bergkiefer (Latsche) in enger Symbiose. Sehr zutreffend wird der Butterpilz mancherorts wegen seiner schmierigen Huthaut als Schmerling bezeichnet.

3 Birkenpilz
Leccinum scabrum

Eine wiederum sehr streng spezialisierte Mykorrhizapilz-Art ist der Birkenpilz, der praktisch ausschließlich zusammen mit Birken vorkommt. Dieser Röhrenpilz ist an seinem grau- bis dunkelbraunen Hut von 5–10 cm Breite und seinem bis 15 cm langen, weißlichen Stiel zu erkennen, der schwärzliche Flockenschuppen trägt und dadurch rauh wirkt. Die wohl überall verbreitete und meist recht häufige Art erscheint oft schon im Frühsommer und gilt bis in den Herbst hinein als guter Speisepilz, den man auch noch in Stadtnähe antrifft.

4 Espenrotkappe
Leccinum rufum

Mit etlichen weiteren Arten gehören die Rotkappen zur auf dieser Seite bislang ausschließlich behandelten Familie der Röhrlinge (*Boletaceae*). Die enge Bindung dieser Art an die Zitterpappel oder Espe ist nicht zu übersehen. Die Größe ihres orangebraunen Hutes kann die des Birkenpilzes übertreffen. Wie bei letzterem ist der Stiel mit braunen oder schwarzbraunen Faserschuppen besetzt. Das Fleisch der Rotkappen wird beim Kochen schwarz. Die Art gehört zu den besonders wohlschmeckenden Speisepilzen. Neben dieser espenbegleitenden gibt es ähnliche, leicht verwechselbare Arten als Mykorrhizapilze u.a. an Eichen, Birken und Kiefern. Da diese Rotkappen alle eßbar sind, faßt man sie in der Regel als „Rotkappen" zusammen.

5 Samtfußkrempling
Paxillus atrotomentosus

Die mit den Röhrlingen eng verwandten Kremplinge fallen durch ihre im jungen Zustand oft eingerollten Hüte auf (Name!). Der dunkelbraune, filzige, bis 20 cm große Hut (Name!) wächst etwas einseitig verschoben (exzentrisch). Am häufigsten findet man die Art auf Kiefernstubben – und dort sollte man sie auch stehen lassen, schon ihres bitteren Geschmacks und ihrer schweren Verdaulichkeit wegen, aber auch um jede Verwechslung mit der folgenden Art auszuschließen.

6 Kahler Krempling
Paxillus involutus

Dieser früher zumindest nach dem Abkochen als Misch- und Würzpilz empfohlene Krempling ist inzwischen als Träger eines gefährlichen Giftes entlarvt, das die Leber schädigt und das Blut zersetzt. Allen Traditionen zum Trotz sollte man sich vom oft sehr zahlreichen Vorkommen des Kahlen Kremplings in Nadel-, manchen Laubwäldern und sogar in Gärten nicht in Versuchung führen lassen. Die Kremplinge gehören in den Wald, wo sie oft ausgesprochen malerisch wirken, aber nicht auf den Speisetisch!

1 Erdritterling
Tricholoma terreum

Mit dem Erdritterling treten wir in die Ordnung der Blätterpilze ein, zu der in Europa mit rund 2500 Arten die meisten Höheren Pilze gehören. Wir können ihr in diesem Naturführer allerdings außer dieser nur noch 4 weitere Tafeln widmen, so daß wir uns auf die Vorstellung von 30 besonders häufigen Arten beschränken müssen. Nach den strahlig angeordneten Lamellen werden die Angehörigen dieser Ordnung im Volksmund allgemein – im Gegensatz zu den „Röhrenpilzen" – „Lamellenpilze" genannt, unter denen die Ritterlinge mit 600 Arten in Mitteleuropa wiederum die artenreichste Familie sind. Der Erdritterling ist ein herbstlicher Massenpilz, der auf seinem silbergrauen Hut breite, graubraune Schuppen trägt. Sein Lebensraum sind Nadelwälder, seine Eigenschaften als Speisepilz nicht sonderlich hoch einzuschätzen. Obendrein wird wegen einiger ähnlicher, aber giftiger Verwandter eher vom Sammeln des Erdritterlings abgeraten.

2 Nebelgrauer Trichterling
Clitocybe (Lepista) nebularis

Die Art ist auch als „Nebelkappe" bekannt. Sie erscheint erst im Spätherbst und tritt in Wäldern unterschiedlicher Zusammensetzung bis in den November hinein oft in großen Massen auf. Der Hut ist hell aschgrau, oft aber auch dunkler graubraun. Als Speisepilz ist er nicht für jedermann bekömmlich.

3 Grüner Anis-Trichterling
Clitocybe odora

Durch ihren angenehmen Anisgeruch, den die Art auch beim Kochen beibehält, unterscheidet sie sich von allen anderen Trichterlingen. Sie wird 4–8 cm hoch und ebenso breit. Die Hutfarbe variiert zwischen Blaugrün und Grünlichgrau und verblaßt im Alter, so daß der Hut dann weißlich wirkt und meistens flach trichterförmig eingetieft erscheint. Obwohl der Grüne Anis-Trichterling in unterschiedlichen Wäldern vorkommt, scheint er doch die Nadelstreu des Fichtenwaldes zu bevorzugen.

4 Maipilz
Calocybe gambosa

Weil man ihn gelegentlich schon zeitig in lichten Wäldern und Parks mit unterschiedlicher Baumarten-Zusammensetzung antrifft, wird er Maipilz oder Mairitterling genannt. Zur fast mehlweißen Färbung kommt bei dieser Art ein starker Mehlgeruch und -geschmack. Der angeschnittene feste Stiel verfärbt sich nicht. Der Maipilz wird mancherorts als Speisepilz geschätzt.

5 Nelken-Schwindling
Marasmius oreades

Den ganzen Sommer und Herbst über kann man diesen nur 5 cm großen Pilz im Grünland und auf dem Rasen im Garten erwarten, wo er nicht selten Ringe bildet. Er gilt als Suppenpilz, von dem man nur die Hüte verwertet. Die weit entfernt stehenden Lamellen erleichtern die Unterscheidung der Art von giftigen Doppelgängern.

6 Hallimasch
Armillaria mellea

Sehr zuverlässig Jahr für Jahr wachsen im Herbst aus Baumstubben, liegendem Totholz, aber auch manchmal aus lebenden Fichten und Kiefern und unmittelbar aus dem Boden ganze Pilzbüschel hervor. Bei Förstern und Waldbesitzern gilt der Hallimasch als gefürchteter Baumschädling; bei Pilzfreunden ist das Urteil über den massenhaft verfügbaren, aber höchstens abgekocht genießbaren Pilz geteilt.

7 Samtfuß-Rübling
Flammulina velutipes

Dieser kleine Pilz erscheint im Herbst und bildet auch im Winter Sporen. Er wächst in Büscheln an Stubben von Laubholz, vor allem von Weiden und Erlen, und gehört zu den wenigen eßbaren Winterpilzen. Man kann ihn auch im gefrorenen Zustand ernten. Neuerlich wird er – offensichtlich sehr problemlos – kultiviert und fast das ganze Jahr über angeboten.

1 Gelber Knollenblätterpilz
Amanita citrina

Diese Seite ist den Wulstlingen oder Knollenblätterpilzen gewidmet, die in Europa mit 29 Arten vertreten sind und eine Manschette sowie zumeist eine knollig verdickte Stielbasis haben. Wenn wir hier mit dem Gelben Knollenblätterpilz beginnen, dann mit einem der harmlosesten aus einer Gruppe, von der schon oft Todesgefahr ausging. Er verursacht nur Verdauungsstörungen, so daß man ihn am besten als „unbekömmlich" etikettiert. Der Geruch erinnert an alte auskeimende Kartoffeln. Weißliche Lamellen, Knollenhülle und Fetzen der Hüllreste auf dem Hut sollten für den Champignon-Sammler eigentlich genügend warnende Alarmzeichen sein.

2 Weißer Knollenblätterpilz
Amanita virosa

Der Weiße oder Spitzhütige Knollenblätterpilz gehört zu den Arten mit tödlicher Giftwirkung, ist allerdings seltener als die folgende Art. Der Hut, der bis zu 9 cm breit werden kann, und die Lamellen sind reinweiß. Die kugeligen bis eiförmigen Jungpilze können mit jungen Champignons verwechselt werden, weshalb vor dem Sammeln noch nicht entwickelter Champignons gewarnt wird.

3 Grüner Knollenblätterpilz
Amanita phalloides

Häufigkeit und weite Verbreitung dieser Pilzart machen sie zum gefährlichsten Giftpilz in Mitteleuropa. Weil sich die Vergiftung erst nach einer Latenzzeit von 8 – 20 Stunden bemerkbar macht, kommt dann oft jede Hilfe zu spät. Dabei genügt oft schon ein kleines Teilstück eines Grünen Knollenblätterpilzes, um Erbrechen, Schweißausbrüche und Krämpfe und nach kurzer Beruhigungszeit den Tod infolge schwerer Organschäden auszulösen.

4 Perlpilz
Amanita rubescens

Der Perlpilz springt völlig aus der Reihe der gefürchteten *Amanita*-Arten. Er ist – zuvor gut erhitzt – ein nicht selten gesammelter Speisepilz, der von Juni bis Oktober in Laub- und Nadelwäldern zu erwarten ist. Sein Fleisch ist weiß und wird an Schnitt- oder Schneckenfraßstellen rötlich. Der fein geriefte Ring und das Fehlen der Scheide am knolligen Stielgrund sind wichtige Unterscheidungsmerkmale gegenüber der nachfolgenden sehr gefährlichen Art.

5 Pantherpilz
Amanita pantherina

Die – übrigens wie beim Fliegenpilz – auf das erregende und berauschende Muscarin und das gegenläufig wirkende, lähmende Muscaridin (Pilzatropin) zurückführbare Giftwirkung ist nach dem Verzehr von Pantherpilzen bereits innerhalb weniger Minuten, spätestens nach $\frac{1}{2}$ Stunde zu bemerken. Wenn der Kreislauf einigermaßen stabil ist, kann der Arzt in der Regel das Schlimmste verhindern. Erbrechen und Schwindel, unkoordinierte Bewegungen und Sehstörungen bleiben dem unglücklichen Pilzfreund in aller Regel dennoch nicht erspart. Der dunkelbraune Hut mit seinem deutlich gerieften Rand, dessen weiße, flockenartige Hüllreste und die wulstige Stulpenscheide am Stielgrund sind offenbar als Merkmale schon öfter nicht richtig erkannt oder gewertet worden.

6 Fliegenpilz
Amanita muscaria

Der Fliegenpilz gehört zu den schönsten und bekanntesten Giftpilzen unserer Wälder. Die Kinder begegnen ihm schon in Bilderbüchern und Märchen, später noch als Glückssymbol und Begleiter der Gartenzwerge. All das darf nicht zur Verharmlosung dieses Giftpilzes führen, die gegenwärtig ohnehin durch viele im fernen europäischen oder asiatischen Ausland aufgewachsene Neubürger droht. Sie berichten von den guten Genießbarkeit besonders zubereiteter Fliegenpilze, bedenken aber nicht, daß der Alkaloidgehalt der Pilze in verschiedenen Teilen ihres Verbreitungsgebietes sehr unterschiedlich sein kann. Deshalb gilt nach wie vor die Regel: Hände weg vom Fliegenpilz!

1 Parasolpilz
Macrolepiota procera (Lepiotia p.)

Mit manchmal über 40 cm langem Stiel und über 30 cm breitem Hut ist er in der Tat ein „Riesen-Schirmling". Am braun genatterten, röhrig hohlen, aber sehr festen Stiel bleibt ein dicker, doppelter Ring zurück, der verschiebbar ist. Der Hut ist dünn, gilt aber gebraten als Delikatesse; auf den Genuß des Stiels sollte man verzichten. Leider tritt der Parasolpilz, dessen Name durch den Vergleich mit dem Sonnenschirm auf seinen großen Hut verweist, nur selten in größerer Zahl auf. Am häufigsten ist er unter Buchen, oft aber auch unter Kiefern anzutreffen, meistens erst ab Juli bis in den Oktober hinein.

2 Wiesenchampignon
Agaricus campestris

Einer der bekanntesten und beliebtesten Speisepilze ist der Wiesenchampignon oder Wiesenegerling, der in manchen Jahren vor allem auf Viehweiden recht zahlreich auftreten kann. Erste Champignons erscheinen oft schon im Mai/Juni. Es gibt mehrere einander ähnliche wertvolle Speisepilze in der Gattung *Agaricus*, die alle einen kurzen Stiel und einen im geschlossenen Zustand halbkugeligen Hut und immer zartrosa, rosa oder bräunliche, nie weiße Lamellen haben. Der Kulturchampignon ist eine mit dem Wiesenchampignon sehr nahe verwandte, aber durchaus eigenständige Art, die heute auf mit Pferde- oder Hühnermist vermischtem Stroh – u.a. in alten Bunkern und Kellern – kultiviert wird.

3 Rauchblättriger Schwefelkopf
Hypholoma capnoides

Nicht nur bei diesem, sondern auch bei den anderen Schwefelköpfen handelt es sich um Baumpilze, die in Büscheln aus Baumstümpfen emporschießen und dazu oft in solchen Mengen, daß Pilzfreunde immer wieder in Versuchung geraten. Dennoch sollte grundsätzlich auf den Verzehr von Schwefelköpfen verzichtet werden, wenn auch der Rauchblättrige Schwefelkopf als eßbar gilt. Die Verwechslungsgefahr ist einfach zu groß.

4 Stockschwämmchen
Pholiota mutabilis

Vom Frühling bis zum Dezember sind Stockschwämmchen recht verbreitet und meistens in individuenreichen Büscheln an den Stümpfen von Laub- und Nadelbäumen sowie an liegendem Totholz zu finden. Der gelbbraune Hut mit farblich abweichenden Zonen im Zentrum und am Rande und der nur 5 cm lange Stiel mit dunklen, abstehenden Schüppchen unterscheiden die würzig duftenden Stockschwämmchen von ihren Doppelgängern unter den Schwefelköpfen und vom tödlich giftigen Nadelholzhäubling.

5 Blaugestiefelter Schleimkopf
Cortinarius praestans

Erst im Herbst und Frühwinter tritt in Laub- und seltener in Nadelwäldern diese Pilzart auf, die wegen ihrer seidig-häutigen, weißvioletten Schleierreste am Stiel und Schleierflocken auf dem Hut auch als „Schleiereule" bekannt ist. „Schleimkopf" wird sie genannt, weil der bis 25 cm große, intensiv braune Hut glatt und schmierig ist. Der dickfleischige Hut und die – vor allem in der Jugend – kraftvoll wirkenden Stiele sowie der milde Geschmack verlocken vielfach den Pilzsammler, dem aber ohne genaue Pilzkenntnis und im Grunde auch aus Artenschutzgründen vom Sammeln aller Schleimköpfe abgeraten werden sollte.

6 Mai–Rißpilz
Inocybe erubescens

Von Mai bis Juli ist dieser Giftpilz unter Laubbäumen in Wäldern und Parks zu finden, vor allem auf kalkhaltigem Untergrund. Der bis zu 8 cm große Hut ist in der Jugend weißlich, später gelblich bis graubraun, auf Druck rötlich anlaufend. Markant sind der spitze Buckel des Hutes und die im Alter zunehmenden radialen Risse, die auch den Namen anspricht. Der süßlich-fruchtige Geruch und der milde Geschmack passen nicht zu dieser sehr giftigen Pilzart, unterstreichen aber die Regel, daß weder Geschmack noch Geruch eines Pilzes die genaue Kenntnis der differenzierenden Merkmale ersetzen.

1   Schopftintling
Coprinus comatus

Die Tintlinge sind schon Sonderlinge, deren Fruchtkörper bei der Reife allmählich zerfließen und deren schwarze Sporen als tintenartige Flüssigkeit zu Boden tropfen. Nicht der Wind wie bei anderen Pilzarten, sondern Insekten – vor allem wohl Aasbewohner – verbreiten die Sporen. Unter den Tintlingen ist der Schopftintling die größte Art, die bis zu 20 cm hoch werden kann. Sein weißer Hut, der anfangs schlank eiförmig, später zylindrisch ist, liegt mit seinem Rand eng am Stiel an. Die in der Jugend noch weißen Lamellen werden später rosa und schließlich schwarz. Obwohl häufig auf Mist- und Komposthaufen, auf stark gedüngtem Grünland und Rasen in großer Zahl erscheinend, ist seine Wiederkehr im nächsten Jahr ungewiß. Der Schopftintling gehört zu den unsteten Arten.

2   Glimmertintling
Coprinus miaceus

Seinen Namen erhielt dieser kleine Tintling, weil sein gelbbrauner Hut in der Jugend mit vielen weißlichen, glimmerigen Körnchen besetzt ist. Die Lamellen färben sich wie bei der vorigen Art allmählich schwarz. Der Glimmertintling wächst oft in großen Büscheln auf vermodertem, bereits von Laub überdecktem Holz. Als Speisepilz ist er ungeeignet.

3   Speisetäubling
Russula vesca

Die Täublinge und die auf der nächsten Seite folgenden Reizker gehören zu einer Pilzfamilie, deren Arten dicke, auffallend brüchige Lamellen, Hüte und Stiele haben. Dabei sind die Bruchstellen nicht faserig, sondern mürbe. Die Täublinge, die in Mitteleuropa mit 110 Arten vertreten sind, haben zumeist lebhaft gefärbte Hüte, die flach gewölbt bis schwach trichterförmig sind und deren Häute sich ganz oder teilweise abziehen lassen. Wenn erst einmal die Gattung Täubling (*Russula*) genau bestimmt ist, hilft ausnahmsweise wirklich einmal die Geschmacksprobe weiter. Alle mild schmeckenden Täublinge sind eßbar. Wie

schon der Name verrät, gilt das auch für den bis 10 cm großen Speisetäubling, der in den verschiedenen Laub- und Nadelwäldern den ganzen Sommer über recht häufig anzutreffen ist. Die Rottöne der Huthaut, oft durchsetzt mit rotbraunen Flecken, und die am Hutrande etwas überstehenden Lamellen gelten als weitere gute Merkmale.

4   Brauner Ledertäubling
Russula integra

Die Färbung dieser Art, die im Sommer in Nadelwäldern meistens sehr häufig ist, variiert sehr stark, doch herrschen Brauntöne vor. Die anfangs weißlichen Lamellen werden bald gelblich und schließlich lederfarben hellbraun (Name!). Obwohl der Pilz beim Kochen keinen nennenswerten Eigengeschmack hervorbringt, wird er gern als Speisepilz genutzt.

5   Frauentäubling
Russula cyanoxantha

Als echten Buchenbegleiter kann man diesen Täubling bezeichnen, dessen farblich sehr variable Huthaut unter anderem immer auch grüne und lila Töne aufweist, weshalb man ihn auch Papageien-Täubling nennt. Die Lamellen sind nicht so brüchig wie bei den anderen Täublingen. Unter ihnen ist er einer der wertvollsten Speisepilze.

6   Kirschroter Speitäubling
Russula emetica

Mit ihrem leuchtend roten Hut fällt diese Art am Waldboden – oft in den Moospolstern feuchter Standorte selbst im finstersten Fichtenforst – sehr leicht auf. Bei der Geschmacksprobe, bei der man sich stets auf ein möglichst kleines Lamellenstückchen beschränken sollte, wird man wegen des brennend scharfen Geschmacks sogleich spucken und den Namen richtig erklären. Ob er wirklich so giftig ist, daß er eine echte Gefahr darstellt, oder ob er nur gelegentlich Brechreiz verursacht und deshalb Speitäubling genannt wird, ist bei Pilzkennern umstritten. Doch im Zweifelsfalle ist grundsätzlich Vorsicht geboten!

1 Echter Reizker
Lactarius deliciosus

Die mit den Täublingen verwandten Milchlinge und Reizker (Gattung *Lactarius*) unterscheiden sich von diesen dadurch, daß sie Milchsaft enthalten, nie so leuchtende Farben haben wie die Täublinge, die Huthaut nur schwer abzuziehen ist und die Hüte meistens etwas trichterförmig eingesenkt sind. Unter den Arten mit rotem Milchsaft sind die besten Speisepilze, so auch der Echte Reizker, dessen 5–10 cm breiter Hut orangerote Zonen aufweist und sich später grünlich verfärbt. Der 4–6 cm hohe Stiel ist ebenso wie die Lamellen gelblich bis orange (**1a**). Zumindest im nördlichen Teil des Gebietes – vor allem unter Kiefern – tritt der Echte Reizker im Sommer bei schwül-warmem Wetter nach stärkeren Gewitterschauern in großen Mengen auf. Pilz-Gourmets schwören auf panierte und gebratene Reizker-Hüte.

2 Pfeffermilchling
Lactarius piperatus

Der Name dieses Angehörigen derselben Gattung *Lactarius* verweist auf den brennend scharfen Geschmack des reichlich fließenden weißen Milchsaftes. Der bis zu 15 cm breite Hut und der lange, schlanke Stiel sind weiß, ebenso die sehr dicht gedrängt stehenden und die nur wenig am Stiel herablaufenden Lamellen. Man findet den Pfeffermilchling in den Sommermonaten in Laub- und in Nadelwäldern, vor allem unter Rotbuchen, meistens in großen Scharen, mal reihig, mal ringartig angeordnet. Er gilt hierzulande als zwar nicht giftig, aber dennoch als kaum genießbar. Dem wird allerdings in anderen Teilen Europas lebhaft widersprochen.

3 Birkenreizker
Lactarius torminosus

Als Birkenreizker oder Zottiger Milchling wird eine Art bezeichnet, die in der Tat außerordentlich eng an die Birke gebunden ist und in dieser engen Symbiose von den Birken mit Kohlenhydraten versorgt wird, während er selbst deren Wurzeln bei der Wasseraufnahme unterstützt. Die weiße Milch, eine fleischrosa Hutfarbe und die dicht filzige Huthaut sind einige der wesentlichen Kennzeichen des Birkenreizkers, der als Speisepilz nicht geeignet ist.

4 Falscher Pfifferling
Hygrophoropsis aurantica

Wohl jedem Pilzsammler ist es schon passiert, daß er nach dem falschen Doppelgänger unseres beliebtesten Waldpilzes griff und erst bei näherem Hinsehen den Irrtum bemerkte. Der Falsche Pfifferling ist schon ein echtes Ärgernis! Zwar bedeutet die Verwechslung keine ernste Gefahr, führt aber sehr wohl oft zu Brechdurchfällen. Die beste Unterscheidungshilfe bieten die Lamellen, die dem Echten Pfifferling, der systematisch nicht zu den Blätterpilzen, sondern zur Ordnung der Porlinge (*Poriales*) gehört, fehlen. Statt dessen hat der Echte Pfifferling gegabelte Leisten und obendrein brüchiges, nicht biegsames Fleisch. Sein Doppelgänger tritt ebenso wie er erst im Herbst zahlreicher in unseren Wäldern auf, wo er entweder auf dem Boden oder auf schon sehr morschem Nadelholz wächst.

5 Frost-Schneckling
Hygrophorus hypothejus

Die schleimig-klebrige Beschaffenheit des Hutes hat dieser Pilzgattung ihren deutschen Namen eingetragen. Ebenso ungewöhnlich ist der Zeitpunkt, zu dem diese Art erscheint, nämlich im Frühwinter, oft erst nach dem ersten Frost. Den ganzen Winter über – manchmal bis in den Februar hinein – kann man mit dem Frost-Schneckling rechnen, der in Kiefernwäldern und Wacholder-Heiden gebietsweise sehr häufig sein kann. Auf einem schlanken, 3 bis 10 cm hohen Stiel steht der bis 5 cm breite olivbraune Hut. Wenn im Alter der schleimige Hutbelag bis auf leicht zu entfernende Reste zurückgegangen ist, wirkt der Frost-Schneckling ganz appetitlich und ist es auch, zumindest als Suppen- und Gemüsepilz. Seine winterliche Wachstumszeit hilft den Pilzfreunden, eine zeitliche Lücke beim Pilzgenuß zu schließen, und trägt obendrein dazu bei, daß sein Fleisch meistens madenfrei ist.

1 Flaschenbovist
Lycoperdon perlatum

Diese Seite ist 6 verschiedenen Bauchpilzen (*Gasteromycetales*) gewidmet, bei denen die Sporen im Inneren des Fruchtkörpers reifen. Der Flaschenbovist, der auch Flaschenstäubling heißt, ist an seiner für die Art namengebenden Gestalt leicht zu erkennen. Sie kommt dadurch zustande, daß der 5–8 cm hohe Fruchtkörper sich in einen dünneren Stiel verjüngt und wie eine auf den Kopf gestellte Flasche wirkt (**1a**). In der Jugend weiß, später dann zunehmend bräunlich ist der Fruchtkörper mit kleinen körnigen Warzen bedeckt, die sich leicht abwischen lassen. Bei der Reife der Sporen bildet sich oben am Fruchtkörper eine kleine Öffnung, duch die das dann braune Sporenpulver ins Freie gelangt (**1b**). Im Sommer und Herbst sind Flaschenboviste oft in sehr großer Zahl sowohl in Nadel- als auch in Laubwäldern anzutreffen. Solange das Fleisch noch weiß ist, kann man die ästhetisch recht ansprechenden Pilze bedenkenlos zubereiten. Weil auch die reifen Sporen ungiftig sind, besteht keine Gefahr, wenn Kinder die sich öffnende Fruchtkörperhülle hin und wieder einmal im Spiel als Puderquaste benutzen.

2 Riesenbovist
Langermannia gigantea

Fast in jedem Jahr findet man in den Tageszeitungen besonders große Exemplare dieser Pilzart abgebildet, die 10 kg schwer werden und einen Durchmesser von 20–30 cm erreichen kann. Der Riesenbovist ist lange Zeit weiß, bevor er sich gelblichgrau verfärbt. Weil er außer auf Wiesen auch auf Parkrasen erscheint – oft jahrelang am selben Ort – ist ihm öffentliches Interesse gewiß. Der Riesenbovist ist in der Jugend eßbar, aber eigentlich wegen seiner imposanten Größe viel zu schade, um entnommen zu werden.

3 Kartoffelbovist
Scleroderma citrinum

Mit ihrer dicken, braun geschuppten Hülle erinnern die knolligen, nieren- bis kugelförmigen Fruchtkörper an Kartoffeln. Einen Stiel sucht man bei diesem Bovist vergebens, allein die Myzelstränge stellen die Verbindung mit dem Substrat her. Ebenso wie ihre dünnerschaligen Verwandten sind diese dickschaligen Kartoffelboviste zum Verzehr nicht geeignet. Schon der Geruch ist wenig attraktiv, die Sporenmasse schon früh braun-violett und der Fruchtkörper nie rein weiß. Im Sommer und Herbst gehören die Kartoffelboviste zu den häufigen Pilzarten der Laub- und Nadelwälder auf sandig-armen Böden.

4 Gewimperter Erdstern
Geastrum fimbriatum

Junge Erdstern-Fruchtkörper – zunächst noch geschlossen – ähneln Boviston und liegen unter der Erdoberfläche. Erst bei der Reife reißt die Hülle mit 6–8 nach unten umgerollten Lappen sternförmig auf und drückt den Fruchtkörper aus dem Boden. Die an der Spitze der Innenhülle liegende Austrittsstelle der Sporen ist bei diesem Nadelwaldbewohner von Wimpern umstanden (Name!).

5 Stinkmorchel
Phallus impudicus

Jeder Waldspaziergänger kennt die Stinkmorchel, zumindest vom aasartigen Geruch her, der Insekten anlockt. Sie lassen sich auf dem dunkel- bis olivgrünen schleimigen Kopf nieder, fressen von der Masse und tragen an ihrem Körper Sporen mit davon. Bekannt sind die auch als „Hexenei" bezeichneten Jugendstadien, die schneeweiß sind und einen Durchmesser von 3–6 cm haben.

6 Tintenfischpilz
Clathrus archeri

Auch diese – in der Tat an einen Tintenfisch erinnernde – Art entwickelt sich aus einem „Hexenei". Sie breitet ihre 4–7 oberseits roten Arme aus, die spitz enden. Dieser ungewöhnliche Pilz, der einen Durchmesser von 20–30 cm erreicht, wurde – vermutlich mit Wollballen – aus Australien nach Mitteleuropa verschleppt und 1921 erstmalig in den Vogesen nachgewiesen. Heute ist die Art schon ziemlich weit verbreitet.

Flechten sind außergewöhnliche Doppelwesen, die durch eine symbiontische Verbindung von Pilzen (meistens Schlauchpilze) und Algen (Grün- und Blaualgen) zustandekommen. Die Flechtenpilze dominieren, kommen aber allein für sich in der Natur kaum vor, während die Flechtenalgen-Arten auch außerhalb von Flechten, also freilebend, beobachtet werden. Normalerweise profitieren von der Symbiose beide Partner: die Pilze von den von den Algen produzierten Kohlenhydraten, die Algen vom Schutz gegen Trockenheit und Hitze, den die sie umhüllenden Pilze bieten und ohne den die für Flechten typische Besiedlung extremer Lebensstätten kaum möglich wäre.

Bei der Zuordnung der Flechten unterscheidet der Anfänger am besten zwischen 3 verschiedenen Wuchsformen, die allerdings mit der wissenschaftlichen Systematik der Flechten, die verwandtschaftliche Verhältnisse berücksichtigt, nichts zu tun haben. Danach gehören die beiden ersten Arten zu den **Krustenflechten**, deren Lager (Thallus) fest mit der Unterlage verbunden ist; die vier folgenden Arten sind **Blattflechten**, die leichter von ihrer Unterlage abgehoben werden können.

1 **Schriftflechte**
Graphis scripta

Die Art wächst auf glattrindigen Bäumen wie Linden, Ebereschen und Haselsträuchern und ist in Mitteleuropa weit verbreitet. Ihr krustenförmiger Thallus ist grau und sehr dünn und in der Regel in die Rinde eingesenkt. Am auffälligsten sind die schriftförmig schmalen und verzweigten Fruchtkörper (Name!).

2 **Landkartenflechte**
Rhizocarpon geographicum

Vor allem auf Silikat-Felsblöcken in höheren Gebirgslagen sind die gelbgrünen, zu Recht mit Landkartenbildern verglichenen Krustenflechten mit ihrem rissigen, in Felder aufgeteilten Thallus keine Seltenheit. In ihrer Mustervielfalt werden sie immer wieder bestaunt. Sie kommt durch die schwarzen Fruchtkörper zustande, die in den Feldern des Thallus stehen.

3 **Schüsselflechte**
Parmelia (Hypogymnia) physodes

Als Bioindikator für Luftverschmutzung findet gerade diese Art zur Zeit vielerorts praktische Verwendung, indem sie in den Untersuchungsgebieten gezielt ausgebracht (exponiert) wird. Sie zeichnet sich durch hohe Immissionsresistenz aus und verschwindet meistens als eine der letzten Flechtenarten aus stark luftbelasteten Gebieten. Sie ist auf Rinde, Holz und Gestein allgemein verbreitet und sehr häufig. Ihre rundlichen, grüngrauen Lager mit ihren geteilten und hochgewölbten Randlappen bilden oft rasige Bestände.

4 **Gelbe Baumflechte**
Xanthoria parietina

Wo nitrat- und phosphathaltiger Staub hingelangt, d.h. in der Umgebung von Bauernhöfen und Feldern, aber auch in Küstennähe, ist diese weit verbreitete Flechte besonders häufig auf Rinde, Holz und Gestein anzutreffen. An ihrem großen, gelborange gefärbten Thallus in rundlichen, rosettigen Flecken ist die Art vergleichsweise leicht zu erkennen.

5 **Schildflechte**
Peltigera canina

Auf der Erde – oft zwischen Moosen –, aber auch an Mauern und Felsen wächst diese auch Hundsflechte genannte Art, die mehrere Quadratzentimeter groß werden kann. Der groblappige Thallus ist oberseits graublau und filzig behaart. Die Art galt früher als Mittel gegen die Hundetollwut (lat. canis = Hund).

6 **Lungenflechte**
Lobaria pulmonaria

Bis 20 cm lang und 10 cm breit ist das Lager dieser Blattflechte, die sowohl an Felsen als auch an Baumstämmen wächst. Die entfernt lungenähnliche Struktur war für die Anhänger der Signaturenlehre der Anlaß, von ihr Heilwirkung bei verschiedenen Lungenleiden zu erwarten (Name!). Die Lungenflechte tritt nur noch in Landstrichen mit ausgeprägt atlantisch bestimmtem Klima häufiger auf.

Auf dieser Seite sind ausschließlich **Strauchflechten** dargestellt, die meistens aufrecht wachsen und mit ihrem stielartig verzweigten Lager an Sträucher erinnern. Eine Sonderstellung nehmen die ebenfalls strauchig verzweigten, aber nicht aufrechten, sondern herabhängenden Bartflechten ein (**4**), tendentiell auch die Pflaumenflechten (**5** und **6**).

1 Isländisches Moos
Cetraria islandica

Mit ihrem breitlappigen, einen moosähnlichen Eindruck vermittelnden Lager unterscheidet sich die Art von anderen Strauchflechten („Moosflechte"). Sie lebt auf dem Boden in Heiden, Kiefern- und Birkenwäldern. In Notzeiten diente sie mit dem stärkeähnlichen Lichenin bereits dem Menschen als Nahrung. Der relativ hohe Nährwert des Lichenins ist allerdings nur schwer nutzbar, weil zunächst die Bitterstoffe entfernt werden müssen, was einer zeitaufwendigen Prozedur bedarf. Wegen ihrer Schleim- und Bitterstoffe hat sie pharmazeutische Bedeutung.

2 Echte Rentierflechte
Cladonia rangiferina
Wald-Rentierflechte
Cladonia arbuscula

Die Gattung *Cladonia* ist besonders arten- und formenreich. Der wissenschaftliche Gattungsname weist auf die Verzweigungen hin (griech. klades = Zweig). Auch bei diesen beiden einander sehr ähnlichen Arten wächst das Lager strauchig verzweigt empor. Die Zweigspitzen sind 3–4fach geteilt; an ihnen befinden sich auch die Sporenlager (**2b**). Während jedoch die erste Art grauweiß gefärbt ist, wirkt die zweite eher gelblich. Beide Arten bilden oft gemeinsam auf sandigen Waldböden und in Heiden große polsterartige Teppiche (**2a**). In Nordeuropa gehören sie zu den häufigsten Flechtenarten. Zusammen mit dem Isländischen Moos haben sie hier den größten Anteil an der Rentiernahrung. Aber auch im übrigen Europa sind sie weit verbreitet, vor allem im Gebirge. Modellbauer benutzen die Flechten gern zur Darstellung von Gebüsch oder Wald.

3 Becherflechte
Cladonia pyxidata

Bei dieser *Cladonia* wachsen aus dem graugrünen, schuppigen Lager am Boden aufrechte, dickwandige Becher empor. Sie siedelt häufig auf mageren und trockenen Böden, aber auch auf frischen Böschungen, Gemäuer und Felsen.

4 Bartflechte
Usnea filipendula

Mehrere einander sehr ähnliche Arten hängen bartartig bis zu 50 cm lang von Zweigen und Felsen herab. Sie waren früher eine besondere Zier vieler Bergwälder, denen sie ihr eigenes Gepräge gaben. Inzwischen aber sind sie infolge der Luftverschmutzung extrem stark zurückgegangen und sogar aus weiten Teilen ihres ehemaligen Verbreitungsgebietes völlig verschwunden. Die Art war im nördlichen Mitteleuropa allerdings schon immer viel seltener als im Süden.

5 Echte Pflaumenflechte
Evernia prunastri

Bei dieser Art hängen die länglichen, verzweigten Thallusäste in Büscheln etwa 5 cm lang herab. Die Oberseite des Thallus ist graugrün, die Unterseite weißgrau. Die Echte Pflaumenflechte wächst vorzugsweise auf Sträuchern und niedrigen Laubbäumen sowie auf altem Holz und Gestein. Ihre Vorliebe für Schlehen und Pflaumenbäume spiegeln der deutsche und der wissenschaftliche Artname. Die Parfümindustrie nutzt die Flechte als Bindemittel für Parfümöle.

6 Falsche Pflaumenflechte
Pseudevernia furfuracea

Die Falsche Pflaumenflechte hat im Gegensatz zur vorigen Art eine schwärzliche Thallusunterseite und längere Thallusäste. Sie ist vor allem in Nadelwäldern des Berglandes anzutreffen, gelegentlich aber auch auf Laubbäumen, Totholz und Gestein. Ihre Verwendung in der Parfümindustrie entspricht der der Echten Pflaumenflechte.

Diese beiden Abteilungen umfassen über 35 000 Arten Mikroorganismen, die in der Regel nur mikroskopisch genau bestimmt werden können. Mehrere Arten treten jedoch in derart großen Kolonien auf, daß der Wanderer und Naturfreund sie kaum übersehen kann. Zu den **Blaualgen**, die noch keinen von einer Membran umgebenen Zellkern haben, gehören etwa 2000 Arten, von denen hier nur eine einzige erwähnt wird (**1**).

Die Klassen der artenreichen Abteilung der **Algen** umfassen ausschließlich Arten, deren Zellen einen echten Zellkern enthalten und deren verschiedene Gruppen wahrscheinlich auf eine einzige mit Geißeln ausgestattete Einzeller-Urform zurückgehen. Dabei kommen unter den heutigen Algen vom Einzeller über fädige und verzweigte bis hin zu großen, flächigen Formen mit zum Teil differenzierten Geweben die unterschiedlichsten Entwicklungsstufen in ziemlich allen Klassen vor.

Die Organisationshöhe der einzelnen Arten spielt gegenüber den farbgebenden Inhaltsstoffen, nach denen die Klassen benannt sind, eine untergeordnete Rolle. Auf dieser Seite werden beispielhaft einige Arten stehender und fließender Gewässer im Binnenland und feuchter Landstandorte genannt. Sie werden von jedermann wahrgenommen, bleiben aber meistens namenlos, weil sie makroskopisch kaum bestimmbar sind. Auf der folgenden Seite werden einige Meeresalgen (Tange) vorgestellt, die meistens größer und differenzierter und deshalb Strandwanderern oft bekannt sind. Wer mehr über die Formenvielfalt der Algen erfahren will, müßte auf speziellere Literatur zurückgreifen, beispielsweise auf die Kosmos-Naturführer von Janke/Kremer „Düne, Strand und Wattenmeer" und Streble „Was find ich am Strande?".

1 Blaualgenteppich
Microcystis

An der Wasseroberfläche wenig verschmutzter, aber nährstoffreicher stehender Gewässer bilden Blaualgen nicht selten eine auffällige Wasserblüte (**1a**). Gasvakuolen in den kugeligen Zellen, die nicht fädig, sondern als große Zellhaufen oft zu Tausenden von undeutlich begrenzten Gallerthüllen umgeben sind, lassen die Blaualgenteppiche im Wasser frei (planktisch) treiben. Schließlich werden viele von ihnen an Ufern angespült, wo sie oft einen unangenehmen Geruch verbreiten. Wenn dem Blaualgenteppich dieses Ende erspart bleibt, verfärben sich die anfangs blaugrünen Zellen nach Verbrauch der im Wasser gelösten mineralischen Nährstoffe gelblich. Zur Wasserblüte kommt es meistens bei stärkerer Aufheizung der Gewässer in der warmen Jahreszeit.

2 Grünalgenwatten
Spirogyra

In stehenden Gewässern unterschiedlichster Art sind nicht selten schleimige, freischwimmende Watten aus grünen, unverzweigten Algenfäden zu beobachten (**2a**). Oft handelt es sich um Algen der Gattung *Spirogyra* (Schraubenalgen), deren zylindrische Zellen bandförmige, mehr oder weniger spiralig gewundene Chloroplasten aufweisen (**2b**). Solche Grünalgenwatten findet man besonders oft in sich stärker erwärmenden, nährstoffreichen Kleingewässern.

3 Armleuchteralgen
Chara

Hier handelt es sich um stattliche Arten mit quirlförmig verzweigtem Lager, das an Schachtelhalme oder Armleuchter (Name!) erinnert. Sie bilden 20–30 cm hohe Unterwasserwiesen; durch farblose Wurzelhaare (Rhizoide) sind sie mit dem Bodensubstrat verbunden. Oft ist der Thallus durch Kalkeinlagerung brüchig.

4 Grünalgenbelag
Chlorococcum

Zu dieser Gattung gehören die häufigsten Luft- oder Bodenalgen, die an Bäumen – vor allem an glattrindigen Rotbuchen – mehlige, grüne Überzüge bilden, aber auch auf dem Boden und an Mauern wachsen. Die runden Zellen sind meistens 3–5 µm groß. Jacke und Hose sind nur schwer zu reinigen, wenn man beim Klettern auf Bäumen mit dem Grünalgenbelag in Berührung kam.

1   Flacher Darmtang
Enteromorpha compressa

Strandwanderern ist diese Grünalge schon als Bewuchs von Holz und Steinen im Ufersaum der Meere, besonders an der Nord- und der westlichen Ostsee, begegnet. Sie ist eine der häufigsten Meeresalgen. Die grünen Lappen sind lang und schmal, meistens verzweigt und zum Grunde hin verschmälert. Außerhalb des Wassers rollen sie sich ein und nehmen mehr röhrenförmige Gestalt an.

2   Meersalat
Ulva lactuca

Das ganze Jahr hindurch ist diese große, salatblattähnliche Meeresalge mit derben Lappen und unregelmäßigen Rändern an Steinen und Stränden von Nord- und westlicher Ostsee anzutreffen. Das Lager ist mit einer schmalen Basis festgeheftet und kann über $\frac{1}{2}$ m lang werden. Diese Meeresalge wird manchmal als Salat verzehrt und – am Strand in Mengen aufgespült – auch als Dünger genutzt.

3   Meersaite
Chorda filum

Bis zu 2–3 m lang und nur 2–5 mm dick werden die schnürenähnlichen, unverzweigten Lager dieser Braunalge, die innen hohl und zum Teil mit Luft gefüllt sind. Einige Meter unter dem Hochwasserspiegel wächst die Meersaite – an Steinen oder im Sand verankert – oft in großen Mengen. Im ruhigen Wasser stehen die Schnüre oder Saiten – von der eingeschlossenen Luft getragen – meistens bündelweise mehr oder weniger senkrecht empor.

4   Blasentang
Fucus vesiculosus

Dieser oliv- bis gelbbraune, fast lederartig wirkende Tang kann bis zu 1 m groß werden. Er ist vor allem daran zu erkennen, daß die glatten Bänder von einer Mittelrippe durchzogen und mit meist paarigen Luftblasen ausgestattet sind, die den Tang im Wasser aufgerichtet halten. Diese Braunalge bildet in der Ostsee noch größere und noch weiter verbreitete Bestände als in der Nordsee. Mit einer Scheibe als besonderem Haftorgan ist der Tang an Steinen oder Holz im Uferbereich befestigt. Bekannter ist der Blasentang jedoch jedem Strandbesucher dadurch, daß er regelmäßig an den Stränden angespült wird.

5   Fingertang
Laminaria digitata

Der Fingertang hat einen runden, bis daumendicken Stiel und handartig gegliederte, bis zu 3 m lange, bandartige Lager. Er kommt in der Nordsee – besonders bei Helgoland – und in der westlichen Ostsee recht häufig vor. Die gesamte Gattung *Laminaria* ist durch ausdauernde Arten gekennzeichnet, wie sie für kältere Meere typisch sind. Von der Nordsee bis in den Nordatlantik nehmen die *Laminaria*-Bestände sowohl an Größe und Dichte als auch an Arten- und Formenvielfalt zu, so daß sie auch heute noch vielfach zum Düngen und als Viehfutter genutzt werden können. Demgegenüber ist die Kelpbrennerei, die auch auf Helgoland stattfand, erloschen. Vor allem *Laminaria*- und *Fucus*-Arten wurden dabei zur Jod- und Kaligewinnung verascht, bis diese Form der Rohstoffgewinnung durch die Konkurrenz der chilenischen Salpeter-Bergwerke unrentabel wurde.

6   Kammtang
Plocanium coccineum

In der Nordsee – besonders bei Helgoland – findet man diese Rotalge mit ästig-gefiedertem Lager. Mit seiner hübschen roten Färbung und filigranen Fiederung gehört dieser Tang zu den schönsten Meeresalgen.

7   Eichentang
Phycodrys rubens

Diese Rotalge hat am Rande eingebuchtete Sprosse, die an Eichenblätter erinnern (Name!) und geadert erscheinen. Man findet sie das ganze Jahr über, allerdings deutlich seltener als die anderen hier aufgeführten Meeresalgen. Sie bevorzugt tieferes Wasser und ist in der Ostsee möglicherweise weiter verbreitet als in der Nordsee.

Wer sich intensiver mit dem Pflanzenbestimmen, speziell mit einzelnen Pflanzengruppen, oder mit der Verbreitung von Arten befassen möchte, dem seien u.a. die nachfolgenden Bücher empfohlen.

AICHELE, D. & M. GOLTE-BECHTLE (1997): Das neue „Was blüht denn da?" Wildwachsende Blütenpflanzen Mitteleuropas. Kosmos-Verlag, Stuttgart

AICHELE, D. & H.-W. SCHWEGLER (1993): Unsere Moos- und Farnpflanzen. Eine Einführung in die Lebensweise, den Bau und das Erkennen heimischer Moose, Farne, Bärlappe und Schachtelhalme. Kosmos-Verlag, Stuttgart

AICHELE, D. & H.-W. SCHWEGLER (1998): Unsere Gräser. Süßgräser, Sauergräser, Binsen. Kosmos-Verlag, Stuttgart

AICHELE, D. & H.-W. SCHWEGLER (1994 ff.): Die Blütenpflanzen Mitteleuropas. 5 Bände. Kosmos-Verlag, Stuttgart

AMANN, G. (1992): Bäume und Sträucher des Waldes. Verlag Naturbuch, Augsburg

BENKERT, D., F. FUKAREK & H. KORSCH (1996): Verbreitungsatlas der Farn- und Blütenpflanzen Ostdeutschlands. Verlag Gustav Fischer, Jena

BOERNER, F. (1989): Taschenwörterbuch der botanischen Pflanzennamen. Verlag Blackwell, Berlin

CARL, H. (1995): Die deutschen Pflanzen- und Tiernamen. Deutung und sprachliche Ordnung. Verlag Quelle & Meyer, Heidelberg

DÜLL, R. & H. KUTZELNIGG (1994): Botanisch-ökologisches Exkursionstaschenbuch. Verlag Quelle & Meyer, Heidelberg

FLÜCK, M. (1995): Welcher Pilz ist das? Erkennen, sammeln, verwenden. Kosmos-Verlag, Stuttgart

HAEUPLER, H. & P. SCHÖNFELDER (1988): Atlas der Farn- und Blütenpflanzen der Bundesrepublik Deutschland. Verlag Ulmer, Stuttgart

MOBERG, R. & I. HOLMASEN (1992): Flechten in Nord- und Mitteleuropa. Ein Bestimmungsbuch. Verlag Gustav Fischer, Stuttgart

OBERDORFER, E. (1994): Pflanzensoziologische Exkursionsflora. Verlag Ulmer, Stuttgart

SCHMEIL, O. und J. FITSCHEN (1996): Flora von Deutschland und angrenzender Länder. Ein Buch zum Bestimmen der wildwachsenden und häufig kultivierten Gefäßpflanzen. Verlag Quelle & Meyer, Heidelberg

Wegen des Umfangs des Registers haben wir zweiteilige, <u>nicht</u> durch Bindestrich verbundene Namen nur einmal, und zwar mit vorgestelltem Gattungsnamen aufgeführt. So ist z.B. „Ästige Graslilie" unter „Graslilie, Ästige" zu suchen.

Verbreitung von Samen und Früchten

durch den Wind

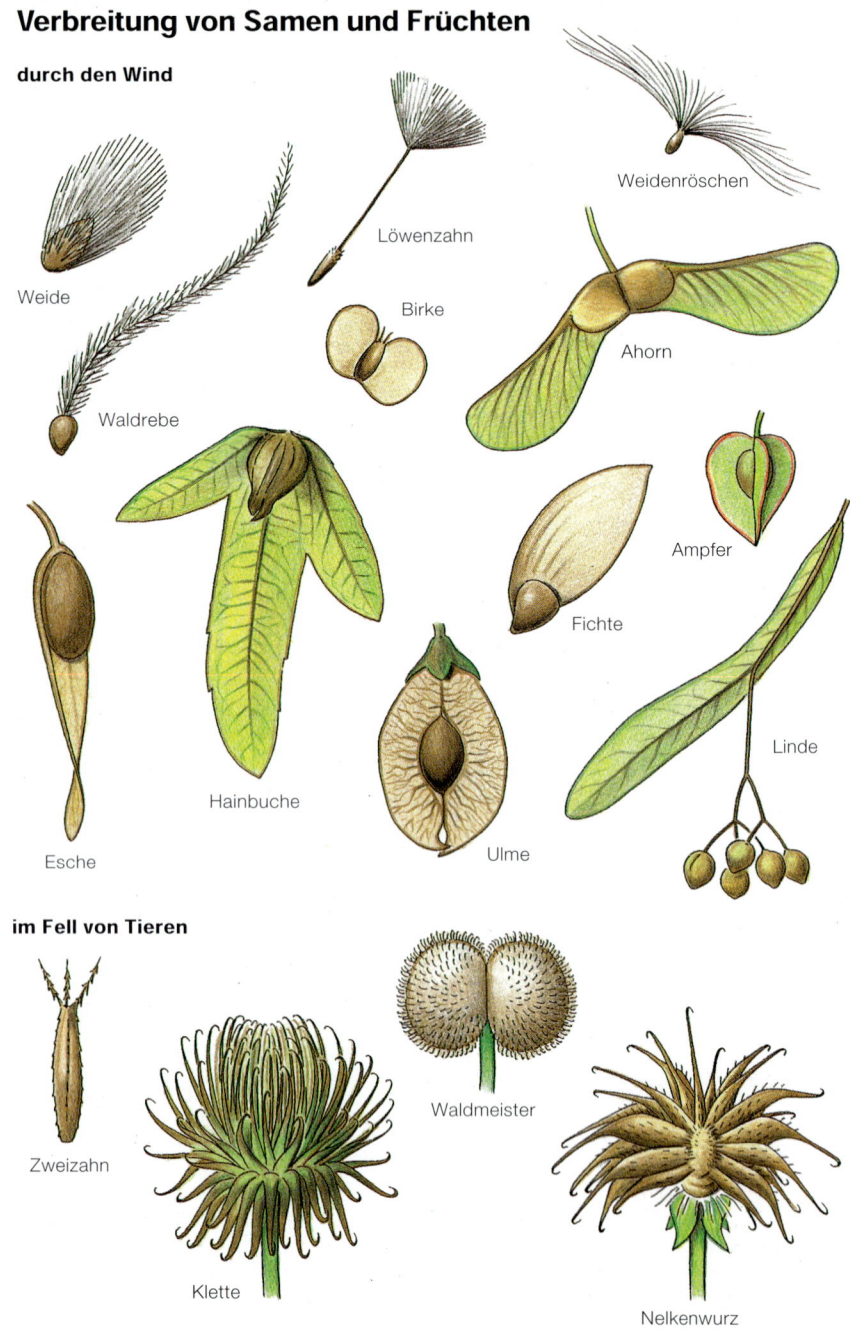

Weidenröschen

Löwenzahn

Weide

Birke

Ahorn

Waldrebe

Ampfer

Fichte

Esche

Hainbuche

Ulme

Linde

im Fell von Tieren

Zweizahn

Waldmeister

Klette

Nelkenwurz